BARTH SELECTION 6

教会と国家 III

戦後の東西冷戦時代

カール・バルト
天野 有［編訳］

バルト・セレクション6

新教出版社

目次

凡　例

1　本『バルト・セレクション』（以下、『セレクション』）全7巻は、主として、『カール・バルト著作集』（新教出版社、既刊17巻）中の1〜7、16〜17巻――〈教義学〉〈神学史〉〈倫理学〉〈政治・社会問題〉〈文化・芸術〉に関する論文もしくは講演および説教（但し、説教については後述2参照）――の内から取捨選択したものの全面的な新訳である。各巻はジャンル別、配列は基本的に年代順としてある。

2　原著および（比較の便宜のための）既訳の出典は、その都度、冒頭の注で挙げてある。（第1巻に収められている説教の場合はすべて、前掲『カール・バルト著作集』ではなく、カール・バルト説教選集』――後述7参照――のものを挙げてある。なお、本邦初訳は第1巻所収の「不死性」および第6巻所収の「事は生命に関わっている」。）

3　読み易さを考慮して、ほとんどの場合、原文に適宜改行を施している。なお、著者自身による改行については、論の区切りを明瞭に示す必要があると思われる場合に限って一行アキとする。（また、著者による改行がない場合でも、この措置が訳者の判断によってなされることもある。）

4　本文中の（　）は著者自身によるものであり、〔　〕は文意をより明確にするため（等々）の訳者による挿入である。なお、〈　〉、《　》も基本的には訳者によるもの（これについては同じくバルトの拙訳『国家の暴力について――死刑と戦争をめぐる創造論の倫理――』新教出版社、二〇〇三年、一五六頁参照)。また、傍点ないしゴシックの個所は、原文では斜字体や隔字体によって強調されている語もしくは文である。また、カタカナによるルビは、基本的には原語(大抵はドイツ語)の発音を示したものである。但し、親しみ易さを考慮して英語読みに変えている場合も、ごく少数だがある。(例えば、「復活祭Ostern」のオーステルンをイースターに、「使信Botschaft」のボートシャフトをメッセージに、といった具合。前者は、語源を共有するドイツ語と英語。後者は、ドイツ語の語義に対応する――似ても似つかぬほど語源を異にするけれども私たちには馴染みの――英語を当てはめたもの。)

5　旧・新約聖書の訳については、著者によって引用されている(もしくは――特に新約聖書の場合――著者自身による訳と思われる)文言のニュアンスをできるかぎり伝えることを第一義とした。その際、各種日本語訳およびドイツ語訳聖書(後述7参照)は常に眼前にあり、必要に応じて注記する。なお、聖書の諸文書および人名・地名等の表記は口語訳に準ずるが、新共同訳に従った場合もある(例えば、ピリピ→フィリピ)。また、新約聖書原文のギリシャ語はラテン文字化したものを記す(旧約聖書原文のヘブライ語が引用されることは、『教会教義学』以外には――その場合でもラテン文字化したものだが――ほとんどない)。その他の言語が引用もしくは使用される場合には、必要に応じてその旨注記する(その際、伝統的になされているカタカナ表記は、短い言い回しに限定するものとする)。

6　本『セレクション』に収められるものの中には現在ではKBGA(『全集』。後述7参照)に収録されているものもあり、そこでは各巻編集者による注が付されている。それらの注は、本文理解に必要と思われるかぎりにおいて採用し、訳出してある。その際には必ず「(『全集』編者注)」と明記する。(但し、聖書参照個所については、『全集』編者による場合もあれば訳者――もしくは既訳者――による場合もあるが、これについては一々区別しない。)

7　略記について

(1)バルト(関連)主要文献(本文の注では、下記文献の――それ以外の文献については初出を除いて――出版社・出版年・訳者名は省略)

・Die Kirchliche Dogmatik. Bd. I/1-IV/4, München/Zürich 1932-1967 (=KD)

・Karl Barth Gesamtausgabe, Zürich 1971- (=KBGA もしくは『全集』)

・『教会教義学』新教出版社、一九五九～一九九八年(=『神の言葉』I/1～2、『神の言葉』II/1～4、『神論』I/1～3、『神論』*II/1～3、『創造論』I/1～2、『創造論』II/1～3、『創造論』III/1～2、『創造論』IV/1～4――以上、吉永正義訳。*は菅円吉氏との共訳――、『和解論』I/1～4、『和解論』II/1～4、『和解論』III/1～4、『和解論』IV――以上、井上良雄訳――、『キリスト教的生』I～II――天野　有訳。なお、これは厳密にはKBGAシリーズとして出版された遺稿集だが、前記『和解論』Ⅳと一体を成しているのでここに入れるのが相応しい――。）
・『カール・バルト著作集』新教出版社、一九六七年～（＝『著作集』。なお、これについては、その都度、注にて訳者名を記す。）
・エーバーハルト・ブッシュ『カール・バルトの生涯　1886-1968』（小川圭治訳）、新教出版社、一九九五年（第二版）（＝『生涯』）
・『カール・バルト説教選集』（雨宮栄一・大崎節郎・小川圭治監修）全一八巻、日本基督教団出版局、一九九一～二〇〇〇年（＝『説教選集』。なお、これについては、その都度、注にて訳者名を記す。）

（2）日本語訳・ドイツ語訳聖書
・口語訳聖書、日本聖書協会、一九五五年（＝口語訳）
・新共同訳聖書、日本聖書協会、一九八七年（＝新共同訳）
・旧約聖書翻訳委員会訳『旧約聖書』Ⅰ～Ⅳ、岩波書店、二〇〇四～二〇〇五年（＝岩波訳）
・新約聖書翻訳委員会訳『新約聖書』岩波書店、二〇〇四年（＝岩波訳）
・田川建三訳『新約聖書　訳と註』全七巻、作品社、二〇〇七年～二〇一七年（＝田川訳）
・Die Bibel oder die ganze Heilige Schrift des Alten und Neuen Testaments nach der deutschen Übersetzung D. Martin Luthers, Neu durchgesehen nach dem vom Deutschen Evangelischen Kirchenausschuss genehmigten Text, Berlin 1922（＝一九

一二年版ルター訳。これは出版年は一九二二年だが、一九一二年版が基になっているため。この版の重要性については後述参照。）

・Die Bibel, nach der Übersetzung Martin Luthers, Stuttgart 1984（＝現代版ルター訳）

・Die Heilige Schrift des Alten und des Neuen Testaments (Zürcher Bibel), Zürich 1971（＝チューリッヒ聖書。これは一九三一年の全面改訂版と同じもの。）

なお、一九一二年版ルター訳は、『説教　一九二一-一九三五年』（『全集』）の編者によれば、「当時」のバルトが（おそらく特に礼拝の場で）通常使用していた聖書である (K. Barth, Predigten 1921-1935, KBGA I, hrsg. von H. Finze, Zürich 1997, S.XIII)。この版が次に改訂されるのは、新約聖書が一九五六年（その後は一九七五年と一九八四年）、旧約聖書が一九六四年（＝一九八四年版）であるが、一九五六年版（と一九七五年版）の新約聖書は一般に不評だったようである（現代版ルター訳序文 Hinweise zu dieser Bibelausgabe, S.5)。だとすると、一九一一年から一九六八年までのバルトの言説を対象とする本『セレクション』にとって問題となりうるドイツ語訳聖書は主として一九一二年版ルター訳とチューリッヒ聖書である、と言ってよいであろう。バルトがチューリッヒ聖書をも——特に旧約聖書に関して——長年にわたって（「『教会教義学』の釈義的部分に取り組む際に」）愛用していたことについては、彼自ら記しているとおりである（K. Barth, Offene Briefe 1945-1968, KBGA V, hrsg. von D. Koch, Zürich 1984, S.346f.)。したがって、本『セレクション』では、バルトの引用する聖書がこの両者いずれに基づくものなのかどうかも必要に応じて注記する。(なお、ルター訳に限っての問題について一言。訳者は一九五六年版を手許に持たないが、しかし、一九一二年版と現代版との異同を見ることによって、その引用が一九五六年版新約聖書に拠るものなのかどうか或る程度推測しうるであろう。旧約聖書に関しては、一九六四年版＝現代版なので、そのような問題は生じない。)――但し、以上については『セレクション6』(本巻)の「編訳者あとがき」を参照。

(3) 辞書(新約聖書のギリシャ語)

・W. Bauer, Griechisch-deutsches Wörterbuch zu den Schriften des Neuen Testaments und der frühchristlichen Literatur, 6., völlig neu bearbeitete Auflage, hrsg. von K. u. B. Aland, Berlin 1988 (＝バウアー)

(4) 辞書(独独辞典) ――『セレクション5』(二〇一三年)以降の追加――

・Deutsches Wörterbuch, hrsg. von Dr. Renate Wahrig-Burfeind (Neuausgabe), Gütersloh/München 2000 (＝Wahrig Deutsches Wörterbuch)

(5) 人名表記、生没年、生涯・業績等に関する出典―『セレクション5』(二〇一三年)以降の追加―

・『キリスト教人名辞典』日本基督教団出版局、一九八六年(＝『キリスト教人名辞典』)。なお、ここからの引用に際しては、原則的に、出典のみ明示することとし、引用符は付さず、表記変更についても一々断わらないことを御了承願いたい。

教会と国家 Ⅲ

戦後の東西冷戦時代

バルト・セレクション6

ドイツ人とわれわれ

一九四五年一月と二月になされた講演(1)

〔序――「われわれ」とは「一九四五年初頭」のスイス人のこと――〕(2)

私がこのテーマを選んだ訳《わけ》は、それが私には個人的にとても気がかりなことだからです。私は、このテーマに含まれている問いへの正しい答えを尋ね求めています。確かに、私にできることは、どのような方向で私が尋ね求めるかを暗示することだけでしょう。しかし、私は、少なくともその問いへの正しい答えを尋ね求めることは私たちすべての者――もしくは私たちの内のできるかぎり多くの者――の事柄であるべきだ、ということに注意を喚起しないわけにはゆかないのです。

私は、ここで語ろうと思っている「ドイツ人」ということで今日のドイツ国民《フォルク》(3)のことを考えています。つまり、そこに至るまでの或る長期にわたる発展の終着・目標地点で、ナチズムに身を捧げて――もしくは屈服して――しまったドイツ国民、そしてまた、その罪責と運命は今日、この体制《システム》と共に立ちかつ倒れざるをえないものとなっているドイツ国民、のことです。

また、私は、「わ・れ・わ・れ」ということで、一九四五年初頭の私たちスイス人のことを考えています。その際私が前提としているのは、《われわれは、スイス人たることが人間的かつ政治的に意味するものすべてを引っ提《さ》げたスイス人である》というにとどまらず、更にそれを越えて、《われわれは、キリスト者としてもまた、語りかけられ真剣に受けとめられることを欲している》ということです。

しかしながら、ここで問題となっているのは何なのでしょうか?

私は、まず、昨年〔一九四四年〕の最後の数週間にこちらの新聞を通して広まった二つの事実を想い起こしてみたいと思います。

バーゼルで、以下のようなことが起こりました。親切に受け入れられていたアルザスからの多くの難民たちと入り混じるようにして、追われるようにして(4)ドイツ兵の一隊もまた国境を越えてやって来たのです。その時、一人のナチ親衛隊将校がかれらを阻止しようとしました。かれらはこの将校を射殺しました。かれらは、明らかに戦争に疲れ果てていただけではなくヒトラーにも疲れ果てていたのです。けれども、かれらは依然としてドイツの軍服を着ていました。この同じ人たちが、今度は、私たちの或る郊外の路上で、スイス民衆——それは特に婦人たちだったとのことです——によって、この軍服の着用者として罵《ののし》られ侮辱され唾を吐きかけられたのでした。

その直後、窮乏の渦中にある外国のための、かの有名な「スイス義援金」の企画準備およびその実施を巡っての或る会議の席上——この会議は最高責任者らによって開かれたのですが——、こういうことが起こりました。一人の出席者が、「この援助の対象国として隣国ドイツも含めるなどということはしないように。さもないと、実施すべき義援金集めの人気も下火になるだろうし、そうなれば成果も見込めないだろうから」といった趣旨のことをきわめて真剣に主張したのです!

「われわれは、それらの出来事を——最初の出来事に対しては割と強く、二番目の出来事に対してはあるいはそれほど強くはなく——残念に思うし、認めるわけにはゆかない」。きっと皆さんがこう言われるだろうことは、なるほど私も直ちに推測がつきます。しかし、どうか各々ご自身の胸に手を当ててみてください。つまり、われわれは、そうは言いつつも、或る種の理解を——更には微《かす》かな同意すらも——抱くことなしにこれらの出来事を受けとめることはないのではないか、と。それとも、私たちの内の誰が、ここ数年間、確かにそうした雰囲気の中に自分もまたいたし、そうした雰囲気の中にあって自分が〔これらの出来事と〕似たようなことを言ったり行なったりせずにすんだのは、実際ただそうした機会がなかっただけ、あるいはまた或る種の道徳的抑制が働いただけだからだ、ということを否《いな》めましょうか。われわれもまた同様のことを確かに考えていた、ということ。これを、私たちはほとんど否定できないでしょうし、あるいは、決して否定しようともしないでしょう。ドイツ人自身に対する根本的不信が、〔それゆえ〕このようなわれわれの隣人にはなるべく関わりたくないという思いが、今日私たちすべての者の内部のどこかに潜んでいるのです。いやそれどころか、「ドイツ人のことなどもう何も聞いたり見たりせずにすむならそれこそ最高だ」といった願望らしきもの、すらが。

いつもそうだったわけではありません。一八七〇年の戦争〔＝プロイセン・フランス戦争〕時のスイスのフランス語地域では、そしてまた、一九一四年からの戦争〔＝第一次世界大戦〕時のスイスのドイツ語地域では、決してそうではなかった。ヒトラー政権初期の時でも、更には、この度《たび》の戦争開始時でも、依然としてそうではありませんでした。そう、スイス人というのは、それほど簡単に狼狽したり、自制心や公平さに向かう生まれつき《ナチューアリッヒ》の傾向を失ったりはいたしません。スイス人というのは、もともとは、本当に、決してドイツ人憎悪者ではないのです。〔その証拠に〕かしこ〔ドイツ〕で起こったことや起こりつつあったことの幾分かを知っていた――もしくは知っていると思っていた――者らの話など、われわれ〔スイス人〕の間では、当初、きわめて部分的にしか聞いてもらえませんでした。人々は〔ここスイスでは〕、当初は、亡命者やユダヤ人に対して、また後には連合国の宣伝《プロパガンダ》に対して、ドイツ人に対してよりもはるかに強く不信感を抱く傾向があったのです。つまり、〔亡命者やユダヤ人や連合国が主張するのとは〕実に全く違った仕方で――あからさまにそう表明することはなかったにせよ――自分たちが知っていると思っていたドイツ人に対してよりも。人々は、ナチズムに対しては――イギリスにおけると全く同様――或る種寛大な関心を示したのであり、その分それだけますます、ドイツ国内の反対派や告白教会に対して、また後にはヒトラーの戦争相手国に対しても、様々な留保をつけたのでした。局面がはっきりと一変するまでには、もはや疑うべくもない一連の極悪の事実を通しての長い啓蒙を必要としたのであり、更には――多くの者の場合――、ロシア、イギリス、アメリカによるかなりの数の勝利をも必要としたのでした。そしておそらくそうした勝利がなければ、その「多くの者」は今日未だに啓蒙されないままであったかもしれないのです。

今日、事ここに至りました。われわれの世代のドイツが何を目論み何を欲していたのか、人間を何に仕立て上げ、どう扱ってきたのか、――こうしたことが、以前にはそれを見ようとはしなかった者らにとっても、ここ数年の間に驚愕すべき凄まじさで明らかとなってきたのであり、そうしてまた、同程度に、広範にわたって、幻滅・重苦しさ・憤懣・憤激もまた明らかとなってきたのでした。そもそも私たちは、そうした思いをもってあのお向かいの国民《フォルク》のことを考えたいなどとは思ってもいなかったわけですが、しかし今やそうせざるをえません。私たちスイス人も、です。つまり、この国民《フォルク》が仕出かしたことを通して、ただ間接的にのみ――つまり主として他の〔国々の〕者たちの身に起こった出来事に参与するという仕方でのみ――関わってきた私たちスイス人も、です。「私はドイツ人をもはや人間と考えることはできない」、と、或るフランス人作家が最近、ここ数年来自分の目で見てきたことのすべてを回顧しつつ書いていました。私たちは今日、こうした言葉を理解できます。たとえそれを鸚鵡返しに言うことはないとしても、です。そう言わずにはおられなかったのです。もし仮にスイスの軍事的中立がスイス人の思想信条面での中立ともなってしまっていたとしたら――人は或る期間にわたってそうしたことを私たちから期待したのでした――、それは、確かに正しいことではなかったでありましょう。私たちは、なるほど今日のドイツから攻撃はされませんでしたが、しかし、実に十分、脅威に晒されていました。私たちの独立のゆえに、私たちがスイス人として責任を負うべき事柄すべてのゆえに、端的に必要だったのは、《われわれは、今日のドイツ人に対する自分たちの思想信条面での対立について明瞭であり、そして、そのことを正式にもまた公言する》、ということだったのです。そうしたことを或る期間にわたって妨害せんと欲した政治は、決して賢明な政治ではなく、むしろ危険な政治でありました。

しかしながら、今や、かの啓蒙と回心とが共通のものとなってしまった以上、あの問いがいよいよもってわれわれの前に立っております。《ドイツ人とわれわれ》！、すなわち、《事ここに至ってしまった後では、そもそもかれらと私たちとの間に何が生じるべきか》、という問いです。それは、今や語られてしまった最後の古い言葉に何と言っても続かねばならぬ最初の新しい言葉、に関する問いです。生活は――ドイツ人という隣人と共にある私たちの生活もまた――、実際、更に進行せねばならず、進行するでありましょう。つまり、私たちがこの隣人と今や向かい合って立っているその場所から、です。この隣人と共にある私たちの生活とは、私たちの幾つもの山道の一つを歩くようなものです。一つの長い一直線の道のりを、私たちは最後の一歩まで歩き続けてきました。私たちが更に歩みを続けんと欲し、またそうせねばならないのであれば、私たちは今やカーブを切りながら前進し、かつ、登り道を歩まねばなりません。それは、今や眼前にしている出来事に対して、私たちの目がかつてはなお閉ざされていた場所、——そのような場所への逆戻り、ではありません。しかしまたそれは、遂にやっと目が開かれて私たちがあの最後の歩みをなすことになった方向を更に前進する、それゆえ、私たちが今日ドイツ人と相対《あいたい》する際に抱いているあの嫌悪と拒絶——それは今や正当にもかくも徹底的なものになってしまったわけですが——の中で更に前進する、ということでもありません。私たちが遂に徹底的かつ真剣に怒れるものになったのは、もはや、やむを得ぬことでした。しかしながら、私たちが怒りを抱いたまま本当に日が暮れるようなことがあってもいい、というほどに義しい怒りなど決して存在しえないのです。[6]このこと[7]を、フランス人も、オランダ人やノルウェー人やポーランド人も、そしてまた世界中のユダヤ人も、いつの日にか、はっきりと理解するに違いないでありましょう。それは〔今は〕、かれらにとって、私たちなどよりはるかに困難なものとされています。だが私たちは、〔他の人々のことはさておき〕己れ自身の門前を掃き清めて、自らにこう言おうではありませんか。「あのドイツの禍いからほとんど直接的被害を蒙《こうむ》ることのなかったわれわれ、ドイツ人に対しては誰にも、またいかなるものにも、復讐すべきものを何ら持たぬわれわれ、——そうしたわれわれにふさわしいのは、このことをはっきり理解する最初の者たることだ」、と。あのカーブは切られねばなりません。それが起こりますように、というのが、私がこの講演で語るに当たっての関心事です。

Ⅰ 「「ドイツ人全体を、われわれはまだ知らない」——性急な判断をしないこと——」

私は、非常に単純な、しかし全く自明ではない確認をもって始めることにします。それは、私たちはいずれにせよ、今日のドイツ人についてあまりにも僅かしか知らないので、今例えば本当にかれらを「見限る」ことが自分たちには許されているなどということはありえない、ということです。

私たちが今日のドイツ人について知っていること。それは、ヒトラー政権開始以来、そしてその後は、特に今回の戦争の経過の中で、徐々にあらゆる面から、かつ、ゾッとするような確実さと一義的明瞭さとをもって私たちに知られるようになったかれらの行為、であります。

虚偽、自由の死《ウンフライハイト》、残忍さ、そしてまた、そうした非人間性の——天に向かって叫ぶ——巨大な爆発、といったものは、戦争の時代であれ平和な時代であれ、常に、かつ至る所で、存在していました。私たちが確かに忘れないでいたいのは、私たち自身の——

他の点では正当にも大いに誇りに思われてきた――先祖もまた、まさしくその軍事的全盛期においてこそ天使などでは全くなかった、ということです。

しかしながら、今日のドイツは、――その点で今日のドイツはあの革命ロシアとも区別されるわけですが――、非人間性を、原理・体制《システム》・方法、にまで高めてしまったのです。ナチズムは、非人間性と結びついているのみならず、非人間性と同一でありまず。ナチズムの考えや教えに反対する方向において人が挙げずにはおられなかった一切の理論的異議申し立ては、実践によって――つまり、その間《かん》いよいよあからさまになった一義的明瞭さにおいてナチズムが自己演出し、そうしてまた（こう言ってよいでしょう）己れを裁いてきたところの実践によって――とっくの以前に追い抜かれてしまっているのです。ナチ的行為――それゆえ私たち皆が思い浮かべるドイツ的行為――の無数の連なりを列挙したり、いわんやそれらのことを延々と話したりするつもりはありません。そうしたことを私たちは知っています。そしてまた、私たちをドイツ人から離れさせることになったものとは、決定的には、ドイツそのものの中で――その後はドイツ人が権力を握るに至ったあらゆる場所で――起こったこれらの行為だったのです。

しかしながら、私たちはよく考えねばなりません。なるほど私たちは、そうしたドイツ的行為については十分に、いや十二分に知ってはいます。しかし、私たちは、ドイツ人自身、ドイツ的人間、(8) かれらがそうしたドイツ的行為に関与したりしなかったりした責任があったりなかったりした際の、その程度・性質・意味、――そういったことについては、きわめて僅かしか知らず、そしてしばしば全く何も知らないわけです。そうした〔ドイツ的〕行為に、すでに最初から――イギリスが未だ眠っており私たち〔スイス〕も未だ眠っていたすでにその時に――抵抗した人々が少数だったのかあるいは多数だったのか、あるいはひょっとしてきわめて多数だったのか、ということについて、私たちは何を知っているでしょうか？ そうした抵抗がここかしこで起こったとして、その際の真剣さや徹底さについて、そしてまたその際の部分的成果についても、私たちは何を知っているでしょうか？ ドイツの労働者が、ドイツの農民が、ドイツの牧師が、ドイツの婦人が、今日そもそもどこに立っており、またどこに尋ね求められるべきなのか、ということについて、私たちは何を知っているでしょうか？ あのスイスの婦人たちは、自分たちが公衆の面前で唾を吐きかけたそのドイツ兵たちについて、何を知っていたでしょうか？

実際、私たちは、次のことをどれほどよく考えても十分ではありえないのです。まさしくドイツ人と私たちとの間には、この十二年もの間、鉄のカーテン〔！〕のようなものが降りていた、ということが何を意味するものなのか、を。ドイツ人をまともに見ることは、私たちにはもはや不可能でした。ドイツ人が自ら意見表明するのを聞くことは、私たちにはもはや不可能でした。オープンで自由な言葉がドイツの国境を越えて私たちのもとに届くことは、もはやありませんでした。ドイツ人の新聞やドイツ人の書籍が私たちに語ることは、精々、《なんと多くのことが絶えず秘密にされねばならず、避けられねばならないのか》ということなのです。ドイツ人の手紙は――私たちの手許に届く限りでのかれらの手紙は――、ドイツ人を理解するために人が知りたいと思いまた知らねばならないまさにその最も重要な事柄については、全く何も私たちに伝えることができないのです。ドイツ人は、――少なくとも私たちにとっては――中世において黒死病《ペスト》が発生した家の中の人々のように仮面を被《かぶ》っているのです。なるほど私たちは、あの体制《システム》の機械装置がフル回転しているのを見ます。なるほど私たちは、それに対する反対や抵抗が――確かにここかしこにあったし今もある反対や抵抗が――とにかく今日に至るまでは効果を挙げることのなかったのを見ます。なるほど私たちは、さらにこの機械装置を回転させ続けるために、そしてそれによって、致命的な新たなドイツ的行為を絶えず繰り返し可能にするために、続々と何百万というドイツ人の老若男女が活発に働いているのを見ます。だが、思い違いせぬようにしましょう。以上のすべてをもってしては、私たちはドイツ人のことを未だ見てはいないのです。私たち皆が知っているのは、精々のところ、幾人かのドイツ人なのであって、今日のドイツ人全体のことは、今日のドイツ人そのもののことは、私たちは知らないのです。

事態がそうだということ、両方のことがかくも幽霊のように引き離されているということ、――これまた今日のドイツ的災禍の一つ、いやそれどころか、同時にまた、もしかしたらこれこそが、今日のドイツ的災禍が抱えている非人間性の中でも最も非人間的なものの一つ、なのかもしれません。つまり、こちらには、私たちが知っているドイツ的行為・体制《システム》・機械装置があり、かしこには、私たちが事実上もはや知らないドイツ人がいる――それはその行為が証明しているように見えるとおりの人間なのかもしれませんし、しかしまた実は全く違う人間なのかもしれません――、というこの両方のことこそが。

私たちは次のことを知りたく思いますし、また知らねばならないでしょう。ドイツ国民の代弁者たち――と同時にドイツ国民にとって最も過酷な敵たち――が主張しているその中身、つまり、《この国民の名のもとにここ十二年間起こったし今なお起こっていること、——まさにそれこそが、この国民の圧倒的多数が欲してきたことであり、あからさまにであれ暗黙の裡《うち》にであれ是認してきたことであり、その思想信条において一致していることなのだ》、ということが真相なのか？　それとも逆に、モスクワ発のフォン・ザイドリッツ将軍による——あるいは他のどこからにせよ——「自由ドイツ運動」が私たちに断言しているその中身、つまり、《この国民の圧倒的多数派は、自ら、あの機械装置の最初にして最も悲しむべき犠牲者にすぎないのであって、今日の光景を支配しているあの諸々のドイツ的行為の責めを決してかれらに負わせるべきではないのだ》[9—原注]、ということが真相なのか？　一体どちらの説明が正しいのでしょうか。それとも、第三の説明が妥当するのでしょうか。それによればこうです。《ドイツ人とは、全く特別な仕方で、全く異なる二つの魂《ゼーレ》を有する持ち主なのであって、それゆえ、一人一人のドイツ人の中に、フリードリッヒ・シラー[10]やマティアス・クラウディウス[11]の幾分かが、しかしまた同時に、ヨーゼフ・ゲッベルス[12]やハインリヒ・ヒムラー[13]の幾分かが、ヴアイマール〔共和国〕の精神《ガイスト》の幾分かが、しかしまた同時に、ポツダム〔＝第三帝国〕の精神《ガイスト》の幾分かが——しかしながら、実にそれを超えて、決して少なくないドイツ人らに代表されて、オラドゥールやアウシュヴィッツ[14]の精神《ガイスト》のようなものもまた存在しているように見えます——探し求められるべきなのだ》、と。はてさて一体、以上の内のいずれが真のドイツ的精神《ガイスト》なのでしょうか？　こちらの方向を指し示す間接証拠や論拠もあれば、あちらの方向を指し示す別のそれらもまたあるのです。

そう、実に私たちは、反対し抵抗してそのために生命を犠牲にした、そのような個々人・グループ全体・共産主義者・エホバの証人の信者・カトリック教徒・学生・将校、そしてまた信念あるプロテスタント信者、といった人たちのことを繰り返し耳にしてきました。私たちが確かに今一度、《このような〔生命を賭けての抵抗という〕方向で、私たちが夢にも思わぬほどはるかに多くのことが起こっていたし耐え忍ばれてきたし、もしかしたらまさに今この瞬間にもそうしたことが起こっており耐え忍ばれている》といった報告を前にして驚きと恥じらいの思いとをもって立つ、といったことがありうるでしょう。その時には、この時代におけるドイツ人に関する私たちのイメージは、今一度、強烈な訂正がなされねばならないことになりましょう。私自身は、そうなるだろうと確信しています。(15)　けれども、私もまたそれを今日《こんにち》証明することはできません。私たちは今日、こうしたドイツ国内における抵抗の、まさにその基本的事柄については全く僅かなことしか知らないわけです。例えば私たちは、われらが友マルティン・ニーメラーがどのような思いを抱きつつ今次の戦争に随伴してきたのか、そしてまた、彼が私たちのために生き残ってくれているとして、どのような政治的思想信条を抱きつつ遂にやっと刑務所を去ることになるのか、といったことについては何ら語るべき言葉を知りません。実にそれどころか〔他方では〕、ナチズムに対する、あるいはまた——ナチズムがほとんど一直線にそこから成長してきた——ビスマルク的に刻印されたドイツ政治に対する何らかの留保つき肯定から今日に至るまで完全には脱し切れてはいないようなドイツ系ユダヤ人たちすら存在するのです。(16)

人はドイツ人に対して今日新たな信頼を抱くことができ、また抱くべきなのでしょうか。そのことが私たちに切実に要求されています。別の側からは、私たちは、そんなことなどせぬように、と、同じく切実に警告されています。けれども、前者の要求の根拠は曖昧であり、後者の警告の根拠も同様です。もしも私たちが、自分たちの知っていることや知らないことのすべてをまとめ上げてみるなら、確かにこう結論せざるをえないでしょう。《誰であれ、あたかも自分は今日のドイツ人について——一方の側面であれ、あるいは他方の側面であれ——全く確実に知っているかのように振る舞うべきではなかろう》、と。

ここで私は、人が今日のドイツ人を説明する際に通常用いる様々な理論を一瞥してみたいと思います。

［1］例えばこんな風に言われます。ナチズムにおいて起こったことは、太古にまで遡るような或る荒れ狂った意識層の爆発的勃発である。それは言わば、獣《けだもの》的原始人の現われ、である。つまり、近代的文明人は、この獣《けだもの》的原始人を、ただ表面的に克服したにすぎず、かえってむしろ、己れの文明の進歩が内包している狡猾さと魂《ゼーレ》なき状態とによって言わば挑発してしまったのだ。だから、それは、精神的な――というよりむしろ精神病質的な――反応なのであって、そこではこの近代的文明人は、とりあえずはただそうした破壊的な――しかも最内奥においては自己破壊的な――企てにのめり込むことによってのみ鬱憤を晴らすことができたのである。――これと似た暗鬱な方向についでは、実にすでにラウシュニングのあの『ニヒリズムの革命』(17)という書物が指し示していたわけです。

［2］しかし、より一層分かり易い領域で展開している理論もあります。人はドイツ人のことを思い浮かべる時にはプロイセン人のことを思い浮かべ、そしてプロイセン人のことを思い浮かべる時にはプロイセンでの厳しい軍事訓練のことを思い浮かべます。そして、こう想い起こすのです。ドイツ国民は自分たちの領主から根本のところでは決して解放されることがなかったのであり、国家というものに命令機構以外のものを認める機会をこれまで全く持たなかったのであり、「ドイツ国民は、特にルターの宗教改

革によって精神的《ガイスティッヒ》にもまさにそのように教育されてしまったのだ」[18]、と。かくして人は、ナチズムのことを、きわめて単純に、こうしてドイツ人にとって第二の天性となってしまった独裁政治や奴隷根性に対する欲求の極みとして、ドイツ的な命令意志および服従意志の極みとして、ドイツ的な権威癖《へき》と従属心情の極みとして説明するわけです。

［3］別な説明ではこんな風に言われます。《一九二〇年代末から三〇年代初頭にかけての資本主義的経済危機は、ドイツにあっては労働者大衆の革命的気運をもたらしかねない気配だった。こうした状況下、不安に駆られたドイツの金融資本は、ヒトラーのうちに言わば己れの救済者を見てとり己れの傭兵隊長を得たのだった。そういうわけで、産業界や銀行の王者たちは、彼に金を注《つ》ぎ込み、その金で彼は目を見張るような己れの党を組織化し、褐色と黒の大群を集め武装化した。そして挙句の果て、彼は、己れのかの依頼人たちの手には負えぬ仕儀となり、その大衆煽動《デマゴギー》の力のお蔭やら、それ自身がすでに資本主義とファシズムとによって汚染された民主主義的〔ヴァイマール〕政府の脆弱さのお蔭やら、蔓延しつつあった失業のお蔭やら、ドイツ労働者階級の分裂状態のお蔭やらによって権力掌握に至ったのだ》、と。この理論によれば、《ナチズムの一切の残虐非道とは、資本主義的経済体制の無礼不作法――その残虐非道の最終目標に到達したところの無礼不作法、その残虐非道の本来的性格において自己啓示する無礼不作法――

以外の何ものでもない》、ということになります。

［4］またしても違う種類のものは、ドイツ人自身が自分たちの道を説明し正当化するのを常とする、いささか愚痴っぽいこんな説明です。《われわれは、歴史の中で余りに遅れてやって来てこれまで貧乏くじを引いてきた「若い国民」であり、ヨーロッパの真ん中に位置する「居場所のない国民」――その有能さゆえに四方八方から憎まれ、陽の当たる場所が与えられることのなかった「居場所のない国民」――である。こうした締めつけや脅威に対してやむをえず抵抗するうちに、われわれは、今日あなた方の前に立っているような者となってしまったし、また、ならざるをえなかったのだ》、と。

［5］ドイツ人に関する最も奇妙な理論の内の一つは、確実に、先の戦争〔＝第一次大戦〕の古い敵であったフランスの首相クレマンソー[19]のものです。彼が死の直前に私設秘書に語ったその理論を、彼自身の言葉でここに引用します。「愛する友よ。生命を愛する、ということは、人間の本質にふさわしいものである。ドイツ人はこの礼賛《らいさん》を知らない。ドイツ人の魂《ゼーレ》の中に、また、この人々の芸術や観念世界や文学の中に存在しているのは、生命が実際にあるところのもの一切に対しての、生命の魅力や偉大さをなしているものに対しての、一種の無理解である。そしてその代わりに、死《トート》に対する或る病的で悪魔的な愛が存在している。この人々は死を愛している。この人々は或る神《ゴットハイト》を持

っているのであり、かれらはこの神《ゴットハイト》を――あたかも眩暈《めまい》にでも襲われたかのように――怖れおののきつつも恍惚の微笑を浮かべて眺めるのだ。そして、この神《ゴットハイト》とは、死、である。かれらはどこからこれを手に入れたのか？　私はそれに対する答えを知らない。ドイツ人が戦争を愛するのは自己愛からであり、また、その最後には血の海が待っているからである。戦争は、死との或る種の契約《フェアトラーク》である。ドイツ人は戦争を、まるで最愛の恋人にでも会うかのように遇するのだ」。

［6］以上すべてに加えて、次のようなキリスト教側からの理論も提示できるでしょう。《ドイツ人は、キリスト教のまさにその本来の意味――すなわち、ユダヤ人イエスの人格における神の恵み――を、他のすべての者たち以上に深くかつ根本的に理解していた。まさにそれゆえに、かれらは、そしてただかれらだけが――今やフリードリヒ大王[20]からビスマルク[21]を経てヒトラー[22]に至るまで[23]の自分たちの政治的・軍事的実践において遂行してきたような仕方で――、イエスに対する、イエスの民やイエスの使信に対する、かくも徹底的で首尾一貫した拒絶をなしえたのだ。まさにそれゆえに、かれらは、そしてただかれらだけが、自分たちのこれらすべての英雄〔＝フリードリヒ大王、ビスマルク、ヒトラー〕にとってかくも特徴的である、あの悪しく冷酷な人間蔑視[24]をなしえたのだ》、と。

以上すべての理論に対し、なにがしかの疑問符を付すことはできましょう。私は、それらの理論を個々に批判することに関わり合うつもりはありません。そう、確かに、それらすべての理論は、多くの注目すべきことや熟慮すべきことをも含んでおります。しかしながら、それらの理論の内のどれ一つとして或る種の〈啓示〉という性格を持ってはいない、ということに注意を払うのはおそらく無駄ではないでしょう。そしてまた、それらの理論いずれも、先に言及した諸現象やそれに見合った諸帰結がどうしてまさしくドイツで起こらねばならなかったのか、についても説明はしていないのです。そういうわけで、かの諸理論の信奉者らが、少なくともそれらを相互に比較し補い合うことに従事し、決して、それらの説明の内のどれか一つをもって「自分はドイツ人に関する情報そのものを手にしている」などとは思わないとしたら、それは良いことでありましょう。

かくも多くの、そしてかくも様々な答えを可能にするとは、ドイツ人の謎とはなんと大きいものであるに違いないことでしょう！　今日《こんにち》こうなってしまい、そのような者として生きているドイツ人。善きにつけ悪しきにつけ、幸せと不幸・希望と失望という点で今や背後にしたもの一切を引っ提《さ》げているドイツ人。――このようなドイツ人が、なるほど、かの諸理論がドイツ人について語っていることに広範に適合している、ということはありえますが、しかしまた、かの諸理論によって指し示されているのとは全く違う所にいる、ということも今一度ありうるのです。ですから、私たちはかの諸理論を吟味もしましょう。かの諸理論の助けをかりてドイツ人の謎に近づくことを試みもしましょう。けれども、何人《なんぴと》も、――それらの理論にもかかわらず――現実のドイツ人に対して自らを打ち開い《フライ》ておくことを妨げられてはならないでしょう。あの鉄のカーテンが或る日再び上がった時、私たちに新たに出会うことになるであろう現実のドイツ人、に対して。

人はこの出会いを、本当に、楽観的幻想など抱かずに待ち受けねばなりません。一切は今しがた想像したのとほぼ同じ、ということがありうるわけです。いやそれどころか、一切はもっとずっと悪い、ということすらありえます。そしてまた、《ドイツ人は、後になれば――以前よりほんのちょっぴりにせよ――好感のもてる人々としてわれわれに出会い、そのような人々として姿を現わすことになるだろう》といったことを、人は本当に、誰にも約束することなどできません。しかしながら、こういうこともまたありうるわけです――そして私自身はそう確信しています――。つまり、われわれ自身は、その時には、今われわれが思い描きうるのとは全く違った規模において学ばねばならず、そうしてまた満足せねばならなくなるだろう、と。

私は、この第一の考察によって、そうしたことがとにかく可能だということ、そしてまた、私たちはこの可能性に対してとにかく自らを打ち開い《フライ》ておかねばならないということ、——ただこのことにだけ注意を促しておきたかったのです。《われわれはまた同様に謎めいているソヴィエト・ロシアに対してもこれと全く同じ自由《フライハイト》を保持しておくべきだ》という考えに、私は賛成です。今起こっている大きな対決〔＝第二次世界大戦〕の終焉にあって、そしてまた、これから明け初《そ》めるであろう新しい日の朝に、もしも私たちが諸国民の秘密を解く鍵をすでに手にしていると思い込んでいる者として立つようなことにでもなろうものなら、それは私たちにとって決して良いことではないでしょう。私たちが今知っているすべてのことにもかかわらず、また、私たちがこの時代に抱くようになった様々な確信が確固たるものであるにもかかわらず、私たちは、他の諸国民を——まさに同時代にかれらがとることになった姿そのままにわれわれの前に立ち現われるであろう他の諸国民を——新しく見る、という心備えをしていなければなりません。まさしくそうした心備えを、私たちは、ドイツ人に対してもまたすでに今、避けるべきではないでしょう。楽観的幻想のみならず、悲観的幻想、というものもまた、あるのです。

Ⅱ［ドイツ人の「外的状態」］

さて、引き続いて、こう問うなら――「再びドイツ人と顔を合わせるようになる時、われわれは、いかなる外的状態の中にいるかれらと出会うことになるのだろうか」――、私たちは、〔Ⅰより〕比較的大きな確実さをもって動くことができる或る全く別の大地に足を踏み入れることになります。

もしも誰かが、「その外的状態は、古《いにしえ》の、崩壊後のカルタゴやエルサレムのそれと酷似していることだろう」と言うなら、それは単なる推測以上のものです。確かにこの度《たび》は、もはや先の戦争〔＝第一次大戦〕後のような状態ではないでしょう。あの時には、ドイツの敗北にもかかわらず、まさしくドイツこそが比較的短期間に再び或る種の繁栄を享受しえたのでした。つまり、老いも若きも――当時これを私は一九二一年以降身近に体験したわけですが――時間も力も余暇も十分にあって、直ちに情熱的に、新たなドイツの軍事的栄光(25)の問題に取りかかったのでした。そしてまた、新たな――遂には比類なき――軍備拡張が、経済的にも技術的にも比較的かなり早くに実行しうるものとなったのでした。

　この度はドイツ人は、〈終わりなき恐怖〉のみならず、〈恐怖を伴う終わり〉をも選択し、これを身に負うに至っています。この〈恐怖を伴う終わり〉はすでに至る所にあります。〔そこから生じた〕ドイツ人の嘆きは、その嘆きを敵対者が機械化された装備の兵力によって取り除くためには、余りに遅すぎるものでした。というのも、まさしくこの力《ゲヴァルト》に——或る期間大いに成果を挙げつつ——訴えていたのは、まず最初はドイツ人自身だったからです。かれらは万人・万物を征服せんと欲したのであり、そして今や自らが、有史以来、他のいかなる国民《フォルク》も経験することのなかったような苦境の中にいます。かれらは他の諸国の町々を「消し去る」ことを欲し、そして、かれらのなしえた限り、それを行ないました。そして今日、なお全く別の規模・なお全く別の徹底性において廃墟と化したのはかれら自身の町々、なのです。かれらは夥しい諸国民を家屋敷から追い出しましたが、今や、かれらの肉親の何百万もの人々が、東から西・西から東へと、逃走しつつ移動しています。かれらは殺人鬼のごとく四方八方に疾走し、殺し、そして繰り返しまた殺すのです。その間《かん》、償いようなき破壊のなんという幾つもの大波が、かれらの肉親の多数の男たちや青少年たちによって押し寄せてきたことでしょうか！　かれらは亡霊どもを招き寄せ、そして、亡霊どもはやって来ました。そして、あの〈恐怖を伴う終わり〉の〈終わり〉が、ようやく目前に迫っています。

一つのことは確実です。それは、鉤十字を伴った妖怪がいずれ過ぎ去った暁にはドイツの鷲[26]もまた終わってしまうだろう、ということです。このことをドイツの亡命者たちですらきちんと分かっているのだろうか、と私たちは時折疑ってしまうことがあります。ともかく、もはやドイツの何らかの栄光が、ではなくして、恐るべき一義的明瞭さと困難さとにおいて、かろうじてただドイツの生のみが問題となることでしょう。というのも、《一つの国民《フォルク》が力《マハト》を持ち大国《グロースマハト》となる、しかも指導的な大国となる》ということを、もしも他の諸国民が許容するようなことがあるとしたら、そのためには、他の一切と並んで、そうした他の諸国民の信頼を得ることもまた必要だからです。そのような信頼を、ドイツは、かつては持っていました。が、今日、もはや持ってはおりません。まさに己れの力《マハト》を、ドイツは——この力《マハト》を獲得して以降——、好ましからぬ仕方で、そして遂には不可能な仕方で用いてしまったのです。この力《マハト》がドイツから取り去られねばならず、また取り去られるだろうことは疑うべくもありません。それは、他国をドイツから守るためのみならず、ドイツをドイツ自身から守るためでもあります。フリードリヒ大王とビスマルクの業《わざ》は、アドルフ・ヒトラーを通して起こった以上の仕方で首尾一貫して完成されることも、そうしてまた徹底的に破壊されることもできませんでした。おそらくは、ドイツ国家もドイツ統一も長期間にわたってお終《しま》いになるだろう、ということになるかもしれません。(27)私たちは、ほとんど驚愕しつつ、あのドイツの童話のことを思います――ドイツで時機を逸せずこの童話が想い出されていればよかったのですが！――。それは漁師の童話です。彼は妻のイルゼビルから言いつけられるがまま、一匹の魚に――この魚は実は魔法をかけられていた王子――願い事をします。まずは住み心地のよい小屋を、次に石造りの家を、次にお城を、次に王の座を、次に皇帝の座を願い、はたしてそのすべてを次々に手に入れるのですが、遂には彼が神様ご自身になりたいとの願望を抱くに及んで、再び、元々自分がそこに住んでいた豚小屋に戻されてしまう、という話です。

他の諸国民もまた、ここ数年の間、苦労してきました。かれらもまた、血を流し、苦しんできました。私たち〔スイス人〕自身も、結局は或る種の困難を担わねばなりませんでした。しかしながら、人が自分自身に向かって、「われわれが力を尽くし犠牲を払ってきたのは、徒労などではなく、むしろ、或る善き事柄に――もしくはどうしても必要な事柄に――仕えてのことだったのだ」と言うことが許されている、ということと、人が、《或る有害で虚しい企てにおいて、全くの愚かさと悪意とのゆえに、かつ、全く否定的な結果を伴って、かくも多くのことを仕出かし味わい、そして犠牲にしてしまった》という認識の前に立たねばならない、ということとは別のことです。そして、ドイツ国民がいずれ再び――ほんの僅かにせよ――自省をなしうるようになるや直ちにかれらを待ち受けているのは、まさしくこの認識なのです。他の諸国民もまた――われわれもまた――、真《まこと》に、極めて深刻な心配事を背負《しょ》い込みつつ戦後へと入って行くことでしょう。しかしながら、人が、将来への途上にあって、あらゆる心配事にもかかわらず、或る種の具体的な希望や見通しをも持つことが許されている、ということと、人が言わば零点《ゼロ》〔＝最低の状態〕にまで逆戻りさせられてしまって、差し当たっては手許に全く何も持ってはおらず、一切がこの先どうなるのかについてのイメージを全然描くことができない、ということとは別のことです。そして、これこそがドイツ人を待ち受けているものです。一度《ひとたび》すべてが過ぎ去ってしまった暁《あかつき》にはドイツ人がいかに徹底的に尽き果てていることか、いかに徹底的に、あらゆる領域にわたって最初の最初から新たに開始せねばならないことか、――これは全く考えも及びません。いや、この度《たび》は、最高に必要な回復すらもが、長きにわたって――実に長きにわたって――実現することがないでしょう。この度は、この悪しき昨日を越えて何らかのより良き一昨日にまで立ち返る、というのは、確かにそれほど容易ではないでしょう。この度は、ドイツ軍のあの勇敢さ――疑いようもなく新たに証明された勇敢さ――を想起することもまた、今度の戦争を事後的に神々しい光の中に移し入れるのには適していないでしょう。この度は、情緒的《ロマンティッシュ》に心動かされた青少年たちがギター片手に歌いながらドイツ大管区〔＝ナチ時代の党の管轄区域〕を——あたかも何事も起こらなかったかのように——闊歩し、そうしてあっという間にまたもやひどく危険な戦闘集団と化してしまう、などということもないでしょう。この度は、しかしまた、ドイツ市民もドイツの教授もドイツの学生も、もはや、それほど早くかつて来た道に後戻りすることはないでしょう。この度は、あのきわめて偉大なドイツ的有能さや雄弁さも、それほどすぐにまたもや世界を唖然とさせることはできないでしょう。この度は、その間《かん》に起こったことを通して、あまりに多くのものが、粉砕され、余計なものとされ、問題あるものとされ、不可能なものとされてしまいました。この国民の上にのしかかるであろう外的圧迫と、そしてまた、この国民の避け難い内的全身痙攣とはあまりに大きなものとなるでしょう。新しいドイツは、事態がどう進展するにせよ、悲哀に満ちた国となることでしょう。ロッテルダムのエラスムスの談話に、こういう言葉があります。「世界という舞台は変わる。人は〔そこから〕退場せざるをえないか、それとも、各人が自らに相応しい役割を演じざるをえないか、のいずれかなのだ」(28)。ドイツ国民が世界という舞台から退場することはないでしょう。しかしながら、舞台は変わったのです。ドイツ国民の役割は今後長きにわたって或るきわめて慎ましやかできわめて貧弱な役割となる、——これ以外にはありえません。

以上のすべては私たち〔スイス人〕にとって何を意味すべきでしょうか？　私が何より強調したいのは、私たちは、今やドイツ人の身に必然的に降《ふ》りかかりつつあるあの裁き／裁判《ゲリヒト》に自ら関与する必要がないことを幸いに思うべきだ、ということです。私たちが勝者たち〔＝戦勝国〕のあの重い責任に関与してはいないということ、今やドイツはどうなるべきかといったことや、一度《ひとたび》すべてが過ぎ去ってしまった暁《あかつき》にはドイツの内的外的環境はどのように整えられるべきかといったことについて、私たちが決断する必要はないということ、——これは、言うまでもなく、私たちが私たち〔スイス〕の中立性に負っている最善のことの一つです。さてしかし、そのことは、確かに次のことをも内に含んでいなければなりません。つまり、私たちは、自分の方が常によく知っていて常に自分は正しいと主張してきた者らの持つ勝利やら満足感やら他人の不幸を喜ぶ感情《シャーデンフロイデ》やらといったものからもまた全面的に遠ざかることが許されているのだ、ということを。この死にかけている——そして〔もはや〕死せる——ライオンに対して、私たち抜きでも、なおもまさに十分なほどの石が投げつけられることでしょう。このライオンの始末が近づけば近づくほど私たちがホッと安堵の息をつく、というのは当然のことです。そして、こうした成り行きに対する私たちの態度として私がお勧めしたいのは、今やまさしく、恐怖から同情への移行、というようなものでは決してありません。先の戦争〔＝第一次大戦〕でのドイツの敗北後、突如としてドイツに同情的になってしまったことにより、全世界は――そして私たちもまた――あまりに手軽に事を片づけてしまったのであり、そして、ドイツ人がこの同情を用いたそのやり方は広範にわたって決して良いものではありませんでした。現下の状況に対応しており、かつ、私たちにふさわしいこと。それは、私たちが、この真正の悲劇の――何と言っても私たちは目撃者なのですから――少なくとも真正の目撃者であろうとすること、これです。

旧約聖書には、今やドイツの上に起こっておりまた起こるであろう出来事の中に、ほぼ文字通りそれを再び見てとるように思われるような一つのテキストがあります。それは、預言者イザヤ〔の書〕における第一四章です。そこでは、バベル〔バビロン〕の王の転落／失脚について一つの歌が歌われており、その最も強烈な個所では次のような有名な言葉が鳴り響いています。「どうしてお前は天から落ちたのか／汝、光り輝く明けの明星よ！　どうしてお前は大地に叩きつけられたのか／汝、諸国の征服者よ！　お前はかつて心の中で言った、『天にまで俺は昇ろう／神の星々のはるか上に、俺の玉座を打ち立てよう／北の果てなる神々の山に君臨しよう！　俺は、雲の高みを越えて昇ろう／あのいと高き方と同等になろう！』と。しかし、お前は死者の国へと、穴の最深の底へと一挙に落ちてしまった」〔12－15節〕。[29]――勝利の歌？ 残念ながら私たちの諸種のドイツ語訳聖書にはそう書かれています。[30] そう、とは言え、そこにあるのはいかなる同情でもありません。けれども、そこにあるのは、〔確かに〕勝利、ではあるのですが、しかし、すでに何かまったく別なものによって包まれている勝利、すなわち、ここに記されている出来事への――震撼させられるような――参与によって、この出来事に襲われている者・かくも大いなる高みからかくも深きにまで落ちた者にとってもまた益となるような――震撼させられるような――畏敬によって包まれている勝利、なのです。

そしてまさにそれこそが、私たちがドイツ人を再び見出すことになるであろうその状態を待ち受けるべき際の態度、であります。その態度とは、震撼させられること・参与・畏敬、というものです。そしてそれは、私たちが、《すべては、必然的かつ正当に、そうならねばならなかった》という認識を避けることのできないまさにその場合にこそ、そうなのです！ 私たちが、《この戦争は、これとは異なる最後を迎えればよいのに》などと願うことの不可能なまさにその場合にこそ、そうなのです！ もしも私たちが、今や本当にわれわれ自身の眼前ではすべてはそうならねばならなかったようになっているのだから、という理由で、震撼させられること・参与・畏敬から逃れえようものなら、そのとき、私たちは己れ自身に有罪判決を下すことになるでしょう。震撼させられつつ、私たちがこれまでのドイツの〈終わり〉に立ち会うことになるのは、《この〈終わり〉はわれわれにも関わっている。なぜなら、この〈終わり〉は、ドイツ人の性質や悪しき性質に対してのみならず、すべての人間の性質や悪しき性質——われわれ〔スイス人〕自身のそれも含めて——に対して動かし難く置かれている限界の徴、人間がその前に身を屈《かが》めようとはしないときにはそれによって打ち砕かれねばならぬ永遠の定め《ゲゼッツ》の徴、だからだ》という認識が私たちを照らし出すであろうそのとき、でありましょう。

そしてまた、参与しつつ？　そう、参与しつつ、ということでもあります。それは、ここでは、稲妻がわれわれのすぐ真近に落ちてきたのであり(31)、そしてそれは直ちに私たち自身にも命中したかもしれない、ということが確かであるかぎり、そうなのです。他の者らがあの永遠の定め《ゲゼッツ》によって打ち砕かれているのを私たちが見るときには、私たちの中でもまた何かが打ち砕かれるだろう、ということ以外ではありえません。ニーベルンゲン(32)の困窮を、同時に、その困窮を——しかも〔喜ぶこと以上に〕はるかに多く——苦しまざるをえないということなしに、誰が喜びうるものでしょうか。もしも私たちが、この具体的で明白な平和攪乱者〔＝ドイツ人〕のうちに、全く単純に私たち自身を——

この者ほど具体的で明白ではないけれどもやはり同じく平和攪乱者である私たち自身を――、そして、この者に今や下される裁きにおいて、根本においては私たち自身もまたそれに値したであろうもの〔＝裁き〕を、やはり認識せざるをえないのだとしたら、一体どうでしょう？

そしてまた、畏敬しつつ？　そう、本当に畏敬しつつ、ということでもあります。あるいは、どうして人は次のような状況に対して敬意を払わないでいることができましょうか。そこでは、或る他者から、――しかも最高度に正当にも――あらゆる足場が取っ払われてしまっているような状況。そこでは、その者にとって、最も困難な状態と条件のもとで、全く最初から始めること以外、全く新しいものを鋤で耕すこと以外、何も、全く何も、残ってはいないように見える状況。そのような状況に対して敬意を払わないでいることができましょうか。人は一瞬、ほとんど嫉妬すら抱きながら、こうした救いなき状況――しかしまた前代未聞の実り豊かな状況――のことを思うのではないでしょうか。実に一つの国民《フォルク》全体に対して今一度全く最初から始めるという機会がとにかくも提供される、などというのは、そうしばしば起こることとは思われません。始めることが許されている！　もしもこの国民がそうした機会を用いるなら、それは一体なんという課題と可能性であることでしょう！　この国民が今やとにかくもそのための機会を得ている、ということは、九十九人の義人[33]の面前での何という奇妙な顕彰であることでしょう！　私たちは、ドイツ人ほどに、かくも高く登って道に迷うことはありませんでした。明らかにそれゆえに、私たちは今や、かくも深く転《ころ》げ落ちることもなかったわけです。われわれは幸いなるかな！　しかし、まさにそれゆえに、今や、いかなるそうした機会もまた私たちには提供されていないのです。ドイツ人がそうした機会から何を作り出すことになるのか、私たちは知りません。けれども、私たちは、《かれらの前には、生存／実存問題《エグジステンツ・フラーゲ》が今やかくも徹底的《ラディカール》に立てられているのだ》ということを、敬意と期待を抱くことなしには本当に考えられないのです。私たちはこう自問せずにはおられません。かれらは、今日《こんにち》最後の者であるまさにそのゆえに、今一度、全く別の意味において、最初の者となりうるのではないか[34]、と。

それゆえ、これが、私たちの側から――特に今、ドイツの運命に関して――起こらねばならないであろう第二のことでしょう。すなわち、その運命が〈終わり〉に近づくときには、私たちは必ずや、こうして震撼させられつつ・参与しつつ、畏敬しつつ、ドイツのことを考えねばならないでしょう。よくご理解いただきたいのですが、それは、ドイツ問題に対する私たちの態度がいかなるものであらねばならなかったのか、そしてまた、この〈終わり〉に至るまでいかなるものであり続けねばならないのか、を一瞬たりと忘れもせず否認もせずに、なのです。もしもドイツ問題に対する私たちの態度が〈終わり〉に至るまで真正かつ正しいものだったしそうであり続けるのなら、そのとき、そうした私たちの態度は、〈終わり〉が来るときには――そして〈終わり〉は今日至る所ですでに来ているわけですが――、以上のような新しい性格を獲得することができるし、獲得せねばならないのです。

Ⅲ　「「われわれ」は今日、ドイツ人に対していかなる「責任」を負っているか――真実な友となること――」

私たちは今や、次の問いに向かいましょう。《われわれは今日、ドイツ人に対していかなる責任を負っているのか》、と。この問いを全く別の問いにねじ曲げて、《ドイツ人はどんな報いを受けるべきか》、などとは問わないように。ドイツ人がどんな報いを受けるべきか、ということについては、その敵対国ですら決定を下すことはできません。いわんや、私たち〔スイス人〕はなおさらです。《われわれはドイツ人に対していかなる責任を負っているのか》という問いは、《ドイツ人はどんな報いを受けるべきか》という問いからは全く独立しております。それどころか、《われわれはドイツ人に対していかなる責任を負っているのか》ということは、ドイツ人は何を必要としているのか、そして、われわれはかれらに何を与えることができ、また、かれらにとって何でありうるのか、ということから端的に生じてくるのです。そして今や、ドイツ人が今日かれらの道のかくも暗い転換点にあって必要としているもの、とは、全く単純に、友、なのです。敵ならば、十分かれらは作り出してきましたし、そして今もそうした敵を持たざるをえず、周囲は敵だらけのただ中にあって恐るべきほど独りぼっちであらざるをえません。かれらがかつて羽振りのよかった時、己れの存在や状況の劇的誇張において――それは当時いかなる意味も根拠もなかったわけですが――己れ自身にも他者にもあまりにしばしば描き出していたまさしくそのように、です。今やかれらはただ敵だけを持っており友は一人も持たない、というところにまで本当にきてしまったのです。それゆえ、かれらが必要としているもの、とは、確実に友なのであり、そして、われわれがかれらに対して負っている責任、とは、確実に、かれらにとって友たること、なのです。或る者が他の者にとって友であるとしたら、それは、前者が後者に対立（gegen）するのではなく味方（für）するときです。友情に属するほかの一切は、この〔味方するという〕直接的なことから間接的に続いて起こるのです。そのことがこの事柄においては何を意味するものなのか、――以下において理解するよう試みましょう。

友、とは、何よりもまず、教師とは別ものであります。私は教師に反対するつもりはありません。私自身、一教師なのですから。しかし教師は、教壇に座り、自分が知っていて生徒たちの知らないことを述べ、宿題を出し、質問し、成績をつけ、証明書を書きます。教師が事実上かなりの部分にわたって生徒とは対立（gegen）していて、それゆえまさしく生徒の友ではない、というのは、単純に避けがたいことです。少なくとも生徒からしたら、――そしてこの点が重要です――確かにそう見えるわけです。もしも教師が生徒の友でありたいと思うなら、そのとき、その教師はすでに何かとても非教育的なことをせねばならないことになりましょう。つまり、教壇から下りてきて生徒の仲間の一人となり、それゆえ生徒の教師であることをやめねばならないでしょう。

さてしかし、私たちスイス人というのは元々が教育的国民ですので、もしも一旦その時が到来したならば私たちがドイツ人に対して何はさておき教壇に上ろうとしたがる、という危険は大きいわけです。けれども、そうなったら、それは大いなる不幸でしょう。アメリカ合衆国では、戦争が終わったら教師団という船荷をドイツに送り込む動きがあるそうです。それは、かくも多くのヴォーダン〔＝古代ドイツ神話の最高神〕礼拝やニヒリズムや射撃訓練によって荒々しくなった者たちに、人間性豊かな兄弟愛やら民主主義やら法律尊重やら平和への愛やらを、そして、荒涼たるホルスト・ヴェッセルの歌(35)の代わりに、「進め、キリストの兵士よ！」という歌を教えるためである、と。意図は立派です。けれども、それが良い結果をもたらすなどということは決してありえません。ドイツ人は、いかにかれらがひどい状態にあるにせよ、自分たちに教師としてやって来る人間に対してはそれが誰であれ、牡蠣《かき》がその殻に閉じこもるように自分の中に引きこもることでしょうし、ドイツの若者たちは、かみついたりひっかいたりしてそうした人間に抵抗することでしょう。ドイツ人は、教師として自分たちのもとに来ようとする者すべてを、自分たちに敵対（gegen）する者として扱うことでしょう。そしてそれは、以前には飛行機や戦車に乗って自分たちのもとに来た者よりも、更によくない仕方で自分たちに敵対する者として、です。ドイツ人が必要としているもの。それは、友、なのです。だがそれは、正しい友であって、決してヨブの友人たちのような友ではありません。ヨブの友人たちもまたかれらなりの仕方で立派な男たちでした。かれらが犯したのは、たった一つの誤まりでした。それは、かれらがヨブの友であろうとする代わりにヨブの教師であろうとし、一旦教壇に上ったあとはもはやそこから下りることをしなかった、ということです。私たちがドイツ人に対して負っている責任とは、ドイツ人に対して正しく誠実な友であること、であります。

しかしながら、それが意味することはまさに、無条件にかれらに味方する――そして敵対（gegen）しない――、ということでしょう。「無条件に」とは、かれらの改心を期待せずに、ということです。《かれらは、まずはわれわれが好意を持てる者にならねばならない》、《かれらは、まずはもっと良くなり、変わらねばならない》、《だから、われわれは、かれらにまずは道徳を教えねばならず、その結果、場合によっては――その努力が実を結ぶことにでもなれば――、かれらに味方するということになるかもしれない》、などといった留保なしに、ということです。「無条件に」とは、〈将来の品行方正〉といった条件を付けることなく、ということであり、《もしかしたらその際、われわれはまたしても新たに騙されてしまうのではないか》といった思い煩いを持つことなく、ということです。「無条件に」とは、かれらの事柄をわれわれ自身の事柄とするための純然たる心備えを持つ、ということです。

たしかにドイツ人に密かに常に欠けていたもの。そして、今日いよいよ、今日恐るべき規模で欠けているであろうもの。それは、《人間は人間の友たりうる》、《人間は人間に対して無条件に――敵対する代わりに――味方でありうる》、といったことがこの世には存在するのだ、という信頼です。そうしたものが存在することを、他の諸国民も私たちも信じております。いずれにせよ私たちは、そうしたものが存在することを信じている、と思いもすれば語りもします。アングロサクソンの人々の建徳的言語の中では「兄弟愛」や「友愛」以上に好まれているものはなく、また、私たちスイス人は、同じことを表現するのに「仲間《ゲノッセンシャフト》」という、同じく美しい言葉を持っています。ドイツ人には、これらの言葉に対する耳が欠けています[36]。次のように表現することもできます。ドイツ人に常に欠けていたもの。そして、今日いよいよ、ドイツ人がそれなしにはやってゆけないに違いないであろうもの。それは、《赦しとは何か》についてのしっかりとした見方、であります。そしてその見方とは、《人間は、にもかかわらず[37]、互いのために存在することができるのだ――人間には実際多くの対立があるにもかかわらず、また、そのことを見過ごすことも忘れることもできないにもかかわらず――》、というものです。《人は互いに赦し合うことができるのだ》ということ。この一見深くキリスト教固有のものとみえる可能性が、或る力強い事柄だということ。この可能性が、或る力強い政治の最も深い知恵でもあるということ。これは、ドイツ人にとっては、今日に至るまでユートピア的考えに思われたのでした。もっとも、かれらの眼前には、例えばイギリス人が、どれほどの冷静さをもって、そしてまたどれほどの実践的成果を伴って、南アフリカや他の地域においてまさしくこの可能性を用いてきたことか、という事実があったにちがいないのではありますが――。ドイツ人は、まさに権力政治《マハト・ポリティーク》以外のいかなる政治をも知らないのです。

しかしながら、ドイツ人が今必要としているもの。それは、かれらに対してあれらの美しい言葉〔＝「兄弟愛」「友愛」「仲間」等々〕を説教することではありません。かれらは、或る根深い不信感、非常に古くからの不信感を抱いています。こう言ってよいでしょう。かれらは、あれらすべての言葉に対する或る徹底的な不信の中に生きているのだ、と。かれらは、あれらの言葉の背後には全くの偽善的利己心があるだろう、と推測するわけです。そしてまた、他の諸国民も私たちスイス人も、事実今日に至るまで、かれらに対してこれらの言葉を具体的で印象深く信頼に足るものとすることに成功してきませんでした。かれらは、人間と人間との――また国民と国民との――強固で威嚇的な相互対立《ゲーゲン》こそがヨリ正直でヨリ確実な生の基盤だと見なしてきました。かれらは根本においてはただ敵対関係だけを信じることができたのです。ドイツの神学者らが「歴史の主」としての神について語り、ヒトラーが「全能者」(38)に、もしくは「摂理」に呼びかけるとき、それによってかれらが考えているのは、究極の知恵としての――また万物の父としての――戦争、なのです。これについて興奮したり憤慨したりするのは無意味です。かれらは、自分たちは世界においてただそのことだけに出くわしてきたのだ、と主張します。「諸国民の連帯など、かれらにとってこれまで一度たりと政治的現実となったためしはなかった」（W・シューバルト）。こうした不信に包まれて、かれらはプロイセン軍隊行進曲[39]の音楽の中、あの道に踏み出したのでした。最後にはあのホルスト・ヴェッセルの歌が鳴り響かざるをえなかったあの道に。そして、かれらを今や、己れの罪責から、この罪責によって招き寄せられた運命へと向かうこの恐るべき転換の中へと導いたあの道に。このような状況の中にいるかれらに対して私たちがあれらの美しい言葉を説教したとしても、そんなものはかれらには何の助けにも、全く何の助けにもならないでしょう。かれらは、あれらの美しい言葉が真であることに気づかねばならないでしょう。そして、かれらがそのことに気づきうるとしたら、それはただ、私たちがかれらに、《かれらがあれらの言葉の真たることを見て聴くようになり、自分自身の身体で味わい感じるようになる》という仕方で関わる場合だけなのです。かれらは友情を、しかしまさにヨブに差し出された友情では決してなく、正しく誠実な友情を経験しなければならないでしょう。

ロシア人やイギリス人やアメリカ人に対しては、しかしまたフランス人に対しても、そしてまた、ドイツ人によってあんなにもひどく虐待された更に小さな諸国民に対しても、いやそれどころか、よもやユダヤ人に対してさえも、ドイツ人にそうした友情を示すよう、今要求することなどできないでしょう。とは言え、それらの人々もまた、《ドイツの危険は、そのような道の上以外では最終的かつ徹底的には取り除くことはできないのだ》ということを、いつかは見てとるに違いないでしょうけれども――。しかし、私たちスイス人にはそのことが要求されうるのです。なぜなら、私たちはスイス人だからであり、そして、私たちは――私は今やこの前提をはっきりと用いねばなりませんが――キリスト者としてのスイス人だからです。

ドイツ人が私たち〔スイス人〕のもとで見て取るようにならねばならないであろうこと。それは、私たちが、「わたしの隣人とは誰ですか」〔ルカ一〇29〕との問いを、きちんと――それゆえ決して私たち自身の利害《インテレッセ》・関心という尺度に従ってではなく――立て、かつ、これにきちんと答える術《すべ》を心得ている、ということなのです。なるほど、例えば私たちがこの時代にその最善の側面から知るようになったイギリス人やロシア人との友情の方が、それ自体としては、はるかに私たちの関心《インテレシーレン》を惹くことであるかもしれません。しかしながら、今や重要なのは、私たちを必要としている者たちにとって友である、との心備えが私たちにあるかどうか、ということでありましょう。ドイツ人が私たちのもとで見て取るようにならねばならないであろうこと。それは、スイスでは、キリスト教とは、まず第一に福音、そしてそのあとようやく律法、という具合に理解されている、ということなのです。(40) 私たちの頭の中心を占めている律法をもってしては――それが道徳的・社会的律法であったとしても――、私たちはただかれらの教師でしかありえず、それゆえ、かれらに対立《ゲーゲン》することしかできません。中心を占めている福音をもってであれば、心を占めている福音をもってであれば、私たちは、かれらの友であることが――無条件にかれらに味方することが――できるでしょうし、また必ずやそうなるでありましょう。そこで無条件に味方するその「かれら」とは、何らかの理想的なドイツ人でもなければ、もっと良くなった将来の何らかのドイツ人でもありません。そうではなく、ナチズムの汚物の――今やかれらがこの汚物によって覆われているのを私たちは見ているわけですが――恥辱全体にまみれている今日の現実のドイツ人、であります。

というのは、イエス・キリストはかれらにとっても味方であり給うからです、しかも、無条件にかれらの味方であり給うからです。そして、どうかよくご理解いただきたい。それ以外の仕方では、この方はまた、私たちの味方でもあり給わないのです。私たちがそれによって覆われている特別な恥辱をも、イエス・キリストは、私たちを友と呼ぶことによって忍び給うのです。もしも私たちがなおも然るべき様々な理由によって、「まさにあのドイツ人に対するそうした無条件の友情というものはわれわれ〔スイス人〕にとってもまた要求過大なものだ」と言って異議を唱えようとするなら、たしかに私たちは、「われに来たれ、きみたち労し重荷を負う者らよ！」というイエスのあの呼び声〔マタイ一一28〕が、私たちに向かってではなく、むしろ私たちの傍らを通り過ぎ、私たちには妥当せずに、ドイツ人に向けて発せられることになるのではないか、と注意すべきでありましょう。私は今一度、今やドイツ人に提供されているあの独一無比な機会を想い起こします。もしも突然こんな風に言われるとしたらどうでしょうか。

「われに来たれ！　きみたち好感の持てぬ者らよ、きみたち悪しきヒトラー少年少女らよ、きみたち残忍な親衛隊兵士らよ、きみたち悪辣な秘密国家警察《ゲシュタポ》のならず者らよ、きみたち情けない妥協者らとナチ協力者らよ、かくも長きにわたり我慢強くかつ愚かにもきみたちのいわゆる〈総統《フューラー》〉を追っかけ回してきたきみたち群蓄的人間[41]であるすべての者らよ！　われに来たれ！　きみたちの行為にふさわしきことが今やその身に起こっておりまた起こらざるをえないきみたち咎ある者らと共犯者らよ！　われに来たれ！　たしかにわたしはきみたちのことを知っている。だがわたしは、きみたちが何者であり何を行なったかは問わぬ。わたしはただ、きみたちがもう行き詰まっていて否応なく最初から始めなければならない、というのを見るだけだ。わたしはきみたちを元気づけたいのだ、まさしくきみたちとこそわたしは今やゼロ〔＝どん底状態〕から新しく始めたいのだ！　もしもこの者ら――スイス人――が、これまでいつも大事にしてきたかれらの民主主義的・社会的・キリスト教的諸理念のゆえに増長し、きみたちに関心を抱くことがないとしても、わたしは、きみたちに関心を抱いている。もしもスイス人がきみたちに次のように言うのを欲しないとしても、わたしは、きみたちに言う。『わたしはきみたちの味方だ！　わたしはきみたちの友なのだ！』、と」。

もしもかれら〔ドイツ人〕が、私たち抜きで、また私たちの傍らを通り過ぎつつ、こうしたことを聴くようなことになるとしたら、どうでしょう？　もしもこのドイツ人にとっての好機がスイス人にとっては最高の不都合になるとしたらどうでしょう？　もしも、まさにあのファリサイ人の運命、つまり、可能な限りの優位な立場にいながら、そしてまた確かに立派な教師でもありながら、しかし「義とされて家に帰ったのはこの人である！」というただこの称讃されるべき一事だけは帰されることのなかったあのファリサイ人の運命〔ルカ一八9－14〕、――この運命だけが私たち〔スイス人〕において実現されるようなことになるのだとしたら、どうでしょう？　この点で、私はドイツ人の道についてよりもむしろ私たち自身の道について、より一層心配しています。私たちは、ここで見出されるべきであるその解決策を見出すことになるでしょうか？　私たちは、本当にまさに私たち自身のゆえにこそ、ドイツ人に対して今や本物の友《リヒティッヒ》・誠実《アウフリヒティッヒ》な友たらんとすることを拒むべきではないでありましょう。

「スイス義援金」と外国の困窮している諸教会《キルヒェ》のための特別救援活動とについて、ここで一言触れてみましょう。すでに久しい以前から、次のような瞬間が訪れる、つまり、この戦争においてもまた自分たちの幸いなる保持のために言わば払うべき税を支払うことになる、というのみならず、と同時にそれ以上に、われわれが再び他の諸国のただ中にあって隣人愛に富み慈善をなすスイス人として姿を現わすことによって新たに証明された自分たちの徳に花を添えることになる、そうした瞬間が訪れる、というのは或る種の懸念と共に予想できたことでした。「世界の博愛主義的働き一切の中心都市」たること、というこの役割が、――どんなにそれが美しいものだとしても――長期的に見て良い影響を及ぼすことになるものなのか、私には分かりません。実際、私たちは、私たちにとっては今なお可能な贅沢な支出の総和に比べるなら、本来の意味での犠牲を払うということはないでありましょう。〔つまり〕今日の満ち満ちた困窮に直面するなら、私たちが与えうるものなど、焼け石に水、以上の意味は持ちえないでありましょう。そしてまた、確かに私たちは、《われわれはこの件では――いずれにせよ――われわれ自身の利害・関心《インテレッセ》においてもまた行動しているのだ》ということを互いに隠しておこうとは思っておりません。けれども、以上の点は大目に見ることができます。何と言っても、私たちが何を行なうことができ、また行なうにせよ、そうしたことが、それを受け取る人々のためになるだろうことについては疑問の余地はありえないからです。しかしながら、この件が、何らかの証明書や賞の授与とは——たとえそれらが私たちへの正当な評価に見合うものだとしても——全く関係がないということ、これは確かであります。ここで実際に区別する者——なるほどこちらには与えようとするがドイツ人には何も与えたくはないという者——は、むしろ直ちに〔誰に対しても〕全く何も与えるべきではないでしょうし、《今日の状況にあって〈与える〉とは何を意味するか》がそもそも全然分かってはいない、ということを知るべきです。ここで問題となっているのは、われわれスイスの救援姿勢が、詰まるところかつ根本的に、誠実なものであるか否か、の具体的検証なのです。そして、ここで今日直ちに決定されるのは、《われわれは、——先ほど述べたような——ドイツ人に対するあの自由で留保なしの考え方を抱きうるのか、それともそうではないのか》ということなのです。そう、今日のドイツ人およびドイツの困窮が一度《ひとたび》明瞭に私たちの眼前にあるときにわれわれがどこまでも厳しくあり続ける、などということは全くありえないことなのです。

昨年秋、わが国のグラフ雑誌の一つに、一枚の写真が載っていました。そこに写っていたのは、ドイツの婦人たちと子どもたちと年配の男性たちが、何とか持ち出すことのできた僅かばかりの家財道具を持って、破壊された都市アーヘンを立ち去るときのものでした。その前面には、重い荷物を背負った母親の手を握っている四歳の男の子が、一本の大きな白旗を肩にかついでいました。これこそ正真正銘の今日のドイツ問題でありドイツの困窮です！「そうだ」、こう私たちは言うことでしょう。「たしかにわれわれはその現実を見る。だが、われわれの眼前にはまた、ドイツによって破壊され荒廃させられ略奪された他国の幾つもの都市や村もまたあるのだ。誰が始めたのか？ 彼〔ドイツ人〕が他の者たちに百倍も与えた危害に対するその報いを、今誰が受け取っているのか？ もしもあれがフランスかイタリアの男の子なら、われわれは休戦の白旗に注目もするし、《助けることができるのであれば助けてあげなきゃならん》と互いに言いもするだろう。だが、あれはドイツの男の子なのだ！ この子の父親がどういう輩《やから》のナチだったか、分かったものか。また、われわれは聞かなかったろうか。あそこではどういう悪魔的所業の中で（例えばどんな夕べの祈りと共に）すでに幼子らが――そして赤子らが――育てられていたのかを。また、一九二〇年にノルウェーで引きとられ育てられたドイツの貧しい子どもたちが、一九四〇年、地理に通じた敵方の兵士として再びそのノルウェーの地に戻ってきたのかを[42]」。以上は、全く正しく、かつ、全く正しくありません！ まさにこの考えやこの種の考え一切は、私たちが今とるべき考えではありません

――「スイス義援金」に関連することにおいてもそれ以外のどこにおいても――。この考えは全く正しい。だが、この考えは、友好的でも友情あるものでもありません。そして、そのあるがままの（Art und Unart）ドイツ人が今、友を必要としているがゆえに、かれらにとって友であるという責任を私たちがかれらに対して負っているがゆえに、この考えは私たちにとって今不可能たらざるをえないのです。ドイツ人が将来の第三次世界大戦の挙行をもってかれら自身をも私たちをも煩わす、などということのなきよう私たちが何事かをしたいのであればこそ、私たちは清い心(43)をもってドイツ人に出会わねばならず、そしてそれゆえにすでに今、清い心をもってドイツ人のことを考えねばならないのです。

しかしながら、私たちは、この点に関して言われるべきことをまだすべて言い尽くしてはいません。周知のように、誠実な友情というものには、他者に対して異議を唱えることもまたできる、そして、それがその他者のために必要だと見なすときにこそ極めて明確に異議を唱える、ということも含まれているのです。

私たちは、「死にかけている他者を元気づけよ！」との言葉をもってドイツ人に出会うことが許されており出会うべきであり、そしてまた出会いたいと願っています。私たちは――私たちのなしうる限り――、新しいドイツにおいて最初から始めることができるよう、かれらを助けることができますし助けねばなりません。それはもはや、かれらが先の戦争〔＝第一次大戦〕直後に――そして遂にはかつてないほど野蛮な仕方で――そうなることを渇望した君主的国民として、ではありません。そしてまさにそれゆえに、かれらがこの目論見遂行の際にこそ奇妙にもそうならざるをえなかった剣闘士と奴隷の国民として、でもありません。[44] そうではなく、そうした禍いに満ちたイメージの徹底的拒否のもとでの、一つの自由なる国民として、です。もしかしたら私たちはかれらを、真に成人《ミュンディッヒ》した国民となるように、と――鉤十字や鷲の〔旧ドイツ帝国の〕紋章なしにも、いやそうしてこそ――勇気づけ、然るべく風通しをよくすることができるかもしれません。もしかしたら私たちはかれらに対して、極めて控え目な新しい開始に基づきつつ政治的には理性的で健康で生活能力あるものとなるようにと、忠告し助けることができるかもしれません。私たちはかれらに対して、かれら自身の歴史においては全く別種の〔＝良き〕建設のための――萎縮してしまい抑圧されてしまった――幾つもの出発点が存在していたということ、かれらは今やそれらの出発点に立ち帰ることが許され、それらの名誉を回復することが許されているのだということ、に注意を促すことができます。私たちは、今日のドイツ人の中にあってそうした新しい建設を望む人々に、私たちの参与を知ってもらうことができるし、そのような人々に手を差し出すことができます。そして、私たちは、全世界の人々に向けてもまた、《必要な思慮と慎重さとをもちつつも、以上のことのために必要な機会をドイツ人に提供しよう》と私たちの声を上げることができます。

しかし当然のことながら、私たちは、かれらが古きドイツ――これまでのドイツ――を正当化したり弁護したり何らかの称号のもとで新たに建設するようなことのためには、かれらを決して助けることはできません。そのような古きドイツ――これまでのドイツ――が徹底的に解体されればされるほど、いよいよそれは、何よりもかれら自身のために良いことなのです。私たちは、今や不可欠の償いと補償と全面的な新方針樹立とをかれらが拒絶するようなことのためには、かれらを助けることはできません。私たちは、かれらを今日到達した地点にまで導いてきた諸々の道へと後戻りしようとするような試みについては、かれらを助けることはできません。外国の困窮している諸教会《キルヒエ》のための義捐金募金と関連して、今私たちの間では、「かれらの願いにそってかれらを助けるべきだろう」といった標語がしばしば語られています。たしかに正しいことです！　しかしながら、私たちは、まさにドイツの諸教会《キルヒエ》に対してこそ、これまでのかれらの流儀と精神《ガイスト》においてかれらが新たに自己建設するようなことのためには、何があっても決して手助けすべきではないでしょう。まさしく心からの誠実な友情においてこそ、手助けすべきではないでしょう。しかもその理由は、《古きドイツの事柄は完全に良くない事柄であったがゆえに度し難いものであった》――そしてまさしくこれまでのドイツの教会指導部が、そしてこれまでのドイツの大学神学部もまた、この古きドイツにおいて或る致命的役割を果たしてきたのです――、ということを私たちが知っているからです。かくして、もしもドイツ人がこの〔古きドイツの〕事柄を新たに取り上げようとするなら、かれらは依然としてなお、更に深く自らを傷つけることしかできないでしょう。ドイツ人は生きよ！　けれども、ドイツ的行為の代わりに、今や別の、全く別の行為が登場せねばなりません。誠実にドイツ人の味方である者は、起こりうる一切の後退運動に際しては――これに最大限の歴史的理解を示しつつも――、まさしく鉄のように厳しく、かれらに出会わねばならないでしょう。

この観点においてもまたドイツ人に対して誠実な友である、というのは、まことに容易なことではないでしょう。私たちはかれらに好意を持っているということ、私たちはかれらに無条件に身を向けているということ、私たちはかれらに、ファリサイ人が取税人に対してしたように出会うことをまさに欲してはいないということ、しかしまた、まさしくこの観点においてこそ、私たちはかれらに一センチといえども譲歩することはできないのだということ、――実に、こういったことをかれらに分かってもらうのは容易なことではないでしょう。この課題をも拒むことをせず、かくてまた正しくこの課題を引き受けるためには、私たちはかれらを、たしかにとても愛していなければならないでしょう。この課題の困難さはとてつもないものです。すなわち、《古いものは過ぎ去ったのであり[45]、自分たちは新しいものを耕さねばならず、それゆえ、藪の中に種を蒔くことは許されないのだ[46]》ということをドイツ人自身がたやすく見て取るようになる、というのは、今日であってさえもまた全く自明ではないのです。

まず人が考慮に入れねばならないのは次のことです。なんという集団的狂気(kollektiver Wahnsinn)[47]の中で自分たちはかくも長い間生きてきたのか、ドイツに纏《まと》わりついている不快感はなんと大きく、なんと根本的であり、そしてまたなんとそれは正当なものなのか、自分たちが、かつてビスマルクに、それからヴィルヘルム二世に、そして遂に止《とど》めとしてアドルフ・ヒトラーに服従《ナッハフォルゲ》し、自分たちに命じられたことのすべてを喜びかつ忍耐しつつ行なってきたことによって、なんという責任を己れに引き受けることになったのか、――こういったことについて、おそらくドイツ人の大多数は今日なお事実上、ほとんど何も分かってはいないでしょう。特に、ドイツという名にここ十二年もの間纏《まと》わりついてしまった恐怖と嫌悪との規模がどれほどのものなのか、について分かってはいないでしょう。かれらと共に、少なくともかれらが事実を直視してそれをそのまま認める、というところにまでこぎつけることすら困難でありましょう。

しかし、人は別のことも考慮に入れねばなりません。それは、不愉快な政治的記憶をその後寛大にも越えて行き、その記憶を正反対のものに解釈し直す、というあの奇妙なドイツ的特質のことです。ビスマルクによるドイツ帝国の新創設の歴史がありとあらゆる種類の虚偽と暴力との歴史だった、ということ。これを、それが起こった時――つまり一八六〇年から一八七〇年の間――、何百万ものドイツ人は非常に正確に知っていたのであり、かつ、それに対する自分たちの怒りを十分はっきりと表明もしたわけです。二十年後にはすべてが忘れ去られ、その歴史からは比類なき英雄の歴史が生まれてしまったのであります。こうした特質が今日またもや力を発揮することになるかもしれません。

人は更に次のことを考慮に入れねばなりません。ドイツ人は、あらゆる政治的告発に対し、直ちに何らかの反・告発をもって、また、それに対応する憤激した諸要求をもって応じることが好きです。かくて、かしこ〔ドイツ〕では、先の戦争〔＝第一次大戦〕についての反省が――少なくとも一度は民主主義に誠実に取り組もうとする試みが――、直ちに、ヴェルサイユ条約を非難する声の洪水によってかき消され、不可能とされたのでした。かくて、今回もまた、かしこ〔ドイツ〕では新たなる伝説が世界のあちこちに広められる、ということが起こるかもしれません。《イギリス人が、ロシア人が、全世界が、――ただドイツ人自身だけは別として――現在の禍いについては責任があるのだ。そして今もまた、他の諸国に対して一切の可能なものを要求し、求めることができるのは、何よりもドイツ人なのだ》、という伝説が。

人は更に、ドイツ人の歴史哲学的深遠さ（Tiefsinn）(48)を考慮に入れねばなりません。かれらは、自らを、数々の偉大なる運命的歴史的必然の、或る時はその執行者として、或る時はその犠牲者として理解することが大層好きです。そこからしてもまた、いつの日か遂に真に醒《ニュヒテルン》めるようになること、責任ある思惟・健全な洞察・真に自由な決断へと立ち上がること、――こうしたことがかれらに難しいだろうことは明らかです。

そして最後に、人はドイツ人の宗教的深遠さ（Tiefsinn）を考慮に入れねばなりません。この宗教的深遠さは、己れの具体的罪責を、次のような大いなる真理を指し示すことによって、実に喜んで回避するのです。すなわち、《神の御前《みまえ》では、結局は、すべての人間・すべての国民が等しく罪責を負っており、等しく大いに自らの罪の赦しを必要としているのだ》、と。そうして、この大いなる真理から、大胆にも、《ドイツの何らかの特別な悔い改めなどというものは明らかに必要ではなく、そのようなものは全く適切ではない》という結論が導き出されるのです。

以上すべての点から道は後方へと通じているのであり、そして、それらの道を、ドイツ人は今や決して歩もうと欲すべきではないでしょう。それゆえ、以上すべての点において、人はドイツ人に対して、全くの友情をもって、苛立つことなく――つまりドイツ人は人を苛立たせることができるのです！――、眉一つ動かすことなく平然と、異議を唱えねばならないでしょう。それは、かれらに罪告白を強要するためではありません――そのような罪告白をすべき義務をかれらは確かに私たちなどに負ってはいません――。そうではなく、それは、かれらが事実、後方ではなく前方を仰ぎ見て歩むよう促すため、それゆえ、或る良き澄んだ大地の上でかれらと共に生き共に働くことができるため、です。この点でかれらがわれわれのところでいかなる感傷にも出くわさない、ということ。われわれが、かれらに敵対するのではなく味方することによって、破滅的過程に今一度着手しようとするようなあらゆる考え方に――たとえそれがどれほど印象深いものだとしても――関わり合わない、ということ。こうしたことに、一切はかかっています。私たちは、知的言い逃れというあの大いなるドイツ的技術に、今後もはや感心させられてはなりません。そしてそれは、私たち自身のためばかりではなく、まさしくドイツ人自身のためにこそなのであり、私たちがかれらに好意を抱いているときにこそなのです。ですから、《われわれ〔スイス人〕は、かれら〔ドイツ人〕がかくも長きにわたって立っていたその場所とは違う場所に立っている》、また、《われわれの友情は、かれら自身もまたその全く違った場所へと赴くように、との招きを含むものなのだ》、ということがかれらにこの上もなく明瞭になる、ということに一切はかかっているでしょう。しかし、そうした招きが真に招きでありうるのは、ただ、私たちがまず最初に、《われわれはきみたちの敵ではなく、むしろ、きみたちに好意を抱いているきみたちの味方なのだ》ということをかれらに対して明瞭にしたときだけ、でありましょう。もしも私たちが「義しき櫛《くし》製造人」としてかれらに出会うとしたら、一切は失われてしまいます。それゆえ、かれらに対する私たち自身の道は、ファリサイ主義と感傷主義との間をくぐり抜けてゆくものでなければならないでしょう。これこそが、この点での課題をかくも困難にするであろうもの、です。ファリサイ的であることは容易です。感傷的であることもまた容易です。しかし、すべてに対して全く心備えがあり同時に全く断乎たること、全く優しく同時に全く厳しくあること、これは難しいことです。あらゆる瞬間に、一方の側かそうでなければ他方の側に滑り落ちるというのがどんなに身近なことか、私がわざわざ言う必要もないでしょう。もしも何方《どなた》かが、「ドイツ人に対する――われわれに求められている――友情ということであなたがこれまで述べてきたことなど、ほとんど解決不可能な問題だ」と反論なさりたいとしても、それに私は異議を唱えることはできません。けれども私は、われわれに求められていることを――熟慮に熟慮を重ねた上で――、人がこれとは違う具合に述べうるものなのか、分かりません。ドイツ人が今日必要としているもの。それは、先の二重の意味での誠実な友情なのです。そして、それこそが私たちがかれらに対して負っている責任です。

Ⅳ　「「賢明」で良心的な一ドイツ人からのスイス人への問いかけ」

さて、私たちはこれまで、ドイツ人については非常に多く語り、しかし、私たち自身については非常に僅かしか語ってきませんでした。この面の補足が何と言っても必要です。そのような補足は、同時に、《一体われわれは、われわれがドイツ人に対して負っている責任を果たしうるのか、それとも果たしえないのか？》という今や非常に差し迫ったものとなっている問いへの一つの答えとなるかもしれません。

一人のドイツ人がこの講演を皆さんと一緒にここまで聴いてこられた、と想像してみましょう。そして、そのドイツ人は、この度は、高慢で偏狭なドイツ人ではない、といたしましょう。ですから、彼は、こんな風に言って私たちのことを片づけようとはしないでしょう。「ここで語られたすべてからは、私にはただ〈否〉だけしか、つまり、ドイツ人である自分にとって偉大で重要なこと一切に対するきみたちの反対しか、聞こえてこない。きみたちは昔から、〔ドイツ〕帝国のまさしく度し難い敵だったし、その上、誰の目にも明らかなほどアングロサクソン人の宣伝《プロパガンダ》に取り込まれてしまっているのだ」等々、などと。そしてまた彼は、こんな風に心中を吐露して私たちを打ちのめそうともしないでしょう。「ドイツ人は――最悪の敗北の場合ですらも――常に偉大なる国民だが、きみたちはたかが四百万というわずかばかりの国民だ。だから、もしもきみたちが、《ドイツ人というのは何かにつけ、われわれスイス人がかれらに対してどういう態度をとるか、ということをとても重視している》などと思おうものなら、それはとんでもなく過大な自己評価だ」、などと。そういうわけで、私は今、このようなドイツ人ではなく、あらゆる面で賢明に考えている一人のドイツ人のことを想像してみることにし、そして、そのドイツ人は今や次のような反論を持ち出す、と仮定してみたいと思います。

「愛するスイス人よ！　私は、きみたちが、われわれのことをどう考えるべきでありわれわれにどういう態度を取るべきかについて頭を悩ましている、ということについてお聴きしました。きみたちがわれわれに対して反対すべき多くのことを胸の内に抱いており、そのことでわれわれがきみたちに大変苦労をかけてしまっている、ということを私は承知しています。そこで、打ち明けますが、われわれがなかなか理解されにくい[49]ということを私は分かっているのです。われわれが非常にしばしばそうしてきたように、私は、そのことから何か誇らしげな肩書を作り出すつもりはありません。それどころか、ここで——しかもきわめて付随的なこととして——われわれに反対して語られてきたこと一切について、私は完全にきみたちと同意見だ、と私は告白します。われわれは間違ったし誤りを犯した、ということ。われわれは今やその諸々の帰結を引き受けねばならない、ということ。そして、ここで語られたように、われわれは本当に新しくゼロ〔＝どん底状態〕から新たに始めなければならない、ということ。こうしたことを私は知っています。《ドイツの存在によって世界は癒される》という、あの、どう考えても傲慢で馬鹿げたスローガンを、——そう神はお望みでしょう——責任能力あるドイツ人なら誰も今後もはや口にすることはないでしょう。われわれにとってはただ一つの関心ある問いが存在するのみであり、それは、《ドイツの存在そのものの癒しは遂に起こるのか、また、それはどのようにしてか？》という問いであるということ、これを私は知っています。以上のことを私は知っており、以上のことを私は告白します。そして更に、きみたちが、われわれに対する純然たる否定的態度を――なるほどいささかの困難を伴ってではあれとにかく――誠実に克服しようと、いやそれどころか新たにわれわれの友たろうと努力しておられる、ということを私は承知しています。そこで、打ち明けますが、こうした誠実な意志に対して、私はきみたちに感謝しているのです。われわれは、事実、友を必要としているのですから。そして私は、それが実行に移されるようにと、きみたちにあらゆる良きことを願っております。きみたちに、以上のことをまずは言わせてください。

だがしかし、愛するスイス人よ。以上すべてに関するきみたちの積極的資格とは、そもそもどういうものなのでしょうか？　すなわち、われわれを巡るきみたちの心配、われわれに対するきみたちの批判、かくして、きみたちがやっとの思いでなそうとしているわれわれへの〔友たらんとする〕申し出、そうしたことすべてに関するきみたちの積極的資格、とは？　『ドイツ人とわれわれ』――。そもそも一体どうしてきみたちは、どうしてあなたは、バルト教授、われわれが今しがたここでお聴きしたすべてにおいて起こったような仕方で、スイス人としてのきみたちをドイツ人としてのわれわれに対峙させる、などということができたのでしょうか。さて、もしもドイツ人としての私が一つの講演を予告し、そして、『スイス人とわれわれ』という主題に関する講演を行なうとしたら、どうでしょう？　しかも、よくご理解いただきたいのですが、高い馬上から威張りくさって見下《くだ》してではなく、もはやビスマルクからではなく、また、もはやヒトラーからではなく、そうではなく、われわれがすでに実際には到達してしまっているまさにあのゼロ〔＝どん底状態〕から、そして――一切が過ぎ去った暁には誰の眼にも明らかなごとくに――われわれがそこに立っているであろうまさにあのゼロ〔＝どん底状態〕から、講演を行なうとしたら、どうでしょう？　そうして、もしも私が以下のような確認をするとしたら、どうでしょう？

実際きみたちは、一九三三年からつい最近に至るまで、決してドイツ国民と、ではなく、われわれのヒトラー政権と、単に礼儀正しい関係というのみならず、むしろ友好な関係を維持することを最高に重視してきたのでした。実際きみたちは、われわれのヒトラーの仲間であるフランコとムッソリーニの悪業を、すでにその翌朝には正式に《デ・ユーレ》――正式に《デ・ユーレ》！　ですぞ――承認することに極めて急でした。けれどもきみたちは、ヒトラー政権に敵対する逃亡者に対しては疑いの目で見、国際的な民主主義的連帯については、当時ほとんど関心を示そうとはいたしませんでした。実際きみたちは、一九三八年、ミュンヘン〔会談〕の時期、(50)こう説教したのでした。それは今も読むことができるものです。《当時、政治家たちを導き支え、かれらの「平和のための闘い」へと、そしてまた重大で痛ましい犠牲（チェコスロヴァキアの放棄のことです！）へと、力づけた――力づけた！　ですぞ――ものこそ神の聖なる霊であった》、と。きみたちもまた――どの国民もそうであるように――、きみたちにお似合いの政府を持っているのではないでしょうか。さて、このきみたちの政府は、それから一九三九年になると、こう何度も声高に断言して憚らなかったのです。《この戦争で問題となっているのは「諸外国のイデオロギー」戦争なのであって、われわれスイス人には、全く、全く何の関係もないのだ》、と。しかし、その九か月後には、つまり、われわれのヒトラーが差し当たりは非常に調子よく、他の諸国は非常に調子悪かった時のこと、きみたちの外務大臣は或る演説をし[51]、その中で彼はきみたちにこう忠告したのでした。《今やわれわれにとってもまた「新しい人間」を着る時が来た》、と。この男が今はもう辞任していることは私も知っています。けれども、《一体、当時、他の連邦内閣のメンバーもまた同じ考えだったのか、それとも違う考えだったのか？》ということについては、今日まで、誰も知らないのです。きみたちの学生らは、しかも愛国主義的な学生らは、当時、「一八四七年の民主的スイスとは別のスイスも、ひょっとしてありうるんじゃないか」などと真剣な面持ちで話し合っていたものです。当時、或る人が、「イギリスをこの戦争に引きずり込んだ事柄はわれわれスイス人の関心事でもあるのだ」と公然と言ったとき、彼は、きみたち〔スイス〕の中立を守護する大祭司らから《この者は「国家を危険に晒す」ようなことを語った》とのお墨付きをもらわねばならなかったのでした。[52]私はまたここ数年、きみたちの幾つかの主要な日刊新聞を追ってきましたが、やはり、こう言わざるをえません。そこで論説記者や通信員が様々な出来事を取り上げているそのやり方からは、全体として――多少の名誉ある例外はあるにせよ――、かなり年寄りじみた印象を与えられた、と。それからまた、きみたちは検閲を設けましたが、それは全くその目的を果たしているとは言えない代物でした。つまり、その検閲は、きみたちに対して、われわれ〔ドイツ〕の権力者たちにとっては不都合な――もしくは不都合だった可能性のある――意見表明を、更には事実の報道すらをも、知らせないようにしておくものだったのです。[53]また、この検閲の決定は「その都度の状況に応じて」[54―原注]なされました。ということはつまり、検閲の判断が厳しいのか緩やかなのか、が、その都度、地図を見ながら――すなわちその都度の軍事上の最前線の状態からして――かなりの程度正確に推測できた、ということです。そういう中で、きみたちは、――それがうまくいっている限り――いよいよ熱心に、われわれの軍需産業を、きみたちの工場で製造される周知の優良品によって支える努力をしてくれたのでした。[55]そうしたことは、きみたちの置かれていた特殊な状況を考えるなら、説明もつき弁解もできるかもしれないとしても、しかし、どうしてきみたちが、この商売に関連して、直ちにまた一〇億ものスイス・フランの公債によってドイツの戦争遂行を助けるなどということまでなさったのか、は依然として謎のままです。きみたちは、ようやく何年も経ってから、そちらの極右主義者[56]に対していささか確固たることを行ない始めましたが、その場合でも同時に、共産主義者らへの反共キャンペーンを企て実行することによって巧妙に己れの中立を装いながら、でした。しかも周知のように、きみたちは、その共産主義者らに対してはまさしくここ数年間恐れるべきことなど何も持ってはいなかったのに、です。そして、よりによってここ数年間、――この場合はスイス政府ではなくむしろ――スイスの市民や農民が、広範にわたって、「自分も元々はユダヤ人を好きじゃあなかった。だから、ドイツのあの反ユダヤ主義的意見に少しばかり同調するのもやはり適切なことなのだ」などと打ち明けるようになる始末です。以上のことや他の幾つかのことが、ここ数年間のきみたちの振舞いについて調べて、私の分かったことです。

昨年来、すべては、今一度別な様相を呈するようになったということ。たしかに私もそれは認めます。しかし、それはきみたち自身の意図するところが変わったというよりは、むしろ変化した「状況」に関連している、と考えたとしても私の思い違いではないでしょう。

さて、以上のことが、きみたちが、きみたちの安全と独立とを維持するための国政上の知恵であったのだとすれば、それはきみたち自身のことです。しかし、私は、きみたちに言わざるをえません――とは言え私はこの事柄に関してはきみたちの判断と一致しているわけですが、だがまさにそれだからこそ、でもあります――。つまり、きみたちが今日立っているのを私が見るその場所にきみたちが自らを――われわれドイツ人に相対《あいたい》しつつ――置く、というその勇気を、一体きみたちはどこから得ているのか、ということが私にはよく分からないのです。きみたちは、なるほど正しく裁いています。けれども、私には、きみたちの裁きは何よりもまずきみたち自身の頭上に下されているように思われるのです。「われわれは岩のごとく立つ、危険を前にして決して恐れることなく」？　いいえ、われらがヒトラーの調子がよかった間、きみたちは「岩のごとく」など全く立ってはいませんでした。すなわち、きみたちが今立っていると主張しているのとは違う場所に立ちつつ、きみたちは、〈もう一つのより良く自由なドイツ〉に対しては全く心を持たず、そのためには指一本動かさず、むしろ、きみたち自身のことを心配し、己れの無実を主張し[57]、党派性なき中立者を演じ、そうして、しかし実際には、幾度かは全く明らかな仕方で狼どもと一緒になって吠えたのでした。ミュンヘン〔会談〕

の時期にはイギリス政府のチェンバレンが――そしてまたヴァチカンが――立っていたのとほぼ同じ場所に、一九四一年まではアメリカの不干渉主義者らが立っていたのとほぼ同じ場所に、この間《かん》のすべてにおいてきみたちが立っているのをわれわれは見てきました。もしも事態がそれ以後も、一九四一年までに進行したような具合に進行していたのだとしたら、さあ、きみたちは今日、一体どこにいることでしょうか？　その場合には、〔一九四〇年六月の外務大臣演説の〕《新しい人間を着る》というあの事柄が、今一度非常に切実な問題となったのでは？　それなのに今や、きみたちがわれわれのために心配する？　今や、きみたちがわれわれを批判しようとする？　今や、きみたちが、われわれに何ごとかを語り提供し与えねばならず、有益な仕方で何ごとかをわれわれに指摘せねばならない、と考える？　いいや《ナイン》、きみたちは、われわれが今や信頼しつつ仰ぎ見ることのできるような、砕け散る怒濤にそびえ立つまさにその櫓《やぐら》、などではありませんでした。われわれが見てきたもの。それはむしろ、中立的に、しかし機敏に動く風見鶏のようなもの、でした。しかし、まさしくこの風見鶏こそ、われわれが一九三三年以来、そしてそもそもは昔から、われわれ〔ドイツ人〕自身のところでたっぷりと見てきたもの、だったのです。われわれがきみたちから聞かされたこと、とは要するに、「国是」という言葉でした。しかし、まさにこの正真正銘の無神論的言葉を唇に乗せながら、かつてわれらがビスマルクもまた死んでいった、とのことです。そういうわけですので、もしも万事がうまく運んだ暁にきみたちが――感謝すべきことに――われわれに寄せようとしておられる誠実な友情なるものを、われわれドイツ人はどう受けとめるべきなのか、私にはあまりよく分からないのです。

そしてまた、スイスにおけるキリスト教はどんな具合でしょうか。先ほど聞いたこと、つまり、きみたちのところでは、キリスト教とは、まず第一に福音で次に律法、と理解されているのだということ、――これは一体真実でしょうか。まさしくスイスのキリスト者こそが知ったかぶりやら独善家やらの無用な小隊としてわれわれに出会うようなことはない、といった具合に、一体われわれはほんの一寸でも安心していられるのでしょうか。一体、きみたちスイスのキリスト者は、イエス・キリストにおける神の恵みによって生きているのでしょうか？　そして、まさにそれについて、われわれに実際に何ごとかを気づかせてくれることができるのでしょうか？　そして、もしもそうではないのだとしたら、どうしてきみたちはわれわれに誠実な友情を――われわれがかくも必要としている〈確固とした異議申し立て〉という姿でのあの別の意味でもまた誠実な友情を――寄せようなどという気になるのでしょうか？　きみたち自身の信仰が根本においてそれほどのものではないのだとしたら、そのとき、どうしてきみたちはわれわれにとって信じるに足るものとなりうるでしょうか。要するに――どうかお許し願いたい、が、私にはこう思われるのです――、きみたちは実際、われわれとほとんど同じ穴のムジナなのです。

どうか私のことをご理解ください。つまり、以上のように言うことでわれわれ〈ドイツ人〉は免責されている、などと私が考えているわけではありません。そこではすべての猫が灰色であり、誰も他の者を咎めることのできないような、すべての者が罪に覆われてしまっている夜。それが私の狙いではないのです。きみたちに今一度強調して請け合いますが、きみたちはわれわれとの関係においては正しいのです。しかし、私が恐れるのは、きみたちが、にもかかわらず、われわれにとって今や何らかの重要な存在であり何らかの重要なものを与えることができるような人々ではない、ということなのです。私が恐れるのは、きみたちは、きみたちが立っているように見えるその場所にあって決してそれほど力強くは立っていないため、きみたちがわれわれのもとにやって来ることが――たとえそのように決心してくれたにせよ――、われわれにとってはドイツ回復のための大きな助けとはなりえない、ということなのです。私が恐れるのは、きみたちに代表される民主主義やキリスト教が、わが悪しき愚かな同国人に対して、そのわが同国人が今や必要としているはずの〈天来の素晴らしき使信〉という圧倒的印象を与えることはないだろう、ということなのです。この講演で試みられた問題提起全体に対して資格と権限が与えられるためには、きみたちはこの数年間、全く別の顔を示さねばならなかったことでしょう。また私は、この講演に応じるようにしてきみたちがあるいは抱くかもしれぬ善き決意という点で、きみたちを迷わそうなどとは思っておりませんが、しかしそれでも、次のことをきみたちに隠しておくことはできません。つまり、私が恐れるのは、以上に挙げた理由から、きみたちは、ここで多くのことを果たしうる人々ではないだろう、ということなのです。私はきみたちを悲しませたくはありません、愛するスイス人よ。が、しかし、われわれは、――そもそも人間がわれわれを助けることができる限りにおいて――例えばロシア人から、きみたちよりはるかに多くのものを受け取り学ぶことができるだろう、ということはたしかにありうることなのです」。

こう、賢明な一ドイツ人は語りうるでしょう。そして、告白せねばなりませんが、彼に対してどう答えるべきなのか、私には本当に分からないのです。

確かに、彼に対して私は、一九三九年四月の連邦内閣オプレヒト〔経財相〕の確固とした言葉(58)や、リュトリでのわれらが〔アンリ・ギザン〕将軍の忘れられない演説(59)のことを指摘できるでしょう。また、あの怯《ひる》むことなき『ネーベルシュパルター』誌や、そのメッセージの変わらざる持続性ゆえにどれほど称讃されてもされすぎることのない政治風刺の寄席芸コルニホンや、「スイス国民の健全なる精神」――この精神は実に一切のものを貫いて保持され、ベルン〔＝スイス政府〕からやって来るものに対して何度かは明白かつ有効に反対を訴えることもしてきました――について、そしてまた、政府の中立性の流れに抗して力の限りもがいた多くの個人や、ありとあらゆる私的な働き人たち――例えば難民やユダヤ人の事柄のために活動しその事柄を倦まず弛まず押し進め駆り立て急《せ》き立ててきた働き人たち――について、指摘できるでしょう。そして、何よりも、あの大いなる直感的自明さについて指摘できるでしょう。つまり、そのような自明さにおいて、私たちの国民や軍隊の多くの人間は、自分たちが一体どういう状態にいるのかを――たとえそのことを自ら声に出して言うことも口外することも許されなかったとしても――、結局のところ知っていたのでした。更にまた私は、好意的な外国人ジャーナリストが、こうした時にもまた私たちの益となるよう時折語ってくれたし、そうして私たちもまた喜んでそれを印刷し自分たち自身の慰みに読んできたもの、――こうしたことも指摘できるでしょう。教会やキリスト教に関して言えば、今日スイスでは、全体的かつ平均的に、二〇年あるいは四〇年前よりも確実に良き仕方で――つまり道徳的・感傷的というのではなく、その代わり、より福音的に、そしてまさにそれゆえに、最善の意味で、より政治的・社会的にも――説教がなされている、ということを指摘できますし、そしてまた、各個教会《ゲマインデ》においても――様々な雰囲気や声の流動性にもかかわらず――まさしくそうした動きを求めそうした動きに理解を持つ人々の数が増えつつある、ということを指摘できるでしょう。

しかし、私たちにはすでに分かっていることですが、賢明な一ドイツ人が私たちに対して今や問うであろうような問いに対する、本来的で〔その問いが含み持つ困難を〕克服するような答えとしては、以上すべてのことをもってしては不十分でありましょう。以上すべてのことに対して他方の側で対峙しているところの全体像は、実際、あまりにも強すぎるものなのです。スイスの公式の顔は――そして残念ながらそれが問題なのです――、ここ数年間、なるほど確かに非常に狡猾な顔ではありましたが、しかし残念ながら、要するに、実際あまりと言えばあまりに狡猾すぎる顔でした。私たちはここ数年間、ただスイス人としてのみ振る舞い、ただスイス人としてのみ自己証明してきましたが、良きヨーロッパ人としては、そうしてはきませんでした。まさにそのゆえにこそ、私たちはここ数年間、本当に良きスイス人としてもまた振る舞うことはなく、自己証明することもなかったのです。世界におけるわれわれの評判は、もしかしたら、たしかにこれまでは、現実の私たち自身よりよかったかもしれません。しかし、その評判がこの戦争終結後には、その古い輝き、いささか童話風の輝き——因みにそうした輝きのためにあのドイツ人フリードリッヒ・シラーが或る程度の貢献をしてくれたわけですが[60]——、そのような輝きから、なお多くを失うことになるとしても私たちは驚いてはならないでしょう。

そういうわけで、私たちが今日ドイツ人に対してなすべく負っていることを行なうための私たちの全権は疑わしいもの、ということは、やはり真実なのです。私たちの全権は、私たちにああしたことを突きつけうるであろう賢明なこの一ドイツ人なるものが私が自由に考え出した人物だからと言って、その分、疑わしいものではなくなる、などというわけではありません。このドイツ人がただ考え出された人物にすぎないものか、それとも、このドイツ人はすでに今、複数の人間の姿であちこち歩き回っており、適当な瞬間に突然現実に私たちに出会い、否応なしに、「きみたちの全権は疑わしい！」と言い立ててこないものかどうか、誰が知りましょう？　しかし、たとえこのドイツ人がただ私の想像の中にだけ存在しているのだとしても、誰が一体彼に反駁しうるでしょうか？　そう、たしかにそうなのです。私たちスイス人の全権は、事実、疑わしいものなのです。これはあまりに疑わしいものなので、「ドイツ人とわれわれ」などという主題は全く提出しないか、あるいは、この主題を直ちに断念し、新たな徹底性をもって「われわれスイス人」という主題に身を向けた方がいいのではないか、と考え込んでしまうほどです。

　そうすることもできましょう。しかし、だからと言って私たちは、「ドイツ人とわれわれ」という主題から逃げ去ることはできないのです。今日であれば、はっきりとそうです。ドイツ人は、ユダヤ人がそこに存在しているように存在しています。ユダヤ人の性質と運命とを、ドイツ人はかくも多く共有しているのです[61]。私たちは、悪しく、もしくは正しく、まさしくこのドイツ人と向き合うことなしには、全くスイス人であることなどできないのです。「この事柄における私たちの全権は疑わしいものだ」と、たとえ私たちが己れに告白せねばならないとしても、ドイツ人と向き合うことを——悪しくではなく——正しく行なう、という課題は残り続けるのです。ですから、私たちには、この主題のために私たちが自らに向けて語ったものから、私たちが今しがた聴いたあの賢明なドイツ人の反論報告の後であってさえも、何ものも撤回すべきものはありません。

　今や一切がその中へと移されているのを私たちが見るのは、ただ一つの究極的な奇妙な光、であります。たしかに私たちは今や見ます。私たちがあの北にいる人々〔＝ドイツ人〕のことを考えるとき、私たちもまた、決して高い馬上に座り威張っているのではなく、私たちが決して見せびらかすことなどできないような、耳の垂れた見栄えのせぬ驢馬《ろば》の上に座っているのだ、ということを。たしかに私たちは見ます。私たちがドイツ人に対して自分たちの態度表明をしようとする際のあらゆる——あからさまな、もしくは隠された——スイス的高慢は、私たちがこの〔驢馬の〕場所にいることによって最初からその息の根を止められているのだ、ということを。たしかに私たちは見ます。「神よ、ドイツ人を憐れみ給え！」という祈りですら、もしもこの祈りがあの最も誠実な「われらを憐れみ給え！」（Miserere nobis !）に基づいてはおらず、それゆえ包括的に、「神がわれらすべての者を憐れみ給いますように」ということを意味しないのだとしたら、全くふさわしからざるものだ、ということを。また、たしかに私たちは見ます。もしも、私たちが今日ここで見つめてきた方向において、一切の人間的予期に反して何ごとかを成し遂げることになるとしたら、それは私たちの能力や私たちの業績の力によって起こるのではないのであり、それゆえ、それは私たちの誉れ・私たちの勝利ではないだろう、ということを。そのときには、私たちは、私たちの功績なしに、私たちの最高に疑わしい全権の中にありながらも、そのために用いられているであろう——遂には悪しき道具もまた善き御手の中ではいかなる場合であれ成果を収めつつ用いられうるように——、ということを。そして、私たちは、この事柄においてただそのようにして用いられるように、ということに対してすら要求する権利など決して持ってはいないのです。

もしも、ドイツ人が今日必要としていることのために、私たち〔スイス人〕以外の全く別の人々や諸国民が用いられることになるとしても、それを私たちが驚くことはできないでしょう。

しかしながら、《われわれは、今日呼びかけられているのだ》という事実は、以上一切のことによっても、何ら変えられません。これこそが、私たちの全権を問いに付すような最も厳しい批判者に対してもまた、私たちが――たとえこの批判者に千に一つも答えられぬとしても(62)――異議を唱えざるをえないだろうことなのです。この点で私たちは惑わされてはなりません。私たちが自分はこの課題には耐えられないと見なす、というその事実が、私たちをその課題から解放するのではありません。その課題が引き受けられねばならないのは、その課題が私たちの前に置かれているから、なのであって、その課題遂行のために自分はふさわしいと私たちが見なすから、ではないのです。私たちがその課題に取り組んで徒労に終わる、ということに、必ずやなるわけではありません。私たちがその課題に取り組む際、一切の要求なしにそうするときにこそ、それが徒労に終わることなどないのは確実です。そう、事は、今日ただもうかろうじてゼロ〔＝どん底状態〕からだけ或る将来を持ちうるような人々に対する私たちの態度決定に関わっております。このような状況の中にいるかれらの傍らに立ちうるためには、たしかに私たち自身も同じくゼロ〔＝どん底状態〕から出発せねばなりません。私たち自身が身を屈《かが》めねばならないとしたら、それは、あの〔身を屈めさせられて〕意気消沈した者たちの傍らに立つという試みのための――決して悪しき前提ではなくむしろ――一つの善き前提であり、もしかしたら唯一可能な前提なのかもしれません。

その際、かれらにとっても私たちにとっても、かれら自身の将来の道にとっても、かれらとの関係における私たちの将来の道にとっても、一切は次のことにかかっています。何人《なんぴと》も、虚空に向かって――死に至って生には至らぬような悲しみの中で(63)――身を屈めない、ということに。それゆえ、あのまったくのゼロ〔＝どん底状態〕の地点でこそ、真実には、かれらとわれわれとの創造者にして救い主である方の永遠の憐れみ――本当の「歴史の主」であるイエス・キリストご自身――が輝いておられ、力強く勝利に満ちています、ということに。そしてまた、かれらの状況の〈逃げ道のなさ〉に対しても、かれらに相対《あいたい》するに際しての私たちの全権の〈疑わしさ〉に対しても、あらゆる祈りの中の最強の祈り――「われ信ず、愛する主よ。わが不信仰を助け給え！」(64)――をもって対処することがかれらにも私たちにも与えられている、ということに。そのところからして、私たちは共に集うことが、しかも、徒労に終わることなく、共に集うことができるし、共に集うでありましょう。ドイツ人とわれわれ、が。この〈共に集うこと〉

に心がかかっている者は、今なお私たちの主題に射している、まさしくあの奇妙で究極の——そしていささか心地よからざる——光から逃れることは許されないでありましょう。

（1）Die Deutschen und wir, in: Eine Schweizer Stimme 1938-1945（『スイスの一つの声 一九三八－一九四五年』）, Zollikon 1945, Zürich 3. Aufl. 1985, S. 334-370.『著作集』7、三一三－三六頁（後藤哲夫訳）。なお、『スイスの一つの声』所収の（ドイツ語以外の言語および往復書簡の相手側書簡を除く）バルトのテキストすべてがそうであるように、本テキストもいわゆる髭文字である。——E・ブッシュ『生涯』四五八－四五九頁参照。なお、本講演は、まずは一九四五年一月二一日、クーヴェとヌーシャテルで（フランス語による）、ドイツ語では、まずは一九四五年一月二七日、シェーネンヴェルトで、二月八日、オルテンにてなされた（K. Barth, Offene Briefe 1945-1968, hrsg. von D. Koch (KBGA), Zürich 1984, S. 3, Anm.1 の『全集』編者注より。これ以外でもなされた「多くの場所」についてはE・ブッシュ『生涯』四五八頁参照）。

（2）以下、［　］内の小見出しは訳者による。

（3）原語は das deutsche Volk。以下、Volk は基本的に「国民」と訳す。なお、例えば「今日の神学的実存！」の「結語」の或る部分で（『セレクション4』四一五－四一七頁）、バルト自身が肯定的に使うVolkについては――「民族」ではなく――「国民」と訳出したほうがよかったかもしれない。これについては『セレクション4』四四四頁注122（＝四一八頁）、特に四三八頁注81（＝三八四頁）を参照。

（4）原語はabgedrängtで、英訳は「脱走兵」（*fugitive* German soldiers――斜字が前掲ドイツ語に対応する語）としている。私が参照した英訳はThe Germans and ourselves, in: The only way. How Can the Germans Be Cured? ―New York, 1947である。但し、本講演がなされた一九四五年に、すでにイギリス（ロンドン）から同じ訳者（Ronald Gregor Smith）による英訳が出版されている。

（5）ここでの「人」とはナチズム・ドイツおよびスイス政府のことを指すと思われる。

（6）原文ではエフェソ四26の一九一二年版ルター訳の言葉遣いが用いられている。

（7）ここと数行後の「このこと」に付した傍点は――意味鮮明化のため――訳者による。

（8）原語はdie deutschen Menschen。以下、（単数形も含めて）繰り返しこの表現が用いられているが、大抵は単に「ドイツ人」と訳すことにする。その際、die Deutschen（直前の語の「ドイツ人」の原語）との原語表記の違いについては一々断わらない。

（9）（原注）私がこの講演原稿を書いていた時点では、「自由ドイツ運動」の思想信条と態度をようやく遠くから知っていたにすぎなかった。その後、私に次第に明らかになってきたのは、このドイツの革新運動に固有の確信が、それどころかむしろ、《ドイツ国民全体が、それゆえ個々のドイツ人一人一人が——言うまでもなくきわめて多様な関与の度合と差異において、しかしまた、体制《システム》に対して最も早くから最も徹底的に最も活動的に敵対した者たちも含めて——、ヒトラーが可能となったし現実となったという事態に対して自ら責めを負い責任を負わねばならない》という〔きわめて良心的な〕ものだ、ということである。

(10) **F. Schiller**（一七五九―一八〇五）。ドイツの詩人、劇作家。ゲーテと共に古典主義を代表する。

(11) **M. Claudius**（一七四〇―一八一五）。ドイツの抒情詩人。牧師の息子。

(12) **J. Goebbels**（一八九七―一九四五）。「ナチの煽動家、一九三三年から四五年までドイツ第三帝国宣伝相」（J・テーラー／W・ショー『ナチス第三帝国事典』の「ゲッベルス」の項より）。

(13) **H. Himmler**（一九〇〇―一九四五）。「一九二九年以降SS（親衛隊）の最高指導者」（前掲『ナチス第三帝国事典』の「ヒムラー」の項より）。

(14) 南フランスのオラドゥール・シュル・グラヌ（**Oradour-sur-Glane**）〔村〕は、一九四四年〔六月一〇日〕、ドイツ・ナチ武装親衛隊によって焼き払われ、ほとんどの住民が殺された。ポーランドのアウシュヴィッツの絶滅収容所では、数百万人のユダヤ人が毒ガスで殺された。（前掲 **K. Barth, Offene Briefe 1945-1968, S. 10, Anm. 15** の『全集』編者注より）

(15) 近年、訳者の目にとまったものとして次の関連書籍がある。マルタ・シャート『ヒトラーに抗した女たち――その比類なき勇気と良心の記録――』(田村万里・山本邦子訳)、行路社、二〇〇八年(ドイツ語原書は二〇〇一年刊。翌年にはペーパーバック版。なお、これは「刊行後ドイツでベストセラーになって大きな反響を呼んだ」という。同三四四頁の「訳者あとがき」参照)および對馬達雄『ヒトラーに抵抗した人々――反ナチ市民の勇気とは何か――』中公新書、二〇一五年(更には同書巻末二六〇―二六五頁の「主要文献一覧」参照)。

(16) Martin Niemöller(一八九二―一九八四)。ナチ政府に抵抗したドイツ告白教会の牧師・指導者。一九三三年九月、古プロイセン合同教会総会がアーリア条項を採択した直後、牧師緊急同盟を組織し、ドイツ教会闘争の指導的人物となる。三四年、ヒトラーとの会見の際に衝突。同年、告白教会評議員会の一員になり、三七年(七月一日)ゲシュタポにより逮捕。ザクセンハウゼン、ダハウの強制収容所に敗戦になるまで収容される。(『キリスト教人名辞典』の他、河島幸夫『ナチスと教会――ドイツ・プロテスタントの教会闘争――』、創文社、二〇〇六年、一七頁および加藤常昭編『ドイツ告白教会の説教』教文館、二〇一三年、四九頁より補足。)ニーメラーが強制収容所に収容されたのは「八年間」であるが、厳密にいつ「解放」されたかは訳者には不明である。しかし、「一九四五年七月五日」にバルトは「長い手紙」をニーメラーに宛てて書いているので(但し当時のドイツの郵便事情のためそれがニーメラーの許に届くのは八月初め)、その直前のことだったろう（前掲 K. Barth, Offene Briefe 1945-1968, S. 76 の『全集』編者「解説」および同頁 Anm. 1 より）。なお、「逮捕」から「収容」に至るまでについては前掲『ドイツ告白教会の説教』四九頁を参照。そこには（編者によるニーメラーの「略歴」紹介）、次のようなことも記されている。ザクセンハウゼン強制収容所では「三年間、独房にあった。第二次大戦が起こったとき、従軍を申し出たが拒否されている。また教会闘争中に知った福音主義教会の現実に失望し、カトリック教会に移る意志を明らかにしたそうである。やがてダハウ強制収容所に移されたが、このときは三名のカトリック司祭との共同生活をしている。戦後直ちには釈放されず南チロルにまで連行され、そこでドイツ軍、続いてアメリカ軍によって解放された」（同、四九頁）。これに関連して、二点の事実のみ述べたい。（1）ニーメラー逮捕数カ月後の一九三七年待降節、D・ボンヘッファーは『キリストに従う』（Nachfolge）を、「兄弟たる感謝として！　著者よりも彼その人の方がより良く書き得るであろう本を」との献辞と共に、獄中の彼に贈った（E・ベートゲ『ボンヘッファー伝Ⅲ』、雨宮栄一訳、新教出版社、一九七四年、六〇頁。但し拙訳）。（2）H・J・イーヴァントも、その後（一九三八年二月以降）ザクセンハウゼン強制収容所に収容されていたニーメラーに、一九四一年、感謝の献辞（後述）を添えて『ルターの教えによる信仰の義』（邦訳タイトルは『ルターの信仰論』）を贈った。しかも、イーヴァントは、「福音主義教会の現実に失望し」カトリックに移ろうとしたニーメラーただ一人のためにこの本を書いた（ニーメラー夫人からH・ゴルヴィツァーへ伝えられた言葉とのこと。二〇一〇年九月に来日された際のB・クラッパート教授のご教示による。更に、同教授論考の次の個所も参照。Hans Joachim Iwand, Nachgelassene Werke, Neue Folge, Bd. 5, Gütersloh 2004, S.540)。なお、西南学院大学所収の同書（Glaubensgerechtigkeit nach Luthers Lehre. München 1959, dritte, unveränderte Auflage）の扉には、「マルティン・ニーメラー神学博士に。感謝をもって。Ⅱコリント四3、4」と記されている（但し邦訳書では省略されている）。更に、ザクセンハウゼン強制収容所に収容された時期については、H・E・テート『ヒトラー政権の共犯者、犠牲者、反対者』（宮田光雄・佐藤司郎・山崎和明訳）、創文社、二〇〇四年、五〇二頁を参照した。

（17）『セレクション5』四〇五頁注62、E・ブッシュ『生涯』四二八頁参照。

（18）この第二の「理論」においてはこの引用符内の文章のみ接続法が使われているため、引用符を付した。

（19）Georges Clemenceau（一八四一－一九二九）。「フランス第三共和政時代の政治家。……第一次世界大戦前夜には、対独軟弱外交のカイヨー内閣打倒のきっかけをつくり、大戦初期に上院の軍事委員長。西部戦線の膠着が続き、厭戦気分がひろがったとき……第2次内閣（一七－二〇）を組閣。「私は戦う」と宣言して、敗北主義者を抑え、前線の兵士を慰問激励。ロシア降伏後のドイツ軍総攻撃にも耐え抜いて休戦」を勝ち得た。「勝利の父クレマンソー」の名声にもかかわらず「晩年を孤高のうちにおくる」（『新編 西洋史辞典 改訂増補』の「クレマンソー」の項より）。

（20）Friedrich der Grosse（一七一二－一七八六）。「ヨーロッパ列強としての地位を固めた」プロイセン王（在位一七四〇－一七八六）。（『新編 西洋史辞典 改訂増補』の「フリードリヒ2世」の項より）。
（21）Otto von Bismarck（一八一五－一八九八）。「ドイツ統一は『血と鉄』（Blut und Eisen）によってのみ達成されると主張、議会と衝突しながらも軍拡を敢行」し、プロイセン・オーストリア戦争（一八六六）、プロイセン・フランス戦争（一八七〇－七一）に勝利した後、「一八七一年ドイツ統一を実現、帝国宰相（～一八九〇）となる」（『現代政治学小辞典〔新版〕』有斐閣、一九九九年、「ビスマルク」の項より）。なお、「鉄は軍備、血は国民の犠牲、つまり税金による軍備増強」を指しており、このゆえに「鉄血宰相」と呼ばれた（『もう一度読む山川世界史』山川出版社、二〇〇九年、一七五頁）。
（22）Adolf Hitler（一八八九－一九四五）。「ナチスの指導者として首相（一九三三）、総統（一九三四）となり、独裁的権力を振るい、自ら『第三帝国』（das Dritte Reich）を呼称した。第二次世界大戦でドイツの敗北を招き、ベルリン陥落直前に自殺。その主著 **Mein Kampf, 1925-27**（平野一郎・將積茂訳『わが闘争』角川文庫、一九七三）は、ナチズムの教典的著作として知られる」（『現代政治学小辞典〔新版〕』、「ヒトラー」の項より）。
（23）二〇〇八年五月（一日～四日）、ドイツ・エムデンにて開催された『カール・バルトの著作に関する第二回国際シンポジウム』――主題は「ヨーロッパの〈時代の出来事〉（一九三五－一九五〇）におけるカール・バルト」――の第一回パネルディスカッション（五月二日）では、ここに挙げられた「歴史的線」もしくは「系譜」について、M・バイントカーによる次のような興味深い報告が（この「系譜」に対する一定の疑義がバイントカーも含むドイツ人神学者らによって表明されつつも）なされている。「カール・バルト資料館には、バルトのコメント付きのヒトラーの『わが闘争』があります。おそらくバルトはこの本を一九三三年には読んだでしょう。非常に興味深いのは、彼がそこに記しているコメントです。その本には一枚の葉書が挟んであるのですが、それは一九三三年に広く普及していたものです。そこにはフリードリヒ大王、ビスマルク、ヒンデンブルク、ヒトラー、という四人の首脳が並んでいます。これは、ナチ・ドイツ国内での一種の政治的クリスマスプレゼントでした。そこには、次のような趣旨のことが書かれていました。『王が始め宰相が拡大し陸軍元帥が守ったものを、兵卒が完成する』、と。アドルフ・ヒトラーがこの「一兵卒」でした。そういうわけで、これは、フリードリヒ大王からヒトラーに至る系譜でした。皆さんすぐに気づかれるでしょうが、それはナチスが自分たちの正統を示すために利用した一つの決まり文句だったのです。そして、一九三三年という年ですが、これはマルティン・ルターの生誕四五〇周年が祝われるべき年でもあったので、『ドイツ的ルター』もまたこの系譜へと移し入れることができたわけです。そういう意味で、〔当時の〕バルトはドイツにおいてこの系譜のための視覚教材をたっぷり持っていたわけです。……」（M. Beintker/C. Link/M.Trowitzsch(Hg.), Karl Barth im europäischen Zeitgeschehen (1935-1950). Widerstand-Bewährung-Orientierung, Theologischer

Verlag Zürich 2010, S. 376f.)。同一の葉書と思われるものが、『ドイツの歴史【現代史】――ドイツ高校歴史教科書』（世界の教科書シリーズ14、明石書店、二〇〇六年）、二六八頁に載せられている。そこにある文句を直訳すると、「王が征服し侯爵〔＝ビスマルク〕が作り上げ陸軍元帥が守ったものを、兵士が救い統一した」となる（但し、写真脇に記された訳を若干訂正した）。なお、ヒンデンブルク（Hindenburg――一八四七―一九三四）大統領（在位一九二五―三四）については次のとおり。「三〇年以降の国内危機のなかでは保守勢力の代表者として大きな政治的影響力をふるい、議会政治の空洞化を推し進めた」。一九三四年一月、「行詰った政局を打開するため、ついにヒトラーを首相に任命するに至った」（『新編 西洋史辞典 改訂増補』の「ヒンデンブルク」の項より）。

（24）例えば『セレクション5』五七九頁参照。なお、ここで触れられている反ユダヤ主義的性格との関連については、『セレクション5』五七二―五八四頁という文脈全体をも参照。

（25）原語は Kriegerherrlichkeit。因みに、一九四四年七月の講演「今日の〈時代の出来事〉における キリスト教会の約束と責任」では、ドイツ第三帝国に関して Kriegerstaat という語――「戦争国家」と訳出――が繰り返し用いられている（『セレクション5』五六一頁および六一二頁注18参照）。

（26）一九四五年までのドイツ帝国の紋章。

（27）「〔一九〕四五年〔五月〕に連合国に降伏したドイツは、オーデル＝ナイセ川以東の領土を失っただけでなく、アメリカ・イギリス・フランス・ソ連の4カ国によって分割占領された。四九年、ドイツ連邦共和国（西ドイツ）、ドイツ民主共和国（東ドイツ）があいついで成立……、六一年に『ベルリンの壁』が東西両ドイツ間に築かれ、ようやく七三年に東西両ドイツの関係が正常化した。一九八〇年代末、東欧の民主化運動が東ドイツに波及すると、〔八九年一一月〕ベルリンの壁が崩壊した。九〇年〔一〇月〕に西ドイツ主導で東西両ドイツは再統一され、首都もボンから〔再び〕ベルリンに移された」（『世界各国便覧』――新版世界各国史28――、山川出版社、二〇〇九年、一四八頁）。

(28) 最初にラテン語原文が、次にそのドイツ語訳が引用されている。ラテン語原文は次のとおり。Videtis iam inverti mundi scenam. Aut deponenda est persona aut agendae sunt suae cuique partes.

(29) 聖書引用はチューリッヒ聖書と同一。

(30) 一九一二年版ルター訳、チューリッヒ聖書共に「バベルの王の転落／失脚に関する勝利の歌」とある。なお、この個所については、本講演直前に講義がなされていた（一九四二年夏学期～一九四四／四五年冬学期）KD III/1, 111, 156, 186（『創造論』I／1、一八四、二五八、三〇四頁も参照。

(31) ルカ一〇18参照。

(32)『ニーベルンゲンの歌』を示唆していると思われる。これは、十三世紀初頭に成立したと推定される「ドイツ中世騎士文学の代表的作品」で、「ゲルマン人の忠誠、その共同体精神の文学的表現」を示すもの（『新編 西洋史辞典 改訂増補』の同項より）、あるいは、そこには「古代ゲルマン人の悲劇的宿命観が基調」にある（新村出編『広辞苑 第五版』岩波書店、一九九八年）、とされる。

(33) ルカ一五1－7参照。

(34) マタイ二〇16等参照。

(35) ホルスト・ヴェッセル（一九〇七－一九三〇）が「作詞した『ホルスト・ヴェッセルの歌』はナチの行進曲となり、国家（ドイッチュラント、ドイッチュラント……）に次ぐ第二番目の地位を得た」（J・テーラー／W・ショー『ナチス第三帝国事典』二一八頁、「ヴェッセル」の項）。

(36) 但し、「自然法」を根拠としうる「兄弟愛」等々の問題性については、一九四一年四月の「スイスからイギリスへの手紙」（『セレクション5』所収――特に五〇四－五一〇頁――）を参照。

(37) ここの（直後のものも含めた三つの）「にもかかわらず」は、本講演直を巡る「往復書簡」（本『セレクション』所収）において、フリートレンダーが本講演を特徴づけ、またバルトもそれに同意した言葉――「～にもかかわらず友情を」――の言わば典拠となる個所である。

(38) 翌一九四六年夏学期にドイツ・ボン大学でなされた講義『教義学要綱』（新教セミナーブック1）、井上良雄訳、新教出版社、一九九三年、二〇一一年第5刷、五五－五六頁を参照。
(39) フリードリヒ大王の作曲とされる。
(40) 一九三五年一〇月七日、バルメン・ゲマルケ教会(ドイツ)にてカール・インマー牧師により――バルト自身の目の前で――代読された講演「福音と律法」(『セレクション5』一二一―一一五頁)参照!
(41) 原語は Herdenmensch(の複数形)でニーチェの造語。敷衍して「付和雷同的人間」という訳語も充てられる。レーヴィット『ヘーゲルからニーチェへ――十九世紀思想における革命的断絶――(下)』三島憲一訳、岩波文庫、二〇一六年、七四―七九頁の部分の見出しは「ニーチェ――蓄群人間と先導獣」である。
(42) 一九四〇年四月九日、ドイツ軍、デンマークとノルウェーへ侵攻開始。「六月十日ノルウェー軍は降伏、国王ホーコン七世もロンドンに亡命した」(成瀬治ほか編『世界歴史体系ドイツ史3』山川出版社、一九九七年、二七八頁)。
(43) マタイ五8参照。
(44) この「君主的国民」(Herrenvolk)と「剣闘士と奴隷の国民」という一見矛盾するものの間にいかなる必然的繋がりがあるかについては、例えば KD II/2, S. 341-344(『神論』Ⅱ/2、一二一―一一五頁)の重要な補説を参照。
(45) Ⅱコリント五17参照。
(46) マルコ四14―20(並行個所)参照。

（47）これは、本講演直後の「往復書簡」（本『セレクション』所収）では「集団罪責」と関連づけられている（特にバルトの書簡参照）。

（48）「深遠さ」（次の段落も）と訳したこの **Tiefsinn** という語を、バルトは、（ルター以来の）ドイツ思想全般を特徴づける語として（と思われるが）度々用いている。本講演直後の「往復書簡」（本『セレクション』所収）、また、『教会教義学』では例えば **KD IV/2, 90**（『和解論』Ⅱ／1、一四八頁）を参照。

（49）ここと次の傍点は、意味鮮明化のため訳者による。

（50）ミュンヘン会談（一九三八年九月二九－三〇日）を巡っては、何よりも同年九月一九日付の「プラハのフロマートカ教授への手紙」――『セレクション5』二七五－二八六頁所収――を、そして、同書二八二－二八三頁注7に挙げた同書中のそれぞれの個所を参照。

（51）一九四〇年六月二五日、ピレ・ゴラ（**Pilet-Golaz**）による演説のこと。森田安一『物語スイスの歴史』中公新書、二〇〇〇年、二〇〇四年（再版）、二三七頁、E・ブッシュ『生涯』四四一頁を参照。

（52）一九四一年四月の「スイスからイギリスへの手紙」（『セレクション5』四八一－五三九頁所収）を、また、これについて、E・ブッシュ『生涯』四四〇頁（なお同四四一頁上段にある「国家に対する見識」は「国家に対する忠誠 Staatstreue」と訂正すべき）を参照。

（53）Eberhard Busch (Hrsg.), Die Akte Karl Barth. Zensur und Überwachung im Namen der Schweizer Neutralität 1938-1945〔エーバーハルト・ブッシュ編『カール・バルト公文書。スイス中立の名の下での検閲および監視。一九三八－一九四五年』〕, Zürich 2008の「序文」冒頭にはこうある。「本書は或る特徴的な断面において第二次大戦の時代の――特に一九四〇年六月のフランス陥落後、攻撃的な枢軸国がほぼ中立国スイスを取り囲んだ状況下での――スイスの歴史を描いている。本書が記録するのは、この時代バーゼルの神学者カール・バルトがその本国の公式政治にどのようにして異議申し立てをしたのか――というのも彼はその政治が中立という隠れ蓑の下でヒトラー国家順応の渦中にあるのを見てとったので――、である。本書が証明するのは、それに対してベルンにおける〔スイス〕政府がこのバルトの批判的声をいかにして抑え込もうと試みたのか、である。いわゆる『ベルジェ委員会』――独立専門家委員会 スイス＝第二次大戦――が、二〇〇二年、その重大な報告『スイス、ナチズム、そして第二次大戦』（チューリッヒ、二〇〇二年）において白日の下にさらしたこと。それが、〔本書では〕包括的資料と共に、或る具体的先鋭化をもって明らかにされている」。「包括的資料」、――すなわち、補遺および図表を含めて全七〇七頁（！）である。更に、同じ「序文」の後の方にはこうある。「一九三九年六月、一七名の追放された学問上の『指導的男たち』に関する親衛隊の或る帝国総統機密文書では、ジクムント・フロイト（Sigmund Freud）、アルバート・アインシュタイン（Albert Einstein）と並んでバルトの名も挙げられていた。すなわち、彼は『スイスのメディアに反ドイツ的な資料を』提供している、と」（前掲書「序文」V、Ⅶ頁）。更に、そこには、すでに一九三三年から（！）「スイス官庁の責任者ら」が――ドイツ駐在スイス公使の報告を通して――ドイツにおけるバルトの「政治的発言」に注目していた事実が、幾つかの極めて興味深い資料に基づいて指摘されている。例えば、これまでは「あまり知られていなかったこと」として、「バルトはドイツ当局により当地〔ドイツ〕を可及的速やかに立ち去るよう強く勧められた、そしてそれは彼のヒトラー国家批判のゆえだ」ということが、「すでに一九三三年五月二〇〔！〕にはベルン〔のスイス政府〕に報告されていた」と。続けてこう記されている。「その後、一九三四年秋、バルトがボン大学の教授職を解任された時、このスイス公使はスイス政府に対してこう書いた。《バルトの姿勢は、ドイツ政府においてのみならず、いわゆる告白教会においても、「不審と動揺」を惹き起こした》。というのも、告白教会は、ゲルマン化されたキリスト教に対する自分たちの純粋に教会内的に意図されている信仰告白が、バルトの姿勢のゆえに、ヒトラー国家に対する政治的抗議（プロテスト）として理解されてしまうことを恐れていたからである。この姿勢のゆえにバルトに対してなされたケルンでの裁判〔一九三四年一二月二〇日――『セレクション5』二六九頁参照――〕後、このスイス公使は更にこう書いた。《バルトは、すべての教授に命じられていたナチ国家への宣誓のゆえにではなく、「政治的に疑わしい発言」のゆえに教授職を解任されたのである》。その「政治的に疑わしい発言」ということで意味されているのは、一九三三年一〇月三一日、ベルリンでなされた〔『セレクション5』五二〇頁参照〕、バルトの公の場での問いかけ、つまり、ユダヤ人への侮辱および政治的反対派の投獄に反対しての教会による抗議（プロテスト）を求める問いかけ、であった」（前掲書「序文」Ⅵ‐Ⅶ頁）。——なお、先に言及されていた『ベルジェ委員会』による「重大な報告」の邦訳タイトルは次のとおり。独立専門家委員会 スイス＝第二次大戦第一部原編『中立国スイスとナチズム——第二次大戦と歴史認識』（黒澤隆文編訳、川崎亜紀子・尾崎麻弥子・穐山洋子訳著）、京都大学学術出版会、二〇一〇年、である。

(54)（原注）「報道分野における国家の安全を維持するための連邦内閣決議」（一九三九年九月八日）、第二項。

(55) 森田安一前掲書、二三九‐二四〇頁参照。

(56) 原語は Frontisten で、訳語は英訳（Frontists）の脚注 Swiss Fascists を参考にした。

(57) 詩編七三13（「手を洗って潔白を示した」——新共同訳）の現代版ルター訳と同じ言い回し。

(58) ヘルマン・オプレヒト（一九三五‐四〇年、連邦閣僚）は、「ナチスに対しては、一九三九年に断固とした態度を示した」（前掲『中立国スイスとナチズム——第二次大戦と歴史認識』六九頁注45）。

(59) ドイツ軍への「徹底抗戦」を促した、このいわゆる「砦作戦」（一九四〇年七月二五日）については、『セレクション5』五三〇‐五三二頁注17（および同五〇二頁）を参照。

(60) しかし、例えば次のような一日本人研究者の戦後スイスに対する評価は、スイス人バルトの自己評価とはかけ離れたものと言わざるをえない（但し、以下に引用する前半ワンセンテンスの客観的叙述はバルトの評価と合致していよう）。「……ドイツ軍が敗勢となり、ヒトラー体制の犯罪性が明らかになってきた段階では、中立は犯罪者を擁護する立場と受け取られ、連合国側から激しい批判を受けた。また、戦後には、未曽有の戦火を武装中立によってほとんど無傷で切りぬけたスイスにたいして強い反感も生まれた。そこには戦後大きな苦しみを味わった各国のねたみ〔！〕が反映している……」（森田安一編『新版 世界各国史14 スイス・ベネルクス史』山川出版社、一四一頁――森田安一執筆――）。

(61) これについてはすでに一九四四年七月の講演『今日の〈時代の出来事〉におけるキリスト教会の約束と責任』（『セレクション5』所収）の中の同六〇〇―六一〇頁（特に六〇二―六〇三頁）を参照。

(62) ヨブ記九3参照。

(63) Ⅱコリント七10参照。

(64) マルコ九24参照。

往復書簡[1]

[フリートレンダーからバルトへ]

ファドーツ[2]、一九四五年三月八日

敬愛する教授。

「ドイツ人とわれわれ」という御論考をお読みして、手紙を差し上げることにいたしました。……[3]そこで、あなたがドイツ人に約束してくださった忍耐を私にも向けてくださるよう、お願いいたします。[4]

〈ドイツとの新たな出会い〉という問題が――他のあらゆる国にとってと同様――スイスにとってもまた存在している、ということ。そして、あなたが求めておられる友情こそが、この問題の最善の解決、そう、唯一の解決を示している、ということ。これを何人《なんぴと》も否定しようとは思わないでしょう。しかしながら、その友情とは、人が、あの起こってしまった出来事のいかなる理解から出発してそうした友情に至ったのか――もしくはそうした友情へと敢えて踏み切ったのか——という事情に応じて、大変異なった顔を持っているものです。そしてまた、私が御論考を通じて現われているのを見るのは、留保なしの友情を強調しておられつつも、「〜にもかかわらず友情を」というまさにこの根本態度なのです。この根本態度から、私は話を始めたいと思います。あなたはスイス人に向かって、ドイツ人に対しての友情を促しておられます、がしかし、それは、ドイツ人の集団罪責（Kollektivschuld）(5)なるものの前提に立ちつつ、であります。

それは、どの程度まで存在するのでしょうか、——この集団罪責なるもの、とは？　大多数の人間が、共に、かつ意識的に犯罪の道を歩む場合、この集団罪責なるものが存在するのは確実です。犯罪者グループは、その構成員各人が咎を犯したがゆえに集団罪責を負っています。しかしながら、そのすべての国民が——少数の例外を除いて——犯罪に協力したからという理由で、その国民全体——もしくはその国民のほぼ全体——が罪責を負う、などということはそもそも可能なのでしょうか？　私が思うに、ヨーロッパの全歴史はそうした例を全く示してはいませんし、そして、ここ十二年間にドイツ国内で——そしてドイツから発して——起こった出来事もまた、そうした例を全く示してはおりません。ただ戦争および戦争宣伝《プロパガンダ》の時代においてだけ、諸国民は、道徳的に異なる価値基準をもつものとして姿を現わすわけです。だが、真実はと言えば、いかなる国民においても、法治国家の――そしてその保護装置の――存立にもかかわらず、咎に陥ってしまう僅かながらの犯罪者少数派が存在するのです。そしてまた、いかなる国民においても、潜在的犯罪者という、第二の――しかも〔犯罪者少数派に比べて〕比較的多い――少数派が存在するのです。法治国家がこの潜在的犯罪者の暴走を抑えているわけですが、しかし、かれらは、もしも法治国家がその機能を停止したり、いやそれどころか、犯罪者を――追跡して罰するのではなくむしろ――雇って報酬を与えるような不法国家に取って代わられるならば、いつでも事実上の犯罪者になりうるわけです。犯罪者中のこの第二の比較的多い少数派が法治国家の何らかの事故によって表面に浮かび出てきた場合に、《当該国民においては、〔他の諸国民に比べて〕比較的、道徳面での特別な欠点《マイナス》が見られる》といった印象が生じるのです。とは言え、実際には、当該国民においては、他のどこ〔の国〕においても――存在してはいるのだけれど――不可見的なままにとどまっていたものの幾分かが可見的となった、というにすぎないわけですが。全体的に見ればパーセンテージとしてはきわめて僅かなこれら二つの少数派と並んで、いかなる国民においても、「通常の国民《オルデントリッヒ》」という圧倒的多数派が存在します。この「通常の国民」は――それが法治国家であると否とを問わず――、能動的に犯罪に関与するつもりはありません。しかしながら、この圧倒的多数派は、一旦解き放たれた第二の少数派の犯罪に対して能動的抵抗を行うつもりも――そうした抵抗が、そこに蔓延している〔社会秩序の根幹を揺るがす〕法的不安定性に際して、抵抗する者やその家族の生命・財産への直接的かつ重大な危険と結びつく場合には尚更――、〔これまた〕全く圧倒的にないのです。むしろ、「通常の国民」という圧倒的多数派の中に、真の英雄というほんの僅かの少数派が存在するのであり、かれらはいかなる危険を冒してでも――最後の殉教に至るまで――不法そのものと闘うのであり、繰り返し繰り返し闘うのです。私が思いますに、いかなる国民においてであれ、法的危機(6)に際しては常に、危機のその都度の規模に応じて、犯罪の――およびその犯罪に対する反応の――こうした社会学的層のパーセンテージが驚くべき規則正しさをもって示されるものなのです。〈道徳的に異なる価値基準をもつもの〉といった印象を与えているものは、――そこで一国民全体が問題とされる限りは――常に見かけ上のことにすぎないのであって、実際にそこにあるものはと言えば、事実上の諸前提の――特に法治国家としての諸前提の――相違なのです。

私は、あなたが、以上のことを弁明のための一つの「危険なる深遠さ（Tiefsinn）」(7)と解釈なさらないよう希望いたします。そして、ここで一つの非常に具体的な性質の、かなりありきたりの例を挙げる場合、いよいよそんな風に解釈なさいませんように。アメリカは第一次世界大戦の終わり頃、酒類の製造販売禁止――禁酒法――を導入しましたが、その際、これを実際に遵守させるために必要だったはずの法治国家的手段を確保しておくことを怠ってしまいました。こうした法治国家の部分的機能不全が、すでに次のような結果をもたらしました。つまり、以後数年間にわたって、それまでには考えられなかったような犯罪状態が生じ、そしてそれは酒類密売買から始まって、ありとあらゆる犯罪者グループの形成にまで及び、遂には、徹底的に組織化された〈ゆすり・恐喝〉や幼児誘拐といった全く別の犯罪領域にまで拡大したのです。同時に他方では、「市場《しじょう》」を巡って争う〔犯罪者〕グループ間にあっては、手段を選ばぬ文字通りの戦争が起こっていました。犯罪に関する統計は予期せぬほどの記録を示し、そして、徐々にアメリカは文字通りの〈犯罪者の国〉として姿を現わすようになりました。法治国家との対極を示すものとしては、住民登録制度が存在せず、地方警察があるのみで各州連携の警察は存在しなかったという事実、また、無数の警察機関においても――特に地方の――官公庁や地方の党組織においても腐敗と賄賂が横行していたという事実、がありました。ギャングに関しての〔社会秩序維持のための〕法的安定性は広範にわたって崩壊しました。犯罪者中の――それ以前には不可見的だった――あの第二の少数派が、勝ち誇ったように表面へと浮かび上がってきたわけです。けれども、「通常の国民」という多数派は、まさしく同様に典型的な仕方で反応しました。連邦当局および各州が――たとえ不十分な手段をもってではあれ――犯罪と闘う努力をし、それゆえ、「通常の国民」の盟友として登場したにもかかわらず、「通常の国民」の方はほとんど全線にわたって機能不全をきたしたのです。かれらは、ギャングの危険な報復措置に身をさらすよりは、むしろ、したい放題の〈ゆすり・恐喝〉に金を支払いました。かれらは、警察に通告することなど考えませんでした。個々の勇気ある者らが、特に汚染された自分たちの町を清潔にすべく委員会を作ろうとしたのですが、一人の協力者も見出すことはできませんでした。「通常の国民」をせめて法廷の証人席につかせようと努めた国家ですら、きわめて広範にわたって失敗いたしました。ほとんどの者は、ギャングの復讐を恐れて証言することに不安を抱いたのです。種々の殺人者たちは、結局、脱税という罪状で〔のみ〕罰せられました。なぜなら、国家は、国民たちの市民的勇気《ツィヴィル・クラージュ》[10]の欠如のゆえに主要な犯罪行為〔摘発〕のための必要な証拠を提出できなかったからです。それから、ようやく全く徐々にではありますが、幾つかの根本的な警察改革によって、そうした無秩序状態を或る程度阻止して「暗黒街／地下の世界」(Unterwelt)[11]を再び現実の――なぜならそれは不可見的なのですから――地下の世界《ウンターヴェルト》とすることに成功したのでした。けれども、そうなる以前に、「通常の国民」の間ではギャング・ロマンチシズムが、粗野でセンチメンタルなギャング映画の氾濫が、危険なものに惹きつけられた若者たちが特に好んで使ったギャング隠語《ジャーゴン》が、生まれていたのでした。

大体において以上が、純然たるアメリカの事柄でした。にもかかわらず、世界ではアメリカの道徳的不十分さについては大いに語られました――とは言え、まさしく「シカゴの精神」[12]なるものがアメリカ的本質の構成要素に仕立て上げられることはなかったわけですが――。真実はと言えば、以上すべてのことは、アメリカ人「そのもの」の反道徳性をいささかなりとも証明するものではないのであって、むしろただ、《きわめて特定の諸前提のもとにあっては、道徳と反道徳との或る全く正常な社会学的層の基盤の上で、きわめて異常な諸現象が起こりうる》ということを示しているにすぎないのです。そしてまた全く特徴的なことに、他面では――法治国家の欠如という面では――、「本来の罪責」とか「劣等道徳」とかについてはほとんど語られえず、いわんや、「国民の集団的罪責」なるものについては全く語られえないのです。というのも、地方の党や自治体での役職の或る種の腐敗ですら、根本的にはたしかにあの第二の少数派の出現だったのであり、しかもそれはアメリカの国内政治の特殊な機会によって条件づけられたものであって、そうした機会そのものは〈比較的劣っている国民道徳〉などとはやはり全く何の関係もないからです。

すでに早い時期から、「第三帝国」の主要一派に対して「ギャング」の烙印が押され始めておりました。しかしながら、こうした比喩がいかなる深みに至るまで真なのか、ということについては、多くの者にとってほとんど明瞭にはなりませんでした。すべては一致するのです。つまり、法治国家としての前提から地下の世界《ウンターヴェルト》／暗黒街の浮上や「通常の国民」の反応、更には――主張されてはいるが真実には存在しない――集団《コレクティーフ》罪責に至るまで。ただ、その規模だけが相違しているわけです。〔すなわち〕外の世界に対する影響が。そして〔第三帝国においては〕国家自身がギャングの猟場と化したわけです。けれども、ドイツ人「そのもの」に対する道徳的評価は、それらの相違点にではなく、まさしくあれらの一致点にこそ依存しているのです。そう、われわれは、諸国民間の道徳的区分――これは戦争プロパガンダが至る所で歓迎するものですが――を受け入れるようなことは決定的に止《や》めねばならない、と私は信じています。道徳的には、ヨーロッパ諸国民はすべて、「中立的」な者・無色な者・不確定な者、に属しているのです。道徳的には、集団《コレクティーフ》として見るならば、どの国民がどの国民に対して優れているとか遅れているとかいうことはありえません。国民的相違というのは、天分や才能の相違、趣味や習慣の相違、歴史的地理的諸経験の相違、また、そうしたものによってやはりしばしば条件づけられている職業層の相違、ではありますが、確かに、道徳の相違、などではないのです。道徳的なるものの周辺――そこに住みついているのは虚栄心とか規律好みとかユーモアとかいった性質ですが――においてのみ、かろうじて国民的特性は存在します。が、しかし、究極の善あるいは究極の悪がそこにあるところの〔道徳的なるものの〕中心においては、国民的区別などは、実体なきもの、となるのです。

ナチズムに対するドイツ人「そのもの」の道徳的集団罪責など存在しません。それゆえ、そうしたことに基づくいかなる「集団処罰」もまた、当然のことながら不適当です。これは、《地上のいかなる当局といえども裁判官の資格を有することなどありえない》という〔一般論的な〕ことを全く度外視した上でも、そうなのです。ドイツ人「そのもの」のそのような罪責など存在しません。なぜなら、一国民全体のそのような罪責がそもそも決して存在しないからであり、また存在しえないからです。今日、何とはなしに非常に多くの人々のところで、そこ〔ドイツ〕で起こったゾッとするような出来事を惹き起こした――同程度の規模の――諸原因を立証せんとする欲求があるように見受けられます。そうした立証の行き着く果ては、ドイツ的本質とドイツ的歴史に関するそうした奇妙な謎解き、であります。原因究明の欲求にとっては、限定的罪責では、明らかに十分ではありません。その罪責は、空間的には国全体に背負わされ、時間的にはその歴史全体に背負わされることになります。人々がそれぞれ――現存のであれ歴史上のであれ――ドイツ人に対して怒ったその怒りの対象すべてが寄せ集められた結果、或る歪んだ像を映し出す小さなモザイクが生じるのです。〈フリードリヒ・ビスマルク・ヴィルヘルム二世・ヒトラー〉という線が、いつも、そして繰り返し、引かれることになります。[13] プロイセンは〔闘牛の牛を怒らせる〕赤い布となってしまいました。「ポツダムの精神」はあなたによってゲッベルスやヒムラーと結びつけられています。[14] いや、それどころかあなたは、「オラドゥールやアウシュヴィッツの精神」もまた必然的にドイツ的本質に関与している、と示唆しておられます。[15] こうした理解一切について、確かにあなたは孤立してはおられません。ただ、あなたがこうした理解一切に与《くみ》しておられる、というそのことが、私を悲しい気持ちにさせるのです。というのも、私はあなたからもっと別のものを期待していたからです。そんな風に単純化されたものでも一般化されたものでもなく、そんな風に惨めな思いにさせられるものでもないもの、一言で言うならば、もっと友情に満ちたもの、を。ドイツが今必要としているもの。それは、正しい診断に基づく友情、であって、誤った診断《にもかかわらずの友情》[16]、ではないのです。今日大事なことは、人がドイツ人に出会う際に、集団的怨恨を、キリスト教的に、かつ勇気をもってグッと飲み込むことなどではなく、むしろ、ドイツ人に出会う前に、そうした集団的怨恨という靄《もや》の産物全体を隈なく照らし出して追い払うこと、なのです。さもないと、――私の恐れるに――出会いは実りなきものとなります。人は、ドイツ人との交流のための新たなる開始を――対象〔＝ドイツ人〕の質を考慮することなく――端的に「味方する」ことのうちに見出すために、過去を背後に追いやろうなどと試みるべきでは全くないのです。その一方、そうして引き離された過去に対しては、端的な「反対」のレッテルが――しかもまさしく対象の質を考慮することによってこそ――貼られてしまっているわけですが。ドイツ国民に対する態度は、〔ドイツ人との〕出会いの以前に、〔まずは〕「怒りと欲求」（ira et studium）から清められねばなりません。グッと飲み込まれた「怒りと欲求」からも、であります。

さてここで、社会学的層に関して申し上げたことに関連して、こう、強調されねばなりません。《英雄的行為は功績であるが、非英雄的行為は決して罪責ではないのだ》、と。もちろん私は、「名声と名誉」やら軍人的勇気やらなどと関係のある安手の英雄的行為のことではなく、別の、ここで唯一関心を惹くところの英雄的行為、のことを考えております。それは、ただ己れの良心にのみ基づく英雄的行為、そしてまた「不名誉な死」をも覚悟した英雄的行為、のことです。そのような英雄たちは、至る所、そして常に、例外的現象であります。もしもそうした英雄に出会うなら、人は驚くことでしょう。しかし、仮に出会わぬとしても、人は驚かないでしょう。あなたが語っておられることの多くは、あたかも、《この十二年間「抵抗」をしてきた者だけが合格し、それ以外の者はすべて失敗したのだ》とでも言わんばかりに響きます。しかしながら、全体主義国家において抵抗の名に価するもの、――それは、まさしくこの究極的で最高の英雄的行為――常に例外たらざるをえぬ英雄的行為――を前提としているのです。もしも一国民全体が、それぞれ各人が最も孤独な抵抗をするところの純然たる英雄たちから構成されていることによってのみ辛うじて克服されうるような状況が生じたのであれば、そのような状況が克服されることは不可能です。将校たちのクーデターを度外視するなら――そうしたクーデターはこれに対して賛成でも反対でもない国民全体とはいずれにせよ何の関係もないでしょう――、それこそが、ドイツが一九三三年半ば頃から置かれていたまさにその状況なのです。組織も申し合わせも合図もなしに、国民各自が命がけで個人的ストライキを実行することによって成立するような国民的ストライキ。そのようなものは存在しません。そして、ただそうした国民的ストライキだけが、国民の側からしてナチズムを倒しえたでありましょう。われわれは、この二十年間[17]の歴史から、《全体主義国家は、ほとんど内側から倒されることは不可能――ということは「国民」から倒されることは不可能――なのであって、根本的には、ただ外側から倒されることだけが可能なのだ》ということを経験上の認識として獲得せねばならないのです。個々人による実際の英雄的抵抗は、――〔当人自身に〕自覚されつつ――無益であり同時に死に至るものでした。そうした英雄的抵抗がかくも稀だった、ということに、あなたは驚かれるでしょうか。確かに、少なからざる者たちが強制収容所で苦しみましたし、民族裁判所の法廷に立ちました。しかし、そのような者たちですら、ほとんどその大多数は、真正の殉教者には数えられえませんでした。そう、何ら行動を伴うことのないような或る不用意な言葉と、そして〔これにつかみかかる〕或る密告、で十分だったのです。私の知る限り、マルティン・ニーメラーでさえも、法廷で起訴に異議を唱えたのは、起訴に関する〔当局の〕権限のゆえにではなく、起訴の内容のゆえに、でした(18)。だとすると、彼は根本的には、自分はナチズム国家そのものを攻撃しようとしたのではない、と主張したということになりましょう。これは殉教でしょうか？　苦しい目にあった者はたくさんおりました。けれども、実際の抵抗は稀だったのです。そして、思いますに、あなたが九頁(19)で書いておられる「強烈な訂正」というのはただ〈苦しみ〉にだけ妥当するのであって、〈抵抗〉には妥当しない(20)のです。

英雄たちは、犯罪者たちよりもはるかに稀です。それに関する統計はこれまで存在しませんし、もしかしたら今後も決して存在しないでしょう。しかし、思いますに、ドイツにおける政治的犯罪および治安上《ポリツァイリッヒ》の犯罪の範囲に関して多くの人々が抱いているイメージは、確かに或る強烈な訂正を必要としております。もしも国内外において他者の身体と生命に対する非人間的行為に参与した者の数を二〇万人と見積もるのなら、それは高く見積もり過ぎだ、と私は思っております。その場合、四百人のドイツ人につき一人の犯罪者が、〔つまり〕四百人という人間につき一人の非人間的な者がいることになりましょう。これに、〔先に述べた〕二次的犯罪者が付け加わります。この二次的犯罪者とは、同種の犯罪は犯さなかったものの、法治国家の概念によるなら、犯罪的な仕方で私腹を肥やした者、のことです。そうした犯罪者としてやはり二〇万人のドイツ人がいる、と仮定いたしましょう。これは、察するところ、あまりにも高い数字です。というのも、まさしく犯罪者国家なるものこそが、ただ権力のトップグループに対してだけ「全権」（plein pouvoir）を急いで明け渡してしまうものなのですから。[21] さて、そこで五万人の英雄たちを期待するとしましょう。そうすると、それでもなおすべてのドイツ人の九九％以上の者は、犯罪に関する本来の罪責もないままに、そしてまた、英雄行為という本来の功績もないままに、残っているわけです。[22] この即席の統計は、[23] たしかに、あらゆる点でいささか幼稚な印象を与えるかもしれません。がしかし、こうした規模についての比較的立体的なイメージは、今や蔓延しつつある〔全世界に〕共通の判断に際しては、きわめて切実に勧められるべきものなのです。あまりにしばしば忘れられていることですが、この国家およびこの党の「権力区分」は、なるほど指導者《フューラー》たちにとってはきわめて重要なものでしたが、しかしそれは数の上では決定的ではありませんでした。ナチズム国家においてもまた、その無数の公務員は、郵便・鉄道・税務署等々といった、道徳的には完全に局外中立的《ノイトラール》な仕事をしていたのです。そして、ナチ党員自身ですら——ただ形式上（pro forma）のみ党に属していたすべての者は全く度外視するとして——、例えばナチス国民社会福祉事業機構[24]やドイツ労働戦線[25]や歓喜力行団[26]や、その他下位にある職場や事務といった職場にあって、本来の悪とはいささかの接触も持つことはありませんでした。それゆえ、ドイツ人「そのもの」について語ることが仮に許されるとしたら、そのときには、「かれら、つまり九九％強のドイツ人は、犯罪者でも英雄でもなかった」という線で語られるべきなのです。というのも、次のような理論、つまり《すべてのドイツ人——例えば郵便局の窓口で働いていたドイツ人——は、それなしにはオラドゥールはありえなかっただろうその機械を何らかの仕方で一緒になって動かし続けたのだ。だから彼もまたオラドゥールの責任を負っているのだ》という理論は、少なくとも維持しえないからです。そうした理論は極端であり、かつ、あまりにも間接的すぎるでしょう。実にドイツ人は——全世界においてただドイツ人だけが——オラドゥールについては全然知らないのだ、ということについては全く度外視するとしても、です。ドイツ人はまたアウシュヴィッツについても何も知りません。そして、「生きるに値せぬ生命の絶滅」[27]についてすら、ドイツ国内では、ただ小声で動揺しつつあちこちで囁かれているにすぎないのです。人はまた、この戦争で戦ってきたドイツの兵士にも、決して実際の罪責を負わせることはできません。彼は本当にただ戦っていただけなのですから。そうです、改めてこう言わねばなりません。《一九三三年以来、すべてのドイツ人の九九％は悪くはなく、そしてまた英雄的でもなかった》、と。

さて、あの二〇万人の真の犯罪者——非人間的な者たち——は、数の上で、あるいは、〔犯罪者としての〕本質において、少なくとも例外的なのでしょうか？　人間的楽観主義のゆえに、人はそう願いたいところでしょう。しかし、真理のゆえに、人はそれを否定せざるをえません。というのも、残念ながら、そもそもそうした需要〔＝欲望〕が起こったヨーロッパ諸国のいずれにおいても、悪しき権力嗜好人間たちとかれらの悪しき暴力集団というまさに同じタイプの者たちがあの地下の世界《ウンターヴェルト》／暗黒街から浮かび上がってきたのであり、そしてまた〔統計上！〕願いどおりの数において存在していた、ということが実証されたからです。そこにはクヴィスリング[28]が、ミュセルトが、ドグレルが、ラヴァルが、パヴェリッチがいました。そこにはヒルデン[29]が、シャルブルグ軍団[30]が、レックス党部隊[31]が、フランス外人部隊が、バルト三国[32]からの「ゲルマン的」武装親衛隊が、そしてその他諸々がいました。かれらは〔そのための〕機会を見るや否や、直ちにそこにいたのです。そして、かれらの非人間性は、自分たちが〔ドイツ第三帝国と比べて〕ヨリ小さな〔活躍の〕舞台しか持っていないとかヨリ関心の低い観衆しか持っていないとか、などといったことによっては弱められることはないのです。こうして、かれらすべては、あの明白な売国的犯罪をも、犯罪者目録に付け加えたのであります。以上のような経験に従うなら、地上のいかなる国であれ、その国自身について、「われわれの国の住民四百人の中には、機会さえ与えられればそうした非人間的なる者として自己証明するであろう者は、そしてそうした非人間性というシステムに全面的に仕えようとする者は一人もいない」[33]などと主張することはできない、と私は思っております。あなたが繰り返し「ドイツ的行為」と呼ばれるもの――そしてこの「ドイツ的行為」のゆえにドイツ全体は謎めいたものとなり道徳的には疑わしいものとなっている〔と仰る〕わけですが――。その「ドイツ的行為」なるものは、ごくわずかの少数派の行為なのであって、それがドイツ国民を代表するものでないのは、例えばシャルブルグ軍団の行為がデンマーク国民を代表するものでないのと同様です。そして、誰も、このシャルブルグ軍団のゆえに十八世紀のデンマークの国王たちのことをあれこれ考えて、その国王たちから出発して或る因果の連鎖を現在にまで結びつける、などということはいたしません。

しかしながら、あなたは、そしてまた多くの方々は、こう異議をお唱えになるでしょう。「ドイツ国民は、その堅固な体制の確立後には、全体主義国家を再び払い落とす可能性を持たなかったということ、それゆえ、一九三三年以降、〈わずかな罪責者、更にわずかな英雄、そして無数の罪責なき者たち〉というイメージ全体は或る程度は当たっているということ、――それはそうかもしれない。けれども、独一無比なこと、ノルウェーやフランス等々とはまさに比較不可能なこと、その事実は残り続けるのだ。すなわちそれは、ドイツ国民自身がナチズムを権力の座へとのし上がらせ、ドイツ国民が自らナチズムを権力へと任じた、という事実だ」、と。こうした異議申し立てをもって――この異議申し立てが或る詳細な応答を必要とするのは自明ですが――、根本的には、一九三三年一月三〇日[34]は、ドイツの歴史上の運命の日になるわけです。つまり、罪責を根拠づけることのできる――もしくは根拠づけることのできない――日に。そして、その日が罪責を根拠づけるようやくそのとき、次のことを熟考することは許容しうるものとなりましょう。すなわち、《ドイツの――あるいはプロイセンの――歴史のかつての数々の出来事からの一直線の道が、果たして本当にこの一月三〇日にまでつながっていたのか》ということを。私自身はこれを断固否定いたします。けれども、私があなたにその根拠をお伝えし、その根拠と共に〈ギャングとの類比〉を再び引き合いに出す前に、この手紙を一旦打ち切りたいと思います。この手紙は、今のこの分量で、――お約束いただいたあらゆる忍耐にもかかわらず——すでに過度の要求であります。この手紙を続行する前に、私としては、あなたがこの手紙に何らかの意味を見出され、そのやりとりに加わろうとしてくださるかどうか、を確かめたいと思っております。(35)

その時まで、心からの敬具をもって。あなたのエルンスト・フリートレンダー

〔バルトからフリートレンダーへ〕

バーゼル、一九四五年三月一二日

敬愛するフリートレンダーさん！

あなたが私に対してこんなにも詳細にお書きくださったことに深く感謝いたします。御手紙を、関心をもって、一再ならず、また大いに注意を払いつつ読ませていただき、そしてすぐにご返事したいと思った次第です。

あなたがお述べになっている論理構成は巧妙に考え抜かれたものであり、差し当たっては印象深いものです。けれども、私はそれを受け入れることができません。その論理構成は、私にはただ逃亡の試みとしてのみ理解しうる考え方の部類に属しており、また、私はそうした考え方に対して、それがドイツ国民を何らかの意味で現実《リアル》に助けることが

できるなどとは期待することができません。まずは、私の総合的な異議申し立てを述べさせてください。

あなたの仰っていることは正しい、と仮定しましょう。その場合、私たちはドイツ人に対して、かれらの敗北の翌朝には大声でこう呼びかけねばならない、ということになるでしょう。「きみたち全体に責任あり、とされている大変な出来事が今や起こってしまった。だが、そのことによって、不当なことがきみたちの身に降りかかっている。というのも、この期間全体にわたって、きみたち九九％強の者は、なるほど英雄ではなかったけれども、しかしまた犯罪者でもなかったのだから。むしろ、きみたち九九％強の者は「通常の国民」なのであり、まさにそのような者として、この大変な出来事にはいかなる罪責も負ってはいないのだから。きみたちはただその場に居合わせたにすぎないのだ、ちょうど他のすべての国民においても似たようなケースでは九九％の者がそうだったであろうように。〇・五％のドイツ人犯罪者は絞首刑に処されるかもしれない。〇・五％のドイツ人の英雄(36)は――或る留保のもとで――称讃されるかもしれない。だが、きみたち九九％の者には無罪判決が下されているのだ」、と。

あなたの論理構成によるなら、これと同じスピーチが、ドイツ人に対して、明らかにすでに一九三九年のイギリス・フランスの宣戦布告の日に、すでにまた一九三四年七月一日[37]にも、すでにまた一九三三年一月三一日にも――等々といった具合に――、語られえたでしょうし、語られねばならなかったでしょう。もしもあなたが正しいのであれば、そのスピーチは、ドイツ人に対して、かれらの敗北以前の今日でもまた――かれらは依然としてヒトラーに群がっているのではありますけれども――容易に語られうることでしょう。実際、九九人の義人[38]は、確実に、かつても今も、いつも直ちに首尾よく切り抜けてきたし、切り抜けているのです。

私の問いは二重のものです。

（一）こうした論証で武装しつつ戦争相手国に対峙することが、その相手国との関係においてドイツ国民にとり何らかの仕方で有益である、などとあなたは期待しておられるのでしょうか。まさに諸国民の生においてこそ、「死なばもろとも」――より古典的に言えば「王の狂気に人民は苦しまねばならない」（**Quidquid delirant reges, plectuntur Achivi**〔ホラチウス〕）[39]――というのとは違ったことが、いつどこで妥当した例《ため》しがあったでしょうか。わが国の連邦政府がここ数年の間にスイスの顔というその姿において世界の前で仕出かしたことに対して、私はスイス人として、永久に（**für alle Zeiten**）、共に責任を負い、また〔そこで蒔かれた種を〕何らかの仕方で共に刈り取らねばならないのではないでしょうか。その際、私は実際ただ「通常の国民」としてその場に居合わせたにすぎなかったのだとしても、いやそれどころか時折は抗議さえしたのだとしても、です[40]。九九％の「通常の」[41]ドイツ人は、警告には聞く耳をもたぬままに、とにかく一人残らず間違った列車に乗車してしまったのであり、その列車はかれらを、かれらが今日否応《いやおう》なしにやはり一人残らず下車せねばならないであろう場所へと連れてきたわけです。かれらは、とにかくそこに（ibi）いたのであり、他の場所に（alibi）[42]いたのではありません。

（二）あなたの論証によって根拠づけられた〈無罪責〉という自覚、——そのような自覚をもって自分たち自身の将来へと向かってゆくことがドイツ人自身にとってためになる、などとあなたは期待しておられるのでしょうか。つまりは、またしても・今一度・今やいよいよもって、九九％の無責任者として。そのような無責任者たちは、どこかから誰かが来て自分たちの頭上を通過することを期待しているのです。その誰か、とは、もしかしたら生まれたばかりの〇・五％の英雄たちかもしれませんし、しかしまた、生まれたばかりの〇・五％の犯罪者たちかもしれません。いずれにせよそれは、どこか他の者たちなのであって、その者たちだけが将来のドイツの罪責もしくは無罪責の問題を解決すればよいのであり、それに対して、九九％の「通常の」者たちは引き続き単にその場に居合わせるにすぎないのであり、そして傍観する、もしくはつらい目にあう

――それゆえ無罪である――、というわけです。　私は特にこの〔今問題にしている〕第二の点にこだわります。すなわち、もしも人がドイツ国民に向かって、その過去と現在に関して、「九九％強の者は無罪なのだ」などと吹き込むなら、その人はドイツ国民をかれらの将来のために一体どんな地獄へと突き落とすことになるでしょうか。もしもまさしくこの九九％の者たちが、明日、歩み出して、将来のための責任を——その責任をどこか他の者たちに押しつける代わりに——自分自身に引き受ける、というのではないとしたら、どのようにしてドイツ国民は助けられうるでしょうか。そしてまた、もしもかれらが、《政治的にかくも無責任に生きてきた》というまさにその点にこそ昨日も今日も自分たちの罪責があったのだ、ということを洞察するのではないとしたら、どのようにしてこの九九％の者たちはまさにそのこと〔＝歩み出して将来のための責任を自分自身に引き受けること〕を明日行なうことができるでしょうか。私としてはこう言わざるをえません。今やドイツ人を、あなたが——敬愛するフリートレンダーさん——〔言わば法廷弁論において〕要求しておられるような無罪判決をもってドイツ人を慰める者はドイツ人の最悪の敵である、そう私には思われます。ドイツ人に好意をもっている者は、かれらをそのように安易な仕方で切り抜けさせることはできないのであり、また、してはならないのです。

さて、私は御手紙の中の〔論理構成という決定的に重要な点と比べるなら〕比較的に重要な個々の点についても応答したいと思います。

（1）私にとっては、「罪責」もしくは「集団罪責」という概念は問題ではありません。それらの概念は、私の講演には現われてきません。[43] 私にとって、一切は、ドイツ人が、しかも、いずれにせよすべてのドイツ人が、一九三三年以降に起こった出来事の責任を引き受ける、ということにかかっているのです。その際、まず第一に重要なことは、起こった「犯罪」、ではなくして、むしろ、「犯罪」（オラドゥール等々）へと導いていったし導いてゆかざるをえなかった道、なのです。あれらの「犯罪」そのものには、事実、比較的少数のドイツ人だけが関与したことでしょう。〔しかし〕そこへと導いたその道を、ドイツ人は——行為や不作為の形で、直接的もしくは間接的協力の形で、明白なもしくは暗黙の同意の形で、明瞭に活動的な、もしくは単に「形式上」（pro forma）（！）意図されただけの〔ナチ党という〕「党派」への支持の形で、政治的無関心の形で、あるいはまた、ありとあらゆる政治的誤謬や政治的誤算の形でも——、すべての者が歩んだのです。そうでないなら、どうして「僅かながらの犯罪者少数派」が勝利することができ、どうしてナチズムが世界史的出来事となりえたでしょうか。そのためにはすべてのドイツ人を必要としたのであり、また、そのことに、すべてのドイツ人もまた、それゆえあなたの仰る九九％の義人もまた、――たとえ実に多様な仕方においてであったにせよ――貢献したのです。そのすべてのメンバーにおけるドイツ国民全体を『戦争犯罪人名簿《リスト》』に載せるなどということを、誰も考えたりはしません。けれども、どうして、成人した一人のドイツ人が、自分自身から、次のことを告白せざるをえず、また告白しようとする、ということにならないはずがありましょうか。「私は、いずれにしても、ドイツ国民に関して、《遂には全世界が、ドイツ国民総体（パーセンテージはどうあれ）においてかくも強烈に体現された脅威と戦うべく召集されねばならなかった》という事態にまで立ち至らせてしまった〔責任を負う〕者の一人である」、と。

（2）あなたが開陳されたアメリカの類例は、二つの決定的な点において破綻しております。たとえ、アメリカ政府と九九％の「通常の」アメリカ人とが、当時ギャング団に対してどんなに軟弱な態度しか取れなかったとしても、とにかく、（a）ギャングらが、国民の――自発的であれ強制されてであれ――拍手喝采のもとでホワイト・ハウスに入り込んだなどということ、また、アメリカ国家そのものが今やまさしくギャング国家と化し、その大統領が例えば一九三四年六月三〇日[44]のようなものを許可したなどということ、そういったことは起こりませんでした。そして、それゆえ、(b) ギャングに支配され、そして――自発的であれ強制されてであれ――かれらの意のままになったアメリカが他のすべての諸国民にとって脅威と化し、そして遂には――混沌《カオス》が全世界《アルゲマイン》のものとならぬように――そのアメリカがアメリカ自身への世界《アルゲマイン》戦争を必然的なものにしてしまった、などということもまた起こりませんでした。

ドイツでは、国家そのものが――まずは内政上〔＝(a)〕、それから外交上〔＝(b)〕――、ギャングの猟場、いや実にギャングの道具と化してしまったということ。これは単に程度の差を意味するものではなく、或る原理的相異を意味するものです。そうしたことを、まさにアメリカ政府は、そしてまた、その背後にいる九九％の者たちは、あらゆることにもかかわらず、甘受しませんでした。それに反して、ドイツにおいて可能となり現実となったのは、国家が、国家自身の担い手にして保証人である者たち――つまり「通常の」国民という大衆――によって、或る朝、国家の敵――つまりギャングども――の手にこっそり渡され委ねられてしまった、ということだったのです。それから、このギャングどもは――もっともそれはギャングらしいやり方によってでしたが――、素早くかつきわめて徹底的に、誰ももはやそのことを問題にしえぬように、事を運んだのでした。しかしながら、これに対して、あなたが、《何らかの突拍子もない《ファンタスティッシュ》事情のもとにおいてなら、〔ドイツと〕同じことがアメリカや他の諸国でも可能となり現実となっただろう》との主張に引きこもることに対しては、私はそれを受け入れることができません。〔あなたのご主張通りのことは〕ありうるかもしれません。しかし、ドイツにおいて、そしてただドイツにおいてだけ、それは何と言っても、事実、あのように起こったのです。

（3）私はまた、ドイツのギャングどもとドイツ国外の対独協力者たち等々――ドイツ養成所のこの息子たち！――との〔両者を同列に扱うような〕比較についても認めることはできません。例えばデンマークのシャルブルグ軍団が、デンマーク国民自身によって、暗黙のうちにどころか最高にあからさまな形で拒絶された、ということを、あなたがご存知ないはずはないでしょう。似たようなことが、オランダのミュセルト派の者たちにも、ベルギーのレックス党員たちにも、フランスの対独協力者たちにも起こりました。そしてそうしたことは、大抵は、ようやく解放後に起こったのではなく、きわめて力強く、すでにドイツ占領下の時に起こったのです。あなたのなさっている比較は、仮にドイツにおける世論が何らかの時にドイツの国家反逆者ら〔＝ナチス〕に対して同様の態度を取った、というのであれば正しいでしょう。そうする代わりに、突撃隊（SA）と親衛隊（SS）のために、「道を空《あ》けよ」[45]〔と歌われたその道〕は常に空《あ》けられていたのでした。どうして人は――ドイツ国民がその繁栄の日々を謳歌していたナチズムに対して行なったような仕方で――自ら甘んじて受け入れた事態を、後になってから、第三者の前でも己れ自身の前でも、今やあっさり異物として捨て去るなどということができるのか、私には分かりません。そんなことをするなどというのは、ギャングどもに対してもまたどこか礼儀に適ったことのようには私には思えません。

（4）もしも人が私に、「ドイツにおける事態がこんな風に進行したことに対する責任は、誰に、より多くあるのだろうか。〇・五％のギャングどもか、それとも九九％の通常の者たちか」と問うてくるとしたら、私は即座にこう答えます。「それは、後者、つまり通常の者たちだ」、と。かれらはそれまでは法治国家を――少なくとも或る程度までは――信奉し、肯定していました。そして、そのようなことは、確かにヒトラーが一度たりとしなかったことです。かれらは、道徳的にも憲法上も、法治国家の担い手であり保証人でした。そして、まさにそのかれらが法治国家を裏切ったのです。私は「かれら」ということで、例えば、あらゆる〔大学の〕学部のドイツ人の教授・私講師ら（主としてドイツ国家人民党[46]党員の教授・私講師ら、しかしまたリベラルで民主主義的な教授・私講師らも含めて）のことを考えています。かれらの変節と均制化《グライヒシャルトゥンク》／強制的同質化[47]を、私は一九三三年、きわめて間近に体験いたしました[48]。かれらと、そしてまた、ドイツ人の裁判官・公務員・牧師・作家・芸術家等々が、当時、群れをなしてすべての肉〔＝人間〕が歩むのと同じ道を歩んでいるのを人は見たわけですが、(49) あなたのお考えによれば、実際確かに、そのかれらもまた――いやそれどころかとりわけそのかれらこそが――あの九九％の義人に属しているのでしょうか。そして、まさにそのかれらこそが今やアリバイ（alibi）があるということになり、無罪判決が下されるべきだというのでしょうか。かれらは後のオラドゥールの際にはそこに居合わさなかったのだし、もしかしたら事実オラドゥールについては全く何も聞くことすらなかった、というただそれだけの理由で。まさしくこの不幸なドイツの知識人たちこそが――その原理的な〈機を見るに敏〉の哲学を携えつつ――、今や確かに満足しながら、「犯罪者たち」が絞首刑に処される様子を傍観し、そうして、国家に対する相も変らぬ無責任さにおいてその先の将来もまた安心してのうのうと暮らす――次の激変の時まで――べきだというのでしょうか。もしもまさしくこの〔通常の〕義人たちこそが、「われわれは今や回れ右をし、それによって、これまでの自分たちの歩みと道とを実際に否認せねばならないのだ」ということを認識しないとしたら、一体この哀れなドイツにおいて、いつか事態が変わるはずがありましょうか。

（5）〈フリードリヒ‐ビスマルク‐ヒンデンブルク‐ヒトラー〉という線は、ドイツ国外でではなく、ドイツ自身において発見され主張されたのであり、しかもそれは、ギャングどもによってではなく、またしても、九九％の者たち――とりわけあの有能なドイツ国家人民党党員たち、それゆえフリードリヒ的・ビスマルク的・ヴィルヘルム二世的伝統の最適の擁護者にして解釈者たち――によってなされたのです[50]。ここでは、あの線は、折り紙つきの歴史家たちによって、雄弁に――もしくは少なくとも沈黙のうちに――承認されたのでした[51]。ここでは、一九三三年三月二一日のあの哀れな年老いた男[52]に向かって、あの線を――象徴的な意味でもまた――正式に固定化しようとすることに対して警告したり阻止したりする者は誰もいませんでした。もしもあの線が「歪んだ像」であるのなら、当時、言葉と行為においてあの線を固定化することに対して抗議がなされたはずでしょう。それが起きなかったということ――当時どこに別人のフリードリヒや別人のビスマルクがいたというのでしょうか――。そのことが、私には（フリードリヒやビスマルクに関して歴史的事実として今後何が発見されようとも、そういったことは全く別として）、ここでは決して「歪んだ像」が問題になっているのではない、ということを証明しているように思われるのです。

（6）ドイツ国民は――ナチズムの災厄を阻止するためには――、純然たる「英雄」から構成されていなければならなかっただろう、ということを私は認めることができません。ドイツ国民は、ただ、単純素朴な、しかし政治的には理性的に思考しかつ断乎として行動する——もしくは自らの持場に固く立ち続ける——国民たちから構成されていなければならなかったでありましょう。そうであったなら、「抵抗」は全くひとりでにそこにあったことでしょう。すなわち、憲法違反の狂った指示を実行することを拒否したであろう公務員一人一人において。すでに以前から自らが認識していた学問的真理のもとに依然として留まり続けたであろう教授や教師の一人一人において。歪められていない福音を宣べ伝えることを続行したであろう牧師一人一人において。かつて己れの名誉と見なしていたものに固く踏みとどまったであろう将校一人一人において。そして、保証された自分自身の——かつ共通の——権利《レヒト》に依然として責任を負ったであろう庶民一人一人において。英雄的行為？　いいえ、市民的健全さです！　度しがたいほど指導されるがままでいる代わりに、成熟《ミュンディヒカイト》さ、です。敬愛するフリートレンダーさん、私は事態を実際自分でなお数年の間共に体験したのであり、次のようなことの目撃者だったのです。すなわち、この全体主義国家は、防ぎようもないたった一つの落雷のようにドイツ人たちを襲ったわけではありません。そうではなく、いわゆる「権力掌握」のずっと以前から（パーペン・クーデター！）[53]、そしてその「権力掌握」の間に、ようやく徐々に徐々にその爪を伸ばしてきたのでした。そして、この全体主義国家は、《繰り返し繰り返し、すべての者が――もしくはほとんどすべての者が――その都度一センチメートルずつ法的地盤から脇へ押しやられていった》ということによってとめどもなく拡がっていったのです。そうして、普通の者たちは、いとも容易《たやす》く個別的に射殺されえた「英雄」となったのであり、あの少しずつの一センチメートルは遂にはメートルやキロメートルにまでなることができたのであり、そして全体は（「女がひきよせたか、男がとびこんだか」[54]）従順で御しやすい大衆とならずにはすみませんでした。そして、そのような大衆として、ドイツ国民は遂には必然的に、他のすべての諸国民の――正当にも――憎むべき、そして戦って打ち負かすべき敵とならざるをえなかったのです。何がドイツ国民には欠けていたのでしょうか。私が「市民的健全さ」と「成熟さ」と呼んだもの、まさにそれがドイツ国民には欠けておりました。そして次のことは――今一度（5）の問題に立ち返るなら――、いずれにせよ、否定的な面において確実なことです。すなわち、ドイツ国民の以前の「指導者たち」――フリードリヒ、ビスマルク、そして一九一四年～一八年の間の者たち――は、ドイツ国民をそのことのために教育しなかったのであり、また、そうした「指導者たち」は、ドイツ国民を、ともかくまさにこの怠慢によってあのヒトラー的全体主義国家に向けて準備してしまった、ということです。そして、ドイツ国民が市民的に健全になり成熟せねばならないというまさにそのゆえにこそ、「一国民全体が英雄の国民となることは不可能だ」などという言葉でドイツ国民を今慰めるべきではないのです。あたかも、意気地なしでないためにはなにがなんでも英雄でなければならない、とでもいうかのように！　イギリス人もまた英雄の国民などとはかけ離れていることは確実です。イギリス人は、しかしまた、意気地なしの国民でもありません。第三ノ道ガ与エラレテイル（tertium datur）。そして、確かに（weiss Gott）[55]、ドイツ人のためにもまた、何と言っても第三の道は存在しうるのであり、存在しているにちがいありません！

あなたは、私の総合的な異議申し立てとこれら六つの個々の点から、御手紙に対する私の反論が次の問いに要約されるのを見てとっておられることでしょう。すなわち、《ドイツ国民自身以外の一体誰がナチズムを権力の座へとのし上がらせ権力へと任じたのか》[56]、と。あなたが、以上のような私の応答の後でもなお、一九三三年一月三〇日に関するあなたの理論を私に述べたいというお気持ちがおありかどうか、私は分かりません[57]。そう、あなたはすでに、私がここで原則的《アプリオリ》に何を承認するつもりがないのか、ということを見てとっておられるにちがいありません。いや、それどころか、《ドイツ国民は、今や遂に、あの一月三〇日に証明された自らの政治的無責任さに対するまさにその責任をこそ意識すべきであり、そしてそのことによって、ドイツ国民がすでに三十年戦争〔一六一八～四八年〕以来、あるいは農民戦争〔一五二四～二五年〕ないし帝国都市の終焉〔一八〇三年〕以来その手に墜ちていた体制《システム》と訣別すべきである》との確信を私が抱いている、ということを。

この手紙を閉じる前に、あなたに是非とも確認させていただきたいのは、私の講演は事実、ただ「～にもかかわらず友情を」についてのみ語った、ということです。これは他のドイツ人聴衆や読者にも奇異な感じを与えました。私もまた、これがあの講演の弱点だということを認めるに吝《やぶさ》かではありません。ただ、あの講演はドイツ人にではなくスイス人に向けられたものである、ということをお見逃しにならないでください。敬愛するフリートレンダーさん、もしも私が正しく見ているとしたら、あなたもまた、次のようなドイツ人、つまり、この十二年間、ナチズムの――だがそれよりはるか以前にナチズムを準備してきた体制《システム》の――手に墜ちていたドイツ的本質に対する現下の〔激しい〕度合いの根本的〔実際いかなるプロパガンダ理論も必要とはせぬ！〕拒絶については十分に自己弁明することをしないドイツ人、――そのようなドイツ人のお一人でしょう。私は、たしかにこの「～にもかかわらず友情を」という私のテーゼと共に、〔ドイツ人に対する〕反対の堤防の前に立ったのであり、立っているのです。私は、権威筋から、今はただこのテーゼを主張することだけですらしないように、と警告されました。なぜなら、ドイツ国内のプロパガンダがこのテーゼをすぐにでも利用し、そうしてこのテーゼが戦争を長引かせる要因になる可能性があるからだ、と。[58] これは差し当たり当を得ていない、と私は思っております。しかしながら、敬愛するフリートレンダーさん。あなたは、事態が今日そのようにもまた判断されうるようなところにまでわれわれはきてしまっているのだ、という点については、はっきり理解しておかれるべきでしょう。そして、ドイツ人の側としては、直ちにより多くのことを要求する代わりに、まずは、私が〔講演で〕試みたことに満足し、また、少なくとも「～にもかかわらず友情を」という私のテーゼによって私があの堤防に或る種の穴をうがつことに幾分かは成功した――この講演がスイス人に受け入れられたということがそれを示していますが――ということに満足してくださるのなら、おそらくはその方が意味あることでしょう。どうか、私がまずは単純に、〈不敬虔なる者の義認〉（iustificatio impii）という福音的教説の地盤の上に（「対象の質を考慮することなく」！）身を置いたのだ、ということを、些細なこととは見なさないでください。私は、そのことによって語ったよりも更に多くのことを語りうるでしょう。いつか別の時に、そうするかもしれません。けれども、この「更に多くのこと」の内実が、あなたが願っておられる意味でのドイツ人の何らかの弁解とか、あるいは、ビスマルクやフリードリヒへの何らかの積極的な回顧とかいったものではありえないだろうということ、これは確かです。

心からの敬意をもってご挨拶いたします。あなたのカール・バルト

（1）Zwei Briefwechsel, in: Eine Schweizer Stimme 1938-1945（『スイスの一つの声　一九三八―一九四五年』), S. 382-398. 底本としては次のものを用いた。An Ernst Friedlaender, Vaduz (Liechtenstein), in: K. Barth, Offene Briefe 1945-1968（『公開書簡　一九四五―一九六八年』), hrsg. von D. Koch (KBGA), Zürich 1984, S. 3-24（本文はS. 5-24).『著作集』7、三七―五〇頁（後藤哲夫訳）。――E・ブッシュ『生涯』四五八―四五九頁参照。なお、『全集』編者の解説に、本往復書簡を公刊する意図を示したバルトの文章が載せられているので、以下、必要な部分のみ訳出する。これは、「ドイツ人とわれわれ」（本巻所収）への多くの「反響」の中から選ばれた二人のドイツ人の書簡とそれへのバルトの応答、すなわち『二つの往復書簡』（これに、イギリスのManchester Evening News五月一六日号への寄稿文「いかにしてドイツ人は健康になりうるか」＝四月八日執筆、が添えられて）への「前書き」であり、本往復書簡はこの『二つの往復書簡』中の一つである。「『ドイツ人とわれわれ』という私の講演は……かなり活発な反響を惹き起こし

た。その際私が考えているのは、スイス・メディアの諸論評のことであり、また、更にそれ以上に、ここ数カ月間に寄せられた——或るものは希望に満ちた、或るものはそれほどでもない——書簡の数々のことである。そうしたことのゆえに、また、日毎に切迫してゆくドイツの情勢のゆえに、私には、この議論の継続が必要と思われるのである。……私は、二つの往復書簡——それらはこれを執筆された二人のドイツ人の好意ある同意によって公刊されるわけだが——をこの目的のために適切なものと見なした。というのも、ここで私に向けられている書簡は、二つの異なるドイツ人の姿勢を——いずれもそれぞれの仕方で品位があり独創的で印象深いものだが——明らかにするものだからであり、同時に、他の側からもまた私に寄せられた幾つもの問いに対して、直接間接に、詳細に、もしくは少なくとも暗示的に、暫定的な応答をするといった機会を私に提供してくれたからである。読者は、これらの書簡の執筆者および私に対して、今日何人《なんぴと》も最後の言葉を語りうる位置にはいないのだ、ということを斟酌していただきたい。『日が日を教えるであろう〔＝一日の経験は翌日の行為の案内者である〕！』(Dies diem docebit!) したがって、最後より一つ手前の言葉においてなされる話し合いというものは、実際読者にとってもまた良き事柄であるはずだ。——あらゆる不都合な結果を避けるために、ここで私がこれらの書簡の執筆者のお名前と宛先を、同様にまた、慎重を期して、かれらと私の書簡の正確な日付をも、更には、書簡中かれらの身元を示す可能性のあるもの一切を削除した、ということについては言うまでもない。……私が望んだことは、他の人々もまた、——今日命じられている方向において――ドイツ人を勇気づけるという課題に参加していただきたい、ということである。一九四五年四月一九日、バーゼルにて」（前掲底本三一-四頁）。それゆえ、本往復書簡に記載されている宛名・宛先・日付は、底本（一九八四年刊）において初めて復元されたものである。

（2）リヒテンシュタイン公国の首都。なお、本書簡の執筆者（以下、筆者）は本書簡末尾にあるように、エルンスト・フリートレンダー（Ernst Friedlaender）（一八九五-一九七三）である。彼は、ドイツ・ヴィースバーデン生まれで、ナチスの分類によれば、二分の一ユダヤ人。一九二〇年代末、イー＝ゲー＝ファルベン＝コンツェルンの幹部社員としてアメリカ合衆国にて働く。その後、ナチズムが迫っていることを見て、ドイツには戻らずフランスに滞在。一九三一-三四年スイスに、それ以降はリヒテンシュタイン公国のファドーツに滞在、同地にて哲学的・政治的諸問題に取り組む。それまでバルトとの交流はなかった。エルンスト・フェルガー（Ernst Ferger）という偽名により、スイスでは複数の書物を公刊していた。一九四六年末、ハンブルクにて『ツァイト』誌の編集者となる。（『全集』編者の解説より。E・ブッシュ『生涯』四六〇頁の訳注〔3〕も参照）――なお、「二分の一ユダヤ人」とは、（「ニュルンベルク法」に基づいて一九三五年十一月、「訂正」・「細分化」された定義によれば）「二人のユダヤ人の祖父母の子孫」（ラウル・ヒルバーグ『ヨーロッパ・ユダヤ人の絶滅【上巻】』〔望田幸男・原田一美・井上茂子訳〕、柏書房、一九九七年、五七頁）のことだが、その上で、更に「ユダヤ教に属するかユダヤ人配偶者をもつ者」が「ユダヤ人」と「定義」された（若尾祐司・井上茂子編著『近代ドイツの歴史』二三二頁。但し、厳密な「定義」についてはヒルバーグ前掲個所を参照。更に成瀬治ほか編『世界歴史大系 ドイツ史3』二四五－二四六頁も参照）。「イー＝ゲー＝ファルベン＝コンツェルン」とは、一九二五年に創設、第二次大戦後に解体したドイツ最大の化学工業コンツェルン（『小学館 独和大辞典〔第2版〕コンパクト版』より）。

（3）本書簡の原本が失われているため、バルトによって削除されたこの部分は欠けている。おそらく個人〔情報〕に関する記載を含んでいたのであろう。（『全集』編者注）

（4）筆者による本書簡においては、その思考過程そのままを理解できるよう、段落は原文通りとする。

（5）これについては、バルトの返信（注43）参照。

（6）原語は Rechtskrise（英訳は「政治的危機 political crisis」）。

（7）本書所収「ドイツ人とわれわれ」Ⅲの末尾参照。

（8）禁酒法時代は一九二〇～三三年。筆者は一九二〇年代末（前注2参照）、アメリカに滞在していた。

（9）「法治国家との～」から本段落最後までの部分（原文で約28行！）が英訳（出典は本巻所収「ドイツ人とわれわれ」の注4参照）では訳出されていない（同程度の大きな脱漏については後注23参照）。当該英訳書はニューヨークにある出版社からのものなので、本書簡の訳者（Marta K. Neufeld――「ドイツ人とわれわれ」の訳者とは別――）はおそらくアメリカ人。もしかしたらこの脱漏は、アメリカの一般読者に提供する訳者としては、第三帝国と同列に論じられることへの抵抗感からくる意図的なものかもしれない。但し、（一々指摘しないが）このあとも幾つか小さな脱漏があるので、それほどの意図はないのかもしれない。

（10）原語は Zivilcourage。元々はビスマルク（！）の造語だったこの言葉が、「反ナチ抵抗者として処刑された若き神学者ディートリヒ・ボンヘッファー」によって「非常な緊迫感をもって提起」されたことについては對馬達雄『ヒトラーに抵抗した人々――反ナチ市民の勇気とは何か――』二五七頁参照。もっとも、この時点で筆者がボンヘッファーのことを意識してこの語を用いたとは考えにくい（ボンヘッファーは本書簡一ヵ月後の四月九日、ヒトラーの命によりフロッセンビュルクで処刑された。エーバハルト・ベートゲ／レナーテ・ベートゲ『ディートリヒ・ボンヘッファー』一四八－一四九頁参照）。

（11）Unterwelt の直訳が「地下の世界」だが、この原語は「暗黒街」という世俗的意味の他に、「黄泉の国」という聖書的意味もあり、筆者はこの多義性を意識してわざわざ引用符を付したのであろう。

（12）「ドイツ人とわれわれ」の中（のI）で、バルトが「ドイツ的人間」の一つの解釈可能性として挙げていた「ポツダム（＝第三帝国）の精神」を暗示。（『全集』編者注）

（13）本巻所収「ドイツ人とわれわれ」の、特にIとII参照。

（14）本巻所収「ドイツ人とわれわれ」のI参照。

（15）本巻所収「ドイツ人とわれわれ」のⅠ参照。

（16）「《にもかかわらずの友情》」は、原文では特に強調されていないが、ここでも、これに対するバルトの返信でも、（バルトの講演で用いられた）この言葉は重要な役割を果たしており、もちろん筆者のフリートレンダーも意識的に使用しているはずなので、《》を付した。

（17）原文は確かに「二十年間」（『スイスの一つの声』においても同様）となっているが、筆者はもしかしたら「十二年間」（この数行前になされたバルトに対する――「抵抗」を巡る――批判的言明参照！）と言うつもりを書き間違えたのかもしれない（zwölf → zwanzig）。

（18）W. Niemöller, Macht geht vor Recht. Der Prozess Martin Niemöllers〔『権力が法に優先する。マルティン・ニーメラー裁判』〕, München 1952, M. Niemöller, Briefe aus der Gefangenschaft Moabit, hrsg. von W. Niemöller〔W・ニーメラー編、M・ニーメラー『モアビート獄中書簡』〕, Frankfurt 1975を参照。（『全集』編者注）――モアビートはベルリンの一地区で、動物園・刑務所・裁判所がある。

（19）本巻所収「ドイツ人とわれわれ」のⅠ参照。

（20）これに対する反証として、例えば本巻所収「ドイツ人とわれわれ」の注15に挙げた文献を参照。

（21）「全権委任法」（授権法）については『セレクション5』四〇七―四〇八頁注64および

三五五頁を参照。

（22）ここでの筆者の計算は以下のとおり。当時のドイツ国民が八千万人との前提のもと、一次的（という言葉は使ってはいないが）犯罪者二〇万人＋二次的犯罪者二〇万人＝四〇万人、それに英雄五万人を合わせて計四十五万人、これはドイツ人全体の１％（八〇万人）にはるかに満たない。ゆえに、一次的・二次的「犯罪者」と「英雄」以外のドイツ人（「通常の国民」）は「九九％以上」、ということになる。――なお、ドイツの人口（一九三三年当時ではあるが）を六五〇〇万人とする資料もあることについては『セレクション1』六二頁注25参照。

（23）「この即席の統計は～」から本段落最後までの部分（原文で約27行！）もまた英訳では訳出されていない。

（24）ＮＳＶ（＝ nationalsozialistische Organisation zur Wohlfahrtspflege）。この機構によって、自由な団体および教会の慈善団体が抑圧された。（『全集』編者注）

（25）一九三三年五月二日、打倒解体された労働組合に代わって登場したナチ機構。後には二千万人（＝ドイツ国民全体（前注22参照）の四分の一！）を包括することになったこのドイツ労働戦線の主要課題は、ナチズムの意味での政治的教育であり社会福祉事業であった。（『全集』編者注）

（26）**KdF**（＝ **NS-Gemeinschaft Kraft durch Freude**）。ドイツ労働戦線（前注）内部にあって、労働者の自由時間および旅行のための福祉事業にあたった。（『全集』編者注）――

なお、ドイツ労働戦線との関係も含んだ歓喜力行団については、更に『セレクション5』四〇八―四〇九頁注65および三五六頁も参照。

(27)「生きるに値せぬ生命」とは、ナチズムの人種政策の概念である。この概念は「第三帝国の表象世界においては、結局のところ、棄却された者の総体として、また、理想化されたアーリア人の暗い対立像として現われた一切の生命――すなわち、遺伝性疾患者、虚弱者、反社会分子、役立たず、蔑まれた者、非純血種の者――を包括しえたのであった」(K. D. Erdmann, Die Zeit der weltkriege, in: B. Gebhardt, Handbuch der deutschen Geschichte〔『ドイツ歴史ハンドブック』所収「両世界大戦の時代」〕, Bd.4/2, Stuttgart 1976, S. 415)。(『全集』編者注)――更に、河島幸夫『戦争・ナチズム・教会』新教出版社、一九九三年、第七章参照。

(28)クヴィスリング以下列挙された名はドイツ国外のナチ支持者たちである。クヴィスリング(Vidkun Quisling 一八八七―一九四五)はノルウェー、ミュセルト(Anton A. Mussert 一八九四―一九四六)はオランダ、ドグレル(Léon Degrelle 一九〇六・?)はベルギーのレックス党創始者、ラヴァル(Pierre Laval 一八八三―一九四五)はフランス、パヴェリッチ(Ante Pavelić 一八八九―一九五九)はクロアチア。(『全集』編者注)――なお、この文脈で問題とされている事柄に関して、『ナチス第三帝国事典』一四七―一四八頁も参照。

(29)ノルウェーにおける民兵的ファシスト機構。(『全集』編者注)

（30）デンマークの義勇軍で、一時的に親衛隊突撃隊長シャルブルグ（一九四二年没）の指揮下に入る。その際、デンマークのナチスと反共主義者らがドイツ側についてソ連と戦った（E. Thomsen, Deutsche Besatzungspolitik in Dänemark 1940-1945〔一九四〇－四五のデンマークにおけるドイツによる占領政策〕, Düsseldorf 1971, S. 99ff., 140ff.）。（『全集』編者注）

（31）ベルギーの政治家ドグレル（前注28参照）によって一九三〇年に結成された反ユダヤ主義、反共主義を掲げた政党、「イタリアのファシズムとドイツで成長しつつあったナチ党に深い影響を受けていた」（『ナチス第三帝国事典』の「ドグレル」の項、一七八－一七九頁参照）。

（32）すなわち、エストニア共和国、ラトヴィア共和国、リトアニア共和国。

（33）「」内の文章は直訳したら（これまでもこの筆者にその傾向はあったがここは特に）非常にくどい言い方になるので、適当に意訳した。全般的にこの筆者の「文体」および論理展開とバルトのそれとは相当に違う、との印象を訳者は受けている。由って来たる精神（Geist!）――本巻の次の講演「戦後の新建設のための精神的諸前提」参照――の違いと言うべきか。

（34）一九三三年一月三〇日、アドルフ・ヒトラーはフォン・ヒンデンブルク帝国大統領によって帝国首相に任命された。三月五日の国会選挙では、選挙民の四三・九％がナチ党に、八％がその連立与党のドイツ国家人民党（Deutschnationale Volkspartei=DNVP）に投票した。（『全集』編者注）――なお、この国会選挙については『セレクション5』四〇七頁注63（なお、そこで『世界歴史体系ドイツ史3』から引用した「国家国民党」は正式には前述の「ドイツ国家人民党」のことである）を、その選挙結果に対する「ギリギリの「国民的《ナチオナール》」多数」というバルトによる表現（傍点は引用者）については同三五五頁を、参照。

（35）フリートレンダーはこの手紙にこう注記した。この手紙は「私的なものとして、また、内々のものとして」取り扱ってほしい、と（一九四五年四月一三日付のバルトからフリートレンダー宛て手紙による）。書簡の公開について、彼は最初は同意しなかった。なぜなら、この手紙は「精々のところ、接触を取るための入り口の一部にすぎず、最初の言葉であって、最後の言葉とは程遠い」のだから、と（同年四月一五日付のバルト宛て手紙）。バルトは、フリートレンダーの考えを、同年四月一七日付の手紙（その内容をバルトはその後、「前書き」――前注1参照――に再録した）により、また、論考「いかにしてドイツ人は健康になりうるか」によって変えさせた。こうして、フリートレンダーは同年四月一八日、自らの懸念を引っ込めた。彼はその後、同年九月七日、バーゼルにバルトを訪ねている。（『全集』編者注）

（36）フリートレンダーによれば、ドイツ第三帝国におけるドイツ人の「英雄」は「五万人」と「期待」されているので、厳密には、〇・五％（四〇万人）の八分の一ということになる（前注22参照）。しかし、もちろんここでのバルトにとってそういう細かいことは大した問題ではなかろう。なぜなら、どの国民であれ九九％は罪責を負う必要のない「通常の国民」であって、残りの一％だけが「犯罪者」もしくは「英雄」である、というのがフリートレンダーの主張の眼目――「社会学的層のパーセンテージ」！――なのだから。

（37）一九三四年六月三〇日と七月一日、ヒトラーはその政敵である突撃隊幕僚長エルンスト・レームを射殺させた。同年七月三日、ヒトラーの帝国政府は、一つの法〔＝国家緊急防衛法〕を制定した。それによれば、「執られた措置は……国家の正当防衛として合法」である、とされた。（『全集』編者注。中略は原文のもの。）――この「レーム事件」（とそれに対するバルトの反応）については『セレクション1』二一五―二一七頁注1参照。更に、石田勇治『ヒトラーとナチ・ドイツ』（講談社現代新書）、二〇一五年、一七九―一八七頁参照。

（38）ルカ一五7。

（39）より直訳調では、「王達が何によらず愚劣なることをなす毎に、ギリシア人達は打撃を受く」（田中秀央／落合太郎編『ギリシア・ラテン引用語辞典〔新増補版〕』岩波書店、六二一頁）。ここは後藤訳（前注1）の方が分かり易いのでそのまま使わせていただいた。

（40）E・ブッシュ『生涯』四二九―四三一、四三四―四四一、四五〇―四五一頁〔＝邦訳頁数。以上すべては当時のスイス政府の対独関係および対バルト関係に言及した個所〕参照。（『全集』編者注）

（41）原文に引用符はないが、フリートレンダー独特の言い回しのため、引用符を付す。以下では、バルト自身が引用符を付している場合もあるが、ない場合でも付すことがある（一々断らない）。
(42) このラテン語（アーリビー）のゆえに、「アリバイ」＝現場不在（証明）、と言われる。
(43) ここで（『スイスの一つの声』三九二頁による）、バルトは次のような注を付している。「あとになって気づいたことだが、実際、当該講演では何度か「罪責」について、そしてまた、たしかに一度は「集団狂気 Kollektivwahnsinn」についても語っていた」。（『全集』編集注）――これについては、本巻所収「ドイツ人とわれわれ」のⅢの終わり部分参照。そこでは「集団的狂気 kollektiver Wahnsinn」と言われている。
(44) 前注37参照。
(45) 「道を空けよ、褐色の大軍に！」。ホルスト・ヴェッセルの歌――ナチ党党歌――の第2節冒頭の歌詞。親衛隊――ナチ党の半ば軍隊的な戦闘部隊――は、ドイツにおける政治的テロの主な担い手となった。（『全集』編者注）
(46) 前注34参照。
(47) これについては『セレクション4』四三〇頁注31参照。
(48) バルトは、一九三〇～三五年、ボン大学プロテスタント神学部の構成員であった。（『全集』編者注）
(49) 但し、バルトは、本書簡直後（一九四五年六月）、当時のドイツにおいてほとんどの組織が「均制化」された中で教会のみが「ドイツ教会闘争」という形でそれなりによく闘ったことをはっきりと述べている。これについては『セレクション5』二一〇―二一一頁注1を参照。

(50) 本巻所収「ドイツ人とわれわれ」の注23参照!

(51) ここで『全集』編者(Deither Kochという優れたドイツ人歴史学者)は注を付して、「〔当時の〕ドイツ歴史学の役割はようやく後になって批判的に分析されることになった」として、それに関するドイツ語文献(一九六〇年代から一九八〇年までの)を数冊挙げている。

(52) 一九三三年三月二一日すなわち「ポツダムの日」に、〔ベルリン近郊〕ポツダムの衛戍《えいじゅ》教会で国家的行事が行われた。それは、ナチのプロパガンダによって、ナチズムと保守的プロイセン主義との和解として演出された。その保守的プロイセン主義を体現していたのが八五歳のフォン・ヒンデンブルク帝国大統領〔=「あの哀れな年老いた男」!〕であった。(『全集』編者注)――なお、この従来の見方が今では「見直されて」、むしろ、「ポツダムの日」の「構成と演出は、ヒンデンブルクが主導し、最終的に大統領府とヒトラー政府(とくに内務省)、軍部、教会(プロテスタントとカトリック)との合作となった」こと、「式典は、プロイセンの伝統(とくにその軍国主義)の復活が印象づけられる催しとなった」ことについては、石田勇治前掲書、一五一―一五二頁参照。そして、やはり同書が注意を喚起していることだが、その二日後に「全権委任法」(授権法)――前注21参照――が国会で可決成立した!

(53) 一九三二年七月二〇日、フランツ・フォン・パーペン帝国宰相（一八七九―一九六九）は、クーデターによってプロイセン州暫定政府を解散させた。（『全集』編者注）――これによってパーペンは「ヴァイマル共和国の支柱、社会民主党の砦を打ち砕いた」のである（石田勇治前掲書、一二五頁）。

(54) ヨハン・ヴォルフガング・フォン・ゲーテの物語詩『漁夫』の最終節より。（『全集』編者注）――訳文は大山定一訳『ゲーテ詩集』新潮社、一九七五年、一一四頁より。これは、女の姿をとった魚に誘われた若い漁夫が海底に飛び込む場面からのもの。その直後の最終行の言葉はこうである。「かれの姿はもうどこにもなかった」！　なお、文語調の訳文も捨てがたいのでここに（その前後も含めて）引用する。「人恋うる思いにも似し、憧憬《あこがれ》はいよいよに増しぬ　女なおも語りやまず、歌いやまず、漁夫の命運すでに尽きぬ――魅《み》入られしか　はたわれよりか、その姿もはや見えずなりぬ」（山口四郎『口誦　ゲーテ詩集』中央大学出版部、二〇〇四年、二二一頁）。

(55) weiss Gott は「確かに、本当に」の意の慣用語。直訳は「神はご存知である」。

(56) この問いの表現は、フリートレンダーからバルト宛て書簡の末尾のそれがほぼそのまま用いられている。

(57) フリートレンダーは、一九四五年四月一五日付書簡では、「一九三三年一月三〇日に関する理論」を述べることはせず、バルトのこの返信と対決した。（『全集』編者注）――「一九三三年一月三〇日に関する理論」についてはフリートレンダーからバルト宛て（本巻所収の）書簡の末尾を参照。

（58）E・ブッシュ『生涯』の前注40に挙げた個所の他、同四五六頁も参照。（『全集』編者注）

戦後の新建設のための精神的諸前提

一九四五年五月になされた講演[1]

今や始まりつつある戦後の課題として私たちの前にあるのは、単なる再建ではなく、新建設であります。

それは、確かにまた再建でもあります。すなわち、今や破壊されてしまった多くのものを可能な限りそっくりそのまま《アインファッハ》復興すること、これはまことに労するに値するものです。かつてそうであった——もしくは、かえって今こそそうである——ように、そっくりそのまま《アインファッハ》再び輝きを放ち重んじられるようになることが許され、またそうならねばならないような、忘れ去られた幾つもの真理や価値が存在します。引き裂かれたまさにその所で今や再び取り上げられるべき幾つもの結びつきが存在し、今や再びただ効力を発揮しさえすればよいような、混乱してしまった幾つもの秩序が存在します。今や全く目立たぬ仕方で継続されることだけが必要であるような幾つもの働きが存在します。しかしながら〔他方で〕、そこでは事がそう単純《アインファッハ》ではないような多くの状況が存在していると言えます。

余りにも深刻なことが起こってしまったので、何らかの一般的計画、つまり、私たちが〔第二次世界大戦勃発の〕一九三九年――または〔ヒトラーによる権力掌握の〕一九三三年――に中断したその所から明日再び開始するように、などと指示するような一般的計画が、ただ技術的にだけでも実行可能であるとか、いわんや内的に正当であるとか、ということは不可能でありましょう。かつてナポレオン一世(2)失脚後、フランス革命以前の状態を「そのまま」(tels quels) 復興しようとした者らの先例が、これを継承《ナッハフォルゲ》するよう〔私たちを〕惹きつけることはありません。今や終結を迎えた戦争は、或る新しいヨーロッパ・或る新しい世界の預言者たち、に抵抗して遂行されたわけです。かれらは偽《にせ》預言者たちでした。今やかれらから解放されているわれわれは幸いなるかな！　というのも、かれらが欲しかつ実行したことは、本当に、いかなる新しきものでもなかったのであり、或る古き時代の――それは決して良き時代ではありませんでした――、ただ余りにそれに相応《ふさわ》しき完成でありクライマックスだったからです。かの偽預言者たちは、しかしながら、正《ただ》しく予言したと言えるでしょう。すなわち、《ヨーロッパは、いや、それどころか世界は、今や、かれらの後では或る分岐点に立っているのであり、そこから、新しい諸々の道が新しい方向において探し求められ見出されねばならないのだ》、と。あたかも何事も起こらなかったかのように、[3] その分岐点からそのまま更に歩みを続けることはないでありましょう。それは、スイスにいる私たちにおいても、です。私たちが内的にも外的にもナチズムに抵抗してきた、ということは一つの義務を意味しているのであって、この抵抗が要求した見渡しきれないほどの血や財産の犠牲は、もしも今や、必要なあらゆる再建と並んで、新建設――すなわち、今までとはいささか別の線上での生の試み――が起こらないのだとしたら、無駄に捧げられたことになりましょう。そして、「いささか別の」とは、その上で昨日の殺し屋たちが激しく突進して行くのを私たちが見たまさにその線とは「いささか別の」、というだけではなくて、むしろまた、その上で私たち自余の者が或る日〔突然〕この殺し屋たちの手に陥る羽目にならざるをえなかった地点に向かって脳天気に歩いて行ったまさにその線とも「いささか別の」、ということです。

私は慎重に、いささか別の線、と申します。人間は善きものではありません。[4]〔だとすれば〕人間が――ここ数年に起こった出来事の後であっても――全く別の線上で生きることはないでしょう。現在であっても、徹底的な新建設が起こることはないでしょう。

そういうわけで、今日あちこちで耳にする「戦争が終わった以上、これからは平和を獲得することこそ肝要だ」という表現は、私にはあまりに誇らしげに聞こえますので、そういったことを口にしたいとは思いません。しかしながら私たちは、命じられた控えめさをできるだけもちながらも、こう語ることは許されており、また語らねばなりません。「新しく生きんとする試みを敢えてなすことが肝要である。この常軌を逸した突発事件(5)の間中われわれは眠ってはおらず、むしろ、以前には未だ知らなかったことをいささか学んだのだ、ということを証明することが肝要である」、と。昨日の悪事を働く者らはいなくなりました。〔が、しかし〕私たちはこの〔常軌を逸した〕時代に行儀《ブラーフ》のよい者ら――いやもしかしたら数段行儀《ブラーフ》のよい者ら――の一員であった(6)、ということでは十分ではありません。一昨日の行儀《ブラーフ》のよい者らとは、〔学ぶべきことを〕何も学ばず、〔忘れるべきことを〕何も忘れることのなかった人々のことであり、私たちが――今日と明日――人類の本来の敵として認識せねばならないであろう人々、のことです。

私はここで、この新建設そのものについて、かつ全体的に、語らねばならないというわけではありません。この新建設は、全体としては、確かに何人《なんぴと》の眼前にもありませんし、あるいは仮にあったとしても、そのようなものはただ夢想家の眼前にあるだけです。つまり、その新建設が現実に姿を現し形を成してゆくであろうような具合には何人《なんぴと》の眼前にもない、ということです。将来に関して幾つかのことが今やその肩にかかっているように思われるサンフランシスコの〔会議[7]に参集する〕三ないし四「大」国もまた、その〔首脳の〕面々もまた、最善の場合ですら、将来の一部分もしくは特定の一面を見、規定することしかできないのだ、ということをよく考えてみるのは慰め深いことです。〔しかし他方〕「きみ自身の比較的ささやかな場所からであってもまた、将来に向かって身を向けよ」との召しを受けていないような者は一人もおりません。全体が、きわめて特定の限界内にあってしか自分の眼には見えていない、という謙虚さにおいて誠実であればあるほど、その人は、それだけますます有益な仕方で将来に向かって身を向けることでしょう。

〔戦後の新建設のための「決定的前提」としての「精神」〕[8]

私はここで、戦後の新建設のための精神的諸前提についていささか語らせていただきたく思います。

とは言え、そのようなことについて熟慮しまた語るということは、まさしくその際、密かにはたしかに全体が問題となっている、という理由で、困難であり危険です。「密かに」というわけは、まさしく精神（der Geist）もしくは精神的なもの（das

Geistige）とは、人間たちの中の、見えるものではなくして隠されているもの、だからです。「全体が問題となっている」というわけは、まさにこの隠されているものこそが、実に人間たちを事実上支配しているもの、だからです。精神とは、世界事象《ヴェルトゲシェーエン》の中にあって最も目立たぬものにして最も強力なもの、であります。精神とは、人間たちの中にある〈動かすもの〉、であります。つまり、人間たちを――各個人をその個性的な人間性に応じて、だがまた多くの者を、そしてしばしばすべての者を、もしくはほとんどすべての者を、或る大きな繋がりと共通性の中で――事物の或る特定の見方へと、或る特定の行動と振舞い方へと、人生の特別な問題や一般的な問題に対する或る特定の接近へと動かすところのもの、であります。私たち人間の間で起こること。それは、決して単に偶然に起こるのではありません。そしてまた、決して単に、特定の化学的・有機的・生物学的・心理学的・社会学的過程《プロセス》の進行法則に従って起こるのでもありません――もっとも、それらの過程《プロセス》は常に同時に注意されるべきものではありますが――。そうではないのであって、私たち人間の間で起こること、それは、常に、あの〈隠されているもの〉・〈支配しているもの〉からしても、つまり、常に、個人的に――かつ共通に――人間たちの中で生きているところの精神の或る特定の状態においても、起こるのです。人が一切を、理論的には、機械的にもまた説明しうるということ。このことは、生のそうした〈精神なき《ガイストロース》〉説明ですら〔そうした説明を促す〕或る特定の精神《ガイスト》状態を必要としている、という事態を何ら変えるものではありません。であれば、もしも人が過去に関しても将来に関しても、精神――諸々の精神、[9] 諸々の精神状態、と言うこともできます――についてもまた問おうとはしないなら、その人は実際には何も分かってはいない《ブリント》と言わざるをえません。そして、もしも人が精神について問うなら、そのとき人は、何らかの諸前提ではなく、むしろ決定的諸前提、すなわち、過去と将来との全体の諸々の源泉・根拠・動かす梃《てこ》、について問うているのです。――これこそが、私たちの主題を困難かつ要求高きものにしていることです。

私たちは、しかし今日、まさしくこの問いを問わないままにしておくような余裕はありません。そしてまさにこれをもって、私は、すでに事柄そのものについての第一の命題を言い表わしたのです。今や必要となった新建設のための他の重要な諸前提も、今日確かに問われています。しかし、この新建設のためには精神的（geistig）諸前提もまた存するのであって、これについてもまた問うことは、報われるのみならず、全くもって不可欠なのです。

私たちは、今一度、すでに私たちの背後にあるこのナチ時代と戦争〔＝第二次大戦〕

の時代の、更にその前の時代にまで遡ってみることにしましょう。すなわち、先の戦争〔＝第一次大戦〕の終わりとヒトラーの権力掌握との間の、熱に浮かされたあの十五年間〔＝一九一八〜三三年〕の時代にまで。確かに人は、「あの当時、われわれは、様々な政治的・社会的・経済的・工業技術的な困窮と可能性と問題とに、深くまた情熱的に取り組んではいなかった」などとは言えません。当然のことながら、そうしたことは当時もまた起こったのであって、しかもそれは、ありとあらゆる精神が私たちの中で・私たちを通して活動していたことによって、起こったのです。だがしかし、私たちは、そのありとあらゆる精神に関して真剣に自問自答することを必要とは見なしませんでした。そう、私たちは、そんなことより、あまりに多くのなすべきことを抱えていたのでした。そう、私たちは、あらゆる領域で――各人が自分にとってまさしく最重要事と思われたその領域で――、あまりに多くの問題を、そしてまたあまりに多くの魅惑的な問題解決を見ていたために、「われわれはその際そもそも一体どこから来たのか？」という問いなど放っておけばよい――もしくは、そのような問いは〈私的瞑想の事柄〉として、精神的《ガイスティッヒ》なことに特別に関心を抱いている者らに委ねればよい――、と考えたのでした。私たちはこう思っていたのです――それも依然としていたく十九世紀の流儀をもって――。「各人が自らの場所とやり方で有能に働きさえすれば、全体として確かに、全般的進歩のようなものが成果として現われるはずだ」[10]と。〔つまり〕あの第一次大戦の経験によって私たちが、精神を巡る問いを真剣に受けとめざるをえなくなる、ということはありませんでした。けれども、精神を茶化すことなどできません。[11]もしも精神が、注意が払われることも吟味されることもコントロールされることもないなら、そのとき精神は、まさに注意が払われぬまま・吟味されぬまま・コントロールされぬままに、己れ自身の種々の道を歩むのであります。そして、それこそが、私たちが今やあの第一の地震〔＝第一次大戦〕の更に一層恐るべき反復〔＝第二次大戦〕において経験したことでした。

〔そういうわけで〕あの二つの戦争に挟まれた時代とは、確かに、次のような理由からも、かくも熱に浮かされていたのです。すなわち、その時代は――これを特徴づけていたきわめて多面的行動性にもかかわらず――、なるほど確かに精神なき《ガイストロース》時代などでは決してなく、それなりに非常に精神に溢れた《ガイストフォル》時代ではあったが、しかし、〈己れ自身に委ねられた精神〉の時代であった、との理由からも。そして私たちがかくも熱に浮かされていたのは、私たちが突然ヨーロッパのただ中で、全く驚愕しつつ、そしてほとんど理解できぬままに、明白なまでに悪しき或る精神――札付きの或る反精神《ウンガイスト》[12]――のあの爆発の前に立つに至るまで、のことでありました。この悪しき精神・反精神《ウンガイスト》がどこから来たのか、そして、どこを目指して走っていたのか、ということを、〔精神に関して真剣に問うことをしなかったがゆえに〕私たちは本当に知りませんでした。この悪しき精神・反精神《ウンガイスト》の啓示と権力掌握とは、〔そのような私たちにとっては言わば〕一種の自然現象、といった性質を持っていたのです。

〔一　戦後の時代にあって、この社会において・日常的に――隠されつつ――支配している精神（馬）をしつけること〕

この火山が今度ばかりは収まった後の今日にあって何らかの新建設が起こるべきだとすれば、その第一の精神的前提とは、端的に、《われわれは、精神と諸々の精神を真剣に受けとめることを学ぶ、しかも全く新たに学ぶ。すなわち、人間の中の――そしてそれゆえわれわれ自身の中の――あの〈隠されているもの〉・〈支配しているもの〉を明確に知り、かつ、その〈隠されているもの〉・〈支配しているもの〉に、しつけを[13]――それなしにはこの〈隠されているもの〉・〈支配しているもの〉が明らかに怪物に変じてしまいうるそのようなしつけを――施すこと、こうしたことを学ぶ、しかも全く新たに学ぶ》、という点にあるでしょう。ご注意いただきたいのですが、問題は、哲学・文学・芸術・宗教を保護育成するために、古くからの礼拝堂や神殿を修復し、それら古くからのものに幾つかの新しいものを並べる、などということではありません。そうしたことは起こるでしょうし、また、起こってもよいでしょう。しかしながら、もしも私たちが精神との取り組みを、そのような日曜日毎の文化事業やそのような神殿や礼拝堂の建物という形で遂行できるのだと考えるとしたら、それもまた過去の過ちの一つなのです。

というのも、実際、精神は、私たちが日常的に――安んじて言いましょう、すなわち、私たちが現実に――生きているまさにそこでこそ、それゆえ、政治において、経済において、社会的・工業技術的形姿においてこそ、隠されているのであり支配しているのですから。ここでこそ、精神は、善かそれとも悪か、真実かそれとも虚偽か、有益かそれとも有害か、なのです。他の一切は、なるほど象徴としては十分に真剣かつ重要ではありますが、しかし、それらは通常は、後から若干の拍子をとるような伴奏音楽なのです。私たちの〈平日/仕事日の生活〉の精神としてこそ、精神は、あの荒々しい爆発をもって私たちを驚愕させます。まさにここでこそ、精神は、注意が払われ吟味されコントロールされることを欲しており、まさにここでこそ、精神は、しつけられることを欲しているのです。もしもそれがここで起きないなら、そのとき(14)精神は、あらゆる文化事業にもかかわらず・あらゆる文化事業において、悪魔のところに赴くのであり、そのとき、荘厳なる想い出を伴ったシラー館とゲーテ館は、そのすぐ傍らにブーヘンヴァルト(15)

なるものが可能となり現実となることを妨げることはできないのであり、そのとき、哲学や文学も、芸術や宗教も——私たちが体験してきたように——反精神《ウンガイスト》の娼婦になりうるのです。人間の中にある精神とはあまりに強力なものでありまして、私たちの——個人のであれ公共のであれ——生の形姿の原初的問題を巡って私たちの日常的実際的な決断が下されるまさしくここでこそ、支配せんと欲し、そして、事実支配するのです。まさにそれゆえにこそ、精神は、——私たちが今や精神に関してゾッとするような更なる経験をした後で何らかの新建設が起こるべきだとすれば——まさにここでこそ私たちの特別かつ厳格な注目の対象とされねばなりません。私たちは精神に対して、十分長きにわたってこの注目を向けないできました。私たちは、十分長きにわたってその日暮しをしてきました。かくて、精神は、気づかれぬまま、野生の馬と化してしまったのです。かくて、精神は、私たちのもとで暴れ出したのです。かくて、精神は、私たちの馬車を、今や二度目のこととして、しかも一度目よりも惨憺たる仕方で、溝の中に放り込んでしまったのです。馬車を再び起こしたとしても十分ではありません。また、馬車をより良い新しい馬車と取り替えたとしても、やはり十分ではありません。馬車を幾つかの古い小旗や新しい小旗で飾る、などということでは、いよいよもって十分ではありません。馬、——これに乗って、旅は今や良くも悪しくも更に続いてゆくことになります。この馬は興味深い登場人物です。ということは、この馬が、まさにあの精神、つまり、新建設のあれこれの部分において、そしてまた新建設の全体において、私たちを動かしたり動かさなかったりする――とにかく何らかの仕方で動かす――であろう精神、ということです。私たちには、私たちの仕事の計画が欠けてはおらず、それらの計画を遂行するための種々多様な技術や材料が欠けてはおらず、そしてまた、それらの計画を正しく遂行するという善き意志も欠けてはおりません。しかしながら、もしも私たちが今、そうしたこと一切から離れて、まずは、「いかなる精神においてわれわれは今やそもそも戦後の時代を生きる――新しく生きる――つもりなのか」ということをも自問しないとしたら、今一度、私たちには一切が欠けることになりましょう。

〔二　責任に生きる精神〕

いかなる精神において私たちは生きるつもりなのでしょうか！　それゆえ、あれやこれやの精神に生きる、ということは、どこか或る場所から私たちに課されるのではありません。人間の中にある精神とは、善きにつけ悪しきにつけ、人間の運命ではありません。それは人間自身の精神なのです。人間自身は自らの精神があるそのように存在しているのであり、人間自身は自らの精神があるところのものなのです。それゆえ、人間の精神が産み出すところのもの、——これを人間は否認できず、これを認めねばならず、これに対して自ら責任を負わねばなりません。そこで、私たちの第二の命題とは、こうです。《何らかの新建設が起こるべきだとすれば、われわれは、その中でわれわれが生きているところの精神に対して、それゆえまた、その精神から生ずるところの生の形姿に対して責任がある、ということを理解するよう学ばねばならない》、と。

　これによっても、私は、今や過ぎ去った恐怖時代を準備したあの時代に広範にわたって私たちに欠けていたものを挙げております。ここで皆さんに、あの時代の歳月、占星術が無数の人々の空想の中でいかなる役割を果たしえたかを想い起こしていただきたいのですが[16]、私は、それを単なる一つの徴候と呼びます。こうしたこと〔＝占星術〕をする余裕があったのは、ただ次のような世代、つまり、その病気が少なくとも「責任忌避」という言葉でもまた特徴づけられるべきであった世代、でした。なるほど、私たちは自由だと思っていました。しかし、自分自身の決断に対して自由である者のみが自由なのであって、何らかの星座や星座間の結びつきにおいて自分の上に下された決断に対して自由である者が自由なのではない、ということ。これは私たちには隠されていました。かくして、私たちにとって、自由とは、根本において、奇妙にも金で買えるものとなってしまったのです。絶えず私たちは、何かがやって来て私たちを〔どこかへ〕連れて行ってくれることを期待していました。そして、やって来たのは、或る古い権威や新しい権威、ラジオで告げられる或る偉大なる〈歴史的瞬間〉のセンセーション、いわゆる運動、最後には、総統《フューラー》、だったのです。大衆の要求や意志について、各個人の民族《フォルク》への結合について、客観的・超個人的諸秩序について、歴史的生の偉大なる諸法則について——「そういったものに対して個人は何の力もないばかりか権利もまたない」と言われました——、当時、際立って多く語られ、遂には、「もしもこれに参加しようとはしないなら、お前は哀れにも時勢に取り残された者だ」などと強い口調で語られたものです。大いに信頼しつつ何らかの高みを見上げる、という奇妙な喜びが生まれました。まさしく政治的・社会的生活における重要な諸決断を、どこかトップの面々——もしくはどこかの集団——に委ねる、という奇妙な喜びが生まれました。あの時代の歳月、人々は大いにダンスをし、大いに夏スポーツや冬スポーツに勤《いそ》しみました。沢山の美しい書物が書かれ読まれました。沢山の素敵な音楽が聴かれました。一体誰がこうしたことに反対しようとするでしょうか、——ただ、私たちは以上すべてのことをもってかくもあからさまに逃亡のただ中にいたのだ、というのではなかったならば、の話ですが。逃亡。それは、明らかに私たちにとってまことに嫌な気持ちがするような私たちの——個人のであれ公共のであれ——生の姿という現実、——そのような現実からの逃亡であり、

《われわれ自身――己れの良心と意志とを持ったわれわれ個々人――こそが、われわれの個人的な生の姿に対してのみならず、公共の生の姿に対しても責務を負っているのだ》という小さいながらも厳しい事実、――そのような事実からの逃亡です。学問への逃亡もありました。歴史への逃亡もありました。工業技術への逃亡、すなわち、モーターへの逃亡――これによって人は周知のように特に速く高く逃亡することができるわけですが――もありました。しかしながら、人は、自分自身から逃亡することはできず、そしてまた、自分自身のもとに〔正気を保って〕留まっていることを全く欲しない場合に生じるもの、からも逃亡することはできないのです。そのような逃亡を試みる者は、次のことを体験せざるをえません。己れに託されている責任を――その〈代わり〉になったり〈埋め合わせ〉になったりするものを探しながら何らかの内面性や外面性へと引きこもりつつ――そこに転嫁しようとしたまさにそこからこそ禍いが自分を襲うのだ、ということを。こうして彼は、まさしくそのことによって己れの運命を作り出し、かつ、その運命が突然自分をどこか或るところへ連れて行くのを許すのです。つまり、後《のち》にはなるほど驚愕するけれども、だからと言ってそれだけ自分自身にその原因がなくなるわけではない事態、――そのような事態を彼が許容し支援し自ら言祝《ことほ》がずにはおられないところ、そうしてまた、そのような事態を彼が耐え忍ぶところ、そのようなところへ連れて行くのを〔自らが作り出したところの運命に〕許すのです。ただ見かけ上だけ、自分の背後から――自分では見ようとはしなかったそのところから――、〔だがしかし〕実際には、自分自身から――彼自身の〈逃亡する精神〉から――、諸力と諸権力は彼を襲ったのです。これこそ、私たちが今や全体として体験したことでした。責任に対する忌避、局外中立性《ノイトラリテート》への欲求《ルスト》――すなわち責任を他人に転嫁しようとする独特の欲求《ルスト》――は、様々な実を結びました。人は非常に上品な仕方で、またキリスト教的論拠をもってすらも、群衆／畜群《ヘールデ》の中へと逃亡することができます。だが、そのようなことをする者は、或る日〔突然畜群《ヘールデ》に向かってくる〕屠殺業者が自分のためにもそこにいる、ということになっても驚くべきではありません。一体誰がヒトラーとムッソリーニ〔の出現〕について責任があるのでしょうか。それは当時無関心だった無数の者たちです。〔つまり〕当時とりあえずは待ちながら傍観していたけれども、潜在意識的にはすでに加担する意志を持ち、何らかの運動とその運動に相応じた均制化／強制的同質化《グライヒシャルトゥンク》[17]のために心備えをしていた者たち、です。それは、私たちすべての者です。運命の戯れを甘受したり歴史の流れに駆り立てられたりする代わりに、全力を尽くし、いかなる事情のもとであれ自ら正しい方向を見据えようと志すこと、――これが、私たちすべての者に欠けていたのでした。あの怪物どもを産んだものこそ、この大いなる真空状態〔＝逃亡する精神〕

なのであり、かくして、あの怪物どもの正真正銘の父祖となったものこそ、確かに私たち自身なのです。

精神が無責任であるときには、人間から、あらゆる国民から、大陸全体から、何が生じうるものなのか、が今や私たちの眼前にあります。そして、《精神は、今や私たちが背後にした経験の後で、責任を担うものに――これまで以上に責任を担うものに！――なるだろうか》ということが、必要な新建設のための精神的諸前提に関する問いの中でも最重要なものの一つです。あの古くからの「責任忌避」からは、ありとあらゆる再建が生まれるかもしれません。がしかし、新建設が生まれることだけは決してありません。今必要なのは、これまで以上に多くの男たちと女たち、つまり、――私はきつい表現をしようと思います――互いに全く何の手加減もせず、誰にも何事にも期待せず、まさしく公的生において起こっている出来事に対する己れの責務を取り除いてもらうことなどせぬ男たちと女たち、すなわち、差し当たっては感銘を受けたり感動させられたり心動かされたりしようとはせず、したがってまた、もはやあちらこちらへ逃亡しようともせず、そうしたこと一切の代わりに、或る自由な――そしてまさにそれゆえに――堅忍不抜な精神からして生きんと欲する男たちと女たち、であります。

〔三　人間的精神〕

そのことは私たちを第三の点へと導きます。私たちの中にある精神とは人間的精神のことであり、それが意味するのはこうです。つまり、私たちが責任を負い、自分たち自身を責任を負ったものとせねばならないのは何に対してか、と言えば、それは、《その精神が産み出すものにおいては、とりわけ、国家・経済・社会といったものの組織においては、人間以外のいかなるものも重要であってはならない。つまり、一人の人間が、他の人間に対して、後者が〈真に《レヒト》人間らしく・自由に・尊厳をもって人間であること〉ができるようにと可能な限り手助けするということ、以外のいかなるものも重要であってはならない》ということに対してなのです。即事性（Sachlichkeit）というのは、そこで言われている事柄（Sache）ということで、人間、というまさにこの事柄《ザッヘ》が理解されている場合、ただその場合にのみ、一つの徳であります。私の第三の命題は、端的にこうです。《われわれは、精神に対して——われわれの精神に対して——、この〔人間という〕事柄とは別の事柄に仕えて活動するようなことをこれ以上許してはならない》、と。

再び私たちは、ナチ時代を準備したあの時代にあっては、即事性ということで、あまりにしばしば何か別のもの、根本からして何かしら優しさのないもの、を理解していました。それは、何らかの理由から私たちには偉大で追究する価値のあるように見えた何らかの目的への献身でした。しかしながら、そうした目的とは、まさしく人間性・人権《レヒト》・人間の自由・人間の尊厳、とは全く何の関係もないものだったのであり、そうした目的達成のゆえに、人間は、繁栄もすれば破滅もすることができ、生きもすれば死ぬこともできたのでした。この点私たちは、先の〔第一次〕大戦後、特に経済の領域において、無条件に、かつ聞く耳を持たぬまま、あらゆる警告を無視して、一つの体制《システム》を維持しかつ防衛することを続行したのでした。つまり、その支配下にあっては、人間たちの中の、不遇な扱いを受けた多数の者らが、しかし結局はまた優遇された少数の者らも、《そこでは根本のところで、人間としてのかれら自身が問題となることはありえず、むしろ、同時に魂も身体もなき仕方で――それゆえ非人間的な仕方で――ただ或る事柄《ザッヘ》だけが問題となりうる、つまり、「資本」という虚構なるもの――というよりはむしろその移動――だけが問題となりうるのであって、その虚構なるものの奴隷として、かれらすべての者は――被雇用者と同じく雇用者も――機能せねばならない》という事態によって絶えず脅かされることになるであろう、そのような体制《システム》を[18]。そのような繋がりにおいて、国家は[19]、また工業技術は、自己目的と化したのであり、その国家や工業技術の全能と成果とに、人は感激することができたし感激したのでした。ただその際、人間の幸不幸や誉れと恥辱に関わる問いは霧の中に消え去ってしまうか、あるいはまさしく抑圧されねばならなかったのではありますが。そしてまた、私たちは隠さないでおきましょう。そこには、同一の即事性——きわめて深く非人間的な即事性——の学問的姿も、芸術的姿も、敬虔な姿も、教会的姿も存在していたのだ、ということを。かくして、私たちはここでもまた——やはり自分たちが蒔いたものを自分たちで刈り取ることによって——突然、最高に現代的《モデルン》な即事性の真に驚嘆すべきことどもの前に、しかしまた、その真に戦慄すべき姿の前にも立つことになりました。すなわち、高度に発達した近・現代《モデルン》経済が、あたかも白痴や狂人に管理されているかのように、まさしく〔「経済」という〕その名が語るもの——つまり〈地上の資源の理性的な経営管理〉や〈労働と労働収益との有意義な配分〉といったもの——に対して完全に無能であった、ということが露わとなりました。かくして、国家は、国家に信心深く己れを委ねた人間たちをただ犠牲にすることしかできなかったという形において顕わとなりました。かくして、機械は——人間の生活を容易ならしめるものと考えられていた機械は——人間の生活の組織的破壊のまさにその象徴とならざるをえませんでした。かくして、人間に対する精神的中立性《ノイトラリテート》は、かの大いなる指導者《フューラー》たちや世界支配志願者たちやその信奉者たちの顔の中では、突然、人間侮蔑[20]と人間憎悪として意地悪くうす笑いすることとなりました。——

こうしたことを私たちは欲してはいませんでした。けれども、こうしたことを私たちが受けるに至ったのには訳《わけ》があるのであって、何も偶然そうなったのではありません。つまり、何らかの外的運命がそうするよう仕向けたのではないのであって、私たちの、残念ながら吟味されずコントロールされることのなかった人間的——否、非人間的——精神の行為・貫徹として、そうなったのです。

この精神が必要としている吟味とコントロールとは、端的に次の問いのそれ、です。すなわち、《精神にとって今後重要となるのは、人間に対する尊重なのか、それとも、相も変わらず引き続き、何らかの虚構に対する崇拝なのか》、と。私たちがナチ時代以前に即事性ということで理解したもの。これは、私たちが今や知っているように、最後には、人間に味方するように作用しなかっただけでなく、むしろ、人間に敵対するように作用したのです。この即事性が再来してはなりません。人は私たちに対してこんな風に主張することのないように。「この即事性は再来せねばならぬ。国家・経済・工業技術は、知性や労力やコストを〔これまでのように〕人間に敵対するような仕方で投入することなく、人間に味方するようにも組織化され動員されうるのだ」、などと[21]。そうしたことを何らかの虚構の即事性に仕えつつ欲するときに私たちは何をなしうるのか、が今やまたしても明らかになったのですから。このような虚構の即事性のほかに、別の即事性は存在しないのでしょうか？　今日ロシアから発しているあの魔法が、かなりの部分、きわめて現実的《レアール》な要因に基づいているということ。かの地では、人はまさにこの問題――すなわち或る現実《ヴィルクリッヒ》の即事性――を、とにかくも見ており、首尾よくであれ不首尾にであれ、しかしとにかく精力的に着手している、ということ。このことを私たちは未だ理解してはいないのでしょうか？　今や起こってしまった非人間性のあの爆発に特別に襲われることになったすべての者の叫びが、今やいよいよもって、伝承されてきた誤った即事性に抗して挙げられるでありましょう。もしもこの叫びが繰り返し繰り返し聞き逃されるならば、もしも私たちが何よりもまず、《人間にとって――人間の権利《レヒト》・人間の尊厳・人間の自由にとって――善いもの。今やただそれだけが「善い」と言うことが許されている。人間を何らかの局外中立的《ノイトラール》な目的――たとえそれがどれほど偉大で高尚なものであっても――に仕えるための単なる手段や道具にしてしまおうと欲するもの。今やそうしたもの一切は端的に「悪い」と言わねばならない》ということに対して責任を負わないならば、新建設は、決して新建設ではないでありましょう。

〔四　連帯的精神〕

以上の第三点に、第四点は繋がっております。すなわち、もしも精神が人間的であるならば、そのとき精神は、個々の人間の精神として、他者の精神に向けられ結びつけられ義務づけられているにちがいなく、他者の精神と連帯的であることを知っているにちがいありません。確かに、何人《なんぴと》も精神からその特別な責任を取り除くことはできませんし、精神は自らの特別な責任を――厳密に受け取るなら――何人とも分け合うことはできません。しかしながら、精神は、自らの特別な責任を、ただ他者との交わりにおいてのみ正しく評価することができ、〔それゆえ〕この交わりを探し求めねばならず、〔それゆえ〕自らの特別な責任を、ただこの交わりにおいてのみ果たすことができるし果たすことが許されているのです。

私たちは、この大惨事《カタストローフェ》(22)以前のあの時代の歳月、広範にわたって、或る明確に非連帯的精神の中で生きていました。なるほど、ありとあらゆる事柄のためには生きていたけれども、しかし、人間という事柄〔＝三〕のためには生きていなかったことによって、私たちは、相共に生きることはせず、むしろ、互いの関係なしに、そして、それによって必然的に、互いに敵対して生きていたのです。第一次大戦という不幸は、無数の人間が――富める者であれ貧しき者であれ、教養ある者であれない者であれ――、自分の救いを、あからさまにか密かにか、私的《プリヴァート》生活の中に求めるようにと――言わば、それぞれ自分の邸宅や家庭菜園の中に求めるようにと――仕向けたのでした。かの〔第一次大戦という〕不幸はまた、諸階級や諸国民をも、それ以前にもすでにそうであった更にそれ以上に、ばらばらにしてしまったのでした。かの〔第一次大戦という〕不幸は、改善に向かう助走が始まったばかりのところで、様々な、全くもって由々しき孤立をもたらしたのでした。よりによって、今や労働者階級は、互いに分裂することを、そして、互いに敵対しつつ、己れ自身を共通の敵に売り渡すことを、正しくかつ得策だと見なしたのでした。そして、あの時代の国際連盟〔一九二〇～四六〕から生まれたものとは、結局のところ種々の留保の束であり、それらの留保それぞれにすべてそれなりの事情があったため、全体は、それらの留保の総計によって必然的に死滅するしかなかったのでした。そうして、悪しき非連帯性に侵《おか》されたこの世へと、――まるで火のついた稲妻のように――あの簒奪者どもの強力な意図が飛びかかってきたわけです。その強力な意図、とは、私たちがその中で生きていた私的《プリヴァート》で孤立した営み全体を利用して、私たちをあの簒奪者どもと連帯するよう仕向ける――つまり、あの簒奪者どもの意志を私たちすべての者の法《ゲゼッツ》にまで高める――、というものでした。なんという具合にかれらは、一つの地域を、そうしてまた一つの国民を、という具合に、次から次へと順番に分捕る術を心得ていたことでしょうか！　かれらは明らかに私たちの不和につけ込んだのであり、そして、十分長きにわたって、その不和から利益を得ることができたわけです。もっとも今や、このような〔あの簒奪者どもの〕意図の勝利を私たちは免れたのではありますが。しかしながら、私たちがそれを免れることができたのは、〔すなわち〕私たちが個々人の自由と諸国民の自由とを救い出し守ることができたのは、ただ、これに先立つ時代の、広狭いずれのサークルにおいても存在したあの個人主義《インディヴィドゥアリスムス》と孤立主義とを放棄して、大いなる共同の意志形成――連帯的に考えかつ前進する防衛戦線――が生まれた、ということによってのみだったのです。そう、今や私たちは再び声を大にして言うことが許されています。われわれ！と。そう、今や私たちはあの自明なことを再び表明することが許されています。われわれスイスの中立《ノイトラリテート》の保全もまた決してスイスの私的《プリヴァート》企て(23)などではなく、あの簒奪者どもに抵抗する大いなる防衛戦線という活動の一部(24)だったのだ、と。しかし、それはともかく、こういうことです。つまり、最悪の事態が避けられるべきだとしたら、私たち〔スイス〕においても他のいずれ〔の国〕においても、隊伍を組むことを否応なしに信じなければならなかったのだと。自分の私的《プリヴァート》諸権利の保全そのものについてはあれほど大層気を配るイギリス人が(25)、しかしまた、それなりに同じく個人主義的《インディヴィドゥアリスティッシュ》なスイス人もまた、ここ数年の間、公共の最善のためには、その人自身の固有の領域への――正当な、また不当な――介入に関してどれだけのことを甘受せざるをえなかったことでしょうか！　アメリカとロシアのような、かくも離れてばらばらに立っている国民が、突然、そして今に至るまで、あらゆる不吉な噂や事実迫りつつある雷雲にもかかわらず、ともかく、まずまずの成果をもって手と手を携えつつ歩いているのを見る、などということが、今や突然いかにして可能となり現実となったのでしょうか！　非連帯性の中にいた私たちを襲ったあの邪悪な不意打ちは、明らかに私たちを――小事においても大事においても――、《或る程度、純然たる事実として、曲がりなりにも連帯へと回心する》ということへと追いやったのでした。この回心が果たして真剣かつ根本的なものであったかどうか。これは気がかりな問題であり、これと共に私たちはサンフランシスコ[26]の方を見やるのであります。

この問題は、しかし、サンフランシスコにおいてだけ決定されるのではないのであって、むしろ、私たちの背後にあるあの恐怖時代が、互いの関係なしに生きようとする代わりに相共に生きようとすることへと私たちを導いて行った場所、――そうした場所の至る所で決定されるのです。ここ数年の間に同志関係として言わば自動的に私たちの間で生じたもの。これが再び枯れしぼんではなりません。これは更に成長しなければなりません。もしも私たちがこの点で前進する代わりに後退しようものなら、新建設は、明らかに、直ちに危険に晒されることでしょう。各人ができるだけ〔他者には〕無頓着なままに己が道を歩む、というようなことの内に自由をまたもや見たり求めたりする、などということを、私たちはもはや自分たちに許すことはできないでしょう。そのために私たちがあれこれの仕方で罰せられたその自由、それによって私たちがほとんど破滅しかけたその自由、――そうした〔非連帯的な私的《プリヴァート》〕自由を私たちは懐かしむべきではありません。いわんや、「そうした自由を回復させようとするのは大事なことだ」など、もってのほか。私たちスイスの中立《ノイトラリテート》もまた、今や本当に、――あたかも何事も起こらなかったかのように――またしてもわれらの「片隅の幸せ」として解釈され称賛されるべきではないでしょう。私たちが今や学んだはずのことは、《人は一人の人間として――しかし一つの階級や一つの国民もまた――いかにして強くありうるか。それはただ、相互の一致団結においてのみ、だがまた他者との共同作業《ツザンメンアルバイト》においてのみ、だ》ということでしょう。もしも私たちが、最終試験を終えて遂に卒業の運びとなった学生よろしく今や再びばらばらになってしまうとしたら、そのとき、[27]一切は無駄だったことになり、そのとき、「私たちには本当のところ、あの簒奪者どもの手に落ちることがふさわしかったのではなかろうか」という問いがきわめて真剣に浮かび上がってくるのであり、そのとき、私たちは疑いもなく、私たちの――思い込みの――自由がもたらす一層深刻な更なる脅威を迎えることになるのです。というのも、連帯を棄て去ることができると思っているような自由、とは、ただ思い込みの自由にすぎないからです。そして、そうした自由が自分にとっては最高だという人。そのような人は、そうした自由が〔いずれ〕自分の手から叩き落とされてしまう、ということよりもマシなことを手に入れることはありません。そのようなことが私たちの身になおも降りかからねばならぬ、というのではありません。けれども、もしもそのようなことが私たちの身になおも降りかかるべきではないとしたら、私たちは、ここ数年の間に自由の真の意味として学ぶよう私たちに課されたその当のもの、にしっかりと依り頼まねばならないのです。

〔五　建設的精神〕

五点目はこうです。私たちが今必要としている精神とは建設的精神であって破壊的精神ではなく、肯定に関心を持つ精神であって否定に関心を持つのではない精神であります。私たちが今日再び覚えておかねばならないこと。それは、エデンの園の最初の人間に委託されたのは、この園を（一）耕し、そして（二）見張ることだった[28]、ということです。この順序が逆にされてはなりません。見張ること――それゆえ、批判・抗議・闘い――が第一のものであることは不可能です。何らかの対立のいかなる内的正しさも、《私たちは建設することに召されているのであって、取り壊すことに召されているのではない》、《取り壊す、ということも、ただ建設することに仕えうるのみである》、ということを私たちが忘れてしまってよいほどに大きいものではありえません。

これまた、私たちがすでに両大戦間の時代に広範にわたって忘れてしまっていた事の一つです。あの時代の精神は、明確に闘争的精神でした。その切れ味は際立っており、それはゾッとするほどのものでした。その鋭い切れ味に浸《つ》かりながら、私たちの誰もが皆、何を自分は欲していないか、何に自分は反対しそのために力を尽くそうとしていたか、を知っていたのでした。私たちは、様々の明確な対決やら境界設定やら否定やらの中で活動していたのみならず、広範にわたってその中で生きていました。そこには、十分に正当で必然的な幾つかの否定もありました。つまり、将来のためにもその歴史的で本質的な重みを保持するであろうような否定、です。しかしながら、或る時代が圧倒的に否定の中で生きるとき、それは、その報いを受けます。一体、その虚無的《ニヒリスティッシュ》情熱全体を携えたヒトラーとは、あの破壊への欲求《ルスト》のおぞましき体現者、以外の何だったでしょうか。実際、第一次大戦以来、この欲求《ルスト》の中で好きなように生きてきたのは、彼や彼と似た手合いだけではありませんでした。そして今や事態は、確かにこうなるよりほかなかったのです。すなわち、いつか或る時、そして誰か或る者に対して異議が唱えられ抵抗がなされねばならなかったとしたら、それは、この男とこの事柄、つまり〈絶えず否定する精神〉のこの総体、に対してだったのです。反対《アンチ》が——その没落寸前には、それまでまるで見えていなかった者にすら露わとなったように——かくも肉体化したものとなり原理的なものとなってしまったところでは、一体誰がいよいよもって反対《アンチ》の態度をとらずにいられたでしょうか。そのときには、〈あの破壊者に対する破壊〉という世界の半分——もしくは世界全体——を要求するような巨大な業が開始されねばならないでしょう。そして、その巨大な業は、今や勝利のうちに終わりました。しかし、さてそれでは今や何が〔起こるべきでしょうか〕？　この戦争〔＝第二次大戦〕はその必然性と誉れとを持っていた、ということ——もしかしたらこれまでの世界史におけるいかなる戦争についてもそうは言えぬほどに——。これは疑いようもありません。しかし、この戦争は今やすでにその必然性と誉れとを持ってしまったのです。「戦争それ自身において、最後の事柄は、戦争ではない」。もしも私たちが、今や自分たちが背後にしているあの大いなる否定と緊張とに没頭するあまり、否定の中に言わば硬直したままでいるのだとしたら、もしも私たちが、言わば自動的に引き続き不信を抱き怒り非難し脅《おど》し報復すること、より以上の良質のなすべきことを見出さないのだとしたら、この戦争は——勝利という結果にもかかわらず——敗北した、ということになり、あの死せるヒトラーが結局はやはり勝ったのだ、ということになりましょう。私がここで注意を促しておきたいのは、この事柄に関して最初から闘士として登場し、今や、言わば輝かしい仕方で正しくあり続けてきた者らも、そしてまた、ようやくぎりぎりになって目が開き、今やいささかの疚《やま》しい良心のゆえに幾らか〔名誉〕挽回せねばならないであろうような者らも、そうした硬直化には特に感染しやすかろう、ということです。

今や戦後が始まりつつありますが、その新建設にとって希望に満ちかつ有用な精神とは、硬直した否定の精神《ナイン・ガイスト》ではありえず、また、ないでしょう。「反《アンチ》ファシズム」において、私たちは私たちの分を果たしました。そこで、今や〈肯定的なるもの〉に身を向ける、という在り方をもって、最後まで首尾一貫して反《アンチ》ファシズム的になろうではありませんか！　その〈肯定的なるもの〉のためにこそ、私たちはかくも長きにわたって否定的に反応せざるをえなかったわけですから。もちろん確かに、何らかの側に対して目覚めていることが——そしてまた闘うことも——もはや単純に余計なものとなり中止してしまうことができる、などというのではありません。しかし、何と言っても肝心なのは、今や不可避となった新建設に際しては、その貢献が特別に肯定的かつ建設的なものとして他の人々よりも抜きん出ているような人こそ最良の働き手であるだろう、ということです。今や最も強く最も温かく最も納得ゆく仕方で然《ヤー》りを語りうる者。そのような者が、今や最も強い人であるでしょう。今や改善のための具体的な提案の数々をなしうる者。そのような者に、今や耳は傾けられるべきでしょう。今や勇気と喜びとを持ち、〔改善のための具体的な提案を〕じっくりと述べる術を心得ている者。そのような者、ただそのような者だけが、新しき時代の人間、であります。私たちすべての者がかくも喜んで入らんとしている新しき時代、しかし、もしも私たちが、古き時代にあっては必然的であったこと〔＝反対《アンチ》に対する反対《アンチ》／破壊者に対する破壊〕に全く熱心なあまり、今もってなおこの古き時代にケリをつけることがない場合には始まることが不可能な新しき時代、――そのような新しき時代の。

〔六　醒めた精神（スポーツマンシップ）〕

戦後の新建設のための精神的前提として私の挙げたい六番目のこと――そして最後のこと――は、これです。すなわち、その中にあって私たちがこの〔新建設という〕課題に向かう際の精神とは、いかなる事情のもとであれ、醒めた精神[29]でなければなりません。醒めている、とは、周知のごとく、酔っている、の反対です。そして、最悪の酔いとは、或る特定の理念や原理やプログラムの過剰のことであり[30]、他方、最も重要な〈醒めていること〉とは、或る特定の具体的な諸課題に対して人間が身を向けていること、にあります。〔もっとも〕人はその病んだ胃のためにちょっぴりの葡萄酒を飲むがよい、と聖書には書かれています[31]。それは真実であり、そしてそれはまた理念にも当てはまります。

ですから、全面的禁欲ということが、そうした理念に相対《あいたい》する際に私が勧めたいことなのではありません。その一方でしかし、葡萄酒の暴飲者は、聖書によれば神の国に入ることのない者たちに属しており[32]、そして、理念を暴飲するということもまたあるがゆえに、程よい節酒――まさに〈醒めていること〉――は、この事柄においては、推奨の価値があるのみならず、むしろ端的に命じられているのです。無論、人間は、理念や原理やプログラムを持つことができますし、また持つべきです。しかしながら、人間は、それらのものを決して信じるべきではなく、それらのもののために決して生きるべきではなく、それらのものに決して仕えるべきではありません。それらのものこそが私たちに仕えるべきなのです。しかも、私たちが互いに対して負っている支援という課題、そしてまた、私たちがすべての他者との連帯のうちに解決すべき支援という課題、――そうした諸課題に全き自覚をもち衷心から着手する、ということのために仕えるべきなのです。何らかの理念なくしては、或る最終的観点や遠い目標なくしては、事は運びません。しかし、それらのものが私たちを支配する、などということがあってはまさになりません。それらのものが私たちにとって、私たちが欲しかつ行なうことの目標〔そのもの〕になる、などということがあってはまさになりません。さもないと、私たちはまたしても、何らかの誤った即事性というあの道――それゆえ非人間性というあの道――に踏み入ることになるのです。

あの〔天に突進する〕怖いもの知らずの者らと世界征服者らとの巨大な酔いを私たちは今や体験したのであり、またその巨大な酔いは私たちをほとんど深淵にまで引きずり込こみかけたわけですが、そうした巨大な酔いが私たちに叩き込んで教えてくれたこととは、こうです。まさしく理念こそが、もしもそれらが固定化されるなら、もしも人間がそれらに取り憑かれるなら、ニヒリズムへと、殺害と殺人へと私たちを導かずにはおかないのだ、と。良き理念でさえも、最良の理念でさえも、私たちがそれらに占有され支配されるや否や、悪を内に抱え持つことになります。私たちが相互に負っているものの。それは、私たちの何らかの理念の勝利や凱旋、あるいはそうした理念の主張ですらないのであって、むしろそれは、兄弟としての支援、なのです。それは、私たちがこの戦時下、洪水に対して堤防を築くという課題に際して、具体的な小さな仕事の巨大な総量において果たしてきた支援、と全くよく似ているものです。そして私たちはそこでは、自分たちの理念を否認することもしなければ、しかしまた、互いの頭をそれらの理念で締めつけ合うようなこともしなかったわけです。それが〈醒めていること〉でした。そして、〈醒めていること〉に今や留まり続けていることもまた許されているはずでしょう。それゆえ私たちは、醒めた精神の内に生きることによって、私たちの原則やら世界観やら改革の提案やらといったもの――たとえそれらがどんなに深く根拠づけられたものであるにせよ――の名において、互いに攻め合ったり過大な要求を突きつけ合ったり争ったり互いに排除し合ったり力を奪い合ったり、などということを再び開始するようなことはないでありましょう。そうではなく、私たちはむしろ、各人が代表せねばならぬ仕事の優秀性を――レッシングと共に言えば、各人に父から譲り渡された指環の真正性(33)を――、《各人は、己れ自身の場所から、自らが他者との真剣で力強い協働というものに全く特別な能力を持っていることを示す》ということによって実証するでありましょう。今日《こんにち》ほんのちょっぴりまた、良き意味でスポーツマンらしくなること。そのような者になる、ということが、党員の一人一人、あれこれの世界観やら改革計画やらの預言者や信奉者の一人一人、知ったかぶり――大小いずれであれ、年配であれ若者であれ、実際のであれ自称のであれ――の一人一人、といった者たちに対して以上に望まれているような人がほかにいましょうか。そして、私たちの誰が、どこかで・何らかの仕方で、そのような知ったかぶり、でないでしょうか。もしも私たち知ったかぶりが、醒めることもスポーツマンらしくなることもないのだとしたら、そのとき私たちは、確かに、ただ新建設の破壊者でしかありえないでしょう。そうした破壊者どものためには――ともかく近い将来にあって――きわめて尤もな理由から、単純に実際的に〔活動するための〕

多くの空間は存在しなかろう、との良き希望があります。今やヨーロッパでは内的外的に、かくも多くの生命に関わる重要なものが破壊され、そして、かくも多くの生命にとって必要なものが修復されるべきなので、私たちはおそらくまずは単純に、ここに述べてきた醒めた精神を働かせざるをえないでありましょう。飢えている者たちは今や食べさせてくれることを、渇いている者たちは今や飲ませてくれることを、余所者《よそもの》たちは今や宿を与えてくれることを、裸の者たちは今や着せてくれることを、病人たちや囚人たちは今や訪ねてくれることを欲しています[34]。これが、私たちが今、できる限り明瞭で単純な言葉と行動において果たさねばならないであろう状況です――ちょうど私たちが過ぎ去りし数年間、抵抗という、同じく明瞭で単純な課題を果たさねばならなかったように――。原理という私たちの荷物は、もしもそれがこの課題に際して私たちを邪魔すべきでないとしたら、非常に軽いものでなければなりません。そして、もしもその荷物の中に未だなおありとあらゆる鉄砲があるのだとしたら、そうした武器を断乎として片づけるべき瞬間が来た、ということでしょう。理念のために、十分多くの人間が生きてきましたし、そしてまた死なねばなりませんでした。今や、その人の抱く理念がどのようなものであれ、いかなる事情のもとにあっても、現実の生のためにこそ生きることを欲し、かつ――もしもそうでなければならないのだとしたら――死ぬことを欲する多くの人間が存在しますように。人間の精神は、己れのなしうることをなすことで――しかしまたそのときには、本当になすことで――満足せよ。もしかしたらこれこそが、今日――人間の精神が本当にしつけられるべきだとしたら――人間の精神から要求されるべきもののうちで最も困難なことかもしれません。というのも、私たちは皆、生まれつき、熱狂主義者であり精神的泥酔者だからです、或る者たちは公然と、或る者たちは密かに。もしも私たちが今日と明日持ち堪《こた》えたいと欲するのであれば、今や命じられている〈醒めていること〉に関してこそ私たちが全く特別に勇気を奮い起こす、ということが必要でありましょう。

［結び　「戦後の新建設のための決定的前提（＝精神）」の前提そのもの――神の言葉〈イエス・キリスト！〉の聴き手としての〈人間の精神〉――］

私は結びに近づいています。以上が、戦後の新建設のための精神的諸前提です。けれども私は、なお今一つの注釈を付け加えねばなりません。ここで精神について語られたことは、一貫して、私たちの精神、人間の精神、に関係していました。ドイツ語は、精神（Geist）という概念において或る区別を知っております。もっとも、その区別は、ただ形容詞の形でのみ明らかになるものなのですが。すなわち、精神的（geistig）と霊的（geistlich）、という形容詞です。人間の精神《ガイスト》のほかに、かつ、人間の精神《ガイスト》を越えて、或る全く別の精神《ガイスト》、すなわち、神の霊《ガイスト》・聖なる霊《ガイスト》もまた存在いたします。神の霊《ガイスト》・聖なる霊《ガイスト》ということで、何が理解されるべきかと言えば、それは、神が人間と語り給うその時、神ご自身が人間の精神《ガイスト》の内に遂行し給う業(35)、であります。この聖霊《ガイスト》を信じることなしには、それゆえ、この〔神の〕業が人間の精神《ガイスト》の内に働いていることを考慮に入れることなしには、私はここで、将来の何らかの新建設の精神的《ガイスティッヒ》諸前提について敢えて語る、などということはしなかったでしょう。もう一度、この講演の最初で述べた命題を繰り返します。すなわち、「人間は善いものではありません」。この命題の真理性は、今日、特別な証明を必要とはしないでしょう。この命題の真理性に注目して、ということだったとしたら、そもそも私はこの講演のテーマに近づくこと自体を避けたでしょう。つまりその場合、私は、自分が、人間の精神《ガイスト》やその限界やその可能性に関して、絶望的な仕方で何らかの幻想に迷い込むか、そうでなければ、やはり絶望的な仕方で何らかの悪しき懐疑に迷いこむか、のいずれかになることを恐れたでしょう。しかしながら、聖霊《ガイスト》を信じる、それゆえまた次のことを信じることが、私たちには、許されているのみならず命じられているのです。すなわち、人間の精神《ガイスト》――「善いものではない人間」の精神――は、已れ自身に委ねられてはおらず、むしろ、《人間の精神《ガイスト》はひとりの創造者を持っているのであり、また、ご自身を人間の精神《ガイスト》に啓示することはこの創造者の御心に適っていた》ということに基づいて、この全く異なるパートナー〔＝創造者〕との対話へと巻き込まれているのだ、ということを信じることが。私たちは、自分たち自身を言わば抽象的に観察することを頼りとはしていません。それゆえ、私たちは、人間の精神《ガイスト》に関して、幻想と懐疑とのあの板挟み《ディレンマ》の中で、絶望的な仕方であちらこちらとさ迷い、人間の精神《ガイスト》を時にはあまりにも多く信用し、時にはあまりにも僅かしか信用しない、というような刑罰を科されてはいません。私たちは、人間の精神《ガイスト》を、そのあるがままに見ることがゆるされており、また見なければなりません。すなわち、神と共なる二人連れ《ツヴァイザームカイト》(36)の中にいる〈人間の精神《ガイスト》〉、聖霊との対面《コンフロンティールンク》の中にいる〈人間の精神《ガイスト》〉、キリスト教使信たる〔神の〕言葉の聴き手である〈人間の精神《ガイスト》〉、として。そのように、私は人間の精神《ガイスト》をここで見ようと試みたのでした。神から人間に向けられている使信を――私が良くも悪しくも理解しているそのとおりに――少しばかり講解しまた適用しようと試みることによって、私は、この講演の困難なテーマに近づくことを避けませんでした。望むらくは私が、それに応じて、十分に控え目でありつつも、しかしまた十分に勇気をもって語りえた、ということでありますように。ここで横柄な仕方で語る者、そしてまた、ここで不安そうに語る者、――そのような者は、自分が聖霊《ガイスト》を信じてはいないということ、あるいは、正しい仕方では信じていないということ、を露呈することになりましょう。

私たちの将来の精神的《ガイスティッヒ》諸前提および他の諸前提について問うすべての者、そのような諸前提についてあまりにも多く知っていると考えているすべての者、そしてまた、そのような諸前提についてあまりにも僅かしか知らないと考えているすべての者、――そうしたすべての者に向かって、実際、ためらうことなく、キリスト教会の――今や再び聖霊降臨日《ペンテコステ》・聖霊《ガイスト》の祝祭[37]を祝おうとしているキリスト教会の[38]――奉仕〔＝神の言葉の講解と適用〕へと注意を喚起することができるでしょう！　実際、キリスト教会が、今日問いかつさ迷うすべての者に向かって直ちに、「教会へ行きたまえ、そして、その証言に依り頼みたまえ」と求めることが許されているほどに倦まずたゆまず徹底的かつ包括的にキリスト教使信の講解と適用とに取り組んでいるのであれば！　あるいは、実際そうすることが許されている？　もしかしたら〔むしろ〕そうせねばならない？　なぜなら、教会の側からこの事柄に関してなされることは、たとえそれが最高に不完全なものだったとしても、そこでは少なくとも聖霊《ガイスト》を問う問いが――それゆえ少なくとも、そのあるがままの〈人間の精神《ガイスト》〉を問う問いが――とにかくも触れられているがゆえに、〔教会以外の〕他の側からこの事柄に関して提出されうる最高に完全なものより常になお一層強力なものなのだから、と。少なくともこの〔聖霊《ガイスト》を――それゆえそのあるがままの〈人間の精神《ガイスト》〉を――問う〕問いに触れることなしには、戦後の新建設の精神的《ガイスティッヒ》諸前提について何ごとかを知ろうとし語ろうとすることなど全く無駄でありましょう。まさにそれゆえにこそ、私は、この〔聖霊《ガイスト》を――それゆえそのあるがままの〈人間の精神《ガイスト》〉を――問う〕問いを指し示す――あたかも私たちがここでは教会の中にいるかのように――ことなしには、〔この講演を〕閉じたくなかったのです。〔〕しかし、どうして私たちはここでもまた教会の中にいる、ということでないはずがありましょうか？

（1） Die geistigen Voraussetzungen für den Neuaufbau in der Nachkriegszeit, in: Eine Schweizer Stimme 1938-1945（『スイスの一つの声　一九三八―一九四五年』）, S. 414-432.『著作集』7、七四―九二頁（雨宮栄一訳）。――E・ブッシュ『生涯』四六一頁（四六九頁も参照）。なお、それによれば、本講演は、五月八日、シュピーツ、その後、バーゼル、ベルン、チューリッヒ、および捕虜収容所にてなされた（いずれもスイス国内）。なお、本講演は前掲『スイスの一つの声　一九三八―一九四五年』（『セレクション5』二一〇―二一六頁注1参照）の最後を飾るものである――巻頭講演は「義認と法」（『セレクション5』所収）――。

（2） ナポレオン一世（一七六九―一八二一）。フランスの皇帝（一八〇四―一四、一五）。

一七九九年、「ブリュメール十八日クーデタを断行して第一執政となる。政治的社会的安定を望む新興ブルジョアジーと小土地所有農民の支持を背景に、〔フランス〕革命〔=一七八九－九九〕の民主的政治原理を無視して軍事独裁を樹立」。一八〇四年、「共和政を廃して世襲皇帝」となる。一八〇五年、「ヨーロッパ征服をめざして戦争を再開」し、「その勢威は一〇年頃絶頂に達した。しかし、大陸封鎖貫徹のため七〇万の大軍をもって行ったモスクワ遠征（一二年）は惨憺たる失敗に終り、これを機に支配下の諸国が一斉に反抗」。一八一四年「3月末パリが陥落、退位してエルバ島に流された」（京大西洋史辞典編纂会編『新編 西洋史辞典 改訂増補』の「ナポレオン1世」の項より）。

（3）この言い回しについては一九三三年の論考「今日の神学的実存！」（『セレクション4』三三六－三三七頁）を参照。バルトがそこで言おうとした本来の意味については、更に『セレクション5』三一六頁（後ろから4行目）─三一七頁（8行目）も参照（同三三三頁では「今日の神学的実存」と明確に言われている）。しかし、ここでは──また後の［四　連帯的精神］の最後の段落でも──、その本来の意味とは異なる仕方で用いられている。

（4）その反対の「人間は（そのありのままで）善きものである」との人間理解が──バルトによれば──新プロテスタンティズムの本質であることについては、例えば『セレクション5』五八九頁、六二〇頁注55を参照。

（5）原語はZwischenfallで、特に後の『和解論』では「罪」の言い換えとして用いられる。

KD IV/1, 72（『和解論』I／1、一一五頁）等参照。

（6）例えば『セレクション5』六〇六頁参照。そこでは、「われわれ非情なスイス人がその間に犯してきた目立たない《ブラーフ》罪……」と言われている。

（7）サンフランシスコの会議は、第二次大戦末期（一九四五年四月二五日 - 六月二六日）に「サンフランシスコで開催された連合国の会議。ポーランドを除く五〇カ国が参加」、そこでの決定に基づいて「全参加国は会議後三カ月以内にすべて批准を行い、国際連合が設立される運びとなった」（前掲『新編 西洋史辞典 改訂増補』の「サンフランシスコの会議」の項より）。

（8）［ ］および小見出しは訳者による。以下同様。

（9）原語は Geister（Geist の複数）。Geist が「精神」と「霊」という二重の意味（ないし区別）を持っていることについては、ようやく本講演の結語部分で（しかも決定的なこととして！）言及される。複数形について言えば、例えば、Iヨハネ四1――「諸霊を吟味せよ」（prüft die Geister）――を参照。以下、特にこの複数形の場合には、「諸々の精神」と並んで、（聖書に親しんでいる聴衆と共に）「諸霊」という響きも同時に聴きとっていただきたい。

（10）ここも新プロテスタンティズムの本質――「精神」！――と関わっていよう（『セレクション5』五八九頁および前注4参照）。

（11）同様の言い回しが――「精神」の代わりに――「宗教改革」（！）に関してもなされて

いることについては、一九三三年の講演「決断としての宗教改革」(『セレクション4』五一四頁)を参照。

(12)これについては、例えばすでに一九四〇年の講演「キリスト者の武器と武具」(『セレクション5』所収)の特にⅡとⅢで語られているので是非参照されたい。「反精神《ウンガイスト》」とは、「意識的虚偽という精神、意図的不法《ウンレヒト》という精神、根本的な人間侮蔑・人間凌辱という精神」(同四四一頁)である等々。

(13)原語はZuchtで「規律」とも訳せる。例えば、「福音と律法」(『セレクション5』所収)の、Ⅳ-三(義認と解放を分ち与えるイエス・キリスト——力と愛と規律の聖霊)を参照。

(14)ここおよび後続の二つの「そのとき」の傍点は原文にはないが、文意明瞭化のため、付す。

(15)「ナチの強制収容所。ヴァイマル郊外の森の中に位置し、近郊の武器生産工場に一二時間交代で囚人を提供していた。一九四五年四月アメリカ……により解放された時、二万人にのぼる飢えた過重労働の成人男子、少年が生存していた。『死亡者記録』(Totenbuch)によれば、ここで一日平均二〇〇人以上、月平均約六〇〇〇人が「飢餓、暴力、拷問そして病い」で死んだ。それでも、この収容所は絶滅収容所ではなかった。他のナチ収容所をも体験している同収容所の収容者の多くは、ここではどこよりも長期間生き永らえる者の数が多かったと言明している。アメリカ軍による解放後、エド・マロー[ニュース・キャスター]は同収容所の鉄条網の中から、CBS放送のために有名で感動的なレポートを行なった」（J・テーラー／W・ショー『ナチス第三帝国事典』の「ブーヘンヴァルト」の項より）。おそらくバルトは、本講演直前に放映されたであろうエド・マローのレポートのことを知っていただろう。なお、本文で「ゲーテ館」と訳したゲーテハウスは、フランクフルト・アム・マインにあるゲーテの生家と共に、ヴァイマルにあるゲーテの邸宅をも指す。

（16）バルトは、例えば一九三五年講演の「福音と律法」でも「占星術」に言及している（『セレクション5』六〇頁参照）。

（17）『セレクション4』三五四頁、四三〇頁注31参照。

（18）「資本」主義の問題性については、KD III/4, 607-626, bes. 613ff.（『創造論』Ⅳ／3、四一九－四五〇頁、特に四二八頁以下）および『キリスト教的生』Ⅱ、五一七－五二三頁を参照。

（19）「国家」の——ありうる——問題性（「政治的絶対主義」）については、『キリスト教的生』Ⅱ、五〇八－五一七頁を参照（同五二三頁では「政治的絶対主義」と「資本」との「結託」がもたらすおぞましさについて示唆されている）。

（20）原語は Menschenverachtung。『セレクション5』四四一頁、五七九頁（そこでは「（人間を）軽蔑する」verachten）参照。更に、D・ボンヘッファー「人間を軽蔑する者」（『現代キリスト教倫理』——ボンヘッファー選集Ⅳ——、一九九六年第2版第3刷、二二三－二二七頁、特に二二五頁以下）参照。

（21）３・11からわずか二年後の我が国政府の原発政策（輸出・再稼働）の現実を見よ！――これを注記したのは二〇一三年夏（この年の一月の「出来事」については後述参照）である。それから更に二年後の二〇一五年夏、川内原発が実際に再稼働された。――更に二年後の現時点から振り返っての「原発をめぐる主な出来事」を、前述の重複も含めて、以下に挙げる（二〇一七年十一月三日付朝日新聞（朝刊）第13面の「原発事故と私たち」――「オピニオン＆フォーラム」欄――より抜粋。カッコ内は訳者による補足）。二〇一二年五月、北海道電力の泊原発が定期検査のために停止。四二年ぶりの「原発ゼロ」。同年六月、東電が、「想定を超える津波が主原因」との結論を持つ事故の報告書を公表。同年七月、国会事故調査委員会が、「人災」と認定した報告書を決定。同年九月、原子力規制委員会が発足。二〇一三年一月（前述参照！）、安倍晋三首相が、二〇三〇年代の原発ゼロ方針（二〇一二年九月に民主党政府によって決定）を「ゼロベース（白紙状態）で見直す」と表明。同年九月、関西電力大飯原発が定期検査で停止。一年二カ月ぶりの「原発ゼロ」。二〇一五年七月、政府が二〇三〇年度の電源構成案を決定。原発は二〇～二二％（！）。同年八月、九州電力川内原発が再稼働。新規制基準を満たす初の再稼働。二〇一六年一月、関西電力高浜原発が再稼働。同年二月、東電の元会長らが強制起訴。同年三月、高浜原発が、大津地裁の運転差し止めの仮処分決定を受けて停止。同年八月、四国電力伊方原発が再稼働。二〇一七年三月、大阪高裁が高浜原発の運転差し止めを取り消し（！）。同年五月、高浜原発が再稼働。同年一〇月、原子力規制委が東電柏崎刈羽原発の安全対策を「適合」と認める。――以上の安倍政権による原発政策は、二〇一七年一〇月二七日、ニューヨークでの国連総会第一委員会（軍縮・安全保障）において採決・採択された核兵器廃絶決議案とぴったり一致している。すなわち、「核兵器廃絶決議」は「被爆国」日本が一九九四年以来二四年連続で「毎年国連総会に決議案を提出し、多くの加盟国の支持を得て」採択されてきたものだが、今回採択された決議案は、その直前の七月に「一二二カ国の賛成で採択された核兵器禁止条約（以下、核禁条約）に言及せず」――なぜなら「北朝鮮が核・ミサイル開発をやめず、米トランプ政権が核戦力を増強する考えを表明する中、（日本政府は）核禁条約には反対の立場だ」から――、「核軍縮の促進や核兵器使用の非人道性を訴える表現を大幅に弱めた」もの。「その結果、核保有を米英ロ仏中に認め、核使用を禁じていない核不拡散条約（NPT）に沿った内容になっている」。前年（二〇一六年）には棄権した「米英仏は賛成した」。それに対して、核禁条約を主導したオーストリア、ブラジル、ニュージーランド等は前年の「賛成」から「棄権」に転じた。「賛成」国は、前年（一六七）より二十三カ国減った一四四カ国（棄権は前年の一七から二七に増加。反対は前年同様、中国、ロシア、北朝鮮、シリアの四カ国）。これは、「二〇〇二年（賛成一三六）以来の低さ」で、今後、「核軍縮分野で日本の存在感は低下する恐れがある」（なお、同決議は二〇一七年十二月、国連総会にて正式に採択されるが、「軍縮関係の国連総会決議案」は「採択されても法的拘束力（は）なく、勧告的な意味合いしか（持た）ない」）。核禁条約の「採択に貢献し、ノーベル平和賞受賞が決まった国際NGO『核兵器廃絶キャンペーン』（ＩＣＡＮ）の国際運営委員、川崎哲さん」は、「（核禁）条約に対して極めて敵対的な姿勢を感じる」、「（核禁）条約を推進してきた国々の不信感が高まった」と述べ、また、長崎市の田上富久市長は「まるで核保有国が出した決議のような印象」、と「苦言を呈した」。その「印象」は当たり前である。今回の決議案に関する日本政府の「安全保障上」の「言い分」は、「米国の『核の傘』による抑止力こそ、北朝鮮による日本攻撃を防ぐために最も有効に機能している」というものであり、したがって、安倍政権は二〇一七年「二月の日米首脳会談での共同声明に、日本側の働きかけ（！）で米国の核兵器による日本防衛（！）が盛り込まれたことを最大限に評価している」（いずれも日本の外務・防衛当局によるコメント）、というものなのだから！（以上は、二〇一七年一〇月二八日付朝日新聞（夕刊）第1面および翌二九日付（日曜版）朝日新聞第1面、第34面、第3面より。）

（22）これはもちろんナチ時代（とそこに含まれる第二次大戦）を指しているが、一九一九年九月のドイツでの講演「社会の中のキリスト者」では第一次大戦のことがやはり「大惨事《カタストローフェ》」と特徴づけられていることについては、『セレクション４』一六〇頁を参照（同一六一頁では、本講演の主題であるGeistが――本講演末尾に述べられている二重の意味をすでに暗示するようにして――語られている！）。しかし、とは言え、本文中の「この大惨事以前のあの時代の歳月」とは、本講演で一貫して意味されている一九一九～三三年のワイマール時代のことである。

(23) そうした理解は、おそらく、スイスの中立を「ただ郷土保存のみの問題」だとする「ベルリン駐在スイス大使」の言明（一九三八年）――そしてこれを「スイス連邦内閣閣僚モッタ」は支持したという――に連なるものと思われる（『セレクション5』三一八頁参照）。
(24) スイスの中立に関するこの「自明な」――そしてバルト自身が支持する――理解については、例えば『セレクション5』四四八－四五二頁、五〇二頁、五六六－五六九頁参照。
(25) 例えば、「スイスからイギリスへの手紙」（『セレクション5』所収、特に、五二三－五二四頁）参照。
(26) 前注7参照。
(27) ここおよび後続の二つの「そのとき」の傍点は原文にはないが、文意明瞭化のため、付す。
(28) 創世記二15参照。
(29) 原語 **nüchtern** については、『セレクション1』一五七頁注13、『セレクション5』一一四頁注169の本文等参照。
(30) 例えば、「主《あるじ》なき諸権力」の一つである「イデオロギー」について述べる『キリスト教的生Ⅱ』五二三－五三一頁を参照。
(31) Ⅰテモテ五23参照。
(32) Ⅰコリント六10参照。
(33) レッシング『賢者ナータン』（篠田英雄訳）、岩波文庫、一九五八年、二〇〇六年第9刷、参照。これについては、K・バルト『十九世紀のプロテスタント神学 中』（カール・バルト著作集12、新教出版社、二〇〇六年）の「レッシング」の章（安酸敏眞訳。特に一〇五頁以下）を参照。

（34）マタイ二五31－46参照。

（35）KD III/2, 427, 439（『創造論』Ⅱ／2、三三九－三四〇頁、三六〇－三六二頁）参照。

（36）KD III/2, 73（『創造論』Ⅱ／1、一三三頁）参照。

（37）この年（一九四五年）の聖霊降臨日《ペンテコステ》は五月二〇日であり、本講演がなされた最初の日付は五月八日である（前注1参照）。

（38）本講演中、ここで（名詞としては）初めて出てくる「教会」の原語はKirche（以下、最後まで同様）。

キリスト者共同体と市民共同体[1]

1

私たちは、「キリスト者共同体」（Christengemeinde）ということで、人が通常「教会」（Kirche）と呼んでいるものを、「市民共同体」（Bürgergemeinde）ということで、人が通常「国家」（Staat）と呼んでいるものを考えています。

この〔教会と国家という〕両者を表示するために「共同体」（Gemeinde）というただ一つの概念を用いることによって、まずは直ちに最初から、この両者の間に存している積極的な関係および結合が指し示されている、と言えましょう。同じ主題を取り扱うに際して、かつてアウグスティヌスが「天の国」および「地の国」について語り[2]、ツヴィングリが神の義および人間の義について語った[3]のも、きっと同様の意図をもってのことだったはずです。

更にそれだけではなく、「共同体」概念のこうした二重の使用は、最初から、《われわれは、「教会《キルヒェ》」と「国家」においては、単に制度や職務とのみ関わっているのではなく、また第一のこととしてもそうではなく、むしろ、人間、つまり、或る「公共団体」（gemeines Wesen）[4]において共通の諸課題に取り組み奉仕すべく集められている人間、と関わっている》ということに注意を向けさせようとするものです。「教会」（Kirche）[5]という語を「共同体」（Gemeinde）の意味で解釈することが[6]、ここ数十年の間に――正当にも――再び知られるようになり、また、一般的なものとなりました。いずれにせよ、「キリスト者共同体」という語に対置されたスイス特有の慣用語たる「市民共同体」は――スイスの村では、住民共同体・市民共同体・教会共同体の会議は、同じ集会所で、そして全参加者の大多数がそれらの共同体いずれにも属しつつ、しばしば続けざまに開かれます――、キリスト者に次のことを想い起こさせることでしょう。自分たちの特別な社会《サークル》〔＝教会〕の外部にもまた「共同体」が存在しているし、また常に存在してきたのだ――すなわち国家・政治的共同体という「共同体」が――、と。

「キリスト者共同体」（教会）とは、或る場所・或る地域・或る国の、次のような人間たち――すなわち「キリスト者」として、イエス・キリストについての認識と告白とによって、他の者たちの中から特別に呼び出され一つとされている人間たち――の公共団体（Gemeinwesen）、のことです。この「集《つど》い」[7]（エクレシア[8]）の本質《ザッヘ》・意味・目的は、一つの霊——聖霊——の内にある、すなわち、イエス・キリストにおける神のただ一つの言葉への服従の内にあるそのような人間たち——かれらすべての者はすでにこの神のただ一つの言葉を聴いたのであり、また、かれらすべての者は再びこの神のただ一つの言葉を聴くことを必要とし切望しており、かれらすべての者はこの神のただ一つの言葉を伝えるべく結び合わされている——の共同の生[9]、です。イエス・キリストがその頭《かしら》である身体の肢《えだ》々[10]としてのそのような人間たちの生、です。キリスト者共同体のこの生は、内的には、ただ一つの信仰・ただ一つの愛・ただ一つの希望——この信仰・愛・希望[11]によってかれらすべての肢々は動かされ担われている——として示され、かつ、外的には、かれらすべての肢々が責任を負うところの共通の信仰告白として、すべての人間に向けてのイエス・キリストの御名の宣教に対する——共通に承認され行使される——かれらの責任として、共同で遂行されるかれらの礼拝《アンベートゥンク》・感謝として、示されます。以上のことが自らの本質《ザッヘ》であることによって、個々のキリスト者共同体そのものが世界教会的《エキュメニカル》（公同的《カトリック》）である——すなわち、一つたること《アインハイト》へと向かって、他のあらゆる場所・地域・国々の〔個々の〕キリスト者共同体と連帯的である——のです[12]。

「市民共同体」（国家）とは、或る場所・或る地域・或る国の、すべての人間たち——そこでは、その人間が、各々すべての者に同等の仕方で妥当しかつ拘束力を持ち、強制力によって保護され貫徹されるところの法秩序の下《もと》に共存している限り——の公共団体、のことです。この共存の本質《ザッヘ》・意味・目的（町／都市《ポリス》の本質《ザッヘ》[13]、政治的課題）は、個々人の外面的・相対的・暫定的自由の保障および個々人から成る共同社会《ゲマインシャフト》の外面的・相対的・暫定的平和の保障、そしてその限り、個々人の生および共生の外面的・相対的・暫定的人間性《フマニテート》の保障、です。こうした保障がそこで遂行されることになる三つの本質的形態が、すなわち、［1］[14]すべての者に妥当するところの法秩序がそこにおいて決められるべき立法、［2］その法秩序がそこにおいて実際に適用／運用されるべき政府と行政、［3］疑惑や齟齬が生じた際にその法秩序の射程に関して決定すべき司法、です。

2

キリスト者共同体から市民共同体を見やるなら、相違として、まずは次のことが私たちの目を惹きます。キリスト者は、そこではもはや、キリスト者として自分たちだけでいるのではなく、非キリスト者（もしくは曖昧なキリスト者）と共存しているのだ、と。そう、市民共同体は、当該領域のまさにすべての人間を包括するのです。そういうわけで、市民共同体は、神に対する自分たちの関係、という全員に共通の意識を有してはいません。かくして、そうした意識は、市民共同体において打ち樹てられ妥当するところの法秩序のいかなる要素をも成しえません。かくして、人は、市民共同体の種々の事柄に際しては、神の言葉にも神の霊にも訴えることはできません。市民共同体そのものは、霊的には盲目であり無知なのです。市民共同体は、信仰も愛も希望も持ちません。市民共同体は、いかなる信仰告白も、また、いかなる使信も持ちません。市民共同体においては祈りがなされることはなく、また、市民共同体においては人は兄弟でも姉妹でもありません。市民共同体においては、――ピラトが問うたように〔ヨハネ一八38〕――「真理とは何か」と問われうるのみです。なぜなら、この問いに対して〔市民共同体によって〕なされる答えは、それが何であれ、市民共同体の前提を廃棄するだろうからです[15]。「寛容」ということが、「宗教上」の事柄――「宗教」がここ〔市民共同体〕ではあの別の〔＝キリスト者共同体の〕本質《ザッヘ》を言い表わすための最後の言葉――に関しては市民共同体の最後の知恵なのです。まさにそれゆえにまた、市民共同体は、単に外面的、単に相対的、単に暫定的な課題と目標とを持つだけです。まさにそれゆえに、市民共同体は、キリスト者共同体が――その本質のゆえに――持つ必要のないものを持っているのであり、しかしまた、それによって負荷がかけられ醜くされてもいるのです。すなわち、市民共同体の領域の中にいるすべての者を束《たば》ねるものとして、——すべての者に対する力《ゲヴァルト》の威嚇と使用とによって——自己貫徹するための物理的力《マハト》・「俗権」（der «weltliche Arm»）[16]、であります。まさにそれゆえに、市民共同体には、キリスト教界にとって本質的であるもの、すなわち、越境的《エキュメニカル》・普遍的な広がりと自由とが欠けています。町《ポリス》／都市は壁を持っているのです。とにかく今日に至るまで、事実上、常にただ、次のような諸市民共同体（諸国家）だけが、つまり、多かれ少なかれ相互に明確に境界づけられた、局地的・地域的・国民的な、そしてそのようなものとして相互に競合し衝突する諸市民共同体（諸国家）だけが、存在してきたわけです。そして、まさにそれゆえに、市民共同体は、自己自身とその法秩序とを疎《おろそ》かにするか、はたまた絶対化するかしてしまう危険——そしてそのようにして、いずれの仕方であれ自己自身を破壊し廃棄する危険——に対して〔己れの身を守る〕保証や矯正策なしに存在しているのです。実際、人が教会からして国家を見やるときには、《どれほどはるかに弱く乏しく脅かされた仕方で、このもう一つの「共同体」〔＝国家〕における人間たちは共存していることか》に気づかない、などということはありえません。

3

しかし、こうした確認にあまりに長く留まることは賢明ではないでしょう。「未だ解放されざる世界に」――バルメンの「神学的宣言」（一九三四年）の第五テーゼ[17]によれば――キリスト者共同体もまたあるのであり、かつ、国家に重くのしかかっている諸問題の中で、何らかの仕方で教会にも触れることのないような問題など一つとして存在いたしません。キリスト者と非キリスト者との間を、真のキリスト者と曖昧なキリスト者との間を、実に教会の中においてさえも、明確に分ける、などということは決してできないのです。主の晩餐には、あの裏切者のユダもまた与《あずか》っていたのではないしょうか。神についての意識《ベヴスト・ザイン》と神における存在《ザイン》とは別々のことです。神の言葉と神の霊は、キリスト者共同体においては、市民共同体におけると同様、〔人間の〕意のままにできるものではありません。キリスト者共同体の信仰告白が硬直し空虚なものになることが起こりえます。キリスト者共同体の愛が冷えることが、キリスト者共同体の希望が地に墜ちることが、キリスト者共同体の使信がぼりておかしくなってしまうことが、更には全く沈黙してしまうことが、キリスト者共同体の礼拝《アンベートゥンク》と感謝が単なる形式と化してしまうことが、キリスト者共同体の交わりが皮相なものとなり崩壊してしまうことが、起こりえます。実に教会共同体《キルヒゲマインデ》もまた、信仰をも愛をも希望をも「所有している」のではありません。死せる教会が存在するのであり、残念ながら、どこか遠くまでそうした教会を探しに出かける必要など全くないのです。そして、教会が通常は物理的力《ゲヴァルト》の使用を断念し、それゆえ、一滴の血も流さないできたというとき、それは偶々、教会がそのための可能性を持ってはいなかった、というだけの理由によるものでした。つまり、〈権力ある地位〉獲得のための別の仕方での闘争は、いずれにせよ、教会という空間においてもまた全く欠けていたわけではありませんでした。他方、かつても今も、他の諸々の――かつ広範にわたる――〈中心から離れようとする〉遠心力的要素と共に、教会の存在《エグジステンツ》様式の局地的・地域的・国民的相違もまた十分に強く、そしてまた、教会に本質的な〈中心に向かおうとする〉求心性の諸力が十分に弱いため、その結果、そのことがキリスト者共同体相互間の一致をも広範にわたって全く疑わしいものとし、したがってまた、或る特別な「世界教会的運動《エキュメニカル》」を望ましいものとし必然的なものとする、ということにもなっているわけです。それゆえ確かに、キリスト者共同体の側からあまりに尊大な高みに立って市民共同体を見下《みくだ》す理由など全くありません。

4

しかし、より重要なのは、《市民共同体の本質構成的諸要素はキリスト者共同体にとってもまた固有であり不可欠である》ということから生じる〔両共同体の〕積極的関係です。[18] エクレシア（ekklesia）という名称および概念それ自身が、政治的領域からの借用財です。キリスト者共同体もまた、そのすべての肢々に対して拘束力をもつ或る法秩序――「教会法」なるもの[19]――の枠内で生き、行動しています。「教会法」は、キリスト者共同体にとって、なるほど自己目的ではありえませんが、しかし、キリスト者共同体が「教会法」を「キリストの支配の徴」（アルフレッド・ド・ケルヴァン『教会、国民そして国家』(A. de Quervain, Kirche, Volk und Staat, 1945, S. 158)として打ち樹てずにすます、などということはありえません。キリスト者共同体もまた、常にかつ至る所、特定の権威・職務・協働作業形式《ゲマインシャフト》・分業を伴った一つの「市民権《ポリテイア》」[20]として現実存在しています。国家の生において立法権・行政権・司法権としてあるところのもの。それは、教会の生においても――そうしたものがここではいかに自由かつ流動的に形成され、いかに「霊的に」基礎づけられ意味されていようとも――その明瞭な並行物を持っているのです。

そしてまた、キリスト者共同体は、すべての人間を、ではなく、まさにただキリスト者だけを――自らをキリスト者であると表明・告白し何らかの真剣さをもってキリスト者たらんとしている者だけを――包括しているのではありますが、しかし、「世の光」に任じられているキリスト者共同体は〔マタイ五14〕、これら少ない者たち——もしくは多くの者たち——から、実際、すべての人間を目指しているのです。すべての人間に相対《あいたい》してキリスト者共同体は信仰告白するのであり、キリスト者共同体に委託されている使信はすべての人間に妥当します。場所・地域・国といった広狭様々な領域においてすべての国民《フォルク》に仕えること、——これは、市民共同体の意味に勝るとも劣らぬキリスト者共同体の意味なのです。私たちは、Iテモテ二1-7において次のことを読みます。まさしくあの神こそが——その方にとっては、キリスト者自身が「あらゆる敬虔と正直さとのうちに安らかで静かな生活を送る」〔2節b〕ことが正しく「好ましい」、まさしくその神こそが——、「すべての人間が救われて[21]真理の認識へと至る」〔3-4節〕ことを、また、キリスト者がまさにそのゆえにこそすべての人間のために——特に「王たち」のために、すなわち（すべての人間を包括する）国家の領域において特別な責任の担い手たる者たちのために——祈るべきこと〔1-2節a〕を、欲し給うのである、と。この意味で、キリスト者共同体もまた、非政治的にではなく、政治的に現実存在するのです。

これに、更に以下のような事情が加わります。[22] 約束および希望の対象とは——そしてその対象の内にこそキリスト者共同体は自らの永遠の目標を持っているわけですが——、新約聖書の誤解すべくもない告知によれば、或る永遠なる教会などではまさしくなく、神によって建てられ・天から地上へと到来しつつある都《ポリス》――諸国の民はその都《ポリス》の光を浴びて歩き、また、地上の王たちは自分らの栄光をその都《ポリス》の中へと持って来るでしょう（ヨハネの黙示録二一2、24）――であり、天にある国籍《ポリテウマ》／市民権（フィリピ三20）[23]であり、神の国《バシレイア》であり、その王位を占め給う王なるイエスの裁き主たる決断（マタイ二五31以下）、であります。ここからして、人は、キリスト者共同体の有する現実存在のまさしく究極的にきわめて高度な政治的意味、について語ることが許されるし、また語らねばならないでしょう。

5

そして今や、まさしくキリスト者共同体こそが、市民共同体という特別な現実存在の必然性を知っているのです。すなわち、キリスト者共同体は、すべての人間が（非キリスト者もキリスト者も！）「王たち」を持つこと――つまり、優越した権威と力《ゲヴァルト》によって保護されている外面的・相対的・暫定的な法秩序の下に立つこと――を必要としている、ということを知っています。

キリスト者共同体は、そのような法秩序の――その本来性・根源性・究極性において

――啓示されるべき形態とは神の永遠の王国であり神の恵みの永遠の義である、ということを知っています。キリスト者共同体自身が、この神の永遠の王国／神の恵みの永遠の義を、第一義的かつ最終的には、この永遠なる形態において宣べ伝えているわけです。しかし、キリスト者共同体は、この神の永遠の王国／神の恵みの永遠の義が「未だ解放されざる世界において」外面的・相対的・暫定的な形態をも持っていることのゆえに、そして、この形態の中にあって神の永遠の王国／神の恵みの永遠の義は――イエス・キリストについての最高度に不完全で曇った認識という前提のもとでも、否、事実そうした前提なしにも――有効であり働いていることのゆえに、神を讃《ほ》め称《たた》えるのです。

法秩序のこうした外面的・相対的・暫定的な――しかしだからといって有効ならざるものでも働かざるものでもない――形態が、市民共同体です。キリスト者共同体は――かつ、きわめて真剣にはただキリスト者共同体だけが！――、市民共同体の必然性を知っています。すなわち、キリスト者共同体は――神の国と神の恵みを知っていることによって――、人間の思い上がりを知り、その思い上がりによってもたらされる端的に破壊的な帰結を知っています。キリスト者共同体は、人間がいかに危険であるかを知り、人間が自己自身によっていかに危険に晒されているかを知っています。キリスト者共同体は、人間を、罪人として知っています。「罪人として」とはつまり、絶えずあの水門を開《ひら》きかけている存在として、ということです。その水門が開かれたなら、そこから混沌《カオス》・虚無《ニヒツ》[24]が——これが阻止されない場合には——勢いよく流れ込み、人間の時間を必ずや終わらせずにはすまないでしょう。キリスト者共同体は、人間に与えられている時間を、二重の意味での「恵みの時間」としてのみ理解することができます。すなわち、一方でそれは、神の恵みを認識し掴《つか》むために人間に与えられている時間、として。他方でそれは、まさにこの認識し掴むためにこそ神の恵みを通して人間に与えられている時間、として。キリスト者共同体自身が、人間に与えられているこのような時間の中に現実存在しています。つまり、そこでは人間の時間的生が依然としてなお混沌《カオス》から——その侵入はそれ自体としては〔＝神による保護がなかったならば〕とっくに起こっていたに違いありません——保護されているところの空間の中に。キリスト者共同体は、こうした保護の可見的手段を、市民共同体の現実存在のうちに、〔すなわち〕国家というものにおいて起こっている、最悪の事態を阻止しつつ人間存在《ダーザイン》を外面的・相対的・暫定的に〈人間らしくすること《フマニジールンク》〉を巡る努力の事実のうちに、認識するのです。そして、そのような努力が何によって保証されているのかと言えば、それは、すべての者のために（非キリスト者のためにもキリスト者のためにも。つまり両者いずれもそれを必要としている。というのも人間の危険な思い上がりは両者いずれにおいても蠢《うごめ》いているのだから！）政治的秩序が存在している、ということによってであり、そして、その秩序のもとでは——各人は自分がどこに立っているかを見よ！——、悪しき〔業を行なう〕者たちは罰せられ、善き〔業を行なう〕者たちは報いを与えられるのです（ローマ一三3、Iペテロ二14）[25]。キリスト者共同体は、この政治的秩序なしにはいかなるキリスト教的秩序もまた存在しない、ということを知っています。キリスト者共同体は、自らが——あのより広い円のただ中にある内なる円として（オスカー・クルマン『新約聖書におけるキリストの王的支配と教会』(O. Cullmann, Königsherrschaft Christi und Kirche im Neuen Testament, 1941)）——市民共同体の保護の内に現実存在することが許されていることを知っており、そして、そのことを神に感謝するのです。

6

そのことを知っていることによって、キリスト者共同体は、市民共同体の現実存在のうちに——これに属する者や役人がキリスト教信仰を有するか否かに関わりなく、またその市民共同体の特別な形態や現実にも関わりなく——、己れ自身の現実存在のうちに[26]と同様、神の一つの制定（制定《オルディナチオ》・任命《アインゼッツンク》・設立《シュティフトゥンク》[27]）の働きを〔ローマ一三2〕、すなわち、神の意志なしにではなく、むしろ神の意志に従って存在し働いているところの一つの「権威」(exousia) を、認識します (ローマ一三1b〔－2a〕)。

市民共同体——国家——が存在するところ、そこでは、私たちは——その際個々においてはどれほど多くの人間的誤謬や人間的恣意がついて回るにせよ——、本質的には、決して罪の何らかの産物に、ではなく、人間の罪に抗しての——人間のために起こる——対抗作用の渦中にある神的摂理・神的世界支配という〈恒常的なるもの〉の一つ——それゆえ神的恵みの一つの道具——と関わっているのです。市民共同体は、キリスト者共同体と、〔両者の〕根源をも中心をも共有しています。〔すなわち〕市民共同体は神の恵みの秩序なのです。それは、神の恵みが——罪ある人間自身との関係において、〔と同時にまた〕未だ解放されざる世界との関係において——常にまた忍耐でもあるかぎり、そうです。市民共同体は、《依然として(あるいはまたしても)罪に堕ち——それゆえ〔神の〕怒りに墜ち——ている人類が、その全き無知と光なき状態の中にいる人類が、神から棄てられてはおらず、神によって守られ保持されている》ということの徴です。そうです、市民共同体は、人間を混沌《カオス》の侵入から保護するために、それゆえ、人間に時間を——福音宣教のための時間、悔い改めのための時間、信仰のための時間を——与えるために、仕えているのです。市民共同体にあっては「人間的洞察と人間的能力との尺度に従い」かつ「力《ゲヴァルト》の威嚇および行使のもとで」(バルメン宣言第五テーゼ[28]) 人間的法の樹立のために、そしてまた、（それによって与えられた外面的・相対的・暫定的意味において）自由・平和・人間性《フマニテート》のために配慮がなされることによって、市民共同体は、それに関わる人間たちの裁量や意志には依存せずに、事実上、神の摂理と救済計画とに対するこうした特定の奉仕の中に立っているわけです。それゆえ、市民共同体は、イエス・キリストの国から抽象された現実存在――自律的に基礎づけられ自律的に働く現実存在――ではないのであって、教会の外部にありつつ、しかしイエス・キリストの支配領域の外部にあるのではないものとして[29]、このイエス・キリストの国の一つの代表[30]なのです。市民共同体は、まさに新約聖書の認識によれば、イエス・キリストにおいて創造されこの方によって束《たば》ねられ保たれている「権力」（Gewalten）[31]に属しています（コロサイ一16以下〔一17〕）。そして、それらの「権力」がわれわれを〔われらの主キリスト・イエスにおける〕神の愛から引き離すことはありえません（ローマ八37以下〔一38〕）[32]。なぜなら、それらの「権力」は、その全体において、この方に委ねられこの方の自由処理のうちに置かれているからです（マタイ二八18）[33]――イエス・キリストの復活において啓示されたように――。それゆえ、明瞭に語られた使徒の言葉によれば（ローマ一三4、6）、国家の行為もまた礼拝／神奉仕《ゴッテスディーンスト》[34]なのです。国家の行為は、そうしたものとして倒錯することがありえますが、それは、教会の行為もまた――教会の礼拝《ゴッテスディーンスト》／神奉仕もまた――倒錯を単純に免れているなどというわけではないのと同じです。国家はピラトの顔と性格を帯びることがありえます。[35] 国家は、しかし、その場合でもまた、神から己れに与えられている権力において行動しているのです（ヨハネ一九11）。[36] そして、国家が倒錯した仕方で行動しているという事態、また、いかなる意味と程度においてそうなのかということ、――これについては、まさに次のことからして、そして確かにただ次のことからしてのみ判断されうるでしょう。すなわち、《国家は、その意味と委託によれば、そのような〔倒錯した〕場合であってもまた、あの神への奉仕において、つまり、国家が己れの倒錯の中にあっても逃れることができないところの神、その律法によって国家が測られているところの神、そのような神への奉仕において行動している》、ということから。

それゆえにキリスト者共同体は、「神への感謝と畏敬のうちに、このような神の制定〔＝国家〕の恩恵を承認する」（バルメン宣言第五テーゼ）。キリスト者共同体が承認するその「恩恵」（Wohltat）とは、政治的権力と政治的秩序という現実存在によって起こるところの、聖ならざる世の外面的・相対的・暫定的聖化、のことです。その際、《その都度の特別な政治的形態や現実に対して、いかなる具体的態度決定においてこのキリスト教的承認は示されるのか》については、依然としてなお〔その都度〕全くオープンな問いでありえます。ここからして、確実に一つのことだけは排除されています。それは、無関心への決断、非政治的キリスト教への決断、です。教会は、己れ自身の委託とかくも明瞭な繋がりを有している制定《アンオルドゥヌンク》〔=国家〕の現象に対して、いかなる場合にも無関心な仕方で、いかなる場合にも局外中立的《ノイトラール》な仕方で、態度を取ることはできません。そうした態度は、ローマ一三2で次のように言われている反逆でありましょう。それは、直接、神ご自身に向けられている反逆であり、また、神の裁きを己れに招かずにはおかない反逆だ、と。

7

教会は教会であり続けねばなりません。キリストの国の内なる円としての自らの現実存在をもってよし、とせねばなりません。キリスト者共同体は、市民共同体によっては取り去られえぬ課題、市民共同体が己れの課題に従事する際の形では決して従事しえぬ課題、――そうした課題を持っています。また、もしもキリスト者共同体がその中心において――例えばR・ローテの勧めに従って[37]――市民共同体に吸収されることを欲し、それゆえ、己れに無条件で命じられている特別な課題を疎かにしてしまうなら、それは市民共同体のためにもならないでしょう。キリスト者共同体は、イエス・キリストの支配を、かつ、到来しつつある神の国[38]への希望を、宣べ伝えるのです。

市民共同体そのものは、そのようなことを行ないません。市民共同体は、伝えるべきそうしたいかなる使信も持ってはいません。市民共同体は〔むしろ〕、そうした使信が己れに向かって伝えられる、ということに依り頼んでいるのです。市民共同体は、神の権威と恵みとに訴えることはできません。市民共同体は〔むしろ〕、そうしたことがどこか別の所で起こることに依り頼んでいるのです。市民共同体は祈りません。市民共同体は〔むしろ〕、己れのために祈られることに依り頼んでいるのです。市民共同体は、人間の現実存在の外面的・相対的・暫定的な境界設定と保護とのために配慮せねばなりませんが、人間の現実存在の〈どこから?〉〔＝根源〕および〈どこへ?〉〔＝目標〕に対しては盲目です。市民共同体は〔むしろ〕、どこか別の所で〈見るところの眼〉が存在していることに依り頼んでいるのです。市民共同体は人間の傲慢《ヒュブリス》を基本的には疑問視することができず、また、そうした人間の傲慢《ヒュノリス》から脅かしつつ迫ってくる混沌《カオス》に対しての決定的な防衛について知りません。市民共同体は〔むしろ〕、この点に関して、どこか別の所で、最後の認識と最後の言葉とが存在することに依り頼んでいるのです。市民共同体の思考と言葉は、必然的に、人間に関するあまりに子供じみた楽観論とあまりに不機嫌な悲観論との間をあちこちと揺れ動くほかありません——市民共同体は何と自明のようにして各人から最善を期待し、かと思えば、同じく自明のようにして最悪の仕方で各人を不信の目で見ることか！――。市民共同体は、明らかに、己れの〔そうした不安定極まりない〕人間論が、どこか別の所から徹底的《ラディカール》に凌駕されることを、そしてまたそれによって、相対的に正当化され相対的に然るべく位置づけられることを、見込んでいるのです。

キリスト者共同体の特別な現実存在が停止する、などということはありえません。その決定的な理由は、そのような停止はただキリスト者の最大の不服従の行為においてのみ起こりうる、ということだからです。しかしまた、そのような停止によって、すべての国民《フォルク》がそこから聴くことを必要としているところの、究極的には唯一の〈希望と助け〉の声が沈黙してしまう、ということでもあるからです。

8

キリスト者共同体は、しかし、まさに己れ自身の課題を遂行することにおいてこそ市民共同体の課題にも参与いたします。イエス・キリストを信じイエス・キリストを宣べ伝えることによって、実にキリスト者共同体は、教会の主でありつつ世界《ヴェルト》の主でもある方を信じ宣べ伝えているのです。また、何といってもキリスト者共同体の肢《えだ》々は、自分たちがあの内なる円に属していることによって、自動的にあの外なる円にもまた身を置いているわけです。それゆえ、かれらは、自分たちに命じられている信仰・愛・希望の業を携えつつ、この二つの領域の境界線上で停止することはできません——もっとも、その業の形態は、こちらとあちらとでは〔二つの領域各々の〕異なる課題に応じて異なる形態ではあるでしょうけれど——。市民共同体の空間にあっては、キリスト者共同体は、世《ヴェルト》と連帯的であり、かつ、この連帯を断乎として実践せねばなりません。キリスト者共同体は市民共同体のために祈ります。市民共同体そのものは祈ることを通常しませんから、まさにそのゆえにこそ、キリスト者共同体はいよいよもって祈ります。けれども、市民共同体のために祈ることによって、キリスト者共同体は、神に相対《あいたい》しつつ、市民共同体に対して責任を負うのです。そして、もしも市民共同体のために祈ることだけですますなら、もしも市民共同体のために祈るまさにそのことによって行動的にもまた市民共同体のために働くことをしないなら、キリスト者共同体は真剣に責任を負ってはいないことになりましょう[39]。キリスト者共同体による市民共同体への行動的支持《アイントレーテン》とは、《キリスト者共同体が、市民共同体の権力《ゲヴァルト》を、神的制定《アンオルドゥヌンク》の働きとして、キリスト者共同体自身にとっても拘束力を持ちキリスト者共同体自身をも義務づけるものとして承認する》、《キリスト者共同体が、市民共同体の秩序を、キリスト者共同体自身にとっても意味深く正当なものとして敬意を払う》、ということです。そのような行動的支持《アイントレーテン》とは、《キリスト者共同体もまた、市民共同体の事柄《ザッヘ》に、いかなる事情の下であれ（それゆえキリスト者共同体が具体的にはいかなる政治的形態や政治的現実に関わろうとも）――使徒の言葉によれば〔ローマ一三1a〕――「従う」（unterordnen）》ということです。ルター訳は「臣民たること」（Untertansein）について語りますが、[40]そういうことによって、ここ〔ローマ一三1a〕で意味されていることとは違う或る危険なことを語るわけです。[41]つまり、ここで意味されていることは、《キリスト者共同体およびキリスト者は、市民共同体もしくはその役人たちに対して、なしうる限りの盲目的臣民服従・「かしこまりました《ヤーヴォール》」服従を捧げる》ということではなく、むしろ、ローマ一三6以下によれば、《キリスト者共同体およびキリスト者は、市民共同体の基礎づけ・維持・保持およびその課題遂行のために自分たちに要求されていることを果たさねばならない。なぜなら、かれらは――もっともかれらはキリスト者であり、そのような者として別の場所を故郷としているのではありますが――この外なる円においてもまた現実存在しており、イエス・キリストはこの外なる円の中心でもあり給い、それゆえ、この外なる円の存立に対してはかれらもまた責任を負っているからである》ということなのです。「従うこと」（Unterordnung）[42]とはこうした共同責任の遂行を意味するのであり、この共同責任において、キリスト者は、非キリスト者と共に同一の課題に着手し同一の規則[43]の下に身を置くのです。「従うこと」は、市民共同体の（良かれ悪しかれ何らかの仕方で主張されている）事柄（Sache）に向けられているのであり、そしてその理由は、市民共同体の事柄《ザッヘ》もまた（それゆえキリスト者共同体の事柄《ザッヘ》だけがというのではなく！）唯一なる神の事柄《ザッヘ》だからです。パウロは、ローマ一三5で、はっきりとこう付け加えました。この「従うこと」は、自由選択のものではなく必然的なものである、と。そして、必然的であるその訳《わけ》は、単に「怒りのゆえに」、すなわち、従わぬ場合には不可避の、神の或る不分明な誡めとの衝突に対する律法的恐れから、などではなく、むしろ、「良心のゆえに」、すなわち、国家の現実存在においてもまた明示されている神の恵みと忍耐とについての明瞭なる福音的知[44]のゆえにであり、それゆえまさに、この事柄《ザッヘ》においてもまたキリスト者にとって啓示されている神の意志に対する全き責任のゆえにであり、キリスト者が教会という空間におけると同様ここでも神に捧げるところの、自由な心から生まれる服従の活動のゆえに、である、と――たとえここではかしことは異なる目的をもってではあるにせよ（キリスト者は、皇帝のものは皇帝に、神のものは神に返す。マタイ二二21）[45]――。

9

キリスト者共同体は、市民共同体に共同責任を負うことによって、種々様々な政治的形態や政治的現実に対して、決してキリスト者共同体自身に必然的に固有な何らかの理論を主張するのではありません。キリスト者共同体は、或る教えを、「これぞ正しい国家に関するキリスト教の教説そのものである」などと提示することはできません。キリスト者共同体はまた、完全な国家のすでに遂行された実現を指し示したり、あるいは、そのような国家の創出を見込んだりすることもできません。存在するのは、信仰によって受け容れられた神の言葉から生み出された、ただ一つのキリストの身体だけです[46]。それゆえ、キリスト教会に対応するキリスト教国家、政治的空間における教会のコピー、――そういったものは存在しません。

というのも、国家が、神的制定《アンオルドゥヌンク》の働きとして、神的摂理およびこれに支配統治されている世界史というかの〈恒常的なるもの〉の一つという現象として、キリストの国の内にあるとき、それは、《神は、国家共同体そのものにおいて啓示され信じられ認識される》などということを意味しないからです。国家の現実存在において起こるところの神的制定《アンオルドゥヌンク》の働き、とは、《国家の現実存在においては（神の啓示およびこれへの信仰を全く度外視しつつ）、「人間的洞察と人間的能力との尺度に従って」、時間的法・時間的平和のために、人間の現実存在の外面的・相対的・暫定的人間化《フマニジールンク》のために配慮する、ということが、事実上、人間に任されている》ということなのです。それゆえ、すでに種々様々な政治的形態・政治的体制《システム》そのものは人間の考案物なのであり、それらは、そのようなものとして、啓示の性格を担うことはできず、啓示として証しされることはできず、それゆえまた、信仰を要求することもできません。市民共同体に共同責任を負うことによって、キリスト者共同体は――神の啓示およびこれへの信仰からして――、政治機構《ヴェーゼン》における最善の形態や最も適切な体制《システム》を問う人間的問いに参与するのであり、しかしまた、人間によって見出されうるあらゆる政治的形態・政治的体制《システム》（キリスト者共同体自身の協力の下で見出されうる・見出されるべきものも含むあらゆる政治的形態・政治的体制《システム》）の諸限界をも意識しているのであり、それゆえ、たしかに、或る政治的構想を――たとえそれが「民主主義的」構想だとしても――他のあらゆる構想に対立させて、これぞキリスト教的構想そのもの、として優遇することに対しては警戒するでしょう。キリスト者共同体は、自らが神の国を宣べ伝えることによって、あらゆる政治的構想に対しては、自分たちの抱く数々の希望を、しかしまた自分たちの数々の問いをも主張せねばなりません。そして、そのことは、あらゆる政治的達成についてもまた妥当するのであり、かつ、いよいよもって妥当するのです。キリスト者共同体は、あらゆる政治的達成に対して、この事柄《ザッヘ》に関与する非キリスト者よりも更に寛大であると同時に更に厳しく、更に忍耐強いと同時に更に焦慮にかられているでしょうが、そうであることによって、実にキリスト者共同体は、いかなるそうした政治的達成をも完全なものと見なすこと、それゆえ神の国と取り違えること、はできないでしょう――そうした政治的達成とは実に、単に「人間的洞察と人間的能力」[47]に基づいて実現したものでしかありえないのですから――。キリスト者共同体は、すでに遂行された――そしてまたこれから遂行されうる――政治的達成のあらゆるものに直面しつつ、「土台を持つ都・その建築師にして創造者は神であり給う都」（ヘブライ一一10）を待ち望みます。キリスト者共同体は、何らかの政治的形態や何らかの政治的現実にではなく、「それによって神が万物を担い給う」――政治に関わる事どもをも担い給う――「〔神の〕言葉の力に信頼し服従する」[48]のです（ヘブライ一3。バルメン宣言第五テーゼ）。

10

しかし、まさしくこの自由においてこそ、キリスト者共同体は市民共同体の形態や現実に対して、恣意的にではなく、全く特定の意味において責任を負うのです。キリスト者共同体が政治一般に対して無関心な態度をとる、ということが排除された可能性であることについては、われわれはすでに述べました(49)。しかしながら、種々様々な政治的形態や政治的現実に対するキリスト教的無関心もまた決して存在しないのです。教会は、「神の国を、神の誡めと義を想起せしめ、そしてそれをもって、統治者および被治者の責任を想起せしめる」（バルメン宣言第五テーゼ）(50)。この意味するところは以下のとおりです。

　キリスト者共同体および個々のキリスト者は、政治的空間において、なるほど多くのことを理解することができ、またその然るべき場にあって承認することができます――緊急事態の場合（Notfall）にはすべてを受け入れ堪えることができます――。しかし、かれらが多くのことを理解することができ、また、すべてを堪えることができるということ。これは、かれらに要求されている「従うこと《ウンターオルドゥヌンク》」、すなわち、この〔政治的〕空間においてかれらに課されている共同責任(51)、とは未だ何の関係もありません。かれらの共同責任とは何か。それは、《かれらは、自分たちがこの〔政治的〕空間において神の前で決断せねばならないことに関して、何をこの〔政治的〕空間において神の前で意志するのか》、ということです。「～ねばならない」、のです。というのも、かれらのまさに〈意志すること〉や〈決断すること〉について肝腎なことは――かれらの〈理解すること〉や〈堪えること〉とは違って――、そのような〈意志すること〉や〈決断すること〉が或る全く特定の方向を持つであろう、ということだからです。そして、この方向に関しては、キリスト者共同体にあっては、なるほど個々の点では常に新たな合意を必要とはしますが、しかし本質的にはいかなる議論の余地もありえず、そうしてまた、この方向をキリスト者共同体は外に向かっても譲歩や妥協の対象とすることはできないのです。キリスト者共同体が市民共同体に「従う」というとき、それは、キリスト者共同体が――一切のものの主であり給う主に関するかれらの認識という基準によって測りつつ――区別する（この外なる円の外面的・相対的・暫定的諸可能性の領域にあって「良心のゆえに」[52] 区別する！）ことによって、なのです。すなわち、正しい《レヒト》国家と不法な《ウンレヒト》国家とを、言い換えれば、その都度より良きもの、もしくはより悪しきものとして現われる政治的形態・政治的現実を区別することによって。秩序と恣意とを、主権と専制とを、自由と無政府とを、連帯《ゲマインシャフト》と集団主義とを、人格権と個人主義とを、[53] ローマ書一三章の国家とヨハネの黙示録一三章の国家とを区別することによって。この区別に従って、キリスト者共同体は、国家秩序の基礎づけ・維持・貫徹のために生じる諸問題に際して、ケースバイケースで・その都度の状況に応じて、判断するでしょう。そして、そのようにして形成された自らの判断に従って、キリスト者共同体は、ケースバイケースで・その都度の状況に応じて、これを（正しい《レヒト》――すなわちその都度より良き――国家を）選びかつ意志し、あれを〈不法な《ウンレヒト》――すなわちその都度より悪しき――国家を〉選ばずかつ意志しないでしょう。そして、この選択と非選択・〈意志すること〉と〈意志しないこと〉に従って、キリスト者共同体は、ここで尽力し、かしこで反対するでしょう。

まさにこうした――キリスト者共同体自身の中心、つまり、全体を包括する意味をもつものとして認識された中心からして生じる――区別・判断・選択・意志・尽力をもってこそ、まさにそれらの諸決断――あの中心からして必然的に、キリスト者共同体に命じられた唯一の方向において起こるところの実践的諸決断――においてこそ、キリスト者共同体は、市民共同体に相対しての己れの「従うこと《ウンターオルドゥヌンク》」を、すなわち己れの政治的共同責任を、遂行するのです。

11

さて、そういうわけで、政治的空間において遂行されるべきキリスト教的諸決断の理念や体系《システム》や綱領《プログラム》といったものは、なるほど存在しませんが、しかし、そのようなキリスト教的諸決断の――いかなる場合であれ――認識され保持されるべき方向と線、といったものは存在します。

この線の規定は、いわゆる自然法という問題ある権威《インスタンツ》に訴えることからは生じません。そうしたことが意味するのは、《キリスト者共同体は、自らの中心〔＝イエス・キリストの支配／到来しつつある神の国[54]〕によって方向づけられてはいない市民共同体、未だ無知の――もしくはまたもや無知となった――市民共同体、――そのような市民共同体の道を、その諸々の道を、〔すなわち〕異教的国家の方法を己れのものにしてしまう》ということでありましょう。キリスト者共同体はそのとき、市民共同体の中にいるキリスト者共同体としては活動していないことになりましょう。キリスト者共同体はそのとき、このヨリ広い円の中にあって、塩や光ではないことになりましょう。キリスト者共同体はそのとき、市民共同体との連帯を表明しているというのみならず、むしろかえって、己れを市民共同体と同じものに――しかもまさしく市民共同体には欠けているその当の事柄に関してこそ同じものに――してしまっていることになりましょう。そうすることによってキリスト者共同体は、確かに、市民共同体に対していかなる奉仕をもしないでありましょう。すなわち、市民共同体そのものに（神の言葉と神の霊とに対する己れの局外中立性《ノイトラリテート》において）欠けているその当の事柄、とは、まさに、政治的諸決断の――いわゆる自然法による基礎づけに対して――より確実でより一義的に明瞭な基礎づけ、なのです。

人が「自然法」(Naturrecht) ということで理解しているのは、人間が言わば「生まれつき」(von Natur) ——すなわち、考えうる限りのあらゆる前提の下で、生来、それゆえ万人共通《アルゲマイン》に——、〈正《レヒト》と不正《ウンレヒト》〉、〈命じられていること〉・〈許可されていること〉・〈禁じられていること〉、と見なしているものの総体、のことです。人はこの「自然法」をしばしば自然的——人間に生まれつき《フォン・ナトゥーア》知られている——神啓示と結びつけてきました。そしてまた、市民共同体そのものは、すなわち、自らの中心から未だ——もしくはもはや——照明されてはいない市民共同体は、このいわゆる自然法に基づいて、つまり、この権威《インスタンツ》の、その都度「これぞ自然法そのもの」と称される着想に基づいて、あれこれと考え語り行為する、という以外のいかなる選択も明らかに持ってはいないのです。言い換えるなら、常に、この権威《インスタンツ》のあれこれの解釈を推し測ることに頼るか、あるいはまた、そうした解釈の内のいずれかの強力な主張に頼るかであり、そこから演繹される様々な確信の中にあって常に手探りし験《ため》しながらであり、そして結局のところ、「この権威《インスタンツ》を考慮に入れるなどというのは何らかの幻想ではなかろうか?」という具合に常に確信が持てずにおり、それゆえ事実上は、秘密裡にであれ公然とであれ、何らかの——ヨリ繊細もしくはヨリ粗雑な——実証主義の観点をも強力に利用することなしにはやってゆけないのです。そのようにして基礎づけられた政治の結果というものは、やはりそれ相応のものでしたし、それ相応のものなのです！

そしてもしもそれらの結果が今や、一義的に明瞭かつ全般的に否定的な結果ではなかったし、またないとしたら、〔すなわち〕もしも政治的領域においてヨリ悪しきものと並んでヨリ良きものが、不法《ウンレヒト》な国家と並んで正しい《レヒト》国家が――確かに常に両者のありとあらゆる奇妙な混合において！――存在してきたし、なおも存在しているのだとしたら、それは、《そこかしこで真の自然法の発見と実践とが起こった》などということにではなく、むしろ端的に、《この無知で局外中立的で異教的な市民共同体もまたキリストの国の内にある》、《一切の政治的問題と一切の政治的努力そのものは、神の恵み深い――人間を守り、人間の罪を、と同時にその犯罪を限界づけるところの――制定《アンオルドゥヌンク》のうちに基礎づけられている》、ということに基づいているのです。この神的制定《アンオルドゥヌンク》の意図・意味・目標こそが、あの、その都度「より良きもの」・その都度正しい《レヒト》国家において可見的となるもの、なのです。そしてそれは常に起こります。実際、政治的諸決断の確実な規範に関する確実な認識が欠けているにもかかわらず。公然たる誤謬が、認識された――と見えるだけの――真理〔＝自然法〕に、圧倒的に脅かしつつ伴っているにもかかわらず。それゆえ、それが起こるのは、なるほどそこで関与している人間たちの関与のもとで、ではありますが、しかし、全くそのような人間たちの功績なしに、です。すなわち、神ノ摂理ト人間ノ混乱ニヨッテ（Dei providentia hominum confusione）、です。

仮にキリスト者共同体の政治的責任が、《キリスト者共同体もまた〔市民共同体同様〕真の自然法を問う問いに参与している》、《キリスト者共同体もまた〔市民共同体同様〕そのような真の自然法からして己れの〔政治的〕決断の基礎づけを試みている》との前提の下で遂行されるのだとしても、そのことはしかし、悪しきものから善きものを生ぜしめる神の力[55]――そのように神は政治的秩序において事実上常に行動し給います――に関して何ら変更を加えはしないでしょう。とは言え、そうしたことが起こるなら、それは、キリスト者共同体もまたあれらの人間的幻想や混乱に参与する、ということを意味しましょう。《キリスト者共同体は、――己れ自身の道を敢えて歩むことをしない限り――事実上広くそれらの人間的幻想や混乱に参与している》という事実だけで、まさに十分であります。しかし少なくとも、キリスト者共同体がそうした参与を〔自ら〕欲したり勝手気ままに惹き起こす、などということはありえません。しかし、もしもキリスト者共同体もまた自らの政治的諸決断の規範を、いわゆる自然法の何らかの着想のうちに求め、そこからその規範を演繹し基礎づけるのだとしたら、そうすることになりましょう。〔なるほど〕キリスト者共同体が自らの政治的共同責任を果たす際に参与せねばならないのは、キリスト教的課題や問題ではなく、「自然的」・この世的・世俗的課題や問題です。しかし、その際それによってキリスト者共同体が方向づけられ、その認識からしてキリスト者共同体もまた政治的空間における自らの諸決断を遂行するであろうその規準、とは、まさしくいかなる自然的規準でもなく、むしろ、キリスト者共同体にとって唯一信じるに値し規範的であるところの霊的規準、〔すなわち〕キリスト者共同体自身の事柄《ザッヘ》の明瞭な自律性、なのであって、キリスト者共同体には異質なこの事柄《ザッヘ》〔＝「自然的」・この世的・世俗的課題や問題〕の不分明な自律性、ではないのです。

12

まさにそこからしてこそ、キリスト者共同体は、己れにとっては異質なこの事柄《ザッヘ》のために誠実かつ平静に尽力する自由を持ちます。キリスト者共同体は、それゆえ、政治的空間においては、決して自分自身のためには――自分自身の「利益」や「関心事」のためには――尽力しないでしょう。〈国家の中の教会〉としてのキリスト者共同体自身の名声・影響力・権力などというものが、キリスト者共同体の政治的決断の〈方向と線〉を規定するであろう目標、ではまさにないのです。「わたし〔＝イエス〕の国はこの世のものではない、もしもわたしの国がこの世のものであったなら、わたしに仕える者たちは、わたしがユダヤ人に引き渡されぬよう闘ったことだろう。しかし、わたしの国はここ〔＝この世〕のものではない」（ヨハネ一八36）[56]。政治的手段をもって己れ自身のために闘う教会は――たとえその闘いによって或る種の成果を獲得したとしても――己れの身に密かな軽蔑を引き寄せるのを常としますが、それは当然です。そして、そうした闘いは、いずれ必ず、ありとあらゆるあからさまな屈辱的敗北のうちに終わるものです。キリスト者共同体は自己目的ではありません。キリスト者共同体は、神に奉仕するのであり、そしてまさにそのゆえに、かつそれと共に、人間に奉仕します。

市民共同体の最も深い意味・究極の意味・神的意味とは、宣教のための、そして、〔神の〕言葉を聴くための――そしてその限り確かにキリスト者共同体の現実存在のための――空間を作ること、にあります。これはなるほど真実です。しかし、そのことを市民共同体が――神の摂理と制定《アンオルドゥヌンク》に従って――そこで行なう道・唯一行ないうる道は、「人間的洞察と人間的能力との尺度に従って」[57]の法の樹立、自由と平和との保全、という自然的・この世的・世俗的道です。それゆえ、まさしく市民共同体の神的意味によれば、《市民共同体自身が次第に――程度の差はあれ――教会になる》などということでは全くありません。そういうわけで、キリスト者共同体の政治的目標とは、国家を次第に教会化する、すなわち、国家を可能な限りキリスト者共同体自身の課題に仕えさせる、などというものではありえません。

国家がキリスト者共同体に対して、ここで可能な形の内の何らかの形において、自由・配慮・特別な諸権利（国教会的な種々の法的保証、学校やラジオへの関与、日曜日保護、財政的軽減もしくは支援等々）を与える場合、キリスト者共同体は、だからと言って、何らかの教会国家（Kirchenstaat）を夢見始めるなどということはないでしょう。キリスト者共同体は、そうしたことに対しては、神的摂理と制定《アンオルドゥヌンク》が働いているところの贈り物として感謝するでしょう。そしてそのような感謝〔の表明〕を、何よりも、《キリスト者共同体は、そのような贈り物によって拡張された自らの境界線において、いよいよますます信実に熱心に教会であり、そして、それによって、市民共同体の側からもまた明らかに自分たちに向けられている諸期待に応える》ということをもって行なうでしょう。キリスト者共同体は、しかし、そのような贈り物を、市民共同体に対峙して自らが闘い取るべき要求の事柄とはしないでしょう。もしも自分たちに対してそのような贈り物が市民共同体の側から拒否される場合、キリスト者共同体は、その過誤を、まず第一に、市民共同体にではなく己れ自身に求めるでしょう。ここで妥当するのは、「悪しきものに逆らうな！」[58]です。このような場合、キリスト者共同体はこう自問するでしょう。「自分たちは、公共的生の重要で興味深く癒し《ハイルザーム》をもった要因として、それにふさわしく顧慮されるのを自ら期待しうるような仕方で、市民共同体に対して霊と力との証明[59]をなしてきただろうか、世に対してイエス・キリストを支持し宣べ伝えてきただろうか」、と。キリスト者共同体は、例えば、こう自問するでしょう。「自分たちは、学校において聴かれるのをはっきりと要求できるような力強いものを、一体本当に語るべく持っているのだろうか」、と。キリスト者共同体は、真っ先に、かつとりわけ、悔い改めをなすでしょう――これをせずにすむようなことがいつ・どこにあるでしょうか？――。そして、それは、《キリスト者共同体が、公共において許されている――もしかしたら最小の――空間において、それだけいよいよ勇気をもって、今やますます集中して、「最小の場所で最大の力を尽くしつつ」という二重の熱心をもって、己れの特別な業に従事する》という仕方で、最も善く起こるでありましょう。

キリスト者共同体が己れの「公共的存在への意志」をまず第一に示さねばならず「公共的存在への要求」（**Öffentlichkeitsanspruch**）をまず第一に挙げねばならないようなところ、そこでは、まさにそのことによってキリスト者共同体は、《そうした「公共的存在への意志」も「公共的存在への要求」も（教会としての自らの実存《エグジステンツ》という事実においては）適切な仕方で登場していない》ということを証明しているのです。そしてその場合、自分たちが今やまさしく聴かれることがない――もしくは、遅かれ早かれ己れが何ら喜びを体験することなき仕方でこそ聴かれる——のだとしたら、それは、神と人々との前で、キリスト者共同体にふさわしい仕方で起こっているのです。そうした「公共的存在への意志」や「公共的存在への要求」を携えつつ己れの利益を求める闘士として政治の舞台に入って行ったのは、常にただ、国家の特別な意味を誤認する教会、そして、常にただ、悔い改めなき教会、——どう転んでも——常にただ、霊的に自由ならざる教会、でしかありませんでした。

13

しかしながら、教会がこの〈政治の〉舞台へと入って行く際に携える〈独特のもの〉とは——この境界設定についてはすでに暗示しました[60]——、単純かつ直接に、神の国でもまたありえないでしょう。教会は「神の国を想起せしめる」[61]のです。それは、しかし、《国家は次第に神の国と成るべし》と、教会が国家に要求するなどということを意味しません。

神の国、とは、そこでは神が——蔭も問題も矛盾もなく——すべてにあってすべてであり給う[62]国、解放《エアレーズンク》された世界[63]における神の支配、のことです。神の国においては、外的なものが内的なもののうちに、相対的なものが絶対的なもののうちに、暫定的なものが最後決定的なもののうちに、確かに止揚され〔消滅し〕ます。神の国においては、いかなる立法権も行政権も司法権も存在しません。というのも、神の国においては、なおも叱責されるべきであるようないかなる罪も、依然として恐れられ阻止されるべきであるようないかなる混沌《カオス》も、〔もはや〕存在しないからです。神の国、とは、父なる神の誉れのための、——隠れから現われ出《いで》て啓《ひら》き示された——イエス・キリストの世界支配[64]、のことです。

市民共同体そのものは、すなわち、局外中立的《ノイトラール》な、異教的な、未だ——もしくはまたもや——無知の状態にある市民共同体は、神の国については何も知りません。市民共同体が知っているのは、精々、自然法の様々な理念です。

しかし、キリスト者共同体は、市民共同体のただ中にあって、神の国を知り、神の国を想起せしめます。そう、キリスト者共同体は、到来した、かつ、再び到来しつつあるイエス・キリストを想起せしめるのです。けれども、キリスト者共同体がそのことを、《キリスト者共同体自ら、国家の〈神の国擬《もど》き〉の〔reichgotteshaft〕形態や現実性を構想し提案し、これを市民共同体において貫徹せんと試みる》という仕方で行なう、などということは実にありえぬことです。根本的にはそうしたことに帰着するようなキリスト教側からの一切の要求を国家が拒絶するのを常とする場合、やはり国家は正しいのです。国家は神の国ではない、ということ。そしてまた、国家は神の国とはなりえない、ということ。これは、[65] 国家の本質に属しています。

国家は、「未だ解放《エアレーズンク》されざる世界」に関しての神の制定《アンオルドゥヌンク》に基づいているのです。そして、その「未だ解放《エアレーズンク》されざる世界」にあっては、罪と、罪から帰結する〈混沌《カオス》の危険〉とが究極の真剣さをもって考慮されねばならず、そしてまた、その「未だ解放《エアレーズンク》されざる世界」にあっては、イエス・キリストの支配は、なるほど現実《リアル》に打ち樹てられてはいますが、しかし、依然として隠されているのです。もしも国家が、己れを神の国へと改造する権限が自分には与えられているとでもいうかのように振る舞うなら、国家は自らの意味を否認することになりましょう。

しかし、教会が国家をそうしたことへと誘惑せんと欲するなら、再び、教会に対してもまたこう指摘されるべきでしょう。「そうすることによって、きみたちはあまりに無思慮な思い上がりの咎を犯している」、と。もしも国家に対するそうした要求が意味を持っているのだと考えているとするなら、そのとき、実に教会は、何よりもまず己れ自身を神の国に改造すべきであり改造することができる、と考えているに違いないでしょう。[66] しかし、教会は、国家と共に、「未だ解放《エアレーズンク》されざる世界」にあります。〈神の国擬《もど》き〉という仕方では——最善の場合においてであっても——教会においてもまた事は起こりえないのが常なのです。もしも教会が〈国家における神の国の実現〉(68)を己れの要求の内容とするならば、それゆえ、もしも教会が「神の国政策」を推進すべきだし推進しうるなどと考えるならば、確かに教会自身が神の国を何らかの自然法的理念と取り違えてしまっているのではないか。その場合には、教会は、誰よりもまず己れ自身が、新たにあの本当の神の国を――国家にとってと同様教会自身にとっても今なお将来的な神の国を――想起する、ということを必要としているのではないか。いや、自由なる教会は、この道の上でもまた、まさしく搦《から》め捕られることなどないでありましょう。

14

キリスト教的〔に理解された〕政治的区別・判断・選択・意志・尽力の〈方向と線〉は、政治機構《ヴェーゼン》の比喩可能性と比喩必要性とに関係しています。政治機構は、教会の何らかの反復をも神の国の何らかの先取りをも意味することはできません。

政治機構は、教会との関係においては或る独自の機構であり、神の国との関係においては（教会自身と同様！）或る人間的機構――過ぎ去り行くこの世の性質を身に帯びている機構――です。したがって、一方で政治機構と教会との同等性、(69)他方で政治機構と神の国との同等性、(70)といったことは問題になりえません。

しかしまた、政治機構は――それが特別な神的制定《アンオルドゥヌンク》に依拠し、イエス・キリストの国に属していることによって――、いかなる自律性をも、〔すなわち〕教会と神の国とに対していかなる独立した性質をも、持ってはいません。したがって、一方で政治機構と教会との単純かつ絶対的な不等性、他方で政治機構と神の国との単純かつ絶対的な不等性、といったこともまた問題にはなりえません。

かくして、残るのは、かつ、必然的に迫ってくるのはこうです。国家の正当性《ゲレヒティッヒカイト》[71]とは、キリスト教的見地から見るならば、神の国――教会において信じられ教会によって宣べ伝えられている神の国――に対する比喩（Gleichnis）・対応（Entsprechung）・類比物（Analogon）としての国家の現実存在である、と。市民共同体が外なる円を形成し、その内部にあってはキリスト者共同体が――自らの信仰告白および使信の秘義と共に――内なる円であることによって、それゆえ、市民共同体がキリスト者共同体と中心を共有していることによって、事態は次のもの以外ではありえません。市民共同体は――その前提と課題とは独自のものであり、また〔キリスト者共同体のそれとは〕相違したものであるにもかかわらず、また、そうでありつつ――、キリスト者共同体を本質的に構成しているところの〈真理と現実〉〔＝神の国〕に対する関係においては比喩可能性を有している、と。つまり、そのような〈真理と現実〉を間接的に――鏡像において[72]

——映し出すことが可能である、と。

しかしながら、市民共同体の前提と課題との独自性・相違性——特別の外なる円としての市民共同体の現実存在——はその限界内にあらざるをえないわけですから、市民共同体の正当性《ゲレヒティッヒカイト》は、それゆえ、かのキリスト教的〈真理と現実〉の鏡像としての市民共同体の現実存在は、実際、自明ではありえず、また、決定的な仕方で予め与えられているものではありえません。それどころか、それは最高度に危険に晒されているのであり、常に至る所、《市民共同体は己れの正当性《ゲレヒティッヒカイト》を満たしているのか、また、どの程度満たしているのか》ということが疑われており、それゆえ、市民共同体は——頽落や崩壊から守られ続けるためには——己れの正当性《ゲレヒティッヒカイト》を想起せしめられねばなりません。市民共同体は、比喩可能性を有するのと同様、比喩必要性を有しているのです。そこでは絶えず繰り返し、或る歴史《ゲシヒテ》を必要とします。すなわち、神の国の比喩への市民共同体の形成——それゆえ市民共同体の義《ゲレヒティッヒカイト》の実現——を目標および内容として持つ歴史《ゲシヒテ》、を。しかし、この歴史《ゲシヒテ》における人間的主導権《イニシアティブ》が市民共同体自身から出てくることはありえません。何と言ってもそれは市民共同体として、神の国の秘義——市民共同体自身の中心の秘義——に対しては無知であり、キリスト者共同体の信仰告白および使信に対しては局外中立的《ノイトラール》なのです。何と言ってもそれは市民共同体として、いわゆる自然法という穴だらけの井戸から汲み出すことを頼りとしているのです。市民共同体は、自分自身から、己れの正当性《ゲレヒティッヒカイト》の真かつ現実の尺度を想起することはできず、自分自身から、その正当性《ゲレヒティッヒカイト》を満たすために動き出すことはできません。まさにそのためには、市民共同体は、キリスト者共同体の――有益《ハイルザーム》な仕方で不安ならしめる――現存、キリスト者共同体の――何らの媒介なく直接あの中心の周りを回転している――活動、それゆえまさに、キリスト者共同体の政治的共同責任、を必要としているのです。

キリスト者共同体もまた神の国ではありません。しかし、キリスト者共同体は神の国を知っており、神の国に希望を抱き、神の国を信じています。そう、キリスト者共同体は、イエス・キリストの名において祈るのであり、この名を、すべての名に優る名として[73]宣べ伝えるのです。このキリスト者共同体は、ここでは、局外中立的《ノイトラール》ではなく、それゆえまた、無力でもありません。そしてキリスト者共同体が、ただ、あの大いなる、己れの政治的共同責任として自分自身に命じられているところの必然的な〈他種ナルモノヘノ移行〉（metabasis eis allo genos）を遂行しさえするなら、そのとき、キリスト者共同体は、その他種ナルモノにおいてもまた、局外中立的《ノイトラール》でも無力でもありえず、また局外中立的《ノイトラール》でも無力でもあることはなく、そこにおいてもまた己れの主を否むことはできないでしょう。キリスト者共同体が己れの政治的共同責任を引き受けるなら、それは必ずや次のことを意味します。キリスト者共同体は今や、市民共同体が取りえない人間的主導権《イニシアティブ》を取るのであり、キリスト者共同体は今や、市民共同体が己れ自身には与えない推進力を与えるのであり、キリスト者共同体は今や、市民共同体が己れ自身からはなしえないまさにあの想起を遂行するのである、と。そのとき、キリスト者共同体は、政治的領域においては、常に、神の救いの秩序・恵みの秩序との政治的領域の繋がりを照らし出すものに有利になるように区別し判断し選択し、それゆえ、この繋がりを暗くするもの一切の不利になるように区別し判断し選択します。キリスト者共同体は、その都度提供される政治的諸可能性の中で、――他の可能性は退け拒否しつつ――常に次のような可能性、つまり、それが実現されることによって、自分たちの信仰告白および使信の内容を成しているもの〔＝イエス・キリスト／神の国〕の比喩・対応・類比・鏡像が可見的となるような可能性、を区別し選択します。キリスト者共同体は、市民共同体のなす諸決断において、全体を支配している――それゆえキリスト者共同体にとっては異質なこの領域〔＝市民共同体〕をも支配している――イエス・キリストの支配〔＝神の国〕が、曇らされるのではなくして明瞭にされる側に、常に味方します。キリスト者共同体は欲します。国家の形態と現実が――この世の過ぎ去り行く性質《フェアゲングリッヒカイト》のただ中にあって――神の国の方向を指し示すのであって、神の国から逸れた方向を指し示すことのないように、と。キリスト者共同体は欲します。人間の政治が神の政治と交差するのではなしに、神の政治との全き隔たりのうちにありながらも、神の政治と並行しつつ進み行くように、と。キリスト者共同体は欲します。神の恵み――天から啓《ひら》き示されておりかつまた活動的な神の恵み――が、政治的共同体の外面的・相対的・暫定的な行動および行動の仕方という地上で唯一の可能な素材において映し出されるように、と。それゆえ、キリスト者共同体は、自らが市民共同体の事柄《ザッヘ》に対して責任を負う、ということによってもまた、まず第一かつ最終的には、神の前に――イエス・キリストにおいて人間に恵み深くいましかつ啓《ひら》き示されていますあの唯一なる神の前に――責任を取りつつ申し開きをするのです。かくして、キリスト者共同体は、その政治的区別・判断・選択・意志をもってもまた、暗黙の証し・間接的証しを、しかし、たしかに現実的《リアル》な証しをなすのです。かくして、キリスト者共同体の政治的行動もまた信仰告白であります。キリスト者共同体は、この政治的行動／信仰告白をもって、市民共同体を、局外中立性《ノイトラリテート》・無知・異教性から、神の前での共同責任へと――その共同責任においてキリスト者共同体は己れ自身の政治的責任を果たすわけですが――呼び出すのです。かくして、キリスト者共同体は、政治的にもまた行動することによって、己れに最も固有の特別な委託に対してまさに信実《トロイエ》に行動しているのです。かくしてそれゆえ、キリスト者共同体によって、あの歴史《ゲシヒテ》――神の国の比喩への市民共同体の形成、それゆえ市民共同体の義《ゲレヒティッヒカイト》の実現、を目標および内容とするあの歴史《ゲシヒテ》――は動かされるのです。

15

キリスト者共同体は、あの唯一の永遠なる神、すなわち、人間に憐れみを行なうために、ご自身人間と成り給い、そのようにして人間の隣人と成り給うた（ルカ一〇36以下）あの唯一の永遠なる神の認識に基づいています。

そのことは、必然的に次の帰結をもたらします。すなわち、キリスト者共同体は、政治的空間においては、常に、かつあらゆる場合に、真っ先に人間を心にかけるのであって、何らかの〈事柄〉を心にかけはしないでしょう。仮にその〈事柄〉が、匿名の資本だろうが国家そのもの（お役所仕事！）だろうが国民の名誉だろうが文明や文化の進歩だろうが、はたまた、人類の史的発展の――あれこれ構想された――理念だろうが、そんなことは問題ではありません。最後に挙げた人類の史的発展の理念について言えば、そうした発展の〈目標〉として理解されているのは将来世代の人間たちの繁栄と幸福であって、そのような〈目標〉達成のためには現在における人間・人間の尊厳・人間の生活は差し当たり一旦踏みつけにされても構わぬ、と考えられているような場合であっても同様です。法《レヒト》ですら、それが——人権（Menschenrecht）としてまさに人間自身の境界設定や保護に仕えようとする代わりに——抽象的形式として支配しようとする場合には、不法《ウンレヒト》となります（「法／正義のきわみは不法／不正義のきわみ summum ius summa iniuria」[74]）。キリスト者共同体は、常に、かつあらゆる場合に、かの偶像ジャガナート[75]の敵なのです。神ご自身が人間と成り給うた以上は、人間が万物の尺度であり、人間は、ただ人間のためにのみ尽力することが——場合によっては犠牲となることが——できまたそうすることが許されており、人間は、たとえ仮にそれが最高に度し難いならず者だとしても——確かに人間のエゴイズムが、ではなく、人間の人間性《メンシュリッヒカイト》が——、単なる〈事柄〉一切の専制政治に抗しつつ断固として守られねばなりません。人間が〈事柄〉に仕えねばならないのではなく、〈事柄〉が人間に仕えねばならないのです。

16

キリスト者共同体は、神的義認（Rechtfertigung）の証人です。ということはすなわち、神がイエス・キリストにおいて、人間に対するご自身の根源的な義（Recht）を——そしてまさにそれによって人間自身の義（Recht）を——、罪と死とに抗しつつ打ち樹て確立し給うたまさにその行為の証人、ということです。キリスト者共同体が待望する将来とは、この義認の最終的啓示です。

そのことは次の帰結をもたらします。すなわち、キリスト者共同体は、市民共同体の中にあっては、どんな場合であれ、後者の秩序が、《共通に法（Recht）として認識され承認されたものを守ることについては——しかしまたこの法《レヒト》の保護についても——何人《なんぴと》も例外とされることがなく、一切の政治的行動があらゆる場合にこの法《レヒト》によってしっかりと規制されている》ということに基礎を持つところで見出されるべきでありましょう。キリスト者共同体は、常に法治国家（Rechtsstaat）を支持し、常にあの二重の規制〔＝国民全員が法《レヒト》を守ること・法《レヒト》に保護されること〕の最大限の尊重と適用とを支持し、それゆえ常に、法治国家そのもののあらゆる頽落変質に抵抗します。それゆえ、キリスト者共同体は、決して無政府状態に与《くみ》するものとしても、また決して専制政治に与するものとしても、見出されることはありえないでしょう。キリスト者共同体の政治は、どんな場合であれ、市民共同体は己れの現実存在の根本的意味——すなわち法《レヒト》の発見と法《レヒト》の確定とによる人間の境界設定と人間の保護——を全く真剣に受けとめよ、と迫るでありましょう。

17

キリスト者共同体は、人の子は失われた者を探して救うために来たり給うた〔ルカ一九10〕、ということの証人です。

そのことがキリスト者共同体にとって意味せねばならないのは、キリスト者共同体は、――あらゆる偽りの非党派性から自由にされつつ――政治的空間においてもまたとりわけ下の方に目を注ぐ、ということです。キリスト者共同体がそのために常に優先的かつ特別に尽力するだろう人々、そして、キリスト者共同体が市民共同体をして特別に責任を負わせるだろう人々、とは、社会的・経済的立場における弱者・そのことによって脅《おびや》かされている者・貧しき者、であります。かれらに対してキリスト者共同体がそれ自身の課題の枠内で（「社会奉仕活動《ディアコニー》」[76]という形で）愛を注ぐということ。これは一つのことであり、しかも、キリスト者共同体がなすべき第一のことです。しかし、そのことを理由に、キリスト者共同体は――今や己れの政治的責任の枠内で――もう一つのことを疎《おろそ》かにすることはできません。それは、法《レヒト》の次のような形成、つまり、〈すべての者のための法《レヒト》の平等〉が隠れみのとなり、そのもとでは法《レヒト》が、強者と弱者・独立した就労者とそうでない就労者・富める者と貧しき者・雇用者と非雇用者にとって事実上は不平等な境界設定と不平等な保護とを意味する、などといったことを排除する〈法《レヒト》の形成〉のための尽力のことです。キリスト者共同体は、政治的空間においては、そのようなものとして――それゆえ必然的に――社会正義のための尽力・闘いの中に立っています。そして、キリスト者共同体は、種々の社会主義的可能性の中からの選択に当たって（社会自由主義？　組合制度？　急進的労働組合主義《サンディカリスム》？　自由貿易主義？　穏健マルクス主義？　急進的マルクス主義？）、いかなる場合であれ、その都度（他のあらゆる観点は後回しにして）社会正義の最大限を期待できると信じるところの選択をなすでしょう。

18

キリスト者共同体は、〈神の恵みの言葉〉と〈神の愛の霊〉によって、自由において神の子らたることへと召されている者たちの共同体です。

これは、全く別の〔領域たる〕政治的形態と政治的現実に翻訳し移行させてみるなら、次のことを意味します。キリスト者共同体は、市民一人一人に市民共同体によって保証されるべき基本的権利《グルントレヒト》として自由を肯定する、と。その自由とは、政治的・法的領域において市民一人一人が自らの諸決断を自分自身の洞察と選択に従って――それゆえ自主独立的に――遂行する自由であり、また、政治的・法的に保障されている――決して政治的・法的に秩序づけられ規制されるのではない――特定の諸領域（家庭、教育、芸術、学問、信仰）における現実存在《エグジステンツ》の自由、のことです。キリスト者共同体は、何らかの実際的独裁制――すなわちこれらの自由の部分的・一時的制限――をあらゆる場合に回避しそれに抵抗するわけではありませんが、しかし、原理的独裁制――すなわち全体主義国家――については、これをあらゆる場合に回避しこれに抵抗するでしょう。成人したキリスト者は、ただ成人した市民であろうと欲しうるのみであり、そしてまた、同胞の市民たちに対しても、成人した人間として現実存在《エグジスティーレン》するよう求めうるのみです。

19

キリスト者共同体は、唯一の頭《かしら》の唯一の身体の肢々《えだ》として、この自分たちの主に結合され義務づけられており、そしてまさにそれによって、互いに結合され互いに義務づけられている者たちの共同体です。

そこから帰結するのは次のことです。キリスト者共同体は、政治的自由を、そして、それゆえ市民個々人に保証されるべき基本的権利を(77)、市民個々人に要求されている責任という基本的義務の意味において以外の仕方では、決して理解し解釈することはないだろう――これはアメリカにおいてもフランスにおいてもいわゆる「人権」の古典的宣言の中ではまさに明瞭とはならなかったわけですが——、と。それゆえ、市民は、自らの決断と活動の領域において——政治的領域であれ非政治的領域であれ——、自らの自由の全領域において責任を負っているのです。そして、言うまでもなく市民共同体もまた、その自由の行使において、全体として責任を負っています。かくして、キリスト教的態度は、個人主義をも集団主義をも凌駕しています。キリスト者共同体は、個々人の「利害」についても全体の「利害」についても知っており承認しますが、しかし、それらの「利害」が最後の言葉を持とうとする場合にはそれらに反対します。つまり、キリスト者共同体は、それらの「利害」を、法《レヒト》の前での市民の存在に、法《レヒト》の前での市民共同体の存在に、従わせるのです。つまり、個々人も全体も、法《レヒト》の上に立ってこれを支配すべきではないのであって、むしろ、法《レヒト》を尋ね求め、法《レヒト》を見出し、法《レヒト》に——常に人間の境界設定と保護のために——奉仕すべきなのです。

20

唯一の主のもとで・一つなる洗礼《バプテスマ》に基づき・一つなる霊において・一つなる信仰のうちに生きる者たちの共同体として、[78] キリスト者共同体は、政治的領域においては、成人と見なされうるすべての市民の——各人の必要《ニーズ》・能力・使命の違いを冷静に洞察しつつも——自由[79]と責任[80]との平等、すなわち、市民すべてを拘束し義務づける法律（Gesetz）の前でのすべての市民の平等、法律の成立および実施への協力におけるすべての市民の平等、この法律によって保障された境界設定と保護におけるすべての市民の平等、を支持せねばならず支持するでしょう。まさにキリスト教的認識によれば、《この平等は、宗教の有無といったいかなる相違によっても制限されることはありえないということが市民共同体の本質に属している》のだとしたら、やはりキリスト教的洞察に基づいて、それだけますます明確に、《或る階層や人種の政治的自由と政治的責任の制限のみならず、とりわけ婦人の政治的自由と政治的責任の制限もまた恣意的慣習なのであって、これは実際、保存に値するものではありえない》ということが指摘されることがゆるされており、また指摘されねばなりません。キリスト教的認識の首尾一貫性において、この事柄に関してもまた、ただ一つの可能な決断だけが存在するでしょう。

21

キリスト者共同体は、己れの空間にあっては唯一なる聖霊から与えられる賜物と委託との相違を知っていることによって、政治的空間にあってもまた、一つの役目や「権力」の担い手が同時に他の役目や「権力」の担い手であることはできないという意味で、様々な相違した役目や「権力」――立法権・行政権・司法権――を分割する必然性に対して目覚めており開かれているでしょう。いかなる人間も、一人の神ではありません、すなわち、立法者の役目と統治者の役目とを、統治者の役目と裁判官の役目とを、いずれ〔の役目や「権力」〕においても尊重されるべき法《レヒト》の主権を危うくすることなく己れ一個の人物において掌握しうるような一人の神[81]、ではありません。「国民《フォルク》」もまたそのような神ではありません。それは、キリスト者共同体もまた、その総体において己れ自身の主だったり、そうした主の持つあらゆる権力の所有者だったりするのではまさに決してないのと同様です。そうではなく、いずれ〔の役目や「権力」〕においても、国民の中で〔国民により、かつ国民のために〕、特定の、かくしてまさしく相違した――それゆえまた相違した人物によって果たされるべき――諸々の奉仕が遂行されるべきである、といった具合なのです。そうした諸々の奉仕が一人の人間の手に掌握されるという事態は、共通の業の一致を決して促進することはなく、むしろその一致を破壊するでしょう。キリスト者共同体は、この事柄に関して尊重されるべき必然性の認識において、市民共同体に先行しているでありましょう。

22

キリスト者共同体は、真の神の顕現および真の神の啓示によって、すなわち、闇の諸々の業を打ち破るためにイエス・キリストにおいて輝き渡っている光そのものたる真の神によって、生きています。キリスト者共同体は明け初《そ》めた主の日に生きており、世に対してのその課題は、世を目覚めさせ、世にこう語ることにあります、「この〔主の〕日は明け初めた」、と。

この事態の必然的な政治的対応とは、キリスト者共同体は一切の秘密政治・秘密外交の断乎たる敵である、ということです。原則的に秘密であろうとしたり秘密であり続けようとしたりするもの。それは、政治的領域においてもまた、ただ不法《ウンレヒト》でしかありえないでしょう。他方、法《レヒト》はその樹立・保持・実行に際して公共の光へと突き進む、というまさにそのことによってこそ、不法《ウンレヒト》に対して傑出しています。市民共同体の奉仕において自由(82)と責任(83)とが一つであるところ(84)。そこでは、すべての者の耳の前で語られることができ語られねばならず、すべての者の目の前で行なわれることができ行なわれねばなりませんし、そこでは、立法者、統治者、裁判官は――その主導権が一般大衆によって混乱させられることも一般大衆によって左右されることもなく――、原則的にあらゆる面に向かって弁明の用意ができており弁明の用意がなければなりません。己れを暗闇で包むような国政手腕《クンスト》とは、無政府国家もしくは専制国家としてその国民《ビュルガー》や役人の疚《やま》しき良心を覆い隠さねばならない国家、――そうした国家の手口《クンスト》なのです。キリスト者共同体は、そうした国家を、この点で、いかなる場合にも支援することはないでしょう。

23

キリスト者共同体は、自らが、自由なる――聖書においてあらゆる時に新たにその自由を実証する――神の言葉によって基礎づけられ育《はぐく》まれているのを知っております。そして、キリスト者共同体は、それ自身の空間において、人間の言葉が、神のこの自由なる言葉の自由なる担い手にして宣教者たりうることに信頼しています。

キリスト者共同体は、市民共同体の空間においてもまた、人間の自由なる言葉に、或る約束を、或る積極的・建設的意味を帰しうるような比喩を敢えて行わねばなりません。キリスト者共同体は、自身の空間において（様々な良き理由によって）〔神の自由なる言葉の自由なる担い手としての人間の言葉に対して〕かくも信頼に満ちているのですから、ここ〔市民共同体の空間〕で原則的に疑い深くあることはできません。キリスト者共同体は、《言葉は必然的に空虚で無用なもの、いやそれどころか危険なものであらざるをえない、というわけではない。むしろ、正しい言葉を通して、決定的なことが解明され整えられることが可能だ》ということを考慮に入れるでしょう。したがって、キリスト者共同体は――その場合に空虚で無用で危険な言葉もまた公然と語られうるという危険を冒しつつ――、《正しい言葉には、少なくともそれが公然と語られ聴かれる機会が欠けることはない》ということを擁護するでしょう。キリスト者共同体は、人々が市民共同体において互いに働くために互いに語り合う、ということを擁護するでしょう。そして、キリスト者共同体は、そうしたことが開かれた《オープン》仕方で起こりうる、ということを擁護するでしょう。キリスト者共同体は、全力をもって、次のような者たち、すなわち、公的な意見表明の一切の統制・制御《コントロール》・検閲、とはいかなる関係も持つことを欲しない者たちの側にいるでしょう。キリスト者共同体は、そうした統制・制御《コントロール》・検閲が良いことだと言いくるめるようないかなる口実も、また、そうした統制・制御《コントロール》・検閲が命じられるようないかなる「状況」も知りません。[85]

24

キリスト者共同体においては、キリストご自身の後に従う《ナッハフォルゲ》がゆえに、支配が、ではなく、仕えることがなされます。

したがって、キリスト者共同体は、市民共同体においてもまた、それ自身が〈仕えること〉ではないような一切の〈支配すること〉を、ただ病気の状態とのみ認め、決して正常な状態と認めることはできません。国家権力なしの国家というものは存在しません。しかし、正しい《レヒト》国家の権力は不法な《ウンレヒト》国家の権力から、〈正しい力〉（potestas）と〈剥《む》き出しの力〉（potentia）のように区別されるのです。〈正しい力《ポテスタス》〉は法《レヒト》に従い法《レヒト》に仕える権力であり、〈剥き出しの力《ポテンチア》〉は法《レヒト》に先行し法《レヒト》を抑えつけ・曲げ・破壊する権力です。[86] 後者は、それ自身端的に悪である「力それ自体」、です。ビスマルクは——ヒトラーについては言うも愚か——、決して模範的政治家ではありませんでした（枕もとの机上に置かれていた日々の聖句集《ローズンゲン》にもかかわらず！）。なぜなら、彼は、国家を、原則的に上から下へと、〔すなわち〕彼の業を「力それ自体」の上に建設し基礎づけようと欲したからです。あまりに首尾一貫して企てられたこの試みの最後の終焉は、その後やって来たあの終焉以外のものではありえませんでした。ここに、「剣を取る者は剣によって滅びるであろう」[87]が妥当します。キリスト教的〔に理解された〕〈国家の存在理由《レゾンデートル》〉は、これとはまさに正反対の方向を指し示しています。

25

キリスト者共同体は、自らがもともとエキュメニカル（公同的《カトリック》）[88]であることによって、政治的事柄においてもまた、一切の抽象的な局地的・地域的・国内的《ナショナル》利害に抵抗します。キリスト者共同体は、常にその都度、あれこれの町のために最善を求めるでしょう。[89] しかし、キリスト者共同体はそのことを、同時にその町の壁を越えて〔他の町々を〕見ることなしには決してしないでしょう。キリスト者共同体は、その町のまさしく境界線の外面性・相対性・暫定性を、〔つまり〕その町の諸課題が他の町々のそれとは違っているまさしくその独自性の外面性・相対性・暫定性を、自覚しているでしょう。キリスト者共同体は、原則的に、常に、より大きな範囲における合意と協働を支持するでしょう。まさに教会こそが、ただの偏狭な政治に与《くみ》することは決してないでしょう。協定ハ維持サレルベキモノカ？　協定ハ結バレルベキモノデアル！（Pacta sunt servanda? Pacta sunt concludenda!）　彼我の市民たちの共通の事柄が瓦解するのではなく存続すべきだとするなら、かれらもまた互いに意思疎通し合わねばなりません。キリスト者共同体においてはこの点でもまた自由の空気が味わわれてきたのであり、そこからして、キリスト者は、他の人々にもまたそれを味わってもらうようにしなければなりません。

26

キリスト者共同体においては、神の怒りと裁きは知られていますが、しかしまた、その怒りはほんの一瞬のことであり、しかし神の恵みは永遠に続く、[90] ということも知られています。

この真理の政治的類比は以下の点にあります。市民共同体における力による《ゲヴァルトザーム》紛争解決は――警察の措置から、果ては刑事司法の裁判に至るまで、また、法《レヒト》に適った「政府」(Obrigkeit)[91] に対する反乱においてではなく、むしろそうした「政府」の回復のために企てられた武力蜂起、〔すなわち〕不法《ウンレヒト》なものと化してしまい己れの課題にもはやふさわしくなく堪え得ない政権に対する武力蜂起から、果ては外部からの脅威に対する法治国家の自衛戦争に到るまで――、事情によっては、キリスト者共同体によってもまた是認され支持されうるのであり、また或る場合には促されることすらありうるのです――まさしくキリスト者共同体こそがどうしてここで非連帯的になりうるなどということがありましょうか?――。

しかしながら、キリスト者共同体は、一切の力による紛争解決を、ただ最後ノ手段[92]としてしか承認しえません。キリスト者共同体がそうした力による紛争解決を是認し支持するとしたら、それはただ、その解決が目下のところ最後の不可避な可能性として迫ってくる場合だけでしょう。そして、キリスト者共同体は、他のあらゆる可能性が尽きてしまうそうした〈目下〉を――今なお他の可能性が存在する限り警告を発することによって——、常に、なしうる限り先延ばしし回避するために努力するでしょう。〔とは言え〕絶対的平和なるものを、つまり、あらゆる代価を払っての平和を、キリスト者共同体は支持することはできません。けれどもしかし、キリスト者共同体は、《法治国家の廃棄や破壊——そしてそのことによる神的制定《アンオルドゥヌンク》の実際的否認——をその本質とするような最後の代価[93]は別として、国内での平和および国外に向けての平和の維持と回復のためには、いかなる代価も高すぎるものとは見なされない》ということを支持せねばならず、支持するでしょう。キリスト者共同体は、力《ゲヴァルト》への呼びかけに同意する前に、他の紛争解決を探し回るに際して自らが発明の才のあることを実証せよ！　天にいます父の完全性[94]は——この父はそのような方として天の裁き主たることをやめ給いません——、その完全性が認識されているところでは、〈人間に可能なるもの〉の限界にまで本当に肉薄するところの平和政策、という地上の完全性を要求するのです。

27

以上〔＝第15～26項〕が、キリスト教的〔に理解された〕政治的区別・判断・選択・意志・尽力の幾つかの例です。すなわち、キリスト者共同体において信じられ宣教されている神の国の——市民共同体の生の外面的・相対的・暫定的諸問題の空間における——

比喩・対応・類比、の例です。ここ〔＝神の国〕からかしこ〔＝市民共同体の生の諸問題〕への道は、全線にわたって、キリスト教的・霊的・預言者的認識を要求します。それゆえ、ここに列挙した比較点や決断点は、或る憲法の諸条項といったものではありません。それらの比較点や決断点は、どのようにしてキリスト者共同体からして市民共同体の空間において決断はなされるのか、を例示しようとするにすぎません。本質的なことを可視化するためには、以上に挙げた例の二倍もしくは三倍もの例を、あるいはまたその半分だけの例を、あるいはまた、そのたった一つの例だけを取り上げることもまた可能でしょう。

ここで例が挙げられたのは、キリスト教使信と特定の政治的決断や政治的行動様式との比喩的関係――しかし最高度に具体的関係――が可視化されるべきだったからです。より一層具体的に語るとしたら、それはただ、歴史的に規定された個々の態度決定を列挙し、そうした態度決定の根拠を示す、という形でのみなされうるでありましょう。

そして、この度《たび》は多くの例が挙げられたのは、[95]《キリスト教的〔に理解された〕政治において問題となっているのは、なるほど、何らかの体系《システム》ではないが、しかしまたその都度場当たり的に実現されるべき個々の思いつきでもなく、むしろ、〔キリスト教使信と政治的決断・政治的行動様式との〕両方での発見の持つ或る恒常的方向・或る連続的線、すなわち、解釈と適用との或る繋がりである》ということが可視化されるべきだったからです。それゆえ、ここに提供したそうした一連の解釈と適用は、当然のことながら、あらゆる面で補足を必要としています。そしてまた、かしこ〔＝キリスト者共同体〕からここ〔＝市民共同体〕への翻訳や移行は、個々の場合、常に議論の余地があり、その説得力については程度の差があるだろうということ、また、そうした翻訳や移行のために言われるべきことが何ら改善すべき余地なき証明といった性格を持ちえないということ、——こうしたことは、ここに挙げた（もしくはそのほかにも挙げられるべき）比較点や決断点の本質に属しています。

そういうわけなので、ここで私の語ったことを、より大きな拡がり・深さ・厳密さによってどうか凌駕していただきたい！　その〔ような作業をする〕際、人は確かに、《この道の上では一切合財を基礎づけたり演繹したりすることなど決してできないのだ》ということに気づくことでしょう。つまり、聖書の使信の一義的明確性〔そのもの〕が、《聖書の使信の〔その都度の〕解釈と適用もまた、或る恒常的方向と或る連続的線の中で動かねばならない》ということのために配慮するでしょう。原則的に可視化されるべきであったし、可視化されるべきであること。それは、両方の空間の比較の可能性および必然性であり、この比較において第一の空間〔＝キリスト者共同体〕から第二の空間〔＝

市民共同体〕に向けて遂行されるべき諸決断の可能性および必然性なのです。

28

キリスト教的〔に理解された〕政治的思惟と行動のここで示された〈方向と線〉の恒常性と連続性について、ここで一言、注意書きを。

　われわれは、「自然法」の何らかの構想からしてではなく、福音からして論証してきました。しかしながら、列挙した一連の例においては、すでに自然法によってもまた基礎づけられてきた主張と実質的に触れているものが一度ならずあった、ということは否定できません。ここかしこでJ・J・ルソーのことを想起し、そのことを喜んだり怒ったりした方がおられても、それは構いません。私たちは、そうした隣人関係を恥じる必要はないのです。実に私たちは、国家に関する神的制定《アンオルドゥヌンク》は、《国家の領域においては、そうした理論的実践的認識および決断の源である濁った泉〔＝自然法〕に直面して、全くの錯誤や過ちを期待せざるをえないような場合であっても、実質的には正しい理論的実践的認識および決断が起こりうる》ということを全くもって可能ならしめる、ということをすでに見たわけです。もしも私たちが、結果的に、自然法によって基礎づけられた諸テーゼとここで実際に出会ったというのなら、その際は、次のことの単なる確証が見てとられるべきでしょう。つまり、《町／都市《ポリス》は、イエス・キリストの国の中にあるのだ――たとえその担い手たちがこの事態を知ろうとも認めようともしない場合であっても、したがって、この事態からして人間に喚起されるところの町／都市《ポリス》の本質に関する認識を用いる術《すべ》を全く知らない場合であっても――》ということの、単なる確証が。そこではかれらの〔この事態に対する〕盲目にもかかわらず、実質的に正しい洞察もまた起こりうるし、また、折に触れて起こってもきた、ということが、どうして不可能なことがありましょうか？　異邦人たる市民共同体は、この〔意味での〕盲人たちのそのような指導《リーダーシップ》が繰り返し繰り返し市民共同体の存立と働きを可能にしてきた、ということによって生きています。しかし、キリスト者共同体は、それだからこそいよいよもって、現実に基礎づけられていて明確に輪郭づけられているところの首尾一貫して適用可能な己れの洞察の証しを、市民共同体に隠しておくことはできず、また、隠しておいてはならないのです。

29

かの〈方向と線〉の恒常性と連続性について、今一つの注意書きを。
人はまた（やはり満足げに、もしくは腹立たしげに）、《福音からして生じるキリスト教的・政治的〈方向と線〉は、「民主主義」国家と一般に呼ばれるのを常とする側面への著しい傾向を示している》(96)ということにも気づくかもしれません。私たちは、この点でもまた、一つの明白な事態を否定することのないよう用心するでしょう。

なるほど、概念の何らかの外的（スイス的、アメリカ的、フランス的等々の）意味での「民主主義」が必然的に〈キリスト教的意味での正し《レヒト》い国家の形態〉であるわけではないのは確かです。そうした——あれらの比較点や決断点から見て——正し《レヒト》い国家は、君主制や貴族制という形態をもとりうるのであり、それどころか時には独裁制の形態(97)すらとりうるのです。逆に、「民主主義」それ自体も、多くの——あるいはすべての——あれらの比較点や決断点において機能不全に陥り、無政府状態の側面にのみならず専制政治の側面にも頽落し、それゆえ不法《ウンレヒト》国家となってしまう、ということから決して守られているわけではありません。私たちは、次のこともまた認めることができ、認めねばなりません。「民主主義《デモクラティー》」（「国民《フォルク》による支配」）という言葉や概念は、キリスト教的洞察に従って〈神的制定《アンオルドゥヌンク》〉に対応しつつ構成され現実存在している市民共同体〉が意味しているところのもの、——そうしたものをただ近似値的に示すためにだけでも無力な手段である、と。

しかし、だからと言って、《キリスト教的・政治的区別・判断・選択・意志・尽力は、いわゆる諸「民主主義」において——たとえ実現されてはいないとしてもしかし——多かれ少なかれ誠実かつ明瞭に意図され追求されている国家形態への傾向を全線にわたって有している》ということが、無視され否認されるべきではありません。すべてを見渡すなら、人は確かにこう言わねばなりません。キリスト教的‐政治的区別・判断・選択・意志・尽力は、いずれにせよ、何らかの他の側面に対してよりもこの〔民主主義の〕側面に対して、より強い傾向を持っているのだ、と。キリスト者共同体と自由なる諸国民の市民共同体との間には、確かに或る親和性が存在するのです！

30

結び[98]として、キリスト教的‐政治的決断の実践的実現を巡る問いに向かいましょう。ここでまず特別なキリスト教政党の形成と活動のことを考えるのは当然と思われます。オランダではすでに久しい以前から、次いでスイスでも〔福音主義人民党〕、最近では特にフランス（人民共和派）やドイツ（キリスト教民主同盟[99]）において、この手段が講じられています。プロテスタント側は、こうした目的のために、類似の関心を抱いているローマ・カトリック教会の同胞市民たちと手を結ぶことは可能でありかつ命じられている、と見なしてきました。

さてしかし、そもそも諸政党なるものが、政治活動[100]の中でも最も疑わしい現象の一つなのです。つまり、それらは政治活動の本質的構成要素などでは決してないのであって、もしかすると昔からあった病的現象、いずれにせよ単なる二次的現象にすぎないものなのです。それなのに、もしもキリスト者共同体が市民共同体における己れの共同責任を果たすためにそれらの形成物をもう一つ増やすなどとしたら、それは果たして賢明なことでしょうか。キリスト教的見地からすれば、全体に相対しての――とは言え確かに――特別な意味と委託とを携えたまさにキリスト教会《ゲマインデ》それ自身以外に、国家における何かそれとは別の〔キリスト教の名を冠した〕「政党」は存在するのでしょうか。そしてまた、キリスト教的見地からすれば、国家における教会《キルヒェ》の政治的対応物としては（もしもこの政治的対応物が「政党」という形を持った暁には）――少しばかり驚愕してほしい！――、他のすべての政党を排除する唯一の国家政党――そしてその綱領《プログラム》は国家の包括的に理解された課題（すべての特殊理念や特殊利害を排除しつつ）と同一のものたらざるをえないでしょう――以外のいかなるものが許されうるのであり、また可能となるのでしょうか。どうして、他の政党と並んで、或る特別なキリスト教政党なるものが存在すべきなのでしょうか。その場合には、それは、多くのキリスト者は所属するが他の多くのキリスト者は所属しない政党、ということになるでしょうし、また、それに対して他の非キリスト教的〈かつ、その〈非キリスト教性〉という点でこそこのキリスト教政党によって理論的・実践的に「合法的」と承認されることになる）諸政党が対峙する政党、ということになるでしょう。まるでキリスト教会《ゲマインデ》は、そのすべての肢々に対して、〔すべての肢々にとって〕同一の究極の真剣さをもってかれら自身の政治的〈方向と線〉を要求する必然性などないかのように！　また、まるでキリスト教会《ゲマインデ》は、市民共同体内の非キリスト者らに対して、この非キリスト者らに対峙する自称キリスト者らの集結によって、かれら自身の側でも非キリスト者として同様に――キリスト教的〈方向と線〉とはまさしく正反対の自分たちの〈方向と線〉を貫徹するために――集結し硬化し固定化することをまさしく許可するなどということがゆるされているかのように！

　キリスト教会《ゲマインデ》にとって、実際、一切は次のことにかかっているのです。キリスト者は、すべての人間に関わるキリスト教使信を、この使信からして基礎づけられた自分たちの〔政治的〕諸決断という比喩において支持せねばならず聴かしめねばならない政治的空間においては、まさしく集結するのではなく、まさしく次のような者としてこそ、すなわち、自分たちの特別な道を歩むことによって――誰か特定の者たちに反対するのではなくむしろ――徹頭徹尾すべての者に味方する、〔つまり〕市民共同体全体の共通の事柄に味方する、まさしくそのような者としてこそ自分たちを示しかつ振舞う、ということに。政治的空間においては、実にキリスト者共同体は、まさしく〈キリスト教的なるもの〉――すなわち自らの使信――を、直接的にでは全然なく、まさにただ自らの政治的決断という鏡においてのみ可視化しうるのであり、また、それらの決断は、それらがキリスト教的に基礎づけられているということによってではなく、むしろ、それらが政治的にヨリ良い――すなわち公共社会《ゲマインヴェーゼン》の維持と建設のために事実上ヨリ有益である――というただそのことによってのみ、納得ゆくものとされえ勝利へと導かれうるのです。それらの決断は、ここではただ〔事実上〕証しであることができるのみ、そして、ただ〔事実上〕証しとして作用することができるのみ、です。

しかし、《それらの決断はそのような証しなのだ》というお題目や要求が、それらの決断をそうした証しとするのでは未だありません！　何らかのキリスト教政党にとっては、自分たちが政治的空間においては〔直接的には〕全然用いることのできないまさしく〈キリスト教的なるもの〉こそが困惑の種とならざるをえぬということ、これは必ずやそうなるのではないでしょうか。そしてまた、何らかのキリスト教政党は、この〈キリスト教的なるもの〉を、政党としての自分たちの説得力のゆえに必要とする種々の目標や手段〔多数派や権力的地位の獲得、ゆえに宣伝工作《プロパガンダ》、ゆえに、非キリスト教的な――もしくはキリスト教的には問題ある――同調者らやリーダーらへの好意的黙認、そう、そうした者らを引っ張り込むこと、ゆえに「非キリスト教的」諸政党との妥協や連立等々）によってまさしく否認するであろう——いずれにせよ、この〈キリスト教的なるもの〉を照らし出すのではなくむしろ曇らせるであろう——ということになるのではないでしょうか。このような〔キリスト教〕政党は、キリスト者共同体とその使信を、まさしくその〔党名に冠した〕キリスト教性をもってこそ、必然的に、至る所で信用失墜せしめることになるのではないでしょうか。

政治的空間においては、何と言ってもキリスト者は、まさに己れのキリスト教に関してこそただ匿名でのみ登場しうるのです。キリスト者は、ただ教会の利益のためのあの政治闘争を行なうことによってのみそうした匿名性を破ることになりましょうし、その結果、まさしくこのきわめて非キリスト教的闘争によってこそキリスト者の名をいよいよ辱めることになりましょう。本来的に政治的な諸問題——市民共同体そのものの建設に関わる諸問題——においては、キリスト者は、形式的にも内容的にも他の市民の決断でもありうるような決断の形においてのみ、そう、そうした決断についてキリスト者が「その決断は、自分たちの信仰告白を何ら顧慮することなく、他のすべての市民の決断ともなりうるように」と願わずにはおれないような決断の形においてのみ、答えうるのです。このような事情からするなら、どうして、そもそも何らかの政党へのキリスト者の集合などということが存在しうるはずがありましょうか。そうしたことは、ただ次の場合にのみ可能です。そしてまた、そうしたことは、これはフランスの人民共和派やドイツのキリスト教民主同盟におけるプロテスタントとローマ・カトリックとの——どっちみち胡散臭い——提携が示していることですが、ただ次の場合にのみ成功したものとなるのです。つまり、神の国が、またしても自然法的に基礎づけられた人間的最高目標として理解される場合にのみ、であります。〔換言すれば〕福音の傍らに、政治的領域において自称キリスト教の律法——実際には人道的世界観や道徳から取り出して貼り付けられた律法——が置かれる場合にのみ、であります。何らかのキリスト教政党によって代表されることによってこそ、キリスト者共同体は、市民共同体に対して、かの政治的「塩」[101]たることはできないのです——そうした「塩」たるべき責任をキリスト者共同体は市民共同体に負っているわけですけれども——。

31

このような己れの責任を果たすためにキリスト者共同体に端的に命じられている可能性は、それ自身に最も固有なもの、すなわち、神の恵みの福音全体の宣教、です。そして、この神の恵みそのものが、〔一個の〕人間全体——政治的人間でもある〔一個の〕人間全体――の義認全体なのです。この福音は――その内容はあの王であり、かつ、あの王の、今は隠されているけれどもいずれ啓示されるべき御国です――、もともと政治的なのです。もしも福音が、説教・教育・牧会[102]において、聖書の正しい解釈において、かつ、現実の（キリスト者としての、そしてまた非キリスト者としての）人間への正しい語りかけにおいて、宣教されるならば、福音は必然的に預言者的[103]・政治的となります。他のいかなる〈方向と線〉とも取り違えることのできない或る〈方向と線〉の中でのあれらの比較点や決断点における解釈と適用は――政治的時事問題の直接的解明であろうが間接的解明であろうが――、キリスト者共同体がこの福音への奉仕のために集められているところでは必然的に起こるでしょう。このことが起こっているかどうか、という問いは、キリスト者共同体の説教者にも向けられています。が、しかし、その問いは説教者にのみ向けられているのではありません。もしも教会《ゲマインデ》が、説教が政治的になる場合に怯《おび》えたり怖れたりするなら、それは決して良い徴ではありません。まるで説教は非政治的でもまたありうるかのように！　まるで非政治的説教としての説教は、自らが地の「塩」でも「光」[104]でもないことを証明してなどいないかのように！　己れの政治的責任を自覚している教会《ゲマインデ》は、説教が政治的になることを欲し、かつ、要求するでしょう。また、そのような教会《ゲマインデ》は、たとえ説教が一言も「政治的」〔言明〕になることがなかったとしても、その説教を政治的に理解するでしょう！　教会《ゲマインデ》は、福音全体が教会《ゲマインデ》自身の領域において本当に宣べ伝えられること、ただそのことだけを本当に配慮すべし。そのときには、市民共同体というヨリ広い領域における――癒しに満ちた――キリスト教的・政治的揺さ振り[105]のために、確かに、豊かに配慮されていることでしょう。

32

キリスト者共同体は、政治的局面の重要な状況に際して、自らの地域的《プレスビュテリアール》・全国的《ズュノダール》機関の口を通して当局への特別な請願書もしくは公的宣言によって発言する場合であったとしても、己れの委託と権限との意味および境界線内で行動します。キリスト者共同体はそれらの状況をしっかりと選択するでしょうし、また、聴かれるべく、その言葉を、きわめて慎重かつ――同時に――きわめて明確に語らねばならないでしょう。キリスト者共同体は、いつの時でも、〔例えば〕またしても宝くじとかアルコール濫用とか日曜日の世俗的使用とかそういった類の狭義の「宗教的・道徳的」問題が議論になる段になってようやく通常の非政治的現実存在の眠りから覚める、などといった誤った印象を惹き起こしてはならないでしょう。まるでそうした狭義の「宗教的・道徳的」問題は、本来の政治活動の単に最も縁《へり》の部分を成しているというのではないかのように。更にまた、キリスト者共同体は、自分たちがいつも決まって遅きに失して登場する、つまり、自分たちの態度決定がもはや特別なリスクを意味しうることもなければ特別な影響を及ぼしうることもない段になってようやく登場する、などということのないように。そしてとりわけ、「或る特定の階級に条件づけられた世界観や道徳の代表者」といった教会のイメージが絶えず新たに固まってしまう、などということのないように。そうした教会のイメージが、この掟《ゲゼッツ》〔＝或る特定の階級に条件づけられた世界観や道徳〕の――ただでさえ――忠実な信奉者を更に引き続き頑なにする、などということのないように。そして、この掟《ゲゼッツ》の内にはいかなる永遠の掟《ゲゼッツ》をも認識しえない者らの失望を惹き起こす、などということのないように。

以上一切は、教会の権威を――多かれ少なかれ――背景に活動しているキリスト教ジャーナリズムや出版界、あるいは、結局そうした権威なしにも活動しているキリスト教ジャーナリズムや出版界、にもまた有効に当てはまります。キリスト教ジャーナリズムや出版界は、市民共同体に対するキリスト者共同体の奉仕に――すべての国民のために定められている福音への奉仕に――誠実に身を捧げるのであって、何らかのキリスト教的流行や熱狂[106]への奉仕に身を捧げる、などということのないように。

33

もしかしたら、市民共同体の建設におけるキリスト者共同体の決定的貢献とは、キリスト者共同体が、それ自身の現実存在・憲法[107]・秩序を、理論的かつ実践的に、《直接的かつ自覚的にあの共通の中心の周りに集められている自分たちが外なる円の内部にあって内なる円を表現せねばならない》という事態にふさわしく形成する、という点にあるのかもしれません。正しい《レヒト》国家は、正しい《レヒト》教会の内に、己れの原型と模範を持たねばなりません。それゆえ、教会は範例的に現実存在すべし。「範例的に」とは、つまり、《教会は、その現存と在り方[108]そのものを通して、国家の革新の源泉でもあり国家の保持の力でもある》という仕方で、ということです。もしも教会の現存と在り方が、教会の憲法と秩序が、教会の統治と運営が、実際上、《少なくともここでは――このヨリ狭い円においては――、福音からして考えられ行動され構想されている》、《ここでは事実、直接的かつ自覚的にあの共通の中心の周りに集められており、また、その中心へと方向づけられている》、ということを証拠立てるものではないとしたら、教会によってなされる福音の説教[109]も福音の宣言[110]も空しいでありましょう。もしも教会が、ひょっとして己れの行為や態度を通して、《教会自身は己れの内なる政治においてあの王とその御国に関する使信に方向づけられることなど全く考えてはいない》ということを知らしめようものなら、どうして世が、あの王とその御国に関する使信を信じるはずがありましょうか。もしも、教会は実際単に旧体制復古《レスタウラチオーン》の渦中にいる――もしくは旧体制復古《レスタウラチオーン》の渦中にすらいない！――のだ、ということが誰の目にも明らかだとしたら、どうして国民の改革《レフォルマツィオーン》が起こるはずがありましょうか。あれら〔十二〕の神学的‐政治的比較点や決断点の中で、教会自身の生や建設においても――そして真っ先に教会自身の生や建設においてこそ――、〈注目を受けて然るべきであったのに長きにわたって十分には注目されてこなかったもの〉ではないようなものなど〔決して〕多くはないのです。もしも例えば、今日、法《レヒト》・自由・責任・平等（等々）といった基本――民主主義の基本――を根本から学ばねばならないような国家や国民の中にあって、よりによって教会が、依然としてますます階級組織的《ヒエラルヒー》・官僚主義的に振舞うことを必要と見なし、そしてまた、――まさに教会こそが〈聖なる公同の教会〉として現われドイツ政治を古い隘路から導き出す助けをすることがゆるされているような状況において――国家主義《ナショナリズム》の牙城となるのだとしたら、何たるナンセンスでしょうか！　キリスト者共同体は忘れてはなりません。キリスト者共同体がまさしく市民共同体においてこそ最も誤解の余地なき仕方で語るとしたら、それは、己れが現にあるところのものを通してなのだ、ということを。

34

もしもキリスト者共同体がキリスト者共同体であるならば、そのとき、キリスト者共同体は、いかなるキリスト教政党も必要とはしません。[111] そのとき、キリスト者共同体は、そうした政党という忌まわしい企てにおいて〔しかし〕明らかに意図されているものたる一切の機能を、己れの言葉[112]と己れの現実存在[113]とをもってのみ引き受けるわけではありません。そのとき、個々のキリスト者もまた欠けてはいないのです。すなわち、政治的空間においてはかれらはただ匿名性においてのみ登場しうるわけですが、[114] そうした匿名性において、キリスト教的〈方向と線〉の意味で活動し、そしてそれによって、この政治的空間でもまた唯一救いに満ちたキリスト使信の地味な証人である個々のキリスト者もまた、欠けてはいないのです。かれらが「素晴らしくて敬虔な人間」であることが、ではなく、かれらが己れの特別な場所からして——他の者たちよりも善き仕方で——町のために最善を求める術を知っている、[115] という端的にこのことが、政治的空間にあってはかれらの名誉を成すでしょう。実に「キリスト教的人柄《パーソナリティ》」の存在や寄与が市民共同体の助けとなるものではないのです。今一度ビスマルクのことを考えてみましょう。《ビスマルクは伝説で描き出されているような「キリスト教的人柄《パーソナリティ》」といったごときものであった》と仮定してみましょう。しかし、そうしたことが彼の政治のあの致命的方向に関して何を変えたでしょうか？　そうしたことが、あの哀れなドイツの一体どんな助けとなりえたでしょうか？　政治的空間において助けとなること。キリスト者がここで助けうること。それは、キリスト者が、市民共同体に対し、繰り返し繰り返し、キリスト教的方向に向けて一《ひと》押しし、キリスト教的線上で運動の自由を与える、ということなのです。こんな風に言ってはなりません。「キリスト者はあまりに僅かだし、この僅かな者たちが個々に散らばっていては『何も達成』などできない」、と。全面的に核心《ザッヘ》の内にとどまっている者なら、それがたった一人だけだったとしても、事実、一体どれほどのことをなしうることでしょうか！　そして、この〔政治的責任に関する〕事柄においてもまたキリスト者が問われているのは、自分たちは何を達成しうるか、ではなく、神の恵みによってそうするよう求められていることとは何か、であります。キリスト者が個々に散らばっているのだとして、また、キリスト者が——何といっても政党は存在しているのですから——様々に異なる政党の中に——それゆえ、当然、様々に異なる「非キリスト教的」政党の一つの中に——いるのだとして、一体それが問題でしょうか。キリスト者は、その際自分が巻き込まれることになる政党の綱領・政党の規律・政党の勝利や敗北を、それに見合った仕方で、真剣にかつユーモアをもって受け取るでしょう。キリスト者は、それぞれの政党の中にあって、——それがいかなる政党であれ

――その政党に抗しつつ、全体のためにあるでしょうし、そしてまさにそのようにしてこそ第一義的意味において政治的人間であるでしょう。それゆえ、キリスト者は、〔それぞれが〕様々に異なる場所にあって、互いに既知であろうが未知であろうが、特別な横のつながりがあろうがなかろうが、一緒に――国民《シュターツビュルガー》としてもまた一緒に――いるでしょうし、〔他のキリスト者と〕同じ仕方で区別し判断し、それゆえ、異なることを、では決してなく、〈ただ一つのこと〉を選び意志し、〈ただ一つのこと〉のために尽力するでしょう。キリスト者共同体は、市民共同体に対して、そのようなキリスト者を、そのような市民を、そのような第一義的意味での政治的人間を、提供すべし！　そのとき、そのようなキリスト者の現実存在において、キリスト者共同体は、最も直接的な形においてもまた政治的共同責任を遂行するのです。

35

今や、これまで幾度も引用してきたバルメン「神学宣言」の第五テーゼを、まとまった形で想起させていただきたい。

「聖書はわれわれに語る。国家は、神の制定によれば、《教会《キルヒェ》もその中に立っている未だ解放《エアレーズンク》されざる世界において、人間的洞察と人間的能力との尺度に従って、力《ゲヴァルト》の威嚇および行使のもとに、法と平和とのために配慮する》という課題を持っている、と。教会は、神への感謝と畏敬のうちに、このような神の制定の恩恵を承認する。教会は、神の国を、神の誡めと義を想起せしめ、そしてそれをもって、統治者および被治者の責任を想起せしめる。教会は、それによって神が万物を担い給う〔神の〕言葉の力に信頼し服従する」。[116]

私は、「キリスト者共同体と市民共同体」というテーマを、このテーゼの意味において——それゆえドイツ告白教会の意味において——取り扱った、と考えています。もしもドイツ告白教会自身があの宣言のこの要素に、然るべき時に、より大きな注意を払っていたならば、幾つかのことは変わっていたことでしょう。しかし、今やまさに今日こそ——あの経験（die Erfahrung）を通して深められ強められた新たなる真剣さをもって——そこに立ち返る、ということが遅すぎるなどということはありえません。

（1）Christengemeinde und Bürgergemeinde, in: Theologische Studien 104, Zürich 1989

(4. Aufl.), S. 49-82.『著作集』7、一九九－二三八頁（蓮見和男訳）。――E・ブッシュ『生涯』四七九－四八〇頁参照。（以下はバルト自身の注）「この主題について、私はこの夏〔一九四六年七～八月〕、ベルリン、ゲッティンゲン、パーペンブルク、ゴーデスベルク、シュトゥットガルトにおいて語った。ここに載せるのは、当講演を更に改訂補足したものである」。

以下に掲げる構成（一試案）は、訳者がヴッパータール教会立神学大学（Kirchliche Hochschule Wuppertal）留学中の一九九二年夏学期、「バルト神学」を主題としたB・クラッパート教授（組織神学）の講義の中で本講演が扱われた際の、教授自身が作成された資料に訳者が若干手を加えたものである。

中心テーゼ――「国家の正当性とは（……）教会において信じられ教会によって宣教されている神の国に対する比喩・対応・類比物としての国家の現実存在である」（第14項）

I　キリスト者共同体と市民共同体との積極的関係（第1－6項）

1. キリスト者共同体・市民共同体それぞれの「本質・意味・目的」
2. 「未だ解放されざる世界」における市民共同体の暫時性
3. 「未だ解放されざる世界」におけるキリスト者共同体の暫時性
4. 法秩序としてのキリスト者共同体（↔第12項）
　――到来しつつある神の国への希望において
5. 法秩序としての市民共同体（↔第13項）

――到来しつつある神の国の地上的・暫時的形態として

II

6. 神の歴史的制定（ordinatio/ Anordnung）としての市民共同体

キリスト者共同体の市民共同体に対する共同責任（第7－14項）

7. キリスト者共同体の特別な委託＝〈イエス・キリストの王的支配〉と〈神の国の到来への希望〉の宣教

8. この世に対する教会の連帯――〈祈り〉とそれに対応した〈行動〉によるキリスト者共同体の市民共同体に対する政治的共同責任（ローマ一三1a）

9. 「正しい国家」に関するキリスト教的教説そのものは存在しない――いかなる国家も神の国と取り違えることはできない――（→第12項・第30項）

10. 特定の「方向と線」における――状況に応じた――キリスト者共同体の政治的共同責任

11. 政治的決断における「方向と線」の自然法的規定の否定

12. 国家の教会化＝キリスト教国家（教権政治 Hierokratie ／神政政治 Theokratie）の否定――正しい「政教分離」のために――

13. 国家の神の国化＝全体主義国家（皇帝教皇主義 Cäsaropapismus）の否定（→9項。バルメン宣言第五テーゼの棄却命題）――正しい「政教分離」のために――

14. 到来しつつある神の国の比喩としての市民共同体の形成（中心テーゼ）――神の国／イエス・キリストの王的支配・キリスト者共同体・市民共同体を巡る目的論的・終

末論的関係規定――

Ⅲ　市民共同体における神の国の比喩の諸例（第15－26項）

①正義／法（Recht）の倫理（第15―16項）――和解論第Ⅰ分冊（一九五三年）の先取り

15．すべての国家的事柄の基準としての人間（§59－1「異郷に赴く神の御子の道」。神が人と成り給うたこと――受肉――）

16．人権（§59－2「我々に代わって裁かれ給うた方としての裁き主」。§59－3「父の判決」。§61「人間の義認」）

②自由（Freiheit）の倫理（第17－21項）――和解論第Ⅱ分冊（一九五五年）の先取り

17．貧者への党派性（§64－3「王なる人間」。貧者へのイエスの党派性）

18．自由という基本的権利（§64－4「御子の道標《みちしるべ》」。§66「人間の聖化」。「自由という贈り物」――一九五三年講演――）

［19－21．市民共同体の下からの形成］

19．自由から生じる責任（§67「聖霊とキリスト教会の建設」）

20．自由から生じる平等（§67「聖霊とキリスト教会の建設」。『和解論Ⅳ キリスト教的生〈断片〉［洗礼論］』――唯一の主、唯一の霊、唯一のバプテスマ――）

21．自由の実証としての権力分割（§67「聖霊とキリスト教会の建設」）

③解放（Befreiung）の倫理（第22－26項）――和解論第Ⅲ分冊（一九五九年）の先取り――

22．批判的公開性の確立（§69－2「生命《いのち》の光（としてのイエス・キリスト）」）

23．出版・ジャーナリズムの自由――神の言葉の自由に対応して（§69のテーゼ＝バルメン宣言第一テーゼ「聖書においてわれわれに証言されているイエス・キリストは、われわれが生と死において聴き信頼し服従すべき神の唯一の言葉である」。神の唯一の言葉としてのイエス・キリスト）

24．国家権力の制限――法・自由・平和への奉仕の枠内での――（§69－3「イエスは勝利者なり！」）

25．諸国家横断的（transnational）責任――キリスト者共同体の「世界教会的《エキュメニカル》」な方向づけに対応しつつ――（§69－1――『和解論』Ⅲ／1、二九－六〇頁――）

26．市民共同体の平和政策――「最後的手段 ultima ratio」としての力《ゲヴァルト》による紛争解決。すなわち、正義／法（和解論第Ⅰ分冊）と自由（和解論第Ⅱ分冊）の統一としての平和（和解論第Ⅲ分冊）

Ⅳ　イエス・キリストの預言（→和解論第Ⅲ分冊）へのキリスト者共同体の参与（第27－29項）

27．キリスト教の使信――神の国――と特定の政治的決断との「比喩としての、しかしまた最高度に具体的な関係」＝「或る恒常的な方向性と或る連続的な線」（何らかの「体

系」でもなければ「個別的思いつき」でもなく）
28. 自然法（啓示の源泉ではないが、しかし、イエス・キリストの普遍的預言の或る可能な光）
29. 到来しつつある神の国に対する（社会主義的）民主主義《デモクラシー》の親和性
V　市民共同体の領域におけるキリスト者共同体の具体的実践（第30－34項）
30. 「キリスト教的」政党の不可能性（キリスト者共同体の非宗教的実践）
31. 「福音は本質的に預言者的・政治的である」
32. キリスト者共同体の〈徴の行為〉としての公的態度決定
33. 模範としてのキリスト者共同体の秩序（模範的法としての教会法）→『和解論』Ⅱ／4、§67－4「教会の秩序」）
34. キリスト者は「町のために最善を」（エレミヤ二九7→第25項）求める
35. バルメン宣言第五テーゼ（肯定命題）

(2) アウグスティヌス『神の国』(一)～(五)（服部英次郎訳、(四)・(五)は藤本雄三と共訳）、岩波文庫、一九八二～一九九一年参照。

(3) フルドリヒ・ツヴィングリ「神の義と人間の義」（内山稔訳・出村彰監修）、『宗教改革著作集5』教文館、一九八四年、一九－八二頁所収（なお、『セレクション5』二一八頁注6、同一一七頁参照）。

(4) 英訳（The Christian community and the Civil community. In: K. Barth, Against the

streem: Shorter Post-War Writings, 1946-52, transl. by E. M. Delacour and Stanley Godman, London, 1954, p. 13-50. 以下の引用はすべて K. Barth, Community, state, and church: 3 essays, Garden City, NY, 1960, p. 149-189 に再録されたものから）は corporate bodies（法人）。

（5）以下、「教会」の原語は、特に断わらない限り、Kirche である。必要に応じて、「キルヒェ」とルビを振る。

（6）『セレクション1』一六〇―一六一頁（一九三三年の説教）参照。

（7）『セレクション1』一六〇頁および一八六頁注16参照。

（8）原文は ekklesia（「～から呼び出す」という意の語から成る）。通常、「教会」と訳されるギリシャ語のラテン文字表記。

（9）「共同の生」の原語は das gemeinsame Leben。以下、この gemeinsam という形容詞（もしくは副詞）が、特にキリスト者共同体に関して繰り返し用いられるが、その都度、文脈に応じて「共同の（に）」「共通の（に）」等と訳し分けることにする。――因みに、一九三九年にクリスティアン・カイザー社（ミュンヘン）から出版されたディートリヒ・ボンヘッファーの『共に生きる生活』（ハンディ版、森野善右衛門訳、二〇一四年、新教出版社）の原語は Gemeinsames Leben。

（10）原語は Glied の複数形。この語については『セレクション5』三九三―三九四頁注8参照。

（11）Ⅰコリント一三13参照。但し、パウロの「信仰・希望・愛」という順序が、ここでは——本講演の五年後から開始される『教会教義学』の（旧・新約聖書全体の「中心」であるがゆえに！）「中心」（KD IV/1, S. 1〔『和解論』Ⅰ／1、本文三頁〕）たる『和解論』三分冊各々のキリスト論に対応した聖霊論、という神学的認識を先取り（！）しつつ（『和解論』Ⅰ／4・六三節「聖霊とキリスト教的信仰」、同Ⅱ／4・六七節「聖霊とキリスト教的愛」、同Ⅲ／4・七二節「聖霊とキリスト教的希望」）——「信仰・愛・希望」とされている。

（12）後の『和解論』第一分冊の教会論で、バルトは、ニカイア・コンスタンティノポリス信条（三八一年）における「教会」に付された四つの賓辞（「一にして聖なる公同の使徒的」）を詳細に解き明かしつつ（『和解論』Ⅰ／1、四八一—一五二頁）、第三の「公同の」（catholicus/katholisch）（＝教会の「同一性・連続性・普遍性」、同一一〇頁）に関する解説において（同一一〇—一二九頁）、その「単に一つの次元」（＝「地理的」次元）にすぎないものとして「世界教会的」（ökumenisch）という概念に言及している（同一一二頁。エキュメニカルの語源のギリシャ語の名詞オイクーメネーは「人間の住む世界」の意）。なお、そこでは、教会の「公同性」（同一一一頁）に関わる「次元」として、「あらゆる場所」の他に、「あらゆる時代」、「他のあらゆる団体」との関係、教会自身の「個々のすべての肢々」との関係（同一二〇頁）、という計四つの「次元」が論じられている。

（13）原文はギリシャ語のラテン文字表記のみ（polis）。新約聖書にも頻出する polis の本来の語義（すなわちヘレニズム・ローマ世界の「行政用語」としてのpolis）が「法的にある種の自治権を確立して」いる「町（都市）」を意味するものであることについては、田川訳、第一巻、一六二頁（マルコ一33の註）、五二三頁を参照。

(14)［　］および数字は訳者による。

(15)これについては本講演第13項参照。

(16)英訳はthe "secular arm"。

(17)本講演35項にその肯定命題がそのまま引用されている（そこの訳注に挙げられた個所も参照）。

(18)「社会学的構造」という視点での両者の「積極的関係」および（キリスト者共同体による市民共同体への）批判的関係については、KD IV/3, S. 845-849（『和解論』Ⅲ／4、一〇四－一一〇頁）を参照。

(19)「教会法」についてのこの段落最後までの論述については（但し原文では段落分けされていない）、『セレクション5』一七五－一七七頁およびその注（「義認と法」）参照。また、同二六三頁注146に挙げられている『教会教義学』の個所も参照。

(20)politeiaについてはエフェソ二12参照（新共同訳では「イスラエルの民」）。更に詳しくは『セレクション5』一五九－一六〇頁、二五四頁注117、一七五頁（「義認と法」）を参照。

(21)ここまでに引用されている聖書個所は（原文に引用符はないが）一九一二年版ルター訳に拠っていると思われる（敬虔Gottseligkeit、好ましいangenehm）。「救われて」とした原語の直訳は、やはり同ルター訳の「助けられて」（helfen の受け身）だが、ギリシャ語原典（および他の諸訳）に従ってこう訳す。

（22）ここから本項最後までについては、『セレクション5』一五三―一六五頁（「義認と法」）参照。

（23）『セレクション5』二五二頁注109（「義認と法」）参照。

（24）「混沌 das Chaos」の言い換えでもあるこの「虚無 das Nichts」を、バルトがその創世記一2の神学的講解において「虚無的なるもの das Nichtige」と特徴づけていることについては、すでに一九四二年夏学期～一九四四／四五年冬学期に講義がなされた KD III/1, 114f.（『創造論』Ⅰ／1、一八九―一九〇頁。但し、das Nichtige は同一九〇頁では「全くむなしいもの」と訳出）を参照（同個所の訳である拙訳「創世記第一章1・2節の神学的講解」――『西南学院大学神学論集』第73巻第1号、二〇一六年、二〇五―二四五頁所収、特に二二四―二二五頁――も参照）。なお、更に一九四八年夏学期～一九四九年夏学期講義の KD III/3（『創造論』Ⅲ／2）では、「神と虚無的なるもの」（五十節）のタイトルの下、この主題が詳細に論じられることになる。そこでは、「虚無的なるもの」は、神と被造物とに「敵」として対峙するもの（KD III/3,408〔『創造論』Ⅲ／2、一三四頁〕）、「道徳的〔レヴェルでの〕〈敵の原理〉」――「虚無的なるもの」の「罪」としての形態――であるのみならず、「物理的／肉体的〔レヴェルでの〕〈敵の原理〉」――「虚無的なるもの」の「災厄と死」（Übel und Tod）としての形態――でもある全面的な〈敵の原理〉」――「被造物とその自然本性との包括的否定」――、と特徴づけられ（KD III/3, 353f.〔『創造論』Ⅲ／2、四七、四八頁〕）、まさにそのゆえに、（神の善き被造物としての）「自然事象・自然状態」として理解されることはできない、と言われる（KD III/3,408〔『創造論』Ⅲ／2、一三五頁〕）。――なお、「キリスト者の武器と武具」（一九四〇年講演。『セレクション5』四一七－四八〇頁所収）では、未だ「虚無的なるもの」という概念は用いられていないが、同じ事柄を指すものとして、最後の審判の日における「最後の闘い」――神ご自身の闘い――での「敵」そのもの（その種々の言い換えについては同四五九－四六〇頁参照）、のことが語られている。この「敵」そのもの――絶対的な「敵」！――と、その「予告」（同四六一頁）としての相対的・人間的「敵」（例えばヒトラー）との関係については同四一九頁、四五八－四六四頁を参照。

（25）『セレクション5』一七〇－一七二頁（「義認と法」）参照。

（26）例えばKD IV/3,866（『和解論』Ⅲ／4、一三六頁）ではこう言われる。「一次的には、彼〔イエス・キリスト〕ご自身が……教会（Gemeinde）において現臨し生きることによって、〔すなわち〕ご自身の生の活動によって教会の生の活動を呼び起こし・制定し（anordnen）・導き給うまさに厳密にそのときにこそ、教会は存在する」（井上訳を部分的に改変）。

（27）カッコの前の「（神の）制定」の原語はAnordnungで、カッコ内は順にordinatio, Einsetzung, Stiftungである。これはローマ一三2――「神の定め」（口語訳、新共同訳）――に当たる。ドイツ語訳聖書でAnordnungとしているのは――この当時に限っては――チューリッヒ聖書であり、一九二二年版ルター訳はOrdnungである。ラテン語ordinatioのドイツ語訳がAnordnungであり、更にそれと同義のドイツ語がEinsetzung（しかしここでは一応「任命」とし、訳し分ける）であることについては、『セレクション5』二二一－二二四頁注15、二四九頁注97（および一八四頁、二六六頁注168、169も）参照。そして、当然、ここではStiftung（「設立」と訳出）も同義として使われていよう。

（28）本講演の結びである第35項に、バルメン宣言第五テーゼの「肯定命題」全文が引用されている（そこの訳注も参照）。

（29）『セレクション5』一五〇－一五一頁（「義認と法」）参照。

（30）「代表」の原語はExponent。『セレクション5』二四四頁注86（「義認と法」）では、KD III/3,535（『創造論』Ⅲ／2、三三八頁）の論述から、国家と明確に区別された「天使的力」が「神的秩序の力――契約と恵み――の代表」であるとのバルトの認識を紹介した（なお、同書では、こうした文脈で「代表する repräsentieren」という概念を用いたのはヨハン・クリストフ・ブルームハルトだった、とバルト自身が注意を促している）。その際の「代表」の原語は（ここと違って）Repräsentationenである。いずれにせよ、本講演では、かつての「義認と法」とは異なり、もはや〈天使的力＝国家〉という同一化はなされない。それゆえ、ここはKD III/3（その基となった講義は本講演より二年後の一九四八年夏学期～一九四九年夏学期）で展開された認識（詳しくは『セレクション5』

二四三−二四六頁注86参照）の光のもとで——すなわちその認識への途上にあるものとして——理解すべきであろう。

（31）『セレクション5』一四六−一四七頁（「義認と法」）参照。なお、コロサイ一16で「権力」と言われているギリシャ語はexousiai（exousiaの複数——ローマ一三1参照——）。——因みに、ここでの文脈に対応するようにして、ここでイエス・キリストと「権力」との関係として語られている「束ねられ保たれている」（受動態）と訳したのと同じ動詞（zusammenhalten）が、すでに「義認と法」では、国家と国民との関係について用いられている。「国家は、……その領域内で生活しているすべての人間を……秩序によって束ねている」（同一七三−一七四頁。傍点部分）。

（32）ローマ八38で「権力」と言われているギリシャ語はdynameis（dynamisの複数）。

（33）マタイ二八18で「権力」と言われているギリシャ語は（pasa）exousia——（一切の）権力——。なお、前注31、32も含めての「権力」については、『キリスト教的生』Ⅱ、五〇二−五〇六頁参照。

（34）『セレクション5』二一七頁注3（「義認と法」）でも記したように、ドイツ語のGottesdienstは、通常は「礼拝」の意だが（但し、第1、3項で「礼拝」と訳出した原語はAnbetung）、直訳は「神奉仕」。

（35）『セレクション5』一三六−一三七頁、一四〇−一四一頁——「ピラト的国家」（二〇二頁も）——（「義認と法」）参照。

（36）『セレクション5』一三〇頁（「義認と法」）参照。

（37）『キリスト教的生』Ⅱ、五六七頁参照。

（38）「到来しつつある神の国」の原語は das kommende Reich Gottes であり、伝統的に「到来すべき／来たるべき神の国」と訳されてきたもの。ここでもこうした終末論的概念としてこの語は用いられているが、しかし、バルトの場合には、――すでにイエス・キリストにおいて神の国は到来したがゆえに！――ここの「到来する kommen」という動詞の現在分詞形を文字通りに――すなわちダイナミックなものとして――訳出するのが相応しいだろう。すなわち、神の国の到来とは、単に終末論的概念ではなく、キリスト論的・終末論的概念なのである。例えば『キリスト教的生』Ⅱ、五七七―五九二頁（神の国のキリスト論的「根拠と意味」――同五七六頁の（2）――）および五九二―五九八頁（神の国の「終末論的内容と性格」――同五七六頁の（1）――）、そして、五九八―六〇七頁（両者を包括する「『精神史的』な確認」としてのブルームハルト父子に関する「感謝」の補説）を参照。

（39）この前後については『セレクション5』二〇〇―二〇一頁（「義認と法」）参照。

（40）《Jedermann sei untertan der Obrigkeit…》――一九一二年版ルター訳（現代版ルター訳も同様）――。

（41）この前後については、「ローマ一三1のあの〈服従すること《ヒュポタッセスタイ》〉を、Ⅰテモテ二1（―2a）との繋がりにおいて考究」（『セレクション5』一九一頁）した『セレクション5』一八一－一九〇頁（「義認と法」）を参照。

（42）『セレクション5』一八四頁（「義認と法」）参照。なお、同二六六頁注167で触れた晩年の訪米の際のシカゴ大学で開催されたパネルディスカッション（一九六二年四月）におけるバルト自身の説明（K. Barth, Gespräche 1959-1962, hrsg. von E. Busch (KBGA), Zürich 1995, S. 272-275）の一部は次のとおり。「ヒュポタッセスタイ〔服従すること〕という概念はタクシスという意味を内包しています。タクシスとは或る秩序のことです。ですから、ヒュポ・タッセスタイとは、《きみは、この秩序の規則（Regel）の中へと自分自身を置かなければならない》ということを意味するのです。……」(a. a. O., S. 274)。――なお、ローマ一三1の「従う」（ヒュポタッセスタイ hypotassesthai ←ヒュポタッソー hypotasso）に含まれており、同個所「（神によって）立てられた」で文字通り用いられ、そして、まさにローマ一三2の「（神の）制定」（ディアタゲー diatage ←ディアタッソー diatasso）にも含まれている動詞タッソー（tasso）から、タクシス（taxis）という名詞は派生している。

（43）原語は Regel。前注42参照！

（44）ここでの「律法的恐れ」と「福音的知」との対比については、『セレクション5』一二頁以下所収の「福音と律法」（一九三五年）――特に前者については、III―A―1．「罪の欺きの道具」（四五頁以下）とされた律法、B．「神の怒りの機関」としての律法（罪を告発し裁く律法）（五八頁以下）――、を参照。また、「良心」と「福音的知」との関連については『セレクション4』一〇六―一〇七頁注4を参照。

(45)『セレクション1』二一九頁以下所収のマタイ二二15―22による説教（一九三七年一〇月三一日）を参照。

(46)『デュッセルドルフ一四か条テーゼ』（一九三三年五月二〇日）の第一テーゼ参照。これについては、『セレクション1』一八六―一八七頁注17（および『セレクション4』四三一頁注34）参照。

(47)原文に引用符はないが、すでに引用されたバルメン宣言第五テーゼ（第6項）の表現を意識的に用いていることが分かるため、付す。第35項も参照。

(48)前注に同じ。

(49)例えば第6項参照。

(50)『セレクション』5、二二一―二二五頁注15を参照！

(51)第8項末尾参照。

(52)第8項末尾参照。

(53)「連帯《ゲマインシャフト》と集団主義とを、人格権と個人主義とを」というこの対比については、「指導者」と「全体主義国家」（→集団主義／個人主義の問題性）――すなわち、〈イエス・キリストの選び〉と〈神の唯一の共同体（＝イスラエルと教会）の選び〉（→その「比喩」としての連帯《ゲマインシャフト》／人格権）の「世俗的物まね」！――について論じているKD II/2, S. 341-344（『教会教義学・神論II／2神の恵みの選び 下』一一二―一一五頁）を参照（傍点は引用者による)。
(54)第7項冒頭参照。
(55)創世記五〇20参照。
(56)チューリッヒ聖書と全く一致。
(57)ここも原文に引用符はない。第6項および第35項参照。
(58)マタイ五39参照。
(59)Iコリント二4参照。
(60)第9項参照。
(61)原文に引用符はないが、これもバルメン宣言第五テーゼの表現である。第35項参照。
(62)Iコリント一五28参照。
(63)バルメン宣言第五テーゼ(第35項)参照。
(64)フィリピ二11参照。
(65)ナチ国家という「独裁国家」が「神の国の悪霊的《デモーニッシュ》鏡像」、すなわち、「或る偽りのメシアの支配のもとでの或る偽りの神……の国」であることについては、『セレクション5』三四一―三四二頁(一九三八年一二月五日の講演「教会と今日の政治問題」)を参照。
(66)この関連で、宗教改革者たちから近代神学に至るまでの神の国理解の「狭隘化」(教会の業と神の国の到来との「一括視ないし一体化」)について指摘する『キリスト教的生』II、五六三―五六八頁を参照。

(67) この一文に関して、バルメン宣言第五テーゼの棄却命題をここに挙げておく（以下の引用は『セレクション5』二二三頁注5の拙訳より）。

［棄却命題1］

われわれは、《国家は、己れの特別な委託を越えて、人間生活の唯一にして全体的な秩序となるべきでありまたなりうる、そしてそれゆえ、教会の定めをも満たすべきでありまた満たしうる》などという誤った教えを斥ける。

［棄却命題2］

われわれは、《教会は、己れの特別な委託を越えて、国家的性質・国家的課題・国家的尊厳を獲得すべきでありまた獲得しうる、そしてそれをもって、自ら、国家の一機関となるべきでありまたなりうる》などという誤った教えを斥ける。

なお、［棄却命題1］の「教会の定め（die Bestimmung）」とは、バルト本来の意味では――ここで言われているように――「市民共同体のただ中にあって……神の国を想起せしめ」、宣教することであるが、「棄却命題」中の意味としては、――やはりここで言われているように――まさに「己れを神の国へと改造する権限」として理解すべきであろう。

(68)「国家における神の国の実現」については、やはり前掲『キリスト教的生』Ⅱ、五六七頁のR・ローテを（本講演第7項冒頭部分も）参照。

(69) 第12項参照。

(70) 第13項参照。

(71)「正当性」と訳した原語は（定冠詞付で）die Gerechtigkeit！　通常は「正義」、そして特に聖書的神学的用語としては「義」と訳される。以下、何度か出てくるが、場合によってはまさしく「義」と訳す。いずれにせよ、ルビを振ることにする。

(72) Iコリント一三12参照。

(73) フィリピ二9（使徒行伝四12も）参照。

(74) キケロの言葉。訳は『小学館 独和大辞典（第2版）』に拠る。なお、そこでは、das höchste Recht (kann) das höchste Unrecht (sein) というドイツ語訳と共に、「法律の形式主義的解釈は不正を生じることがある」との説明が加えられている。

(75) ジャガナート（Tschaggernat）は「クリシュナの像」で「インドの Puri〔プーリー〕市では毎年の例祭にこの偶像を巨大な山車《だし》に乗せて市中を引き回す習わしがあったが、これにひき殺されると極楽往生できるという迷信から、進んでその車輪の下敷きになる者が多かったという」（『研究社 新英和大辞典』の Juggernaut の項より。なお、そこでは「ジャガノート」と表記されているが、ここでは『リーダーズ英和辞典 第3版』の表記に従う）。そこから、「（人間の盲目的服従や恐ろしい犠牲を強いる）絶対的な力／主義／制度」等々を意味する普通名詞としても用いられることになる（『新英和中辞典 第7版』同項より。いずれも研究社）。

(76) KD IV/3, S. 1020-1026（『和解論』Ⅲ／4、三六〇－三六八頁）参照。

(77) 第18項参照。

（78）エフェソ四4－5参照。

（79）第18項参照。

（80）第19項参照。

（81）「一九三三年三月二三日のいわゆる全権委任法〔授権法〕……によって、いっさいの国家権力は、事実上、政府とその中でまさに最強の男ヒトラーに委任された」！（H・E・テート『ヒトラー政権の共犯者、犠牲者、反対者』四四頁。傍点は引用者による。）

（82）第18項参照。

（83）第19項参照。

（84）傍点は、後続の二つの「そこでは」も含めて、意味鮮明化のため、訳者による。

（85）「検閲」については、第二次大戦中のバルトのそれを扱った次の文献を参照。Eberhard Busch (Hrsg.), Die Akte Karl Barth. Zensur und Überwachung im Namen der Schweizer Neutralität 1938-1945〔エーバーハルト・ブッシュ編『カール・バルト公文書。スイス中立の名の下での検閲および監視。一九三八－一九四五年』〕, Zürich 2008。本巻所収の「ドイツ人とわれわれ」の注53では、その「序文」から若干のことを紹介している。

（86）法《レヒト》と権力（Gewalt）とのこうした関係規定については『キリスト教的生』Ⅱ、五〇九－五一〇頁（但し、そこで「権力」と訳した語はMacht）。なお、〈正しい力《ポテスタス》〉と〈剥き出しの力《ポテンチア》〉については、KD II/1, 589-592（『神論』Ⅰ／3、一五五－一六〇頁）を、また、本講演直前（一九四六年夏学期）にボン大学でなされた講義『教義学要綱』（井上良雄訳）、第13講を、「力それ自体」については同第7講を参照。

(87) マタイ二六52参照。

(88) 第1項では ökumenisch を、「世界教会的」（第3項も参照）と、第2項では（市民共同体の文脈のゆえに）「越境的・普遍的」と訳した。

(89) エレミヤ二九7参照。そこでは Suchet der Stadt Bestes という一九一二年版ルター訳の言い回し（この部分は現代版ルター訳も同様）が用いられている。なお、以後、バルトの聖書引用と一九一二年版ルター訳との関連については触れないことにする（本巻「編訳者あとがき」参照）。

(90) これについては、イザヤ五四7－8およびそれに関するバルトの説教「ほんの一瞬」（『セレクション1』四七〇頁以下）を参照。

(91) オープリッヒカイトについては（「官憲」的ニュアンス等）『セレクション5』二一九頁注8を参照。なお、第1項末尾の「政府」の原語はまさしく Regierung である。

(92) 直訳は「帝王の最後の議論」（ultima ratio regum）。「最後の手段としての武力行使、すなわち戦争のこと」。フランスの政治家リシュリュー（Richelieu）の言葉で、絶対王制の基礎を固めたルイ13世の宰相（一六二四－四二）（『リーダーズ英和辞典 第3版』、それぞれ当該個所の項より）。なお、バルトは regum を regis〔← rex〕と単数形にして引用。

(93) この具体例としては、一九三八年九月のミュンヘン協定を、そしてこれを巡る、例えばバルトの「プラハのフロマートカ教授への手紙」(『セレクション5』二七五―二八六頁所収)を参照。
(94)マタイ五48参照。
(95)一九三八年の『義認と法』最終章(四　国家のための教会の貢献)の後半部分(『セレクション5』一九四―二〇八頁)においても幾つかの例が挙げられたが、本講演の方がはるかに多く、かつ具体的である。
(96)『セレクション5』二〇一頁(「義認と法」)参照。
(97)ここでの「独裁制」(Diktatur)は、第18項で言われた――「原理的独裁制」＝「全体主義国家」ではなく――「実際的独裁制」を指していよう。なお、この点で、『セレクション5』二七一―二七二頁注186(バルト自身の注)――「義認と法」――における「独裁制」への無条件の否定的評価(「民主主義」への無条件の肯定的評価同様――本文後述参照――)が、本講演では、より原理的に考察されている、と言えよう。
(98)以下、第34項まで。
(99)Christlich-Demokratische Union(CDU)。「第二次世界大戦後の一九四五年夏、カトリック、プロテスタントの両派にまたがるキリスト教政党として各地域別に結成された。ドイツ連邦共和国(西ドイツ)誕生後の〔一九〕五〇年正式に全国的に統一され、アデナウアーが党首」となる(『新編　西洋史辞典　改訂増補』の「キリスト教民主同盟」の項より)。なお、他の二例について言えば、フランスの「人民共和派」は前掲『西洋史辞典』に同名項目があるのでそちらを参照、スイスの「福音主義人民党」(Ev. Volkspartei) については日本語表記も含めて（蓮見訳は「福音国民党」）詳細不明。

(100) 原語は das politische Leben。この後にも出てくるが（例えば第32項冒頭）、適宜、文脈に応じて訳すことにする。

(101) マタイ五13参照。なお、「塩」に付した括弧（直後のものも含めて）は訳者による。

(102) 原語の Seelsorge は直訳すれば「魂の配慮」。

(103) **KD IV/3, S. 1026-1030**（『和解論』Ⅲ／4、三六九－三七四頁）参照。

(104) マタイ五14参照。ここも「塩」・「光」に付した括弧は訳者による。

(105)「揺さ振り」の原語は **Beunruhigung** で、バルトが――「（偽りの）安心から覚醒せしめること」といった趣旨として――好んで（と思われる）用いる語。

(106)「流行や熱狂」の原語は **Schrulle** の複数。ここは英訳の **fad** に依拠して訳した。

(107) 教会に関する用語としては、すなわち、「規約」、「教憲」等々。

(108)「現存」の原語は **Dasein**、「在り方」のそれは **Sosein** で、特に定訳はないようである。便宜上、こう訳す。因みに、同時期の講義と推測される **KD III/2, S. 391**（『創造論』Ⅱ／2、二七五－二七六頁）では、「人間存在《ザイン》」の二つの本質的構成要素である「魂」(Seele) が **Dasein** と、「身体」(Leib) が **Sosein** とされている。

(109) 第31項参照。

(110) 第32項参照。

(111) 第30項参照。
(112) 第31、32項参照。
(113) 第33項参照。
(114) 第30項参照。
(115) 第25項参照。
(116) このバルメン宣言第五テーゼについては『セレクション5』二二一－二二四頁注15も是非ご参照願いたい。そこでは、(ここに引用された「肯定命題」のみならず冒頭の新約聖書個所および二つの「棄却命題」――前注67参照――も含む) 全文を訳出してある。なお、そこでは、バルト自身がこの第五テーゼの「文字通り」の起草者であることについても紹介している。――この「肯定命題」も、そこからのもの。但し、そこで(既訳同様)「暴力」(Gewalt) と訳した語は、ここでは(第6項における引用と共に)「力」と訳し変えた。

国家秩序の転換の中にあるキリスト教会

一九四八年三月、ザロスパタクとブダペスト（ハンガリー）での講演(1)

1

キリスト教会(2)は、地上の歴史および天上の歴史におけるあの大いなる転換を覚えている。その大いなる転換は、イエス・キリストの死において、人間の罪に対する裁きと罪深き人間の義認とのためにすでに起こったのであり、死人の中からのイエス・キリストの復活においてすでに告知されているのであり、神のあらゆる時間的道の目標たるイエス・キリストの再臨において〔普遍的に〕啓示されることになるであろう。

私たちの主題は「国家秩序の転換」を巡るものです。これは私たちの主題を「時事的な《アクチュアル》」ものにします。私たちの世代は、この事柄に関しては、多くの――あまりに多くの――経験を持っています。「国家秩序の転換」ということが何を意味するものか、つまり、興奮・緊張・暴力行為・屈辱や侮辱、当然の――もしくは不当な――人間的運命、人間の礼儀や無作法の暴露、関係者すべてにとっての外面的かつ内面的な生の諸問題、全体にとってのあらゆる尺度や視点の動揺、といった点で何を意味するものか、を私たちは知っています。人は、この〔国家秩序の転換という〕事柄について――とりわけこの事柄があるいは今まさに進行中であるような時には――、情熱的党派心において、とは違った仕方で、それゆえ、興奮したり神経過敏となったり激情や怨恨を抱いたり、とは違った仕方で語りうるでしょうか。省略や誇張を伴いスローガン（Schlagwort）を伴うプロパガンダの悪霊化《デモニジールト》された言葉を用いて、とは違った仕方で語りうるでしょうか。そうした言葉が飛び交う中では、語る者も聞く者ももはや何も考えることはできなくなり、もうまさにただ殴りつける（schlagen）ことしか、あるいは、殴りつけられることしかできなくなってしまうわけです[3]。この事柄に関して発言しうる別の可能性は存在するのでしょうか。

　まさにそのことが、ここで、少なくとも試みられねばなりません。そう、私たちの主題は、「国家秩序の転換の中にあるキリスト教会」ということなのです。キリスト教会は、天にではなく、地上で生きています。それゆえ、私たちが直ちに前提とするのは、

《キリスト教会は、「国家秩序の転換」に——そしてそこで起こる種々の出来事がもたらす一切のことに——関与しないのではなく、それどころか、教会として、また、そのすべての肢々において、最高に関与しているのだ》ということです。しかしながら、それよりもっと重要なのは、もう一つの前提です。すなわち、《キリスト教会は、国家秩序の転換のただ中にあってもまた、キリスト教会であることが、あり続けることが、己れ独自の事柄に生きることが、許されているのだ》、という前提です。そして、ここで私たちが取り組むべきことは、まさにこの、国家秩序の転換の中にあるキリスト教会自身の事柄、であります。そのことは私たちに、まずは言わば一歩退き、私たちの主題のまさにその時事性に相対してちょっぴり距離をとることを、許し、また命じます。それは、その時事性を見失うためにではなく、むしろその時事性を、より平静より明瞭に、そしてよりよく見きわめるために、です。

一つの転換が存在します——これが他の何よりも先に言われねばなりません——、すなわち、国家秩序のあらゆる転換より遥か無限に徹底的で重要な一つの転換が。この大いなる転換とは、端的に、イエス・キリスト——その〈十字架の死〉と〈その復活において予告されている〉[4]その〈栄光における再臨〉という二重の形姿におけるイエス・キリスト——のことです。キリスト教会は次のことを知っています。《キリスト教会自身のみならず、世界全体は、この二つの出来事の間の時間の中で、[5] すなわち、この唯一者・神ご自身の御子によって、人間のためにすでに起こった神の行為となお来たりつつある神の行為との間の時間の中で、現実存在している》、と。他の多くの転換と共に国家秩序の諸転換もまた、この時間に属しています。そうした国家秩序の諸転換がキリスト教会にとって意味を持っているのは、その諸転換がこの空間内とこの枠内で起こるからです。その諸転換の発端と目標——いわゆる世界史全体の発端と目標——は、いかなる事情のもとであれ、神の救済史、です。

われわれがそこから来ている発端は、イエス・キリストの死——この方の復活においてなされたその死の射程の告知を伴うイエス・キリストの死——です。イエス・キリストの死において起こったのは、《神は人間の罪を裁き給うた。すなわち、ご自身の御子の人格においてこの罪をご自身に引き受け、この罪の苛酷な帰結と罰とをご自身苦しみ担い、そのことによって、この罪を、赦され・凌駕され・解決され・片づけられた事柄となし給うた、ということによって、神は人間の罪を裁き給うた》ということです。そして再び、イエス・キリストの死において起こったのは、《神は罪深き人間を義とし給うた。すなわち、ご自身の御子の人格において、ご自身の前での人間の尊厳を、かつ、人間と人間との間の義《レヒト》を、再び回復し給い、かくして人間をご自身の子として受けいれ給うた、ということによって、神は罪深き人間を義とし給うた》ということです。これこそが、世がそこから来ている大いなる転換、です。古いものは過ぎ去りました〔Ⅱコリント五17〕。サタンは稲妻のように天から落ちました〔ルカ一〇18〕。神の国が近づき来たったのです。「すべては成し遂げられた」〔ヨハネ一九28、30〕。すなわち、人間の和解・救い・平和のために起こらねばならなかったことは、現実に・徹底的《ラディカール》に・完全に、成し遂げられたのです。「われらの主イエス・キリストによって、われらに勝利を賜わった神に、感謝すべきかな」〔Ⅰコリント一五57〕。これこそが、キリスト教会が復活節のその日から耳にした使信なのであり、この使信について、キリスト教会の口は沈黙していることはできないのです。これこそがキリスト教会独自の事柄です。すなわち、《世は、世自身がそれを知ると知らざるとにかかわらず——だが世はそれを聞かされるべきです！——、この発端から、すなわち、イエス・キリストの死においてすでに起こったこの大いなる転換から来ている》というあの一義的に明瞭な報道、こそが。

　われわれがそこに向かって歩んでいる目標は、栄光におけるイエス・キリストの再臨——復活においてすでに予告されている、否すでに開始している[6]、栄光におけるイエス・キリストの再臨——です。すなわち、キリストの死において起こった出来事の普遍的《アルゲマイン》かつ最後決定的啓示、それゆえ、〔神の〕国の啓示、裁きと義との啓示、成し遂げられた和解の啓示、神的解放の啓示、です。その時、万物およびあらゆる目を覆っている覆いは取り去られるでしょう。その時、私たちは、今はただ鏡に映してしか——それゆえ倒錯した仕方でしか——見ることができないところのものを直接見るでしょう。その時、私たちは、私たちが今すでに神によって知られているまさにそのように、神を知るでしょう〔Iコリント一三12〕。それが、今一度、キリスト教会の使信です。すなわち、今や、あの希望——キリスト教会が己れ自身のために、だがまさにそれと共に、世界全体のために、万人・万物のために有している希望——の使信として。それが、今一度、キリスト教会独自の事柄です。すなわち、今や、同じく一義的に明瞭に、待つことと急ぐこととへの召喚〔IIペテロ三12〕、目覚めていることと祈ることとへの召喚、堅忍不抜への召喚、そして奉仕への召喚、として。万物はこの目標に向かって、すなわち、未だ〔普遍的かつ最後決定的には〕来てはいませんが、しかし時間の終わりとして、イエス・キリストの啓示において来たりつつあるこの大いなる転換に向かって、歩んでいるのです。

国家秩序の転換および諸転換は、万物の発端および目標からして、この大いなる転換——イエス・キリストと呼ばれるこの大いなる転換——の光の中に立っています。ここからして、私たちは距離をとることが許されていますし、またとらねばなりません。それは、国家秩序の転換にもはや注目しないためにではなく、それを明瞭に見るために、です。実際、あの大いなる転換を信じ認識しているキリスト教会において、これら他の、より小さい諸転換について少しばかり平静かつ明瞭に語られることができず、また語られてはならないのだとしたら、それは奇妙なことに違いないでしょう。

2

あの〔大いなる〕転換を想起しつつ、かつ、あの〔大いなる〕転換の啓示を待望しつつ、キリスト教会は、国家秩序の領域において生きる。そして、それらの国家秩序の現実存在のうちに、キリスト教会は、いかなる事情のもとでも、神的知恵と神的忍耐との実施[7]を認め、それゆえ、それらの国家秩序に感謝し、また、己れに託された委託の自由において、それらの国家秩序に対する責任を自覚するであろう。

世界史は、救済史のただ中に属しています。しかし、世界史の時間は――それゆえ私たちの時間は――、〈信じること〉の時間であって、未だ〈観ること〉の時間ではありません[8]。それは何も見えぬ時間、ではありませんが、鏡に映して見る時間、です。闇の時間・無認識の時間、ではありませんが、覆いの時間、です。失われた時間、ではありませんが、必要な諸確証の時間、です。世界史の時間は、真に本来的には教会の時間なのです。すなわち、教会の想起と待望の時間、集いと用意の時間、委託と慰めの時間、信頼と闘いの時間、篩《ふる》い分けとそしてまた試練の時間、です。

しかし、世界史の時間は、教会の時間であるのみならず、国家秩序の時間でもあります。国家秩序とは、人間によって企てられ遂行される様々な試み、すなわち、法《レヒト》規定の樹立によって――それら法規定の背後にはそれら法規定に効力を与えかつ維持すべき権力《マハト》があるわけですが――個人の自由と社会の要求とを或る種調整しつつ、人間全般の共生、〔つまり〕「政治的」共生を確保するための様々な試み、のことです。国家秩序とは、権力《マハト》手段による法秩序、法の誉れのための権力《マハト》秩序[9]、を意味します。

キリスト教会は、ただ一人の主のみを、ただこの主の秩序・この主の義《レヒト》・この主の力《マハト》のみを知っています。キリスト教会は、しかし、まさしくこの唯一の主を、あらゆる主の主として知っています。それゆえ、キリスト教会は、その暫時的で制限された目標設定を伴う国家秩序においてもまた、この唯一の主の制定[10]・この唯一の主の意志・この唯一の主の任命・この唯一の主の御手、を認識いたします。なるほど、キリスト教会は、そこでは人間が働いている、ということを見ます。しかし、キリスト教会は、この暫時的で制限された人間の業を支配しつつ、かつ、その背後に、一つの神的委託を見るのです。キリスト教会は、この人間の業のうちに、一つの必然的で有益《ハイルザーム》な神的賜物を見るのです。ここで問題となっているのは、人間全般の共生の、混沌《カオス》からの保護、ということです。国家秩序は、あの発端と目標との間の時間において起こらねばならないことのための空間を、創出しかつ保持するのです。すなわち、世界史の意味の実現のための空間、信仰・悔い改め・認識のための空間、を。国家秩序は、教会の生および委託のための空間を創出し、まさにそうすることで、全世界にとって——すべての人間にとって——必要なもののための空間をも創出するのです。国家秩序の担い手らが、各国民とその政府が、《教会は何のために存在しているのか》を知っていることは稀か、あるいはただ漠然と感じているにすぎないでしょう。教会は、それだけ一層よく、《国家秩序は何のために存在しているのか》を知っているのです。国家秩序の担い手ら・各国民とその政府が——許される限り・欲しうる限り——非教会的ということはあるでしょうが、教会は——いかなる場合であれ——非政治的ではありえず、その肢々もまた同様です。

教会とその肢々は、国家秩序そのものの現実存在に対して、原則的には常に感謝するでありましょう。教会とその肢々は、国家秩序を、いかなる事情のもとでも、神による保護措置として、すなわち神の知恵と忍耐とによる制定（Anordnung/ordinatio）として、理解するでしょう。そしてそれは、それ自身の人間性により生じた当該国家秩序の不完全性や誤謬が――軽微な・重大な・極めて重大な倒錯が――明瞭に明るみに出た場合であったとしても、そうです。一体そうしたことが何らかの程度において存在しない場合があるでしょうか。完全な国家秩序などどこにもないのです。存在するのはただ、相対的に善い国家秩序であり相対的に悪しき国家秩序だけです。これらの国家秩序は皆、神の賜物を、ただ明らかな破れにおいて示すことができるにすぎません。しかし、最悪の国家秩序といえども、にもかかわらず、神の知恵と忍耐との幾ばくかを（たとえそれが単にそこそこの交通整理にすぎないとしても！）可視的とするでありましょう。神の制定によるものとして使徒パウロが語ったあの「権威」[11]〔ローマ一三1―2〕とはネロ皇帝の「国家」だった、ということは、しばしば、かつ正当にも認められてきたところです。

《キリスト者は、神の賜物と制定に対する己れの感謝を、最良の国家の中にあってさえも、常に真剣な異議申し立てという形によってしか示すことができない》ということではないでしょうか[12]。そして、これに対応するのは、《キリスト者は、最悪の国家といえども、これを徹頭徹尾ただ悪魔の国家とのみ見なしそのように取り扱うことは決して許されない》ということでしょう。前者の場合、神の国を何らかの国家秩序の中に予想するなどとはなんと愚かなことよ、とキリスト者はよくよく考えてみなければなりません。それに対して、後者の場合には、「悪魔は全人類に対する己れの古き権利をすでに逃し失ってしまった」、かくして悪魔は、何らかの国家形態の内にまさしく己れを受肉せしめる――どれほど悪魔がそう願っても――などということのためのいかなる機会も持ってはいないのだ、ということをキリスト者は忘れてはならないでしょう。前者の場合、キリスト者は、確実に必要な異議申し立てをすることをやめてはなりませんが、後者の場合もまた、キリスト者は、〔当該国家秩序のあるべき在り方のために〕協力するよう課せられている己れの義務から自分たちは解放されているのだ、などと見なすことは決して許されないでしょう。

神の賜物と制定に対するキリスト教的感謝の具体的形姿とは、教会の政治的共同責任です。教会は、この人間の業を、あっさりそのまま、その業自身に――つまり誰か他の人間たちに――委ねることはできません。使徒たちがこのキリスト教的共同責任を強調したとき、かれらは、教会に向かって、「国家秩序の担い手らのために祈るべし」〔Iテモテ二1‐2参照〕と召喚すること以上に強力にそうすることはできませんでした[13]。しかし、人は、己れの最善の知識と良心に従って、自ら能動的に――それゆえ単に傍観者としてではなく！――関与しているのではないような事柄に関して、神に真剣に叫びうるものでしょうか[14]。再びパウロはこう語ったのでした。国家秩序へのキリスト教的関与は、良心のゆえに命じられたことでありかつ必然的なことなのだ[15]、と。そうした関与は――それが真剣である場合にこそ――決して無批判的な関与であることはないでしょうし、キリスト者は、いかなる政府にとっても、権力を握っているいかなる多数集団もしくは少数集団にとっても、いかなる勢力もしくは個々の人物にとっても、最高に御しやすい国民であることなどないでしょう。しかし、そうした関与が、不毛な〔否定のための〕否定に転じてしまうことなど決してありえないでしょう。というのも、国家秩序そのものの意味と必然性とについて、キリスト教会ほどによく知っているものがほかに誰かいるでしょうか。真正の政治的行動へと、そもそもまさしくキリスト者ほどに召されており、またそのための才を与えられているような者がほかにいるはずがありましょうか。キリスト者が、この方向において事実上、何ほどかそうした仕方で召されており才の与えられていることが明らかになる、ということ。これは、本当に、恥じ入るなどもってのほか〔むしろ堂々と〕認識されねばならないことでありましょう。

3

国家秩序の転換において、キリスト教会は、すでに遂行された裁きの徴とこの裁きの将来的啓示の前兆とを、だがまた、すべての人間のための新たなる神的配慮の提供を、かつ、己れ自身のためには悔い改めと集中と証しとの新たなる機会を認識する。

国家秩序は転換します。どうしてそうでないことがありましょうか。各々の国家を構成している諸要素——自由・共同体社会《ゲマインシャフト》・法・権力——は、個々別々に、またそれらの相互関係において、極めて様々に理解され実現されうるものです。世界の政治史の実質とはそうした諸要素の恒常的変遷だ、と言えましょう。私は、ここ百年というもの国家秩序の転換がもはや存在することのなかった国から来ました。しかし、すでにこの百年間だけでも何があったでしょうか。十二年前、ここハンガリーに来た時には、私は、なお多くの人が千年の伝統を持つ聖シュテファンの冠[16]について語っているのを聞いたものでした。今日、もはやそのことは話題になりません。聞くところによれば、その冠は今はヴァチカンにあるとのことです。国家秩序は来てはまた過ぎ去ります。たとえその内の或るものがしばしば長期にわたるものだとしても、です。四百年前に政治的自由と呼ばれたものは、今日そう呼ばれているものとは非常に違ったものでした。そして今日もまた、その「政治的自由」ということでそもそも何が理解されるべきか、についての統一した見解が支配しているようには全く見えません。昨日の「法《レヒト》」が今日では「不法《ウンレヒト》」に、あちらでの「法」がこちらでは「不法」になりうるのです。また、かつては共同体社会《ゲマインシャフト》であったものが、別な時代と別の場所では、崩壊したものと感じ取られて棄て去られることがありうるのです。残念なことに、国家権力・国家の暴力《ゲヴァルト》・国家の強制力、といった要素だけは極めて明瞭に登場し続けているように見えます。そうした要素以外の他のすべての点では、新しい形式や形態の追求は、決して途切れることがないように見えます。この過程は——或る国家秩序が存続している間にも——潜在的には進行しているのが常です。そして、この過程がどこかの時点で或る切迫した段階に入り込むとき、私たちは「国家秩序の（或る）転換」について語るわけです。そのとき、すべての（もしくはほぼすべての）古い貨幣はすり減ってしまい——もしくはそう言われ——、それから、坩堝《るつぼ》に入れられ、溶かされ、かくて新しい型に鋳造されるわけです。さて、この過程は、全体的に見るなら、比較的悪い国家秩序から比較的良い国家秩序への、そして絶えず良くなってゆく国家秩序への進歩、という意味で進行するものなのかどうか。こうした進歩を、ほとんどの歴史家はつい四十年前までは大胆にもなおも前提し、また、そう主張しもしたわけです。そうこうするうちに、私たちは、この〔進歩史観という〕見解を懐く勇気を私たちから奪い取ってしまうような幾つかの国家秩序が出現するのを見ることになりました。だからと言って、〔国家秩序の〕何らかの全般的没落について語るべきでしょうか。あるいは、比較的悪しきものから比較的良きものへ、そして再びまた逆戻りする、といった〔国家秩序の〕何らかの致命的循環について語るべきでしょうか。一つの大きな波状運動というイメージが、最も無難なもの、また最も適切でもあるもの、として浮かび上がってくるかもしれません。けれども、私たちは、こうした特別な問いに関して決定する必要はありません。一つのことは確実です。それは、まさしく国家秩序の転換こそが人がこの領域上で考慮に入れることのできる唯一全く確実な連続性である、ということです。

「キリスト教会の側からは、この転換について、一般的に何が考えられ言われるべきか」を私たちが自問するなら、一つのことが不動のものとして堅く立っていなければなりません。すなわち、そうした転換すべてはイエス・キリストのあれらの時間〔＝すでに遂行された裁きとその将来の普遍的啓示と〕の間で、かつ、イエス・キリストの支配の下で起こるのだ、と。そして、このことが意味するのは、《そうした転換は、これが再び起こった場合でも、キリスト者に対して、最高の魅惑や最高の驚愕をもたらすことも、またそうした思いを抱かせることも、確かにできない》ということです。それは、政治的事柄に対する無関心や過小評価のゆえにではなく、端的に、最高の魅惑の対象も最高の驚愕の対象も、いずれもキリスト者にはすでにあるのであって、そうした「小さな」転換は、それによってキリスト者が方向づけられているところのこの大いなる転換とは決して競合しえない、という理由からです。これが了解されるなら、こう付け加えることができるし、また付け加えねばなりません。国家秩序の数々の「小さな」転換は、それらがイエス・キリストの時間の中で、かつ、イエス・キリストの支配の下で起こるまさにそのゆえにこそ、われわれの全面的で真剣な注視と関与とを要求するのだ、と。

そうです、これらの小さな転換は――そうした小さな転換は特に旧約聖書においてそう判断されるわけですが――、私たちの背後にあり私たちの前方にあるところのあの大いなる転換の、徴にして前徴のようなもの、なのです。国家秩序は人間の業です。人間は、しかし、未だかつて善であったためしはなく、今もそうではなく、これからも決してそういうことはないでしょう[17]。人間は、神の赦しによって生きるのであって、己れの義によって生きるのではありません。ですから、完全な義の出現など、この領域では期待されえません。それは、何らかの政治上の形式や体制においてそうであり、何らかの政治上の〔すでに現実のものとなった〕達成や形態においては、ますますそうです。《そうした人間の業の限界・脆《もろ》さ・虚弱さ――そして不義――は、或る国家秩序が倒れて他のそれに席を譲らねばならないという事態において可視的となる》ということが今や再び起こるとき、それは、《われわれの現実存在全体はそれ自身に基礎づけられているのではなく、それどころかわれわれは、悪からの救いを必要とする世界、この救いの啓示を待ち望まねばならない世界、——そうした世界に生きているのであり、われわれ人間は、常にただそうした世界しか建設しえない》という事態への想起なのです。《ただ神の愛のみが永遠に存続するのだ》ということを確信している者にとって、そのことは、まさに政治史の大いなる不安定性によってこそ確証されるでありましょう。この者にとって、国家秩序の転換とは、終わりなき御国[18]、この世界がそこから来ておりそこに向かって進み行くところの御国、——この御国の一つの間接的な証しとなるのであり、証しなのです。「そうしたこと[19]が起こり始めたら、きみたちの頭を上げよ。きみたちの解放《エアレースンク》が近いのだから！」〔ルカ二一28〕。

しかし、キリスト教会は確かに、そのような転換の中に、すべての人間のための神的配慮の一つの新たなる提供をも見る、ということを怠らないでしょう。一つのそうした人間の業が崩壊して別のそれに場所を譲る場合、それがいずれにせよ意味しているのは、神の忍耐と知恵との業は未だ終わらない、ということです。その場合、法・自由・共同体社会《ゲマインシャフト》・権力に対する何らかの濫用に対して、明らかに今一度、或る限界が置かれたわけです。そして今や、人々に対して、明らかに、自分たちの共生を他の仕方で――おそらくはより良く――秩序づけるための新たなる試みが許され、また命じられたのです。その場合、神の摂理は、人々を明らかに、新たなる開始を行ないうる状況へと移したのです。キリスト教会がそうした出来事〔＝国家秩序の或る転換〕に――少なくとも根本的には良き希望を抱きつつ――関与する心備えからどのようにして逃れうるものなのか、それは理解し難いことです。

　しかしながら、ここで一般的に言われるべきことの中で決定的なことは、確実に、《キリスト教会は、そのような転換において、何よりもまず自ら悔い改めを行なう一つの機会を認識する》ということです。或る古い政治体制が崩壊する時、それが起こる以前に、キリスト教会もまた機能不全をきたしていたのであり、国民と政府に対する自らの責任を何らか悪しき仕方で果たしていたのだ、ということなしに、そうした崩壊は起こりうるでしょうか。そしてまた、或る新しい政治体制が出現する時、「キリスト教会は、いかなる認識と力とにおいて、変革された状況の中にいる人間に対して、新たに、かつ、以前よりも良き仕方で向かってゆくつもりなのか」と教会自身が問われることなしに、そうした出現は起こりうるでしょうか。国家秩序の転換は、キリスト教会にとっては必然的に次のことを意味します。すなわち、自らの行動の〔それらを生み出す〕土台部分の修正〔＝悔い改め〕のための機会、新たなる集中の要請、新たなる証しへの召喚、です。そして、この新たなる証しとは、そうした〔国家秩序の転換という〕時代の掘り返された土壌にふさわしい証しなのです。なぜなら、その証しは、神の言葉の――この機会に際して探し求められ見出された――より良き認識から生まれるのだからです。

4

キリスト教会は、国家秩序の転換に相対して、次の点で自由である。すなわち、《キリスト教会は――神の言葉に基礎づけられ、かつ神の言葉にのみ[20]義務づけられつつ――、古いものであれ新しいものであれいかなる国家秩序においても、一つの不完全な・脅威にさらされた・期限つきの人間的試み、より以上のものを見ることはできず、そのような試みに〔その都度〕与《くみ》しようが反対しようが、己れ自身への委託に関して惑わされて〔分からなくなって〕しまうようなことは許されない》という点で。

国家秩序の転換は、キリスト教会にとっては、己れ自身の自由を放棄し、かくして己れ自身への委託に関して惑わされて〔分からなくなって〕しまう、といった誘惑に、常になるでありましょう。

これは、《キリスト教会が、神の賜物と制定とに対する信実を、軽率にも、古い秩序(21)の人間の業への原理的固執によって実証しなければならず、それゆえ、己れを保守的諸勢力や昨日の人々と同一化しなければならないと考える》という仕方で起こりえます。おそらくはそうする理由があるのかもしれません。例えば、転落しつつある――もしくはすでに転落してしまった――古い秩序は、確かに幾つかの良い点も持ってはいたし、もしかしたら昨日の人々もまたかれらなりの尊厳と功績とを持ってはいた、という理由。もしかしたら、古い体制は、まさしく教会に、新しい体制からは期待できない――もしくはすぐには期待できない――様々の可能性を与えてくれた、という理由。もしかしたらまた、何らかの政治的革命に際しては新たな不法行為《ウンレヒト》なしに事が進行するのは通常稀なことだ、という理由――そしてその場合の「不法行為《ウンレヒト》」は、突如として全く他の人間たちや人間集団にその原因があるために、古い秩序とその代表者らに対して非難されるべきだった〔それまでの〕不法行為《ウンレヒト》よりは、確かに今その瞬間、もっとおぞましいもののように見えるかもしれません――。もしもキリスト教会が賢明ではない場合、そうした状況下では、自ら、昨日の人間の業のイデオロギー的栄光化と支持に、そしてまた、今日の人間の業のイデオロギー的貶斥《へんせき》に加担するであろう。そのとき、キリスト教会は、政治的反動の事柄を、己れの事柄および神の事柄にしてしまうでありましよう。まさにそれによって、キリスト教会はしかし、己れの自由を放棄するのです。と言うよりむしろ、それによって、次のことが顕わとなるのです。すなわち、《キリスト教会は、己れの自由を、すでに古い秩序の支配下にあって失ってしまっていたのであり、すでにその時、己れの委託を、今や倒れつつある——もしくはすでに倒れている——国家秩序の人間の業の支配的理念と同一視する咎を犯してしまっていたのだ》ということ、《キリスト教会は、己れ自身の委託に関して、すでにその時、惑わされて〔分からなくなって〕しまっていたのであり、そして、己れの自由を新たに自覚し己れへの独自の委託を新たに喜ぶべき瞬間が——少なくとも今——〔新しい国家秩序と共に〕到来したのだ、ということに気づこうとはしないのだ》ということ、が。

しかしまた、基本的には同じことが、まさに以上とは正反対の意味でも起こりえます。すなわち、新しい秩序の人間の業に対する教会の原理的支持という形において。聖霊《ガイスト》が、明け初《そ》めた新しい時代の精神《ガイスト》と取り違えられることがありうるのであり、神の啓示が、「進歩主義的」・急進的《ラディカール》・革命的勢力の告知や行為と——そしてそれにより惹き起こされた潮流の大波と——取り違えられることがありうるのです。おそらくは、これまた理由がないわけではないのかもしれません。例えば、もしかしたら、転換は事実、或るより良き国家に向かう方向において起こっているかもしれないのです。もしかしたら、そこでは、多くの古い虚偽や多くの古い不法行為《ウンレヒト》が、或る当然の裁きを受けているのかもしれません。もしかしたら、この転換によって、多くの人々が本当に助けられることになるのかもしれません。もしかしたら、真剣なキリスト者たちはとっくの以前からこの転換の意味において行動していたのかもしれません。しかしながら、もしかしたら、このような時に、端的に或る種の自己保存本能もまた、「〔うまく生き延びるために〕この絶好の機会を逃すことだけはせぬように」とキリスト教会に囁《ささや》きかけているのではないでしょうか。あるいは――それよりは高尚でマシな理由ですが――、全く新しい人間集団、すなわち今日の解放者たちや解放された者たちと遂にやっとコンタクトがとれる可能性、――例えばそういう可能性が教会を魅惑しているのではないでしょうか。気をつけねばなりません！　こうしたことの代償があまりに高すぎる、ということがありうるのです。その代償の中味が、教会は今やまさに新しい事柄を己れの事柄および神の事柄にすることに心奪われてしまっている、ということがありうるのです。またしても――今や〔先に述べたのとは正反対の〕別の面からすればというだけのことですが――、情況に対する何らかのキリスト教的判断とは全然関係ないような、イデオロギー的栄光化とイデオロギー的評判落としが起こるでしょう。それによってもまた、教会は己れの自由を放棄することでしょう。そしておそらくは、それによってもまた、次のことが単に明るみに出るにすぎないということでしょう。すなわち、《教会は、すでに長きにわたって己れの自由を用いる術をもはや知らなくなっていたのであり、すでに長きにわたって己れへの委託に関して惑わされて〔分からなくなって〕しまっていたのだ》ということ、《この委託に代わって、すでに長きにわたって一つの真空が入り込んできていたのであり、〔新しい国家秩序と共に〕今やその真空は何の妨げもなしに、かくも強烈な仕方で襲いかかりつつある異物によって満たされることができたのだ》ということ、が。

キリスト教会は、両者いずれの場合にも、異《あだ》し神《がみ》に仕えているのであり、両者いずれの場合にも、キリスト教会の主でいます方の国が「この世のものではなく」〔ヨハネ一八36〕、光として神からこの世へと到来したものだ、ということを忘れていることでしょう。キリスト教会は、両者いずれの場合にも、神の言葉を囚われの身となし、己れをも囚われたものとし、そうすることで、自身、獄に入り込んでしまっていることでしょう。キリスト教会は、《どうして自分たちは、前者・後者いずれの形態においても、こうした誘惑を避けねばならないのか、それゆえ、国家秩序の転換に際しては、いかなる場合であれ自由であり続けねばならないのか》という、その明瞭にしてかつ決定的なる理由を想起すべし。実にキリスト教会は、神の言葉に基礎づけられているのであり、かつ、神の言葉にのみ義務づけられているのです！　キリスト教会は、それぞれの国家秩序に伴い行くことができます。キリスト教会は、しかし、いかなる異《あだ》し神《がみ》にも仕えることはできません。それゆえ、キリスト教会は、いかなる国家秩序にも——古いそれであれ新しいそれであれ——、無条件で己れを結びつけることはできず、同様にまた、無条件で抵抗することはできません。キリスト教会は、いかなる国家秩序に対しても、絶対的にして抽象的な服従もしくは抵抗を行なうことはできません。キリスト教会は、それぞれの国家秩序に対して、ただ相対的・具体的な服従もしくは抵抗だけを、しかも、唯一、神の言葉によって己れに命じられている服従もしくは抵抗だけを行ないうるのです。神の言葉は、しかし、この国家秩序にもあの国家秩序にも、古い国家秩序にも何らかの新しい国家秩序にも、拘束されてはいません。神の言葉は、両者いずれの国家秩序をも基礎づけ、かつ、裁きます。神の言葉は、それら国家秩序の転換をくぐり抜けつつ圧倒的な仕方で突き進みます。神の言葉は、自ら、古くもなく新しくもなく、永遠なのです。キリスト教会は、神の言葉に、ただ神の言葉にのみ、従わねばなりません。キリスト教会は、神の論理《ロギーク》と倫理《エティーク》に依り頼まねばならず、他のいかなる論理《ロギーク》と倫理《エティーク》にも依り頼むべきではありません。キリスト教会は、神の言葉の道標《みちしるべ》に聴かねばならず、他のいかなる道標《みちしるべ》にも聴くべきではありません。キリスト教会は、いかなる瞬間にも、《自分は、右に対しても左に対しても、人間の業と関わっているのだ》ということを忘れることは許されません。キリスト教会が、神の言葉からして、ここでは〈然り〉を、かしこでは〈否〉を、あるいは、ここでは〈否〉を、かしこでは〈然り〉を言わねばならないとき、実にそれは、右に対しても左に対しても、何らかの原理的な〈然り〉と〈否〉、己れ自身を拘束する〈然り〉と〈否〉――すなわち己れ自身の委託に関わる信頼を失ってしまうような、かつ、その委託を妨げるような〈然り〉と〈否〉――、であってはならず、それどころか、キリスト教会は、己れ自身の委託遂行のために、もしかしたら全く新たなる服従もしくは抵抗をなすために、右に対しても左に対しても、自由な立場を保ち続けねばならないでしょう。キリスト教会は、この己れの長子の権利を、いかなる保守的レンズ豆のためにも、しかしまたいかなる革命的レンズ豆のためにも、売ることは許されないでしょう(22)。

5

国家秩序の転換に対するキリスト教会の自主独立性は、すべての人間の正・不正、幸・不幸への参与によって、そしてとりわけ、神の言葉の――キリスト教会を諸々の出来事に相対して特定の決断と態度決定へと召喚しうる神の言葉の――自由によって、制約されている。

キリスト教会は、己れの自由からしてもまた、いかなる原理も造り出すことはできません。キリスト教会にとって重要なのは、まず第一かつ本来的には、神の言葉の自由、なのであって、それからようやく、かつ、神の言葉の自由との繋がりにおいて、教会自身の自由、であります。教会の自由は、《神の言葉を人間に宣べ伝える》という己れに託された教会の委託によって基礎づけられており、しかしまたこの委託によって制約されてもいるのです。

キリスト教会は、神の言葉を人間に宣べ伝えねばなりません。それゆえ、キリスト教会は、人間の正・不正、幸・不幸に参与することをやめてしまうことはできません。キリスト教会にとって、世は無関心なものではありえません。そう、世は、神によって愛され、そしてイエス・キリストにおいて神ご自身と和解せしめられた世、なのですから。キリスト教会は、世の諸々の歩みに対する共苦・共同罪責・共同責任を避けることはできません。もしもキリスト教会が、あの転換というまさに危機的状況においてこそ世を見捨てるとしたら、譬え[23]の中のあのファリサイ人やレビ人と共に殺人者の下に倒れている人の傍らを通り過ぎるとしたら、その場合には、教会の自由のいかなる証明も、教会を義とすることはないでしょう。キリスト教会が特定の諸前提のもとにあって自己抑制すべきだと考える場合、もしもその理由が、己れ自身を汚してしまうことへの不安というものだとしたら、それは決してあってはならないことです。そのように自己抑制すべきだと考える場合には、それもまた、キリスト教会の――己れに命じられた――積極的態度決定でなければならないでしょう。それもまた、局外中立性《ノイトラリテート》への逃亡とはいかなる関係もあってはならないでしょう。それもまた、キリスト教会の最高に憐れみ深い参与の行為でのみあることが許されるでしょう。

キリスト教会は、人間に、神の言葉を宣べ伝えねばなりません。神の言葉が語ることを欲するときに、キリスト教会が己れ自身の自由を守ろうとして、神の言葉に沈黙を命じることなど決して許されません。神の言葉が教会を〔世の出来事のただ中から〕いささか離れたところへと――静けさの中へと――呼び出す、ということがありえます。だがまた、神の言葉が教会を決断へと――闘いの中へと――呼び出し、教会に対して〈～への支持《パルタイナーメ》〉を呼びかける、ということもありうるのです。古い――もしくは新しい――国家秩序との関係において相対的・具体的な服従もしくは抵抗が、教会にとって命令となりうるし、そしてその場合には、必然性とならざるをえません。その場合、予期せざる敵対関係や同盟関係が起ころうとも、そうしたことのいずれも、恐れられてはなりません。その場合、ここでもかしこでも人間の業が問題となっているのだ、というそのことが、ここでは明確に〈然り〉を言い、かしこでは同様に明確に〈否〉を言うことのいかなる妨げともなってはなりません。神の言葉が教会に対して「汝は混乱の中に身を投じ、汚《よご》れた手を得よ」と求めるならば、そのとき教会は、神の御名において〔そこに〕向かうべきであり、自らを汚すべきなのです。事は神の誉れに関わっているのであって、教会の誉れ、ではありません。そしてもしも教会が混乱の中に身を投じず、また、汚れることもない場合には、それもまた、局外中立性《ノイトラリテート》へのいかなる逃亡でもありえず、むしろただ、最高の厳しい服従の行為でしかありえないでしょう。

　これは、教会の自由の二重の境界設定です。けれども、この境界設定は、もしかしたら決して二重ということではないのかもしれません。というのも、もしもキリスト教会が真に人間的であるならば、そのときキリスト教会は、己れに対して決断もしくは抑制を呼びかけることのできる神の言葉に対しても打ち開かれていることでしょうから。そしてもしもキリスト教会が神の言葉に対して打ち開かれているならば、そのときキリスト教会は、――その決断をもって、あるいはまたその抑制をもって――人間の味方であることを必ずや表明するに違いないでしょう。

6 キリスト教会は国家秩序の転換に参与するが、それは、そうした出来事の一つ一つが、教会に対して、《神の言葉によって教会自らを革新せしめ、そこからして、そうした転換の前史および諸帰結の預言者的評価ができるようになる》という機会を与えずにはおかない、という点においてである。

私たちは、これに先立つ二つの命題において述べたことを、逆の方向で今一度熟考するよう試みることにしましょう。

国家秩序の転換は、キリスト者共同体（Christengemeinde）にとって、常に、その生命を放棄しその委託を果たさぬように、との誘惑となります。

つまり、キリスト者共同体は、そうした時代に、己れの聖なる中立性やら諸党派を越えた己れの第三の立場やらを己れの召命だとして盾にとることが起こりえます。だがしかし、実際にはこの召命の背後には、キリスト者共同体自身の自由ではなく、ただその無力だけが隠されているわけです。すなわち、政治的情況を見、理解し、照らし出し、解釈することに対する己れの無能力が、〔換言すれば〕己れが紛れもなくそのために召され装備されているはずの預言における機能不全が、隠されているわけです。あるいは、キリスト者共同体は、単にきわめてこの世的な駆け引きからしてだけ用心深く慎重となるわけです[24]——神および人間のためにまさに今こそ勇気あることを語りかつ行なうべきであるにもかかわらず——。あるいは、キリスト者共同体は、己れを外から取り囲む問題群に直面して、不意に内的空間への自己満足的退却の渦中にあるわけです。そうした内的空間の中で、キリスト者共同体は——国家秩序の転換などには心動かされず——、言わば私的《プリヴァート》に最善の仕方で忙しく立ち働いている、と思っているわけです。つまり、ひょっとして何らかの彼岸的キリスト教への退却、ひょっとして「内面性」の保護への退却、ひょっとして個人的道徳再武装[25]の善意あふれる試みへの退却、ひょっとして神学的学問への退却、ひょっとして何らかの「典礼運動《リタージカルムーヴメント》」への退却もしくは他のキリスト教的〈お飾り仕事〉没頭への退却、の渦中にありつつ。そして今やもしかすると、キリスト者共同体は、国家秩序の転換を伴う悪しき地上のはるか高きところに、素晴らしく美しく復元された教会天国を築くのかもしれません。告白と教義、祈祷と讃美、奨励《アンダハト》と捧げ物を伴い、ひょっとしてまた、それによって自分たちはヤコブ書の使信を満足させていると考えるような熱心活発な活動を伴い、ひょっとしてまた、古い手本やら新発見やらの勝ち誇った階級制度《ヒエラルヒー》を伴う教会天国を。——しかしながら、これら一切は、そこでは〔教会によって〕完全に見捨てられている人類からは、はるか、はるか、はるか

(fern, fern, fern) 遠くにあるのです。

まさにこれこそが起こってはならないことです。つまり、このように教会は生きるのではありません。このように教会は眠り呆《ほう》けて自らの委託を疎かにしてしまうのです――その際どんなに美しい夢を見ているのだとしても――。国家秩序の転換に優るキリスト教会の必然的自由というものが存在するのであれば、まさにこの自由においてこそ、この出来事〔=国家秩序の転換〕への――キリスト教会にとって同じく――必然的参与もまた存在するのです。

そうした出来事〔=国家秩序の転換〕が、教会に対して、とりわけ、己れ自身を神の言葉によって革新せしめるという機会を与えずにはおかない、ということに何ら疑いはありません。そう、その自己革新は、変わりつつある政治状況に対する順応や均制化(Gleichschaltung)[26] によって、ではありません！　しかしまた、その自己革新は、この機会に誰かが思いついたような何らかの宗教的趣味によって、でもありません！　そうではないのであって、もしも政治情勢が変わりつつある場合、キリスト者は、そのことを、端的に、聖書を新しく読み、かつ自分自身に対して語らしめる機会、そして、《己れの避け所をただ聖書にしか求めることのできぬことを知っている者らに対して、聖書は、いかに危険な仕方で、かつ癒しに満ちた仕方で、いかに首尾一貫して、かつ穏やかに、いかに深くかつ実践的に語ることか》を自らに明らかにする機会、――そのような機会とすることでしょう。これを行なう教会は、その時、確かに、或る全く新しい仕方で祈ることを、すなわち、〈聴き届けられること〉(Erhörung)の確かさから出発しつつ祈ることを学ぶでしょう。そしてまた、そこからして教会の証し――教会による聖書講解と信仰問答《カテヒスムス》講解――もまた力と現在への徹底的《ラディカール》関わりとを獲得するようになる、ということが生じないことはありえません。そして、まさにこれこそが、すなわち、或る新しき聖書理解・或る新しき祈り・或る新しき証しこそが、国家秩序の転換に対するキリスト教会の決定的参与なのです。他の一切は、ただそこからのみ生じうるのです。もし仮にキリスト教会がこの〈ただ一つのこと〉を避けるなら、他の一切は虚しいもの、風を捕《つか》まえるようなものとなりましょう。

　神の言葉によってまさに革新されつつ、キリスト教会は、しかしまた、そのような時代の政治的事件に対する直接的貢献が――何らかの程度と拡がりにおいて――できるようになるでありましょう。もしもキリスト教会が、聖書において生き、祈りにおいて生き、その証しのために生きているのであれば、キリスト教会は、そのとき、[27] 国家秩序の転換の問題が孕《はら》む複雑さに対して、そしてまた、確かに両方の側ですぐにも気づかれるはずの教会自身の孤独に対して、根本的にはいかなる恐れも抱く必要はありません。

キリスト教会は、そのとき、一つの場所を持っているのです。そこからして、その日の出来事や数年に及ぶ出来事を、落ち着きつつ・鋭く・無党派的に公正に、見ることができ理解することができる、そのような場所を。キリスト教会は、そのとき、過去の像が〔古きものからの〕離反と〔新しきものへの〕立ち返りとのための理由を意味するということ、また、それがどうしてなのか、を知るのです。そしてまたキリスト教会は、そのとき、いささかの厳密さをもって、この離反と立ち返りとはいかなるものであらねばならないか、をも語る術を知るのです。また、きっとキリスト教会は、そのとき、最も間近な将来のうちに、勇気と希望と特定の諸決断との機会を与えるような諸可能性をも見るのです。もしもキリスト教会があらゆる綱領《プログラム》作成趣味に対してしっかりと自己抑制するなら、実際、キリスト教会は、次の数歩のための――もしかしたら最も小さい数歩かもしれないけれどもしかし前進させてくれるような数歩のための――助言と道標《みちしるべ》（Weisung）とを与えることが、確かにできるでありましょう。これを行なうことによって、キリスト教会は、己れになすべく与えられている預言者的〈斥候《ものみ》の役目〉[28]を果たすのです。キリスト教会がこれを疎《おろそ》かにすることは許されません。キリスト教会はいかなる恐れも抱くことは許されません。キリスト教会が、その際、無私な仕方で登場すればするほど、繰り返し繰り返し源泉へと向かうことを疎かにすることが少なければ少ないほど、そしてまた、《キリスト教会――斥候《ものみ》自身――こそが預言者的言葉〔そのもの〕に身を屈《かが》めねばならぬ最初の者だ》ということが己れにとって明瞭であればあるほど、明瞭であり続ければあり続けるほど、キリスト教会は、それだけますます勇気をもってこの預言者的〈斥候《ものみ》の役目〉を果たすでありましょう。キリスト教会は、そのとき、敢えて〔教会の〕外へと立ち向かう時にもまた、守られており、守られ続けているのです。

7

国家秩序の転換に対するキリスト教会の参与は、《いかなる状況の下であれ――それゆえその預言者的言葉をもってもまた――、ただイエス・キリストの喜ばしき使信のみを、その約束および勧告のみを告げる》というキリスト教会への委託によって制限されている。

《キリスト教会は国家秩序の転換に参与すべきである》ということ、――これまた、そこからその諸々の帰結が杓子定規に引き出されねばならないような或る原理、とはなりえません。キリスト教会がそうした参与を、いかなる犠牲を払ってでも・いかなる状況の下《もと》であれしようと欲する、などということは許されていません。キリスト教会のそうした参与もまた自己目的とはなりえないし自己目的となることは許されておらず、むしろ、よく注意されるべきその限界を持っています。つまり、キリスト教会のそうした参与は、あらゆる場合に・いかなる状況の下であれ、キリスト教会固有の委託の遂行という性格を持っているのです。それゆえ、キリスト教会は、教会的に行動し、そして、そのあとで・それと並んで、なお政治的にも行動する、などということはできません。キリスト教会の政治は、自らに最も固有な生の一形姿でしかありえません。そして、それが意味するのは、とりわけ次のことです。すなわち、キリスト教会がその預言者的〈斥候《ものみ》の役目〉を果たす際にもまた、事の核心は、何らかの宗教社会主義的政治的法則の宣言や擁護ではありえず、ただ一つの福音――〈イエス・キリストにおける神の自由なる恵み〉の喜ばしき使信[29]――の宣教でしかありえないのだ、と。キリスト教会は、ただこの主のみを、ただこの主の慰めと勧告のみを、かくして、あらゆる被造物にとっての唯一の希望を、証しすることでき証しすることが許されているのです。事の核心とは、この宣教の政治的諸帰結なのです。事の核心とは、《神は人間の味方でいまし、それゆえ、人間の滅びに反対し給う》ということを可視的にする、ということなのです。事の核心とは、国家秩序の転換のただ中にあって、いかなる状況の下であれ、人間の――神ご自身が引き受け給うた人間の――事柄を代表《フェアトレーテン》/支持する、ということなのです。このようにして、ただこのようにしてのみ、教会の宣教は真正の預言であります。もしも教会の宣教がこの意味を持たないとしたら、教会の宣教は、いかに強烈《ゲヴァルティッヒ》にそれが鳴り響こうとも、実際ただの熱狂主義《シュヴェルメライ》でしかありえないでしょう。そして、それこそが、ここで起こることの許されないことです。

　それゆえ、キリスト教会は、決して、種々の抽象的規範・理想・歴史的法則・政治的社会的世界観そのものを代表／支持《フェアトレーテン》することも宣教することもできないし、あるいはまた、そのようなものと闘うこともできません。キリスト教会は、自らの〈然り〉においても自らの〈否〉においても、何らかの政治的な諸原理・諸教義《ドグマ》・諸信仰問答《カテヒスムス》に、ではなく、常にただ特定の政治的諸形姿にのみ関わるのです。キリスト教会は、いかなる「～主義《イズム》」[30]に対しても、そしてまた、そうした何らかの「～主義《イズム》」への拒否に対しても、自ら〔その「～主義《イズム》」を行なってしまうことによって〕責任を負うことはできません。たとえ人がキリスト教会をそのように強制しようとしても、キリスト教会は「否！」と言わねばならないでしょう。たとえ、そこでは最高に素晴らしい「～主義《イズム》」もしくは最も恐るべき「～主義《イズム》」が問題となっている場合であったとしても、です。キリスト教会は、自らいかなる体系《システム》も持ってはおらず、かくしてまた、いかなる体系にも関心を持ってはおりません。それゆえに、キリスト教会は、いついかなる場合でも党派として現われることなど全くありえないのです。キリスト教会は、いかなる政治的信奉者もいかなる政治的敵対者も知らず、知っているのは、いついかなる所でも、ただ人間だけ、であります。ここにおいて、われわれ福音的[31]〔教会〕の側の見解はローマ・カトリックの見解とは究極的鋭さをもって異ならざるをえません。キリスト教会は、己れが国家秩序の転換において語るべきことを、常にただケースバイケースで語ることしかできません。キリスト教会は、己れを或る政治的「線」に固定させることを厳に拒絶せざるをえません。キリスト教会が、五十年前――あるいはまた十年前――に己れがいたまさにその場所で今日も見出されうる、などということは、ただきわめて稀な場合だけでしょう。キリスト教会は自由であり続けます。それは、いかなる法則《ゲゼッツ》をもキリストの律法《ゲゼッツ》として――それゆえ福音として――宣べ伝えるのではないまさにそのゆえに、です。キリスト教会は、今日は、もしかするときわめて保守的に、明日は、もしかするときわめて進歩的に、そう、実に革命的にすら語らねばならないでしょう。あるいは逆もまた然りです！　キリスト教会はいかなる綱領《プログラム》をも持つことが許されてはいません。なぜなら、己れがひとりの生ける主を持っているからであり、この主に、きわめて異なる事情と状況において、常に新たに仕えねばならないからです。キリスト教会は、常に、ありとあらゆる右派や左派の党派とは異なる根拠から、かつ異なる信実において、生きています。キリスト教会は、それらの党派と、今日は一緒に働いても明日は対立して働かざるをえない、ということがありうるのです。キリスト教的政治は、世に相対しては、絶えず繰り返し、異質で見通し難く驚かしてしまうような事柄であらざるをえないでしょう。さもなくば、それは、確かに、決してキリスト教的政治ではありません。

しかし、まさにかくも自立した仕方で語らねばならないがゆえに、キリスト教会は、命じられた場合には沈黙することもまた許されねばなりません。そして、まさにそうすることによって、もしかしたらそれだけ一層明瞭に語ることになるかもしれません。キリスト教会は、ありとあらゆる機会と状況においていつでも自分の言うことを聞いてもらおうとする知ったかぶりのおせっかい者であることはできず、また、そうであることは許されません。キリスト教会は、自らの必然性からして語らねばならない場合にのみ、語ることができ語ることが許されているのです。キリスト教会は、誰からであれ無理やり決断を迫られるようなことを、〔世が〕言うところのあらゆる「焦眉の」問いに対して何らかの答えをせねばならないようなことを、ご免こうむることが許されているのです。キリスト教会は、自由へと向かう道を、もしもその道が己れに対してかつて——もしかしたら己れ自身の咎によって——塞がれてしまった場合には、時折は広範囲にわたって己れを〔政治的には〕不可視のものとするということによってもまた、再び己れのために開《あ》けておくことが許されているにちがいありません。

8

キリスト教会が国家秩序の転換の中での己れの奉仕を正しく行なうのは、自らが古い秩序および新しい秩序の代表者ら――秩序の転換に際しての敗北者らと勝利者ら――を相共に謙虚・神讃美・人間性へと召喚することができ、かれらを相共に、あの大いなる転換に対する信頼へと、あの大いなる転換の啓示に対する希望へと招くことができる、というほどに、国家秩序の転換に相対して独立し、かつ、国家秩序の転換に参与しているときである。

国家秩序の転換の中でのキリスト教会の正しい奉仕の基準とは、結局、以下のように描くことができましょう。

キリスト教会は、まず第一に、かつ最終的に、神および人間と関わっており、《この両者の関係がイエス・キリストにおいてはいかに秩序づけられているのか》ということに関する証しと関わっております。キリスト教会が国家秩序とその諸転換、諸党派、それらの立場、それらの諸理念、それらの権力と関わるのは、以上すべてがまさに人間に属しているその限りにおいてです。キリスト教会の問いとは、こうです。「神がイエス・キリストにおいてご自身の恵みを贈り与え給うた人間、そのためにイエス・キリストが死にかつ復活し給うた人間、——そのような人間から何が生じるのか？」、と。そのような人間は皆、国家秩序の転換に参与している者、すなわち、正しい者と正しくない者、勝利している者と敗北している者、古い秩序および新しい秩序の支持者と敵対者、です。キリスト教会は、いかなる状況の下であれ、これらすべての人間を眼前にしていることが許されており、眼前にしていなければなりません。これらすべての人間の位置や状況の多様性、そして、とりわけ、これらすべての人間の責任の多様性は、キリスト教会にとってどうでもよいものではないでしょう。キリスト教会は、しかし、これらすべての人間を、その場所にいる各人を、人間として見るのであって、何らかの標識の担い手として、何らかの「事柄《ザッヘ》」の単なる駒《こま》や代表として見るのではありません。キリスト教会は、そのあるがままのかれらと語るのであり、そのあるがままのかれらのために祈るのです。あらゆる闘いと対決に大いに参与しつつも、キリスト教会は、以上のような理由からしてもまた、きわめて自由であることでしょう。すなわち、「共に憎むためにではなく、共に愛するために私はここにいるのだ」(32)、と。

それゆえに、正しい奉仕の規準とは次のようなものでしょう。キリスト教会は、国家秩序の転換に参与しているすべての人間を相共に謙虚へと、すなわち、《われわれは皆相共にほんのちょっぴりつつましくあることが許されているのだ》ということへと召喚し、また、神讃美へと、すなわち、《われわれは皆相共に頭をあげ、そして、あらゆることにもかかわらず、ほんのちょっぴり喜ぶことが許されているのだ》ということへと召喚し、そして、まさに人間性へと、すなわち、《われわれは皆相共に、互いに言い争う必要がないだけではなく、互いに認め合い生かし合うことが許されているのだ》ということへと召喚することができるのだ、と。

イエス・キリストにおいて起こったあの大いなる転換、かつ、その啓示に向かってキリスト教会は全世界と共に歩むことが許されているあの大いなる転換、――その大いなる転換に対する信頼は、キリスト教会を、このような正しい奉仕に対して有用なものとするでしょう。この大いなる転換こそが、アルファでありオメガ、始めであり終わり、なのです。そして、そのところからして、《キリスト教会は正しい道の上にいるのかどうか》が繰り返し繰り返し測られるべきでありましょう。そう、この大いなる転換は実に全体なのであって、その内部にあって国家秩序の転換は起こり、その内部にあって教会もまた己れの派遣と委託とを持っているのです。教会は、祈ることが許されています。「どうか、われらの主に対して、〔この方において起こったあの「大いなる転換」という「全体」に」対応する全体性において奉仕する思いと備えとを、繰り返し繰り返しお与えください」、と。

（1）Die christliche Gemeinde im Wechsel der Staatsordnungen, in: Christliche Gemeinde im Wechsel der Staatsordnungen. Dokumente einer Ungarnreise 1948（『国家秩序の転換の中にあるキリスト教会——一九四八年ハンガリー旅行の記録』), Zollikon-Zürich 1948, S. 30-46.『著作集』7、二三九－二六一頁（森岡巌訳）。——E・ブッシュ『生涯』五〇一－五〇六頁参照。更に、この一九四八年のハンガリー旅行がハンガリーの改革派教会におけるバルト神学の受容史においてもつ画期的意味については、次のものを参照。S. Fazakas, Links-und Rechtsbarthianer in der reformierten Kirche Ungarns〔「ハンガリーの改革派教会における左派および右派のバルティアン」〕, in: M. Leiner/M. Trowitzsch (Hg.), Karl Barths Theologie als europäisches Ereignis〔『ヨーロッパ的出来事としてのカール・バルトの神学』〕, Göttingen 2008, S. 228-235. なお、この書物は、同書タイトルを主題とした国際的ワークショップ（二〇〇六年五月二五－二七日、ドイツ・イェーナにて開催。ヨーロッパ、アメリカ合衆国、カナダから三〇名の男女神学者が参加）でなされた各研究者の発表・報告の記録である（「前書き」より）。前半部の（旧・西ドイツを除く）ヨーロッパ「諸国における研究」には、先のハンガリーの他、ベルギー、フランス、フランス語圏スイス、デンマーク、旧・東ドイツ、イタリア、オランダ、ノルウェー、ルーマニア、チェコ、からの発表・報告が載せられている。

（2）「教会」の原語は前注タイトルにあるようにGemeindeで、以下、基本的にはこの語が用いられている。なお、Kircheが用いられる場合にはルビを振ることとする。

（3）スローガン、プロパガンダについては、後の和解論の倫理学『キリスト教的生』Ⅱの、「主なき諸権力」中の第三の「精神的形成物」に関する論述（同五二三―五三一頁、特に五二八頁以下）を参照。

（4）イエス・キリストの復活と聖霊の注ぎと（いわゆる）再臨との関係については、『セレクション』1、一〇二―一〇三頁注8を参照。

（5）前注4に挙げた『セレクション1』の個所で指摘しているイエス・キリストの唯一の再臨の三つの形態（1．復活、2．聖霊の注ぎ、3．いわゆる「再臨」）という理解とも連動しつつ、KD IV/1, 356-357（『和解論』I／2、三〇八―三〇九頁）では、イエス・キリストの〈十字架と復活〉以後の世界史および教会の時間は、イエス・キリストの十字架と復活との間の「三日間との類似性」（傍点は引用者による）を持っている、と更に厳密に語られることになる。但し、そこでは未だ、――本講演および同時期のKD III/2, 757（前注4で指示）同様――唯一の再臨の二つの形態として、KD IV/3における2．と3．は一括りにされている。すなわち、KD IV/3においては、イエス・キリストの「再臨」――神の国の普遍的到来！――が地上の歴史（＝聖霊の注ぎ）においてもまた絶えず迫りつつあるものとして一層ダイナミックに捉えられている、と言えよう。

（6）前注5参照。
（7）原語はVeranstaltungで、同様の理解については『セレクション5』二二三頁注15参照。
（8）Iコリント一三12、IIコリント五7（および同個所の田川訳、第三巻、四四一―四四二頁の註）を参照。
（9）後に、同じ意味で語られている「国家制度」（Staatlichkeit）については『キリスト教的生』II、五〇八―五〇九頁参照。
（10）原語はAnordnungで、この直後に「任命」と訳した原語はEinsetzungである。ローマ一三1―2との関連でバルトが両者を同義語として用いていると思われることについては、本巻所収の「キリスト者共同体と市民共同体」の注27を参照。したがって、以下、Einsetzungについての訳語も（場合に応じて）「制定」とすることがある。
（11）原語はObrigkeitで、この語については『セレクション5』二一九頁注8参照。
（12）原文には疑問符がないが、反語的問いと解してはじめて後続の文章との繋がりが理解できるので、（疑問符の脱漏と見て）こう訳す。
（13）『セレクション5』一八一頁以下参照。
（14）『セレクション5』二〇一頁参照。
（15）ローマ一三5および『セレクション5』一五二―一五三頁参照。
（16）聖シュテファン（St. Stephan 九七五頃‐一〇三八）は、ハンガリー王朝第一代の王。シュテファン一世と称された。聖シュテファンの冠は、彼が王位にのぼるに際して、時の教皇ジルベスター二世から贈られたもの。以後、代々の皇帝に受け継がれ、ハンガリー王統を象徴するものとなっていた。――以上は、前注1の森岡巌訳の訳注に拠る。その際「ステファン」とされていた表記は、『新編 西洋史辞典 改訂増補』(「ハンガリー王国」の項目)に従った。

(17) これはバルトによる新プロテスタンティズム批判でもある。『セレクション5』四七四頁注17(=本文四二九頁)、六二〇頁注55(=本文五八九頁)参照。

(18) 例えば、ダニエル二44、三33等参照。

(19) ここでは「国家秩序の転換」を指していよう。

(20) 原文は mit ihm allein で「神の言葉をもってのみ」となるが、このテーゼのこの後の解説では、「神の言葉にのみ」(ihm allein)となっており、この方がバルトの通常の言い回しに合致していると思われるので、ここの mit は誤植と判断する。

(21) 原文に強調はないが、次の段落の「新しい秩序」が強調されているため、それに合わせる。

(22) 創世記二五27―34参照。

(23) ルカ一〇25―37参照。

(24) ここでは「ツヴィングリのモットー」が暗示されている。「信仰の一致における政治的決断」(本『セレクション』所収)の注22参照。

(25)『セレクション1』四五二頁、四六七―四六八頁(注6)参照。

(26)『セレクション4』四三〇頁注31参照。
(27)傍点は、この後の四つの「そのとき」も含め、文意鮮明化のため、訳者による。
(28)イザヤ二一6以下（文語訳）参照。
(29)原語は die frohe Botschaft von Gottes freier Gnade in Jesus Christus で、バルメン宣言第六テーゼ（die Botschaft von der freien Gnade Gottes）も暗示されていよう。バルメン宣言第六テーゼの原文出典については、例えば『セレクション5』二二一頁注15に挙げた文献（Karl Barth, Texte zur Barmer Theologischen Erklärung, S. 5）――なおそこでは邦訳文献も示した――を参照。
(30)「主《あるじ》なき諸権力」の「精神的形成物」の一現象としての「～主義（イズム）」については、『キリスト教的生』Ⅱ、五二六―五二七頁（「精神的形成物」は同五二三頁）を参照。
(31)原語は evangelische (Ansicht) であり、この evangelisch は、直後に出ている「ローマ・カトリック」との対比から分かるように、evangelische Kirche の意である。これをわれわれは慣例に従い「福音主義教会」と訳してきたが、さすがに「～主義」（-ismus）について批判的に――そしてバルトはこの語を（「体系 System」や「宗教的 religiös」などと同様）一貫して批判的に用いる――論じてきたこの文脈において evangelisch を「福音主義的」と訳すのは憚られた。
(32)どこからの引用なのか不明。

ブダペストでの討論から(1)

一九四八年四月一日午前(2)

尊敬する会衆の皆さん！　私が十二年前に十四日間ハンガリーに滞在し、そしてこの地をあとにした時、難しいハンガリー語のすべての言葉の中で、たった一つの言葉だけが忘れがたいほど私の心に刻み込まれました。その言葉とは——もしも私が正しく発音しているとしたら——、《Felelete !》（＝質疑応答）です。私がまさしくこの言葉を記憶していたというのは、おそらく決して偶然ではありますまい。なぜなら、〔質疑応答という〕この言葉は、すでにその時、私の課題の中の最も困難な部分だったからです。質問する方々のことを知らず、また、状況についても一外国人が知りうる程度にしかそれを知らないような場合、数々の質問に答えるよりは、講演をこなしているほうが容易です。そういうわけですので、もしも私がすべての期待を満たすことにはならないとしても、私への忍耐をお持ちいただくようお願いいたします。私は自分の最善をつくすつもりです。けれども、白状しますが、私はいささかためらいながらこの課題に向かっています。と言いますのは、私が危惧しているのは、あれやこれやの質問を正しく理解していないのではないか、あるいはまた、そうした質問を〔逆に〕あまりによく理解しているため、左側の人々にも右側の人々にも新たな質問を促しかねないような何事かを言ってしまうのではないか、ということだからです。ですから、今朝の私に必要とされるのは、特に多めの知恵と信頼でありましょう。そして、私は皆さんにも、私がこれから申し上げるであろうことを、賢明かつ理性的にお用いくださるようお願いいたします。

まずは、国家が問題となっている一連のご質問を取り上げてみたいと思います。

問い　国家は――キリスト教的理解によれば――創造の領域に属しているのでしょうか、それとも、救済の領域に属しているのでしょうか。

答え　国家は、救済の秩序に属しています。『使徒信条《クレドー》』[3]において国家が可視的となる場所は第二項（「ポンテオ・ピラトの下《もと》に苦しみを受け」）にあるのであって第一項にはない、ということは、決して偶然ではありません。本質的なこととして、これに次のことが付け加わります。われわれが国家を神の知恵と忍耐との企てとして理解し、かつ、われわれは、神の業を種々の部門に分割するのではなく一つのものとして見るときには、国家を神の憐れみとの厳密な関連において理解するだろう、と。神は、ご自身の憐れみが地上で場所を持ちうる、ということのために配慮し給います。「彼〔＝神〕の栄光の舞台 theatrum gloriae suae」（カルヴァン）が存在する、ということ、実にこれが、そもそも創造の意味なのです。〔つまり〕自然の領域においては神の恵みの秩序が存在すべきなのであって、この〔神の恵みの秩序のための〕場所が国家によって保証されるのです。もしも私たちが新約聖書から、《新約聖書では、国家は天的諸力・諸権力と関連づけられている》ということを正しく理解するなら、私たちは、《そうした天的諸力・諸権力は全能の主《あるじ》どもではないのであって、それどころかむしろ、キリストに服従している》ということを知るでしょう。かくして、私たちは、根本的には、国家においてもまた、キリストの王国（regnum Christi）の中にいるのです。[4] もっとも、このキリストの王国はその中心を教会に持っているわけですが。その内円〔＝教会〕と外円〔＝国家〕との間にすでに言語上、或る類似性が存在する、[5] ということ。これは決して偶然ではないでしょう。キリストは、メシア、すなわち、「御国」（das Reich/basileia）をもたらし給うたイスラエルの王、と呼ばれます。そしてまた、キリスト者の待望するものとは「都」（polis）[6] ですが、キリスト者自身が、市民や〔神の〕家の者と呼ばれています。以上すべては政治的概念です。もちろんこれらの政治的概念は、教会の理解においては或る比喩的意味を獲得しているわけですが、とはいえやはり、この政治的領域は教会的領域との或る関係にある、ということを示しているのです。私たちはすでに創造を救済からして理解しなければならないのであって、決してその逆ではあってはなりません。

問い　キリスト教的認識によれば、《いつの日にか国家なき社会が存在することになろう》ということは認めうることでしょうか。

答え　キリスト教的認識によれば、ここでは疑いもなく「否」と言われるべきです。もしも誰かがそうしたことを信じようとするなら、その人はまさにグロテスクなほどに楽観主義的人間理解を持っているに違いないでしょう。そして、ただ夢想家や空想家の頭の中にだけ、そうしたことは思い浮かぶことができるのです。国家をもはや必要とはしない人間。それは、〔すでに〕神の国の中に、すなわち、やがてすべてにおいてすべてであり給うであろう[7]その神の国の中にいる人間です。しかし、私たちが信仰において生きているのであって〔未だ〕観ることにおいて（im Schauen）生きているのではない[8]限り、私たちは、教会を必要とするのとまさしく同様（新しきエルサレム[9]においては教会もまた終わる[10]でしょう）、国家をも必要とするでありましょう。そのことを否認する者は、自分が何を言っているのか分かっていないのです。

問い 法治国家（Rechtsstaat）という概念については何が理解されるべきでしょうか。

答え これは包括的な問いです。この問いに対して手短にかつ明瞭に答えるよう、試みることにしましょう。「国家」ということでそもそも何が理解されるべきか、を思い出してみましょう。国家とは、人間によって企てられるところの、人間の〈外的生活の秩序〉の試み、であります。この秩序においては、全体に対しての個人による侵害が――しかしまた個人に対しての全体による侵害も――阻止されるべきです。しかも、――そしてこれは国家の本質に属することです――この秩序は外的な力によって保証されます。人はこの概念〔＝外的な力〕を国家の概念から分離することはできません。しかしまた、この概念〔＝外的な力〕を、他のこと――すなわち、《国家は、国家に属する人間たちの自由な責任によって担われねばならない》ということ――から切り離してもならないのです。国家は、帽子のように〔強制的に〕人間の頭の上にかぶせられることはできないのです。それどころか、正しく理解された「朕は〔＝我＝一人一人の国民こそが〕国家なり！」というものが存在します。

正しい国家（ein rechter Staat）とは、そこでは秩序・自由・共同体《ゲマインシャフト》・力・責任といった諸概念がバランスを保っており、そうした諸要素の内どの一つも絶対化される――かくして或る要素が他の諸要素を支配する――などということのない、そのような国家、であるでしょう。〔例えば〕そこではただ個人の自由のみが妥当するような国家は、決して法治国家《レヒツ・シュタート》ではなく、無政府状態へと滑り落ちつつある国家でしょう。もしも或る国家においては単なる力《マハト》が支配的であるなら、その国家は法治国家ではなく専制国家です。あるいは、もしも或る国家においてはただ共同体《ゲマインシャフト》の原理のみが自己貫徹しようと欲するなら、私たちは蟻社会を持っているのであり、決して法治国家を持ってはいないでしょう。正しい国家とは、そこではこうしたいかなる行き過ぎも起こることなく、かの諸要素が或る確かな均衡を保っている国家、のことです。

ご覧のように、人はただ根本的には、《正しい国家はいかなる方向において探し求められるべきであり、かつ、いかなる方向において探し求められるべきではないか》ということを挙げうるのみです。自明のことながら、未だかつて完全な法治国家が存在した例《ため》しはありませんし、そしてまた、最後の審判の日[11]に至るまでそのような国家が存在することはないでしょう。世界史の意味にしてまた無意味でもあるのは、《かの諸要素は或る運動の中にあるのであり、その運動においては、人は確かに、より良き国家・より悪しき国家について語ることはできるけれども、しかし決して、絶対的に良き国家については、そしてまた——神に感謝すべきかな《ゴット・ザイ・ダンク》！——絶対的に悪しき国家についても、語ることはできない》ということです。

問い　ローマ書一三章とヨハネの黙示録一三章という聖書個所はいかなる相互関係にあるのでしょうか。

答え　私たちが新約聖書においてかくも奇妙な仕方で見つめ合っているこれらの二つの個所を——両者共に一三という数のもとで——持っている、というのは注目すべき事柄です。古代のキリスト教徒は、明らかにここでは何ら矛盾を見ませんでしたし、だから例えば、これらの個所の内の一つを削除せねばならない、などとは考えませんでした。かれらは、パウロ〔＝ローマ書一三章〕のところでは、《神からのものではない「権威」（exousia）は存在しない》ということを読んだのであり、そして、ヨハネの黙示録一三章のところでは、《まさにその同じ国家秩序が、深淵からの獣の姿を取ることがありうる》ということを読んだわけです。同一の国家——ネロのローマ国家[12]——が、新約聖書においては、神の秩序[13]と表示され、また、深淵からの獣と表示されるわけです。これが両極であり、この二つの極の間で、私たちは時間の中での国家を見なければならないのです。私たちは両方を考慮に入れねばなりません。しかし、まず第一には、明らかにローマ書一三章を、そしてそのあとで、大いなる疑問符としてヨハネの黙示録一三章をも。これら二つの局面――すなわち、一方では善き「神の制定」(ordinatio Dei)[14]、他方では人間の堕落(corruptio hominum)――が存在する、ということ。これは、決して希望なき問題、というわけではありませんが、しかし、〔確かに〕きわめて真剣な問題であります。これら二つの極の間で、私たちが「政治的責任」と呼ぶ出来事が生じざるをえません。ローマ書一三章から出発せねばなりません。この命令からやって来つつ、キリスト者は、そのあるがままの現実を見るのであり、そうして、ひょっとしたら、その上に国家が存在しているかもしれぬその傾斜した平面の果てには「深淵からの獣」が待っているということ、――これに驚愕し、これを問い、これを想起する、といった機会を得ることになるかもしれません。しかしながら、神の秩序[15]としてのその純粋な形姿における国家も、その端的に悪魔的な倒錯における国家も、いつか私たちの目に見えるものとして登場することはないでしょう。これら両極は〔両端の〕境界線(Grenze)なのであって、それらの境界線の間にあって現実は動いているのです。

ただ夢想家と熱狂主義者《シュヴェルマー》だけが、自分たちは「神の国」(civitas Dei)にいる、と妄想しうるのです。それはひょっとしたら古い流儀《スタイル》の「神の国」かもしれません。神から遣わされた〔とされる〕王どもを伴い、また、千年王国――そこでは王どもが玉座に鎮座し、この王どもには左右から祭司らが仕え奉《たてまつ》っている――を伴っているような古い流儀《スタイル》の「神の国」。あるいはまた新しい流儀《スタイル》の「神の国」かもしれません。そこではすべての人間がその権利を認められ〔ることによって正当な扱いを受け〕、自由が支配し、あらゆる問題が解決されており、悪しき敵は打ち負かされている、そのような到来しつつある社会、という新しい流儀《スタイル》の「神の国」。これらは夢想です。

だが、よくご理解いただきたい。もしも私たちが、「深淵からの獣」が生きたまま路上をあちこち走り回っているのを目《ま》の当たりにしている、などと考えるとしたら、これまた常に夢想でありましょう!! 幸いにも、そのようなことは私たちには免除されています。地獄は存在します。だがそれは、縁《へり》として、境界線（Grenze）として、です。しかし、私たちが見ることのできる地獄は存在しないのです。イエス・キリストは地獄にまで降りて来給うたのであり、(16)そして、私たちのためにこの地獄を閉ざし給い、その上に封印を押し給うたのです。私たちはもはや、《この地獄の姿が現実となる》ということを考慮に入れるべきではありません。《この時間の中にあっては、一切がその限界（Grenze）を――善においても悪においても――持っている》ということが、キリストの王国の徴なのです。私がお勧めしたいのは、〔ローマ書とヨハネの黙示録の〕両方の章を、きわめて注意深く、かつきわめて真剣にお読みいただき、そして、《われわれはその両方の章の間で生きているのだ》ということを明瞭に理解し、かくして、私たちの状況を、私たちにはふさわしからぬ仕方で劇的に誇張する《ドラマティジーレン》ようなことはせずに、覚醒している、ということです。[17]

（「ロバは調子に乗ると氷の上に踊り出る」という諺があります。私は、この瞬間自分が調子に乗っている、などとは言えないでしょう。私はまた踊りたいとも思ってはいません。そして私は、単純に一匹のロバであることも望んではいません。しかし、氷の上には、今や私はとにかく行かねばならないのです!!　というのも、あなたがたが私に提出なさる質問は、いよいよ更に焦眉の問い・危険な問い、となっているからです。これまでは、質問は未だ神学的・教義学的・聖書釈義的空間を動いておりました。今や、もはやそういうわけにはゆかないでしょう。）

問い　キリスト者は、法《レヒト》を重んじない国家に対して、〔換言すれば〕ひょっとしたら無神的であるかもしれぬ国家――とは言え己れを教会の友と称し、しかもその世界観に基づくなら早晩いずれは教会の敵として明らかになるにちがいない国家――に対して、いかなる態度をとるべきでしょうか。教会は、教会を暫定的戦術的には承認するが、将来的には教会に宣戦布告するような国家に対して、いかなる態度をとるべきでしょうか。

答え 「さよなきどり（小夜啼鳥）よ、われ、汝の声聞けり」[18]。私は〔この質問も含め〕以下の幾つもの質問に対して――多くの似通った質問が届いています――、一つの真剣で重大な答えを、まずは全く一般的な仕方で与えたいと思います。その答えとは以下のようなものです。

国家がこれらの質問において述べられているような顔を「どこかで」持っているその程度に応じて、キリスト者にとっては、次の言葉に依り頼むのとは別の可能性は存在しないであろう、と。すなわち、「人間に従うよりは神に従うべきである」〔使徒行伝五29〕。これこそ、その後に引き続き言われるべきこと一切の揺るがざる基礎たるべし、です。

以上のことが語られており、また、聴かれているならば、私は、第二の、幾分かは容易な答えを付け加えたいと思います。以下の通りです。そのような状況の中にあっては、私たちキリスト者にとっては、落ち着きとユーモアとを失わない、ということがとりわけ重要です。というのも――先ほどご説明したことを今振り返りたいのですが――、私たちは、最後の審判の日に至るまで、完全な国家なるもの・キリスト教的国家なるもの、に出会うことも、そしてまた悪魔的国家に出会うこともないでしょうから、ね。私たちは常にその中間のところを動くでありましょう。ですから、人はキリスト者として、たとえ国家がその顔においてあの「深淵からの獣」の特徴を示し始めた場合であっても、直ちに「最後ノ手段」（ultima ratio）[19]、つまり、「〈然り〉か、さもなくば〈否〉か」、「賛成か、さもなくば殉教か」、には手を伸ばさないでしょう。むしろその場合、人はまさにキリスト者としてこそ、少しばかり待つ自由、事態を個々の点にわたって注意深く吟味する自由、を持つでしょう。神の秩序[20]から脱走することのできる国家など存在しえません。かしこで――ローマ書一三章のところで――人は開始しなければならないのであって、ヨハネの黙示録一三章のところで、ではありません。たとえ不気味で危険な国家であるとしても、そこに依然として――もしくはすでに再び――秩序という点で現存しているものがあるのなら、どうしてそれに固着しないのでしょうか。キリスト者は、まず第一に〈然り〉からして生きるのであり、そのあとようやく〈否〉からして生きるのです。私は決して政府忠誠者《ロヤリスト》ではありませんし、また、断固たる態度をとる用意はあります。しかし、その際の動機は明瞭でなければなりません。そして私が恐れるのは、これらの質問には、キリスト教的ではない或る不信感からくる不安が潜んでいるのではないか、ということです。そういうわけで、私としては質問された方々の肩に手を置きながら、こうお尋ねしたい思いです。「渡し守よ、率直に言ってくれ。一体、事態はそんなにも危険なのか?」、と。今日すでに〔そんなにも危険〕?「これからもっと悪化してゆくことがありうるだろう」。私もまたこの事柄の論理は知っています。しかしながら、この事柄においてもまた、《われわれは明日のことを思い煩うべきではない[21]——たとえ「かれらは明日何をするのだろうか」と心配しつつ問う理由がある場合ですらも——》ということが当てはまるのではないでしょうか。私たちが今日、率直かつ落ち着いてかれらに相対《あいたい》しているのであれば、そのとき、私たちはこう祈ることが許されているのです。「われらに、われらの糧を、今日、明日のために与えたまえ」[22]〔正確な訳はこうです!〕。そのとき、私たちは、明日によって今日をわざわざ暗くする必要など確かにないのです。「きみたちのあらゆる思い煩いを、神に投げよ!」〔Iペテロ五7〕。キリスト教会は、信仰において、何を恐れることがありましょうか。キリスト教会に対して、そのような国家は何をなしえましょうか。そうしたことについて、私たちは新約聖書においては全く何も感じ取るものがないのです。すなわち、国家に対する教会の不安なるもの、について。そういうわけで、私は、これらの質問を提出された愛する友すべてにこう言いたい。「私たちは不安を抱かないようにしようではないか」、と。人は今日、世界中で不安を抱くことがありえましょう。西側〔自由主義陣営〕全体が、西欧全体が、不安を、――東側〔共産主義陣営〕に対する不安を、抱いています。人は不安を抱くべきではありません。そうすれば、人は落ち着きある良心をもって、明日へと歩み入ることができます。明日は、あるいは私たちが思っているのとは全く別なものであるかもしれないのです。かつて大いなる危険というのは、ただ地平線というかなたのところでのみ存在いたしました、個々人の生活においても、また諸国民の生活においても。すべては神の御手の内にあるのです。もしも必要とあらば、私たちは確かに抵抗すべきです。けれども、どうして神経質になったり〔意気阻喪して〕勇気を失ったりすべきでしょうか。そのような気持ちからでは、私たちは確かに、この国においてもまた、正しいこと（das Rechte）を行なうことはないでしょう。

問い　或る政党に属することなしにも、国民としての義務を果たすことはあるでしょうか。

答え　それに対して私が申し上げることは、そうしたことはいかなる事情のもとであれ全くよくありうることだ、ということです。政治の生においては様々な政党が存在する、ということ。これは、本来、国家の生の二次的現象です。政党というものは必要悪であり、実に容易にきわめて大きな悪となりえます。その場合、人は、〔政党から〕遠ざかることによって最善の仕方で自らの国民としての義務を果たすのです。そう、事情によっては、一切の政党支持に対する抗議《プロテスト》の中での国民としての義務の必要な実践、というものが存在いたします。

問い　キリスト者は、あらゆる政党に、非キリスト教的政党にも、加入することができるでしょうか。

答え　私はそもそも、人は「キリスト教的政党」について語る権利を持っている、などとは全く思っていません。キリスト教的国家なるものが存在しないのと同じほどにキリスト教的政党など存在しません。国家および政党は、すべての者が――自らの信仰については問われることなく――参加することのできる機関《オルガーン》です。これが、国家および政党と教会との間にある相違です。もしも或る政党が全くキリスト者だけから成り立っている場合ですら、その政党は政治的領域において己れのキリスト教性をそのような政党として実行することはできないでありましょう。そうしたことなど幻想でしょう。

しかし、その上で。「キリスト者は、あらゆる政党に加入することができるでしょうか?」とのご質問に対しては、こう言われるべきです。そこでは、キリスト者が、〈正しい《レヒト》国家たらんとする努力〉として先に私たちが述べたことが最も多く実現されているのを見るような政党、――まさにその政党にキリスト者は加入するであろう、と。そうした政党は、絶対的に正しい《レヒト》ことはないでしょう。が、おそらくは、他の政党よりほんの少し《アイン・ビスヒェン》ばかり正しいことでしょう。それゆえに、キリスト者は、熱狂することなしに、醒めた《ニュヒテルン》確信において、そうした政党に相応じるでありましょう。

私は、キリスト者がいかなる事情のもとでも入党することを許されない政党、というただ一つのケースを考えることができます。それは、単に政党であるのみならず、密かには一つの教会《キルヒェ》であるような政党、のことです。つまり、《人間が、神および隣人《ミットメンシュ》に対する己れの関係を、この政党の理想像に従属させる》ということを求めるところの教会《キルヒェ》であるような政党、のことです。そのような政党は、歴史においてはすでに古くから存在していましたし、現在においても存在しています。そのような「教会的政党《キルヒェンパルタイ》」にキリスト者は入ることはできません。というのも、教会《キルヒェ》に関しては、キリスト者はすでに「お世話されて」いるからです。キリスト者は、もしかしたら、そのような政党の様々な実践的目標には関与できるかもしれませんが、しかし、その世界観を共にすることはできないでしょう。キリスト者は、好意的に微笑しつつ、そのような招待には従わないでありましょう。

問い　国家は、自国民に対して、或る特定の政党に入党するよう強制する権利を持っているでしょうか。

答え　ここでは私は、ただきっぱりとした〈否〉をもって答えうるのみです。国家は、そうした要求においては正し《レヒト》い国家ではないでありましょう。というのも、人が或る政党に入党しうるのは、《この政党では正し《レヒト》いことが起こっている》という認識をその人自身が持っている場合だけだからです。もしも国家が国民に対して或る政党に入ることを強制しようとするなら、国家はそれ自身の土台を攻撃することになりましょう。実に国家は自国民に対して嘘をつくよう強制することになりましょう。どうして、国家は、自らはそのような社会によって本当に担われるのだ、などということを期待しうるでしょうか。それゆえ、ここでは私はきっぱりとした〈否〉を言わねばなりません。そして、「悪しく思う者ははずかしめらるべし！」（Honni soit qui mal y pense ![23]）

問い　人は、自己の地位を保持するために、或る政党に入党することは許されるでしょうか。

答え　私はハンガリーで、新たにIgen（然り）とNem（否）という二つの言葉を覚えました。この場合にも私はただこう言いうるのみです。《Nem》と。そのようなことを人はすることが許されません。など、というのも、自分の良心に反して何ごとかをする、なというのは、善いことではないし賢明でもないからです。私の考えは、人はキリスト教会においては、ここでは全く明瞭かつ一義的に明確に答えるべきだ、というものです。この答えを回避するための多くの理由があるかもしれません。そして私は、或るきわめて強力な圧力の下で――〈明瞭に〈否〉という答えを語るべきである〉にもかかわらず――この答えを回避する人のことを十分に理解しております。われわれ人間というものは、それに対しては〈否〉と語られているのを自分でも知っているような多くのことを絶えず行っています。しかし、私が思いますに、もしも私がこの問いに対して、「もしかしたら許されるかもしれないし、もしかしたら許されないかもしれない」と答えるとしたら、それは憐れみなきことでしょう。ここでは、〈然り〉であると同時に〈否〉という答えは存在せず、ここではただ〈否〉のみが存在します。そして、その後でなおも語られうるであろう一切のことは、この〈否〉という背景の上にあるのでなければなりません。というのも、そういうことをする者〔＝〈然り〉と同時に〈否〉を語る者〕は、どこかで自分自身の良心を破っているからです。そして、破られた良心をもってうろつき回るのは善くないことです。私は、こうした成り行きをドイツで十五年前に共に体験しましたので、自分が何を語っているのかを知っております。何千人という数え切れぬほど多くの〔良心を〕破られた人間たちがそこではうろつき回っていた、ということを。そして、もしもこれらの人間たちが政党を欺くのなら、そんなことがこの政党にとって何の助けになるでしょうか。この政党はそのような党員たちを受け入れないほうがよいし、そんなことは御免こうむるべきでしょう。その内部では種々の政治的意見がこうした土壌の上で形成されているような国家体制は、いつか崩れ落ちるであろう空洞だらけの土壌の上に必然的に立っているのです。私が思いますに、もしも私がここで〈否〉を言うのであれば、私は究極においてはこの世の人間たちに対してもまたより良き忠告を与えることになるのです。そのような国家体制は、個々人の生活においてもまた、決して良き結末には導きません。私は外国人であり、スイスへ帰って行きます。しかし、仮に私がハンガリー人だったとしても、私はこれとは別のことを言うことはできないでしょう。ここでは、今や、「人間に従うよりは神に従うべきである」を実証することが肝要です。自分の足で立っている――すなわち「われここに立つ。私は他にどうすることもできない」[24]という具合に――男性たちと女性たちは、新しい国家にとってもまた有益でありましょう。各々の国家は、そして新しいハンガリー国もまた、まさしくそのような男女を必要としているのです。

尊敬する皆さん、ここで私からの質問を差し挟むことをお許しください。今や私は十分に熱した鉄に触れたでしょうか？　私たちは他の質問に向かうことができましょうか？　皆さんお気づきになったように、私は〔皆さんからの質問を〕かわすつもりはありません。私たちは具体的な生を、ほとんど目前に迫るほどにはっきりと感じ取りました。私たちは今、なおも〔再び〕内的領域・神学的領域からの幾つかの質問に取り組むことにいたしましょうか？……

（1）Aus der Diskussion in Budapest am Vormittag des 1. April 1948, in: Christliche Gemeinde im Wechsel der Staatsordnungen. Dokumente einer Ungarnreise 1948（『国家秩序の転換の中にあるキリスト教会――一九四八年ハンガリー旅行の記録』), Zollikon-Zürich 1948, S. 47-54.『著作集』7、九五－一〇五頁（森岡巌訳）。――E・ブッシュ『生涯』五〇一－五〇六頁参照。

（2）（原注）質問は文書によって私に提示されていた。

（3）『セレクション4』三三三頁注48参照。

（4）以上の「国家」と「天的諸力・諸権力」と「キリストの王国」との関連については、『セレクション5』二四三－二四六頁注86（＝「義認と法」）を参照（そこで言及したKD III/3はまさに本討論直後の一九四八年夏学期から一九四九年夏学期にかけて――E・ブッシュ『生涯』五一六頁――バーゼル大学で講義されたものである)。
(5) 以下、この段落の最後まで述べられることについては、『セレクション5』所収の「義認と法」の三「教会にとっての国家の意味」(同一五三―一八一頁)を参照。
(6) これについては前注の他、本巻所収の「キリスト者共同体と国民共同体」の注13参照。
(7) Ⅰコリント一五28参照。
(8) Ⅱコリント五7(Ⅰコリント一三12も)および同個所の田川訳、第三巻、四四一―四四二頁の註を参照。
(9) ヨハネの黙示録二一2および『セレクション5』一五四頁を参照。
(10)「キリスト者共同体と国民共同体」(本巻所収)第4項を参照。
(11) バルトの終末(時)理解については『セレクション1』一〇二―一〇三頁注8を参照。
(12) 一般的に承認されている仮説としてローマ書執筆が紀元五〇年代後半、ヨハネの黙示録のそれが紀元九〇年代後半であるとしたら、前者の時のローマ皇帝は確かにネロだが後者の時のそれはドミティアヌスまたはトラヤヌスである。しかし、もちろん、ここでのバルトの表現は象徴的に理解されるべきだろう。
(13)「秩序」の原語は Ordnung だが、そのヨリ厳密な定義は、この数行後に出てくる「制定」(およびその注)を参照。
(14) ordo/Ordnung ではなく、ordinatio/Anordnung であることの意味については、『セレクション5』二二一―二二四頁注15を参照!

（15）前注13、14参照。
（16）Ⅰペテロ三19およびこれとの関連で、K・バルト『われ信ず――使徒信条に関する教義学の主要問題――』（安積鋭二訳）、新教出版社、二〇〇三年（復刊）、八五頁、『教会の信仰告白――ジュネーヴ教会信仰告白による使徒信条講解――』（久米博訳）、新教出版社、二〇〇三年（復刊）、六九－七〇頁参照。
（17）「覚醒して」の原語 nüchtern については『セレクション1』一五七頁注13を参照。
（18）「ははあ、きみの狙いはもう読めたぞ」の意の慣用句。
（19）本巻所収の「キリスト者共同体と国民共同体」第26項の注92も参照。
（20）前注13、14参照。
（21）マタイ六34参照。
（22）マタイ六11参照。
（23）このフランス語の訳は森岡巌訳をそのまま用いさせていただいた。
（24）一五二一年四月二十七日、ウォルムス会議に召喚されたマルティン・ルターが、皇帝カール五世の前で毅然として発した言葉。〔＝森岡巌訳・訳注〕

「鉄のカーテン」の向こう側の改革派教会

バーゼルの『教会使者』および『改革派スイスの教会誌』に掲載(1)

ハンガリー旅行から戻ってきて、私は、『教会の使者』（Kirchenbote）紙の読者に向けて短い報告をするよう依頼された。

ハンガリーの改革派教会が、私と私の同労者《ミット・アルバイテリン》シャルロッテ・フォン・キルシュバウムをこの旅行に招待してくれたのである。私の課題は、六つの都市において、牧師、教授連、教会の長老、学生、更には一般教会員・聴衆を前にして行なわねばならない講演だった。〔東部の〕デブレツェンでは、私は、聖金曜日に、激しい爆撃損傷後、ちょうど再建されたばかりの「グローセ・キルヒェ」教会にて説教し、〔首都〕ブダペストでは丸々午後一杯、公開質問（部分的にはおそろしく具体的な質問！）に答えるよう努めた。私は、かの地の教会と神学の指導的人物のほとんどと再会もしくは新たに面識を得て、多かれ少なかれ突っ込んで語り合うことが許された。しかしまたティルディ大統領も私を親切かつオープンに迎えてくれたし、スイス公使ファイスト博士は最高に心地よい仕方で私に祖国のことを思い出させてくれた。母親がバーゼルの人だったハンガリーの一牧師は、通訳者として、至る所で誠実《トロイ》に私を助けてくれた。

私があの国から持ち帰った決定的印象は、良い印象、明るい印象、そして勇気づけられるような印象、更にまた、いささか〔こちらが〕恥じ入らせられるような印象である。そのことは、私がそこで見出した政治情勢とは、もちろん関係しない。政治情勢がすばらしいものでないのは言うまでもない。そして、誰もまた私に、それをすばらしいと言うよう要求などしなかった。私がこの点で見たり聞いたりしたことよりも、私にとって更に重要だったのは、改革派のハンガリーの人々の立場や考え方、その外的・内的働き、を巡る積極的印象である。かれらは、そうした政治情勢を今まさに――そのことが求められていたわけでもないのに――同胞の国民全体と一緒になって（かれらは全住民の二〇%を占めている）担わねばならないのだ。「鉄のカーテン」の向こう側で生きなければならない、というのは、容易でもなければ心地よくもない。けれども、私はそこで奇妙にも、バーゼルにおいてよりも、もっと落ち着いていて朗らかな人々に出会ったのである。私は、かれらが正真正銘の真剣で焦眉の諸問題に取り組んでいるのを見た。しかし私は、かれらが、ロシア人や〔共産党が支持する〕「人民民主主義」に対しても、東の問題全般に対しても、ここわれわれの内の多くの者らが避けられないと思っているようなあの神経過敏状態の中にはまさにいないのを見た。われわれがここではそれほど見たことのないような、きわめて説得力ある謙虚さと忍耐・注意深さと勇敢さ・持久力ある信仰・永遠の事柄に対する近さ、に私は出くわしたのだった。この人々の先祖は、数世紀にもわたってトルコ人の支配に耐え、そしてまたハプスブルク家の支配に耐えてきたのだ。かれらは、遠くからそう想像したくなるようには驚愕も絶望もしていない。私に一目瞭然となったのは――多くのドイツ人に今日欠けているもののことをいささか憂いつつ思ったのだが――、本格的なカルヴィニズムなるものが今日なお、男らしく張りのある実践的な事柄として自己証明しうる、ということだった。

前回、一九三六年にハンガリーを訪れた時、私は、今度も再び関わりを持つことになったその同じ人々やグループが国粋主義的《ナチオナリスティッシュ》な熱に浮かされた状態の中にいるのを見た。しかも、その状態に比べるなら、当時私がまさにドイツで体験したものですらも色褪せて見えた――少なくとも不自然に見えた――のだった。ハンガリーの改革派キリスト教界もまた、当時はトリアノン条約[2]に対して怒りまくっていたし、千年続いていたステファン王家の目前の再建の話に夢中になり、また、当時（今日再びそうであるように）幸いなる勝者だったチェコ人やルーマニア人(3)に対する激しい憎悪であふれかえっていたのである。そうしたこと一切は、今日、過ぎ去った。すなわち、国民的《ナチオナール》誇り、国民的《ナチオナール》憎悪、国民的《ナチオナール》野心、といったもの一切が。そうしたもの一切が改革派の人たちにおいても過ぎ去ったのかどうか、また、どの程度までそうなのか、は私には判断できない。しかしながら、ハンガリーの改革派教会およびその神学において責任を負っておりかつ指導的な人々は、今日では確かに、そうした伝統の線上に探し求められることはできないのである。そうした伝統の保護育成は、今日、広くローマ・カトリシズムの事柄――もしくは戦術の事柄――となってしまったように見える。改革派の側の主《おも》だった人々は、私にとっては、ほぼ例外なく、明確に現実的思考によって際立っていた。過去の様々な逸脱と怠慢――ドイツにあっては議論をかくも困難なものとしている事柄！――について、かれらはいかなる忠告も必要とはしていないのである。この点において学ばれるべきであったことは学ばれているのだ。「罪責問題」は余計なものとなっている。なぜなら、一切は認識されており告白されているからである。人々は、ドイツに与したハンガリーの致命的参戦をもって直ちに始まり、ロシア人の侵入をもって頂点に達し、そして最後には東側陣営へのハンガリーの（西側連合国によっても承認された！）編入――そのあらゆる帰結を伴っての編入――をもって決定づけられた国民的《ナチオナール》不幸を、或る神的裁きとして理解している。[4] 人々は、国民的《ナチオナール》不幸をまずは単純にそのような神的裁きとして――文句も恨み言もなしに――耐え忍ぶことを、また、いかなる場合にもただそこからのみ将来を見ることを決心しているのである。

　このことは、《ハンガリーの改革派教会は、今自分たちを支配している国家体制そのものの支持を表明している》ということを意味しない。もしもそうした支持表明をしたならば、改革派教会は、ローマ〔・カトリック教会〕に対して自らを有利な立場に置くことができよう。そうするようにとの魅惑的な誘いが、政府側からないわけではない。けれども、改革派教会はそうしない。改革派教会は、新しい国家の特定の方策、とりわけ、改革派教会自身にとってもきわめて影響の大きい土地改革を、誠実かつ明確に肯定した。しかし、改革派教会は、この国家の他の特定の方策については、場合によっては肯定しないという自由をも己れに保持しているのである。改革派ハンガリー人の中にあって、新しい〔国家〕体制に対する原理的支持者・信奉者に私が出会うことはなかった。私の少し前にこの国を訪問したカンタベリーの――火のごとくに赤い――主教の無邪気な熱狂は、かれらの間では、ただ不審な結果を生じただけであった。改革派教会は、「決断せよ」、しかも、「われわれに与《くみ》して決断せよ」、との支配的権力および党の要求にはまさに従わない、というリスクを冒している。それどころか、改革派教会は、私の印象では〔特に人事問題に関して〕、この方向において起こりうるあらゆる誤解を避けることにほとんどあまりに気を遣いすぎているのである。

しかしまた、改革派教会は、更に身近で強力な誘惑、つまり、ローマ〔・カトリック教会〕の行動に同調する——それゆえ原則的反対派になる——という誘惑にも抵抗している。改革派教会は、そうすることによってもまた多くの友人を得ることができるだろうに。改革派教会にとって、自分自身の陣営から、《改革派教会は「なまぬるい」》とか、《今日のハンガリーにおいて唯一真のカルヴィニストは、ローマ・カトリックの大司教だ！》とかいった非難の声を聞かされるのは、辛いことのはずだ。〔しかしまた〕この体制に好意的な若い人々がいかに少ないか、ということが、私にはザロスパタクで明らかとなった。そこでは、私はカントの或る言葉の引用によって（「汝自身の悟性を用いる勇気を持て！」）、全く予期せぬ、だが非常に明瞭な拍手の嵐を惹き起こしたのである。しかしながら、私はまたしても、原則的な政治的抵抗の道を選択することがキリスト教的に正しいと考えるような、責任ある立場の改革派の人には一人として出くわさなかった。ハンガリーの改革派の人々は、私がかれらから持った印象によるなら、かれらが語らねばならない時には沈黙することはないであろう。けれども、かれらはハンガリーの過去の過ちについてあまりにも明瞭なので、過去の諸帰結に直面してすぐに反撃に打って出ようとはしないのである。また、かれらは特に社会的側面に対してもきわめて打ち開かれているので、共産主義の全面否定に没頭することなどできないのである。それにまた、かれらは西側の弱点をも十分に知っているので、この第二の可能性を選択することによって西側の信奉者になる義務があるなどとは感じていないのである。

これでお分かりのように、「鉄のカーテン」の向こう側のこの改革派教会は一つの細き道を歩んでいるのである。ここで一言触れることをお許しいただきたい。われわれの帰路、プラハの空港でチェコの友人数名と会話を交わすことができたが、その時、私は、この国〔チェコスロヴァキア〕においてもまた問題は全く似たような仕方で提出されていることに気づいた。その際、左に――または右に――向かう事故が排除されることはありえない。左に――または右に――向かう改革派教会がなおも多くの痛ましい犠牲をもたらさねばならないであろうこと、なおも多くの誤解を招くような退却を始めねばならないであろうこと、なおもひどく人気を危険にさらし失わねばならないであろうこと、――これは大いにありうることだ。ハンガリーの改革派の人々はこれらすべての可能性を直視しようと決心している。そう、キリスト教会の道は、新約聖書によれば、事実、一つの細き道であるべきなのである〔マタイ七14〕。事の本質がそこからしては納得ゆかぬ、という者は、なんだったら現在の紛争下にあっても保持されるべきスイスの中立性に関連して次のことを悟るがよい。そうした「〔左〕でも〔右〕でもない！」は、単に気骨の欠如を証明するのではなく、むしろ、――それがきちんと根拠づけられているならば――気骨のまさに所有をこそ証明しうるのだ、と。

　ハンガリーの改革派の人々が正しい道の上にいる、ということの決定的証明は、私にとっては、私が出会った――わずかの例外を別として――ほぼすべての人々が、拠り所なくあちこちに揺れ動く者にはまさに特徴的ではないような或る心持ちの中におられた、という点にのみあったのではない。私を確信せしめたものとは、むしろ、こういうことだ。つまり、私は、かれらが至る所で、決定的には、東西問題にではなく、ロシアに対する恐怖への想起にではなく、また、目下の自分たちの政府の正・不正を巡る問題にではなく、端的に、自分たちの教会に固有の積極的課題に従事しているのを見た、ということであり、そしてその際、再び、ドイツにおいてかくも難儀な仕方で揺れ動いている教派の問題、教憲の問題、礼拝式《リトゥルギー》に関する問題にではなく、古《いにしえ》の神の言葉の新しい宣教――これは徹底した神学的考察なしにはなされえない――のための配慮、すなわち、その後に続く他の一切の意味ある働きと態度決定との前提たる、何よりも改革派諸教会《ゲマインデ》それ自身の福音伝道（Evangelisation）[5]のための配慮、に従事しているのを見た、ということである。ああ、実際ドイツにおいてもまた力を結集してここから始めていたのであったならば！　事柄は問題がないわけではない。なぜなら、教会外の運動とこの方向での教会の運動とは、両者共に、それぞれの強みと弱点を携えつつ、ようやく互いに出会い、かつ、平和裡にやってゆかねばならないからである。ここではしかし、事実、或る「覚醒」が、そしてそれと関連しつつ、或る活動が――そこでは教会と社会《ゲマインシャフト》とが反目し合う必要はなく、むしろ、それぞれの真正の構成要素と真剣なる代表者において相共に歩むことがゆるされるそのような活動が――、重要となっているように思われる。共通の出発点は明らかだ。そして、その出発点をしっかりとつかみ、かつ実り豊かなものにすることに成功するなら、そのとき、ハンガリー教会の細き道は、――たとえそれが外からの圧迫のもとで形成されることになろうとも――自由へと向かうその道であることだろうし、その自由において、ハンガリー教会の証言は、どのような仕方であれ、一つの強い証言となることだろう。

（1）Reformierte Kirche hinter dem «eisernen Vorhang» (Erschienen im Basler «Kirchenboten» und im «Kirchenblatt für die reformierte Schweiz».), in: Christliche Gemeinde im Wechsel der Staatsordnungen. Dokumente einer Ungarnreise 1948（『国家秩序の

転換の中にあるキリスト教会――一九四八年ハンガリー旅行の記録』), Zollikon-Zürich 1948, S. 55-58.『著作集』7、九五－一〇五頁（雨宮栄一訳）。――E・ブッシュ『生涯』一〇六－一一〇頁参照。

（2）「第一次世界大戦後のパリ平和会議に基づき」、一九二〇年六月四日、「ヴェルサイユのトリアノン宮殿で戦勝国とハンガリーの間に締約された講和条約」。これにより、ハンガリーの「軍備は制限され」、更に「人口の64％を失い……領土の72％を失った」（『新編 西洋史辞典 改訂増補』の「トリアノン条約」の項）。なお、この条約のゆえに、その後、「国境の修正をめざすナショナリズムが国を支配し、右翼急進主義が成長し、ナチス・ドイツに接近した。第二次世界大戦下、一九四〇年一一月〔日独伊〕三国同盟に加盟し、ドイツ軍に占領されたが、一九四五年四月ソ連軍により全土が「解放」された。……一九四九年以降、一党制〔＝共産党〕のもとでソ連的な政治経済体制が移植された。一九五六年に体制の改革を要求する五六年事件〔＝ハンガリー動乱〕が起こったが、ソ連軍の介入で鎮圧された」（『世界各国便覧』山川出版社、二〇〇九年、一五〇頁、但し、西暦年表記は変更）。一九八九年には社会主義を放棄し、一九九九年に北大西洋条約機構（NATO）に、二〇〇四年に欧州連合（EU）に加盟した（ここは二〇一六年一〇月四日の毎日新聞朝刊記事より）。当該記事は、一〇月二日に投開票された、EUによる「難民割り当ての是非を巡るハンガリーの国民投票」に関するもの。すなわち、その背景として、二〇一五年、中東からヨーロッパに「難民一〇〇万人以上が流入。EUは「玄関口」であるギリシャ、イタリアに集まった難民一六万人の各国への割り当てを決めた。ハンガリーの受け入れ分担は一二九四人だったが、スロバキアなどとともに拒絶してきた」ということがあった。なお、国民投票の結果は、「割り当て反対が98％を超えて賛成を大きく上回った。しかし投票率は約43％で投票成立要件の50％を下回り、投票は不成立となった」とのこと）。

（3）トリアノン条約（前注2）により、ハンガリーは「スロヴァキアをチェコスロヴァキアに、……トランシルヴァニアをルーマニアにそれぞれ割譲」させられた（『新編 西洋史辞典 改訂増補』の「トリアノン条約」の項）。

（4）原語は versuchen（試みる）という動詞を用いているが、構文上 verstehen の誤植と思われるので、そう訳す。

（5）KD IV/3, S. 999-1002（『和解論』Ⅲ／4、三三〇―三三四頁）を参照。そこでは、「福音伝道」とは、「『国内』伝道」（«innere» Mission）――「教会の比較的近い周囲の社会における使信の伝達」――のこととして理解されている（同三三一頁。井上訳を若干変更）。ここも同様に理解してよいと思われる。

きみたち、恐れるな！　ドイツ再軍備に寄せて[1]

バーゼル、一九五〇年一〇月一七日

親愛なる牧師！

なるほど、今、西ドイツでは——しかもよりによって『キリスト者と世界』誌で[2]——、一九三八年秋〔＝九月一九日付〕のフロマートカ宛ての私の手紙[3]が持ち出され、ハイネマンとニーメラーに対する非難として利用されている、というわけですね。私は呆れております。

というのも、当時この文書は、ドイツでは誰からも——今日『キリスト者と世界』誌の執筆者や読者であるようなタイプの人々などからはもちろん全然！——気に入られることなく、むしろ当時は、心配げで悲しげな、そして何よりも激怒した意見表明が、事柄上のみならず個人的にも親しい人々からすら（他の人々については言わずもがな！）、ただもう雨あられと私の上に降り注がれたからです。そしてその際、私はバルメン宣言第一テーゼ[4]から公然と離反しているのだ、と教え諭されることも稀ではなかったのでした。そして、当時、或る公式の戒告状には――それは告白教会の権威ある一委員会から出されたものですが――、あなたが御手紙の中で、ハイネマンやニーメラー[5]に対抗して動員されている悪霊神学やら〈政治的反キリスト〉の教説やらの先導者として言及しておられるまさにその男の名前があったのです[6]。しかし、今日では、あの文書は、ドイツ再軍備を支持するための「告白教会の父」の証言として、とても好ましいものに見えているわけです。ああ、なんとおかしな世界でしょう！

さて、あなたは、以下のことについて私がはっきり語るのはよいことだ、と言われます。すなわち、なぜ私は、私のフロマートカ書簡が今日《こんにち》東側諸国に適用されることを欲しないのか、なぜ私は一九三八年の状況が今日起こっているとは見ないのか、ということについて。そう、あなたは、問いを更に鋭くこう立てることもできましょう。なぜ私は、今日西ドイツの私の友人の誰かに宛てて、ロシア人に適用（応用）しながら〔フロマートカ書簡と〕類似の――もしくは同一の――手紙を書かないのか、と。あなたにお答えすることを試みてみましょう。

1

一九三八年のフロマートカ書簡は、ミュンヘン協定(7)の日々における私の叫びでした。その書簡はプラハへ送られたのです。つまり、当時、《今やドイツ以外の世界もまたヒトラーの侵略を甘受しようとするのか、それともしないのか》という決断が下されねばならなかったその場所へ、です。あの年の九月三〇日、カレンダーに私はこう書きました。「ミュンヘンにおけるヨーロッパの自由の破滅《カタストローフェ》」、と。私は、この見解と共に自分が名状しがたいほど孤立した状態にあるのを見ました。「現実主義《レアリスムス》」という言葉で当時ほとんどの人が理解していたのは、《ヒトラーによってつくり出された諸事実の承認》ということだったのです。すべての教会において――ここスイスでも――平和が維持されたことに対する感謝礼拝が行なわれました(8)。もっとも、半年後にはヒトラーは、あの恥知らずの〔ミュンヘン〕協定すらもすでに破ってしまったのです。そして一年後にはヒトラーは、すでにポーランドに〔侵攻し〕立っていました。――そして、更なる事態が続いたわけです。もしも「チェコの兵士」が一九三八年に〔退くことなく〕立っていて、また、西側諸国が「チェコの兵士」を裏切らなかったとしたら、ロシア人もまた今日、エルベ河畔に立ってはいないでありましょう。あの時、賽《さい》は投げられたのです。あの時、東西問題の幕は切って落とされたのです。そしてあの時、ヨーロッパとキリスト教界は眠っていたのです。あの時は叫ぶべき時でした。

私たちは、それ以来、あの時〔ミュンヘン協定で〕なされた誤った決断の無数のおぞましい結果の証人となってしまったのです。私たちは、それらの結果に対して一歩ずつ具体的に態度決定せねばなりませんでしたし、今もそうです。私もまたそのことを、私の認識と力とに応じて行なってきました。けれども、私がそれ以来再び当時のような手紙を、いつ・どこへ・誰に宛てて書く必要があったのか、実際私には分からないのです。そこでは〈然り〉か〈否〉かによって一切が賭けられていた、といった当時のような転換点・決断・破局《カタストローフェ》は、それ以来――私見によれば――再び生じることはありませんでした。そういうわけで私はあの叫びを繰り返さなかったのです。今日問題となっているところの、迫りつつあるスターリン的共産主義に対する防衛のための決意（その理由づけが巧みであれ下手であれ）、――これは、西側諸国では共有財となっています。そのような決意を何らかのキリスト教的言葉によって強化したり徹底化したりする、などというのは余計なことです。そう、この点においては今日誰も眠ってはいません。逆です。この点においては今日、〈度を越した目覚め方〉・神経質・不安・興奮やら大げさなスローガンを用いての声高な考えや語り口やらが――そうした考えや語り口は、この事柄において命じられておりかつ必要な決意には確かに役には立ちません――、至る所で支配しています。

今日におけるキリスト教的言葉は、こういうものでなければなりません。《われわれは、恐れるべきではない》、と。しかし、この言葉は、いずれにしても叫ばれることはありえません。そして、私には、この言葉を生きるよう試みることによってこそ、また、——そうでなくともかくも多く語られており、しかもほとんど役立つことは語られず、かくも多くの役立たぬこと・危険なことが語られているところでは——沈黙することによってこそ、この言葉は最善の仕方で語られることになると思われるのです。したがって、例えば私自身について言えば、混乱と停滞と喧噪のここ数年間、私は、絶えず幾つかのフロマートカ書簡を書き続ける代わりに、私の教義学を推進する方を選び取ってきたわけです[9]。そして、私は実のところ、他の多くの方々にも忠告したいのです。いつも手をはねつけて非難ばかりする代わりに、春のために穀物の種まきをし、家畜に冬を越させ、自分の場所で建て、かつ助け、神の言葉を説教し、そして神の言葉に信頼する、ということによって、つまりは、西側の人間およびキリスト者であることを求めることによって——スターリンのゆえに一年後もなおこうでありうるかなどという心配にあまりに多くの労力を注ぐのではなく——、どうかご自分の決然たる態度を実践し立証なさってください、と。すべてのことに時がある[10]、そう私は聖書で読んだと思っています。

2　一九三八年のフロマートカ書簡において、私は――そしてそれは信仰のゆえにでしたが――まさに起こりつつあったヒトラーの武装による脅迫と侵略に対する武装抵抗を呼びかけました。私は〔絶対的〕平和主義者ではありませんし、今日、同じ状況になるのであれば、同じことを再びするでしょう。チェコスロヴァキアおよびヨーロッパの自由に対する当時の敵が、あの日々、行動によって証明し、その後も絶えず繰り返し証明したことは、この敵の力（Gewalt）に対してはただ〔同じ〕力によってしか対処しえない、ということでした。ドイツの外になお或る国家秩序が存在したとき、この国家秩序は、ヒトラーがドイツ国境を越えて手を伸ばしてきた瞬間に、――国家が緊急事態の際にはその秩序を常に防衛せねばならないように――防衛されねばなりませんでした。「そのことは起こらねばならない」ということが、当時まさにキリスト者《クリストリッヒ》としてこそ事柄に関して語るべきことだったのです。世界が――そしてまた教会も――当時持ちたいと欲した、あのいかなる犠牲を払ってでも保持すべき平和、とは、深く非人間的な事柄、しかしまた深く非キリスト教的《ウンクリストリッヒ》な事柄、でもありました。それこそが、私が当時「叫ぶ」のを試みたことでした。当時、もしも西側諸国における国家秩序が時宜に適って責任ある仕方で防衛されていたならば、その後に起こった多くの非人間的なこと・非キリスト教的なことは、比較的痛みを伴わずに――もしかしたら流血すらなく――、単に武装による堅固さを示すだけで阻止されえたことでしょう。

さて、今日のロシアは、ロシアがそう自称するところの平和勢力では確かにありません。ロシアは、そのスポークスマンらの発言によれば、特にアングロサクソン諸国家による脅威を感じているとのことです。そこで挙げられている様々な根拠は、ここ数年のロシアの懸念をできる限り公明正大に考えたとしても、それらを当然と見なしうるほど私に理解できるものとはなりませんでした。確かなことは、ロシアが戦争終結後直ちに、自らが脅威的態度をとり始めた、ということです。ロシアは、まず、ブロック形成と奇妙な国境設定とに着手しました。更なる戦争勃発に対する不安は、ロシアの振舞いから生じたものです。とりわけ、それは、他の諸国において――またそれら諸国の政府と生活様式とに反対しつつ――なされたロシア側の宣伝《プロパガンダ》のあの絶えず攻撃的性格から生じたものです。したがって、私は率直にこう白状します。もしも私がアメリカやイギリスの責任ある立場の政治家だったなら、ことによると必要になるかもしれぬ何らかの軍事的防衛に配慮することもまたやめることはできないだろう、と。そして、スイスがこうした見通しに応じてそのささやかな防衛手段を新たに準備し整える場合にそうしたことを認めない、などというのは、私にはますます思い及ばぬことです。しかし、です。そうした事態は今日西側諸国ではいずれにしても全線にわたって起こっているわけですし、しかも、「そうすべきだ」といった特別なキリスト教的警告がほんの少しでも必要な状況になっているなどということの本当にないままに、そうなのです。そうしたキリスト教的警告が或る日再び必要になる時がくるかもしれません。つまり、現在用意されている軍備を生命財産を賭けてでも使用するという事態――それゆえあらゆる興奮状態が行動に変わらねばならないような事態――に突然立ち至った時には、です。その時には誰が一体最も明瞭かつ断乎として語る術を心得ているのか、を私たちは見ることになるでしょう。

しかしながら、今日、キリスト教的課題は、確かに、これとは別の方向に向かっています。今日、私たちは何よりも、《戦争は――死の場合と同じく――すでにそこにある時にようやく不可避のものなのだ》ということを粘り強く指摘せねばなりません。一九三八年のあの出来事においては、戦争は事実上そこにあったのであり、そしてその戦争は、当時、軍事的決意がなされていたならば、その萌芽の内に息の根は止められえたし、また止められたに違いなかったのです。そうした出来事を、ロシアは今日に至るまで惹き起こしてはいません。ロシアは、今に至るまでどこに対しても最後通牒をつきつけてはいませんし、あるいは、それに相応するような攻撃を――私は朝鮮〔戦争〕をそのようなものとは見なしません[11]――犯してもいません。《ロシアはとにかく戦争したがっているのだ》ということを裏付けるような証拠は全くなく、むしろ、そうしたことに対して真剣に反証となるような多くのことがあるのです。現下の紛争を解決するための他の手段はまだ存在します。それらの手段が尽くされてしまう以前の段階では――一九三八年秋にはそれらの手段は事実上すでに尽くされてしまっていたわけですが――、西側諸国のいかなる国も、戦争を予期する権利を、あるいは、それどころか戦争を信じる権利を――それゆえ、当時ヒトラーに対処すべきであったような具合にロシアに対処する権利を――持ってなどいないのです。したがって、私たちは西側諸国のあちらこちらでもまたしても出現しつつある自然《ナチューアリッヒ》な戦争欲・好戦気分・軍事的挑発そのものを阻止せねばならないのみならず、精力的に記憶しておくべきは、《東側の共産主義に対する西側の防衛決意は、不安やそれゆえ憎悪といった性格を決して帯びてはならず、そしてまた、その決意が仮にも好戦的な論調・考え・態度の中で生き延びるようなことがあっては決してならない》ということなのです。避けえぬ戦争では決してない戦争、国家秩序の最後ノ手段《ウルティマ・ラチオ》ではない戦争、〔この意味での〕戦争それ自体、は、殺人（Mord）であり殺害です。それゆえまた、戦争勃発を阻止するのではなしに駆り立てるもの一切も、殺人であり殺害です。そして、一切の性急な戦争肯定は、《戦争はすでにそこにあるのだ》ということを根本において見込んでいるような一切の考え方・言葉・対策は、戦争へと駆り立てるものです。この理由から、必要なことは、今やすべての国々に次のような人々が存在する、ということです。ロシアや共産主義に対して気炎を上げている十字軍には——それが〔今はまだ〕言葉の上だけのことであれ——、たとえそのゆえにあらゆる方面から吠えつかれようとも、全く落ち着き払いつつ、参与しないような人々が。

そして結局申し上げたいのは、私たちがどんなに切実に注意を促しても促し足りないのは、《共産主義に対しては、最終的かつ根本的には、ただ積極的防衛があるのみ、すなわち、住民のあらゆる層の人々が納得しうる公正《ゲレヒト》な社会的諸関係の創出、という積極的防衛があるのみなのだ》ということです。私たちは、次のことを互いに隠したりごまかしたりすべきではないでしょう。それは、仮に戦争が起こらざるをえなくなった場合、私たちが関わることになる数百万単位の敵軍とは、有能で十分に武装した兵士たちであるのみならず、自分たち〔共産主義〕の事柄の価値を——私たちの〔それなりに〕根拠ある見解からすれば不当だとしても——深く確信しており、そこからして、犯罪者たち〔これが私たち、というわけです！〕から成る〔西側資本主義〕世界に対する戦いにおいて自分たちの最後の力をそのために捧げる決意をしている兵士たちなのだ、ということです。同様のことは「自由世界」の軍隊にもまた当てはまるでしょうか？　そのためには、ロシアと共産主義への何らかの嫌悪などでは、確かに十分ではないでしょう。むしろただ、このことだけが、つまり、西側大衆が、西側諸国において私たちが「自由」と呼んでいるものの価値を、自分たちにもこの価値は己れの生命を賭けるに値すると思われるほどにわが身に経験してきたものだ、という事実だけがものをいうのです。しかしまた、共産主義は、戦争なしにも、次の単純な事実によって勝利する、ということがありうるでしょう。《共産主義のヨリ粗末な提供物の方が、西側大衆にとっては、私たちの側で「民主主義」という銘柄《ブランド》のもとで西側大衆に提供されようとしているものに比べるなら、まだましなものに見えるかもしれない（例えばフランスでは今日すでにそうなっていると思われますが[12]）》という単純な事実によって。共産主義を欲せぬ者は――そして私たちは皆共産主義を欲しません――、共産主義に反対して戦うのではなしに、真剣な社会主義に味方すべし！　これを未だに理解せぬ者こそが今日の眠れる者です。そして、そうした者たちにこれを理解させることこそ、今日、キリスト教的課題です。この課題は、本当に、一九三八年の時のそれとは違った様相を呈しているのです。

3　一九三八年の書簡は一人のチェコの友人に宛てられたものであり、周知のように、

「チェコの兵士たち」について語ったものです。似たような仕方で――ただヨリ控え目な調子とヨリ厳密な仕方で――、私はそれ以後の数年間、スイスの精神的な、しかしまた軍事的な防衛態勢についても主張いたしました[13]。

しかし、あなたが私に提出しておられる問いにおいて問題となっているのは、ドイツ国民の――ないし西ドイツ国民の――再武装・「再軍備」、です。私たちはこの問いを、平和主義一般の問題によっても、それ以外の西側諸国の防衛態勢の問題によっても、曖昧なものにすべきではないでしょう。《〔絶対〕平和主義を拒否し西側防衛態勢を肯定する者は、だから、将来の何らかの西側軍隊の枠内における新しいドイツ軍編成にも賛成しなければならない》ということが論理的必然ではありえないのです。このような詭弁の線上で、今日、スイスのブルジョア出版物もまたこう書いています。ドイツも「自由世界の防衛」のためにそれなりの貢献を（そして、そうしたこと一切が意味するような仕方で）すべきである、などと。それゆえ、それは、アデナウアーの意味において書いているのであって、ニーメラーやハイネマンには絶えず低い点数を与えているわけです。

なぜ私がドイツ再軍備の問題を特別なものとみなすのか、なぜ私がこの問題に対してニーメラーやハイネマンと共に否定的に答えるのか、なぜ私が、一九三八年の書簡に形式的に対応するような書簡を一人のドイツの友に送らないよう気をつけているのか、

——以下、その理由について、幾つかの論点を挙げてみましょう。

ドイツ人が強力な兵士であることは、私も知っています。したがって、かれらを再び「行軍」させることは西側諸国にとって技術的意味で歓迎すべきものだということ、これも理解できます。そしてまた、一人の西ドイツ人が〔ドイツ〕東部地区で目の当たりにする事態に直面するなら、実際再び武器に訴えるよう彼自身をも駆り立てるであろう単純な防衛本能も理解できます。しかし、にもかかわらず、私はこの問題に対しては一義的に明瞭に「否」を語らねばならない、と考えています。

第一に、ドイツの青年たちは二度の戦争において徹底的に血を流したわけですが、これは他のいかなる国民の青年たちにも起こらなかったことです。そのドイツ国民に向かって、このような犠牲を三度までも求める厚かましさを私は単純に持ち合わせません。そして、思いますに、健全かつ正当な自己保存本能なるものが、ドイツ国民自身に対しても、そうした犠牲など御免蒙るようさせるはずです。

第二に、現状ではドイツにとっては必然的に内戦——ドイツ人に対するドイツ人の戦い——という性格を持たざるをえないような戦争のための準備をドイツ国民に向かって求める、などということを私は不可能と見なします。

第三に、この五年間、軍事的なものに関わる一切を——少年たちの〔玩具の〕鉛の兵隊に至るまで――追放するようにされてきた一国民に対して、今や突然再び、考えうる限りの一般的かつ特殊的な、キリスト教的かつ政治的な論拠を持ち出してきて、《あなたがたは自分の救いを、更なる戦争に備えることのうちに求めねばならない》などと教えようとすることは、私には道徳的《モラーリッシュ》に実行不可能と思われます。

第四に、私に明らかと思われるのは、ソ連への直接的挑発を意味するようなものがあるとすれば、まさしく西ドイツの軍備こそがそれであり、これは火薬樽の中に火の粉を入れるようなもの、そして、そうした火の粉を西側諸国が――そして殊にもドイツが――もてあそぶべきではないのは至極当然だろう、ということです。

第五に、私に（そしてこれは私だけではありませんが）全く不明なのは次のことです。エルベ河とライン河との間にあるドイツを真剣に防衛すること（それゆえ、〔ドイツ〕再軍備に唯一意味を与えうるかもしれぬ事柄）、――まさにそうした防衛が、そもそも西側諸国の戦略家らによって意図されているものなのかどうか、また〔だとしたら〕どの程度までなのか。あるいはそれとも、ドイツ軍は結局のところ〔退却する味方の背後を守る〕ただの後衛部隊として自らを犠牲にせねばならない、もしくは、場合によっては〔妻子をあとに残して〕〔フランスとスペインの国境沿いの〕ピレネー山脈まで行って戦わねばならない、ということなのか。

第六に、私が考えるのは、共産主義への積極的防衛に関して先ほど一般的に申し上げたことは、[14]西ドイツにとっては全く特別な意味を持つ、ということです。それはこういうことです。西ドイツには、東側からの難民、失業者、負担調整、[15]住宅供給、戦時捕虜帰還兵といった諸問題があるわけですが、体そこでは十分なことがなされているのでしょうか。つまり、西ドイツの社会状況が、共産主義を、〔共産主義に対して〕現存するあらゆる嫌悪にもかかわらず、最終的には――スポンジが水分を吸い込むように――吸い込まざるをえなくなってしまう、という懸念に対して安心していられるほどに十分なことが、です。起こりうる〔とされる〕何らかの東側との戦争準備のために、ただでさえ僅かな力のそのまた一部分ですらも使う、などということは、果たして本当に「現実的に《レアリスティッシュ》」考えられていることなのでしょうか？　その僅かな力は、〔先の〕戦争とその結末とによって突きつけられているまさしく途方もなく――と私には見えます――大きな諸課題を成し遂げるために必要とされている、というのに。私がドイツ人ならこう言うでしょう。「われわれにはそれはできない（non possumus）、われわれは今後、長期間にわたって別の仕事で忙しいのだ」、と。

そして、私は――ドイツでまたしても不評を蒙りたくはないのでいささかためらいつつですが――第七にこう自問します。もし今日、ドイツ軍が――これに属する一切のものと共に――新たに成立し、ヨーロッパの安全保障の要因と称して登場するとしたら、これは本気で考えて困った問題ではないでしょうか？　というのも、これまでの歴史がうんざりするほど示しているように、一イギリス人や一スイス人が軍服を着て武器を手に取る、ということと、一ドイツ人が同じことをする、ということとは何と言ってても別々のことだからです。ドイツ人はその際、――証明済みのように――いともたやすく、かつ、いとも例外なく、全体主義的《トタール》兵士になるのです。この兵士がヨーロッパの生活空間に出没する光景を、私たち他国の者はもはや見たくはありません。たとえ或る共同防衛のための彼の――それ自体としては極めて有能な――貢献に注目してであったとしても、です。そして仮に私自身がドイツ人だとしてもまた、いや違います、まさしくその場合にこそ、私は、彼の復活を決して願わないでしょう。たとえドイツ全体に脅威となっている東側の危険に注目してであったとしても、です。この全体主義的《トタール》兵士は、ドイツ自身にあまりに多くの禍いをもたらしました。人々がドイツ兵の存在を恐怖を抱くことなしに再び考えることができるようになるまでには、ドイツにあっては、今日未だに決して学ばれてもおらず未だに決して忘れられてもいないように思われるあまりに多くの事柄が、徹底的《ラディカール》に新たに学ばれねばならず、そして、徹底的《ラディカール》に忘れられねばならないのです。

以上が、かつてフロマートカ書簡を書いた者として、私が今日、結果的には、ただもうあらゆる明確さをもってニーメラーおよびハイネマン(17)の側に身を置くことしかなしえぬその根拠となった考えです。

あなたは私にこう問うておられます。《ドイツ福音主義教会内部ではこの問題を巡る立場の相違が存するがゆえに、新たな教会闘争も辞さぬ、という姿勢をとることは許されるだろうか、また、とるべきだろうか》、と。福音主義教会内部にあって再軍備に反対する者が自分たちの立場を貫く場合にそうした教会闘争にまで至らざるをえないのかどうか、については、私はここ〔スイス〕からは判断できません。しかしながら、思いますに、もしもかれらが問題を神学的かつ政治的に十分に考え抜いた上で神の前での自分たちの良心に確信を抱いているのであれば、かれらは自分たちの立場を、いかなる場合であれ――また何が起ころうとも――貫くべきでありましょう。それは、キリスト者共同体と市民共同体との関係における良き――それゆえに必然的な――信仰告白(18)のケースでありうるでしょう。

あなたは私に、この問題について『ウンターヴェークス〔途上にて〕』誌上に意見を述べるよう依頼してこられました。そして今、私はあなたに私信をお書きました。しかし、いかがでしょう。私の友人フロマートカが私の同意のもとで当時したとおりになさいませんか。すなわち、もしもこの手紙がそちら〔ドイツ〕でためになり役立つものと思われるのであれば、このまま文字通りに『ウンターヴェークス』誌にお載せくださいますように！　もしかしたら、この手紙はあの別の手紙〔＝フロマートカ書簡〕のような興奮を惹き起こすことはないかもしれません。あるいは、実際そうなるかもしれない？(19)

親愛なる挨拶をもって。あなたのカール・バルト。

（1）Fürchtet Euch nicht! Karl Barth zur Wiederaufrüstung in Deutschland./ An Pfarrer Wolf-Dieter Zimmermann, «Unterwegs», Berlin (West), in: K. Barth, Offene Briefe 1945-1968〔『公開書簡　一九四五－一九六八年』〕, hrsg. von D. Koch (KBGA), Zürich 1984, S. 202-214（本文は S. 205-214).『著作集』7、一六一－一六九頁（雨宮栄一訳）。――E・ブッシュ『生涯』五四一－五四二頁参照。本書簡タイトルは、«Unterwegs»誌のものをそのまま用いた。なお、本書簡は、我が国の月刊誌『世界』（岩波書店）の一九五二年二月号（一三五－一四二頁。「ユンゲ・キルヒェ」誌に附された編集者の「前書き」を含む）に「共産主義の脅威と西独の再軍備について――キリスト者の立場から――」と題して掲載された（なお、訳者については記載なし）。「編輯者まえがき」には、「これはドイツの「ユンゲ・キルヒェ」誌一九五〇年十月号に掲載されたバルト教授の書簡である。「世界」がバルト教授に寄稿を求めたのに対し、教授は多忙で執筆できないが――という返事と共に、本篇の掲載を快諾された。……」（元の幾つかの漢字は旧字体）とある。因みに、『世界』当該号冒頭の「世界の潮」欄の最初の文章のタイトルは「激化する原子兵器競争」、また、翌三月号の主要論考の一つは「再軍備の問題をめぐりて」（安倍能成）とあり、当時の「西独」と日本との（再度の！）運命共同体的様相が改めて垣間見える。

（2）バルトはここで、この新聞（Zeitung）がオイゲン・ゲルシュテンマイアーによって創設されたものであり、また、保守ルター派の教会政治路線を代表するものであることを仄めかしている。（『全集』編者注）――オイゲン・ゲルシュテンマイアーは「保守派を代表する政治家」（E・ブッシュ『生涯』四六三頁注1の訳注より。更に、同四六二頁、五七三頁も参照）。

（3）一九三八年九月一九日付の「プラハのフロマートカ教授への手紙」（『セレクション5』二七五―二八六頁所収）。

（4）『セレクション1』一〇五頁注20参照。

（5）ドイツの多くのプロテスタント神学者たちによって、ナチズムおよび共産主義との関連で悪霊（Dämonen）について語られ、また、かれらは、ヒトラーないしスターリンを反キリスト（Iヨハネ二18、22、四3、IIヨハネ7等々）と同一視したのだった。（『全集』編者注）——E・ブッシュ『生涯』四六五頁も参照。

（6）但し、——以下は『全集』編者注による——「戒告状」は、名宛人のW・ーD・ツィンマーマン牧師（一九一一年生まれ。D・ボンヘッファーの教え子。戦後、告白教会時代の仲間と共にベルリンで《Unterwegs》誌——本書簡末尾参照——の編集者となる。バルトはそのサークルと、ベルリン訪問の一九四七年八月五日以来知り合うこととなり、以後度々寄稿している）の、先にバルト宛てに書かれた手紙で言及されていたH・ベームによるものではなく、バルトの勘違いだとのこと。しかし、実際、H・ベームは一九三八年八月一八日付で、バルトの「義認と法」（『セレクション5』一一六ー二七四頁所収）に対する批判的（！）声明を出しており、更にその後、バルトのフロマートカ書簡のオリジナルテキストを或る牧師を通して入手することを依頼し、バルト自身がこれを（告白教会気付で）一九三八年一〇月一五日送付したとのこと。「義認と法」とフロマートカ書簡との内的関連についてはE・ブッシュ『生涯』四一二頁、『セレクション5』二八五ー二八六頁（更に三八〇頁）を参照。

（7）『セレクション5』二八二ー二八三頁注7およびそこに挙げた個所を参照。

（8）『セレクション5』五一九頁も参照。

（9）KD III/3〔一九四八年夏学期〜四九年夏学期の講義〕は一九五〇年に、KD III/4〔一九四九／五〇年冬学期〜一九五〇／五一年冬学期の講義〕は一九五一年に出版された。（『全集』編者注）——因みに、KD III/2〔一九四五年夏学期〜四七／四八年冬学期の講義〕の出版は一九四八年。

（10）コヘレト三1―8。

（11）ヨーロッパにおける安全保障を巡っては、「東側世界への対抗は駐留を継続している占領軍のとくにアメリカ軍によってなされていたが、〔一九〕五〇年六月二十五日に勃発した朝鮮戦争は、ソ連を頂点とする東側世界の軍事攻勢として強い危機意識をよびおこした。東西軍事バランスにかんする当時の情勢認識は、東側兵力は西側の数倍というものであり、西側の圧倒的劣勢が共通認識であった。この危機への対応策のひとつが、非軍事化されている西ドイツに軍備をもたせることであった。いわゆる「再軍備」である」（成瀬治ほか編『世界歴史体系 ドイツ史3』三六五頁。平島健司執筆）。

（12）フランスでは、一九四五年／四六年の国民議会議員選挙において、共産党はその都度二五～二八パーセントの得票率を獲得し、第一党もしくは第二党となった。（『全集』編者注）――なお、「共産党は五一年、五六年の選挙で第一党であり続け、その後もほぼ二〇パーセント台の得票率を、八一年のミッテラン〔＝社会党〕登場まで保った。冷戦下の西側陣営で共産党がこのような党勢を維持するのはフランス特有の現象」である（柴田三千雄『フランス史10講』岩波新書、二〇〇六年、二一〇頁）。

（13）例えば『セレクション5』一九七―一九八頁（但し、これは同年、フロマートカ書簡直前になされた講演「義認と法」の一部）を参照。

（14）2の最後の段落参照。

（15）原語は Lastenausgleich で、『小学館 独和大辞典（第2版）』では、「第二次大戦による被害者に対する旧西ドイツ以来の補償施策。東西再統一のあと、旧東ドイツ国民に対しても同様の補償を行うことが提案された」と説明されている。なお、若尾祐司・井上茂子編『近代ドイツの歴史』（二七五－二七六頁）にはこうある。「「被追放民」を根無し草的な疎外された少数者とせず、西ドイツ社会に統合するため、さまざまな社会政策がとられたが、その代表的なものとして、一九五二年の負担調整法を挙げることができる。自然人・法人を問わず、戦争で財産を失わなかった者は所有財産の査定を受け、その評価額の五〇％を三〇年にわたって金銭で支払うことが定められた。負担調整法による拠出金は「被追放民」救済の基金となり、配分された総額は一二六〇億マルクにのぼった」。なお、「西ドイツで「被追放民」と呼ばれるようになった」人々とは「東欧から追放されたドイツ人」のこと（同二五九頁。いずれも安野正明執筆）。更に、前掲『世界歴史体系 ドイツ史3』（三五九頁）では、「負担調整法」ではなく「負担均衡法」（こちらの方が原語のニュアンスに近いだろう）と訳され、「この措置は国民の資産の不平等の是正とはならなかったものの、難民・被追放者など、まさに着の身着のまま逃げてきた人びとの不満を大幅に緩和したことは間違い……なかった」と言われる。そして、「被追放者」は「［一九］四七年四月時点で約一〇〇〇万人」、また、「難民」とは、「戦時中に強制労働のためにドイツ国内に移住させられた外国人」のことで、その数は「八〇〇万から一〇〇〇万人といわれている」とのこと（同三二九－三三〇頁。いずれも平島健司執筆）。――以上、「負担調整法」もしくは「負担均衡法」一つとっても、戦後の（そして以後長い年月にわたる）西ドイツおよび東ドイツが置かれていた状況の深刻さが窺える。

（16）傍点は、次の二つの「彼」も含めて、――意味鮮明化のため――訳者による。

（17）ハイネマンの覚え書――Über die deutsche Sicherheit vom 13.10.1950〔「一九五〇年一〇月一三日のドイツの安全保障について」〕――は、G. W. Heinemann, Es gibt schwierige Vaterländer. Aufsätze und Reden 1919-1969〔『困難な幾つもの祖国が存在する。一九一九－一九六九年の論文・講演集』〕(Reden und Schriften 3), hrsg. von H. Lindemann, Frankfurt 1977, S. 97-107 に収められている。――ハイネマンが一九五〇年一二月初旬、講演旅行のためスイスを訪問した折、一二月二日にバルト宅では、「ハイネマンに敬意を表してゾチエテートの小さな特別会合が催された」（一九五〇年一二月二二日付クリストフ・バルト宛て手紙から）。（『全集』編者注）――なお、この時期のドイツを巡る「安全保障について」は前注11およびそこでも引用した『世界歴史体系 ドイツ史3』の特に三六四－三六八頁を参照。

（18）「キリスト者共同体と市民共同体」（本『セレクション』所収）参照。

（19）ツィンマーマン牧師のバルト宛て（寄稿依頼を含む）手紙（一九五〇年一〇月一三日付。前注6も参照）に対して即座に書かれたバルトの本書簡は、（フロマートカ書簡を補遺としつつ）『ウンターヴェークス』誌の特別版（一九五〇年一一月一日）として発行された。編集部は、定期購読者以外に、ダイレクトメールとして一万二千部を東西ドイツにおける福音主義教会のすべての牧師に送った。テキストは、特に、教会関係の諸出版物〔「ユンゲ・キルヒェ」誌もその一つであろう——前注1参照——〕においてリプリントされた。同年一一月二日のバルト宛て礼状で、ツィンマーマン牧師はこう確認している。「本書簡はその間すでになにがしかの騒ぎを惹き起こしました。東側では、役に立ちそうな部分が〔新聞の〕大見出しで公刊されました。西側では、本書簡はこれまでのところ——私の見る限り——比較的注意深く取り扱われています」。(『全集』編者注より)

信仰の一致における政治的決断[1]

[1][2]

われわれが〔すでにあの当時〕キリスト者の政治的責任の認識において、いや実に教会[3]の政治的委託の認識において、原則的には[4]かなりの程度一致していたということ。これは、実際そうだった――それとも、そうではなかった？――[5]。そのような認識が、カルヴァン主義神学の特殊性として要請されたりあるいは訝《いぶか》られたりする、などということはもはやありえなかった。

なるほどわれわれは〔当時〕、そのような認識が「キリスト論的」に基礎づけられるべきなのか（そしてもしもそうだとしたら、いかなる意味においてか）、それとも、広範に及ぶ伝統的神学に従って、――多かれ少なかれ――抽象的に理解された〔信仰箇条の〕第一項〔＝創造論〕から基礎づけられるべきなのか、という点では、依然として合意に達していたわけではなかった。この事柄に関しては、われわれは、きわめて異なる様々の出発点から互いに出会ったのである。〔しかしながら〕分離された「二つの王国」に関する一般に流布していた教説は、ルター派の側からさえも――小さくはあるが粘り強いヘッセン州の「反抗精神」は〈キリストの王的支配〉という特殊教説を携えつつ、そうした二王国論に、ルター派の中でもすでに〔当時〕八〇年にわたって反対していたのだが――、かつてのような脆弱さで主張されるようなことはもはやなくなった。そしてまた、そうした二王国論をルター自身に基づいて解明し正しく位置づけようとする様々の有益な試みにも事欠くことはなかった。一九三四年のバルメン宣言第五テーゼ(6)は、公式に当時通用していた〈全体主義国家〉に関する教説に正式に抗議したのみならず、積極的に、「神の国を、神の誡めと義を、そしてそれをもって、統治者と被治者との責任を」想起せしめたのである。教会の「公共的存在への要求」(7)、教会の「〔政治的〕見張りの役割」(8)、教会の国家に対する能動的関係、「町のために最善を求める」(9)という個々のキリスト者にも課されている義務、――こうしたことについては、明確かつ声高に（ここかしこではあまりに声高に）語られたのである。以上のすべてを実行せんとする種々の努力は――大胆にしてかつ生命を危険に曝すような努力も――、ドイツでは、すでに第三帝国〔時代〕になされたのだった。そうしたことは、それ以後も、――程度の差はあれ――決然たる態度と手腕とをもって一連のケースにおいて起こった。

今日、特に西側の人々は、鉄のカーテンの向こう側を――決して嫌々ながらではなく――、こう問いながらこっそり窺《うかが》っている。「あちら側のキリスト者は、この〔政治的〕観点に関するキリスト教的課題を果たす意志があるのか、また果たすことができるのか。そして、そうだとしたら、どのようにしてか」、と。そうして、――少なくとも――西ベルリンの側からこの〔疑心暗鬼に満ちた〕意味でソ連地区〔＝東ベルリンおよび東ドイツ〕に向かって語られる一切のことを喜ぶのである。そして確かに、あの原則的なこと、つまり、《この事柄〔＝キリスト者の政治的責任・教会の政治的委託〕に関しては、今日では、ヴァイマール共和国のもとで、あるいは、それどころか皇帝〔統治下時代〕のドイツにおいてなされた答えとは異なる答えがなされるべきだ》という原則的なことの背後に、今日、自覚的かつ真剣に戻ろうと欲する者など、ごくわずかだろう。

【2】

とは言えしかし、この事柄〔＝キリスト者の政治的責任・教会の政治的委託〕は、今日、実際問題として、まさに西側においてこそ或る奇妙な袋小路に入り込んでしまったように見える。第一級の政治問題が――それがドイツ全体やヨーロッパ全体、すべてのドイツ人とすべてのヨーロッパ人に対してもたらすであろう諸々の帰結は予測がつかない

――政治日程に登場してきたのである。すなわち、〔西〕ドイツ国民《フォルク》の再軍備、アメリカ合衆国によって指導されている西側が東側に対抗してとる防衛機構枠内での、連合国の願う〔西〕ドイツ国民の再軍備、以前にはその同じ連合国によってあれほど徹底的かつ厳粛に非武装化された〔西〕ドイツ国民の再軍備、という問題である。この計画への――程度の差はあれ――断固たる反対者たちと並んで、多くの福音主義的《プロテスタント》キリスト者もまた――自覚的かつ明確に、キリスト者としての自らの政治的責任を引き受けつつ、一つの実践的信仰告白という意味で――、この計画への反対の声をあげたのだった。そして奇妙なことに、そのかれらは、一層多くの福音主義的《プロテスタント》キリスト者（その中には教会の指導者《フューラー》たる多数の監督がいる）によって反論されているのである。そしてその理由は、前者（＝再軍備反対のキリスト者）の政治的決断を本質的《ザッハリッヒ》に拒否した、という単にそういうことではなかった――いずれにせよ、理論的にはまず第一にそういうことではなかった――。むしろ、その理由は、前者が、《自分たちにとって、この〔再軍備〕計画への反対という決断において問題となっているのは、福音とその誡め[10]とに対する服従――それゆえキリスト教信仰の有する自由と拘束性における決断――なのだ》[11]ということを表明した、というまさにその点にこそあったのである。深いため息と強い非難が前者を取り巻いているのは――私はそんな風にしてため息をつき非難する者たちの正直さを前提としているわけだが——まさしくこの理由による。

何が起こったのだろうか？　この最初の〔段階での〕比較的激しい試練《プローベ》に際してまたしても自己崩壊することなどありえない、というほどには、あの〔［1］で述べた、キリスト者の政治的責任・教会の政治的委託に関する〕原則的に新しい認識は、実際、依然として十分に議論されてはこなかった、ということなのだろうか？　私はこうした理解をとろうとは思わない——いずれにせよここではこうした理解を考慮に入れようとは思わない——。

そう、もう一つ別の可能性もあるのだ。それは、この機会に、《あの原則的なことに関する〔理論的〕認識と、あの原則的なことの実践的意味および射程に関する認識とは別である——つまり倫理《エーティク》と倫理的気風《エートス》とは別である——》ということが明らかになった、ということである。一方から他方へと至る道がどのような道なのかが、多くの者たちには隠されてしまっているように見える。〔そういうわけで〕私がここで、〔西〕ドイツ再軍備問題そのものについてではなく、この問題を巡る教会内での対話について一言述べることをおゆるしいただきたい。なぜなら、そのような対話は、ドイツ以外の福音主義的《プロテスタント》キリスト者たちにとってもまた重要な対話だからである。

［3］

教会が自らの政治的委託を正しく果たす、ということは、どのようにして起こりうるのだろうか？　教会が、組織化された団体として、そのメンバーの明白な多数派に支えられつつ、また、教会の公的代表諸機関の意思表明において〔世に〕はっきりと聴き取られつつ遂行されるべき政治的決断に関して一致する、ということ。それゆえ、教会が、或る確かな合意と公式見解において、自らの〈然り〉もしくは〈否〉を公然と表明することができる、ということ。――こうしたことは、確かに、きわめて稀なケースにおいてのみ起こるのであり、最も困難かつ重要なケースにおいてはまさしく起こらないものである。もっとも、本来は起こらねばならないことではあろう。しかしながら、そのような合意を期待し、また、教会会議や類似の声明によるそのような合意の表現を期待すること、――そうしたことが意味するのは、《教会は、まさしく最も焦眉の政治問題が起こるその度に、そもそも全く動くことをせず、発言をしないか、もしくはいつも、一切がとっくに終わってしまった後で、子どもがすでに溺れ死んでしまった後で、家がすでに焼失してしまった後で、ようやくあまりに遅すぎる仕方で動くようになり、何らかの遅ればせの発言を（後知恵という形の発言とまでは言わぬが）する》ということであろう――そして、これはわれわれの鈍重な国民教会においてだけの話ではない――。大いなる例が手近にあるが、今それを挙げるつもりはない。

教会の政治的委託が、そもそも、しかも時宜にかなった仕方で引き受けられるべきだとしたら、それは、事実上・実践的には、ただ、教会の個々のメンバーの態度決定や意見表明という姿においてのみ起こりうるであろう。すなわち、かれら各々の人格的／個人的《ペルゼーンリッヒ》キリスト教的責任の有する自由と拘束性において遂行されつつ。すでに使徒時代においてそうだったのであり、決してそれと別様ではなかった。つまり、教会は、――〔教会の〕多くの人々・公的立場にいる者たちがためらい沈黙し議論していたその間に――まず差し当たっては、先に急いで走っている個々人の言葉と行為との――己れを危険にさらす――奉仕を通して語ったのであり行動したのだった。政治的神奉仕／礼拝《ゴッテスディーンスト》の事柄に関してもまた事情は別ではありえない。一個人のそのような責任において、ヒトラー時代末期、ディートリッヒ・ボンヘッファーは生き、かつ、死んだのである。すなわち、彼の人格／身《ペルゾーン》において、今度ばかりは遅れをとることのなかった教会が体現されているのだ。まさにそうした人格的／個人的《ペルゼーンリッヒ》キリスト教的責任と、われわれは今日、ハイネマンの、ニーメラーの、モハルスキーの[12]、また、かれらの遠近様々の友人たちの行動において関わっているのである。かれらは、新たなる一九四五年〔という分岐点の状況〕に相対してためらっている――当面の間沈黙したり議論したりしている――ドイツ福音主義教会の多数派の決断に期待してはならないし、その公的代表諸機関の態度決定に期待してはならない、と考えている。かれらは、そうした決断や態度決定を、まず差し当たっては、自分自身の言葉と行為において遂行すべきであり〔世に〕可視化すべきと考えているのである。これが、かれらがその周知の具体的な行動の仕方と意見表明とにおいて行なってきたことであり、今なお行なっていることである。

［4］

次のように問われることは当然であり、そして、その問いは答えられねばならない。すなわち、《そのような個々の福音主義的《プロテスタント》キリスト者が、自らが或る特定の政治的決断とその公的主張へと促され召されているのを見る、というまさにそうしたことは、どのようにして起こるのだろうか》、と（だが、この問いは、あの政治的決断を自分としては差し当たり承認することも共にすることもできない人々にもまた、必然的に向けられている。そして、差し当たり承認することも共にすることもできないその理由は、もしかしたらその人々が、今日、「〔アデナウアー〕首相の政治を全体として正しいものと見なして」おり、それゆえ、〔西〕ドイツ再軍備のことは成り行きに任せたいと思っている、ということかもしれない。更にまた、この問いは、《目下の政治問題はキリスト教的にはとるにたらぬものと見なしうる》――これもまた一つの政治的決断である！――、と差し当たり考えている人々にすら向けられている。）

〔5〕

そうした態度決定――或る政治的賛成もしくは政治的反対――が一人のキリスト者において起こるのは、明らかに次のような仕方においてである。すなわち、議論の的となっている事柄に関して熟慮すべき諸々の賛成理由および反対理由を、良心的に、また、できる限り十全かつ冷静に眼前に据え、それらの賛成理由および反対理由をそれぞれの内容と重さにおいて比較対照し、それぞれの賛成すべき点と反対すべき点を語らしめる――その人が他の何らかの生活上の決断、或る「私的な」生活上の決断に際して行なうだろうのと全く同様に――、という仕方において。この点では、キリスト者は、他のすべての同胞市民と同じ状況にある。キリスト者は、賛成理由および反対理由の内容と重さを「判断する《エアメッセン》」ことに努めるであろう。だがしかし、キリスト者は、そのことを、――そしてこの点でキリスト者は自らを他の同胞市民から区別する――、自らの信仰から切り離された空間においてではなく、神の前で――或る何らかの神の前でではなく――、イエス・キリストの福音において世と教会に――かくして自分にもまた――語りかけておられる神の前で行なうであろう。キリスト者は、恣意の決断でもなければ人間的賢さの決断でもなく、まさにこの神の誡めへの服従における自由の決断を問うであろう。それゆえ、キリスト者は、今日の状況においては、例えば以下のようにして、賛成・反対それぞれの理由を語らしめるであろう。

〔西〕ドイツ再軍備賛成の論拠。

・東側による西ヨーロッパへの軍事的脅威に対して、包括的な——西ドイツ国民もまた引き受けるべき——軍事的対抗措置をもって応じる必然性。

・西ドイツは、西側世界に統合されることに、そしてわけても、西ドイツの「防衛貢献」を要求しているアメリカ側の利害関心と好意とに、特に頼っているという状況。

・この「防衛貢献」に基づく、将来における西ドイツの〔他のヨーロッパ諸国との〕同等の権利（ひょっとしたらヨーロッパを指導する立場？）への期待。

・東ドイツを巡っての、そしてまた東ドイツの（もしくはドイツ全体の）将来の国境線を巡っての、平和的な——しかし東側に対しては少なくとも脅威を与える堅固な手〔＝軍備〕をもって、それゆえ成果をもってなされるべき——談判への期待。

以上に対して、この企て〔＝西ドイツ再軍備〕に対する反対の論拠。

・今日までとにかく西側に対していかなる軍事行動の咎も犯すことのなかったソ連に対する、第三次大戦を惹き起こすような——平和には確実に役立たぬ——挑発。

・〔西〕ドイツ再軍備は実際にはドイツ国民の民主的発展を犠牲にしてのみ、また、かつての古きドイツ「軍国主義」の再来という代価を払ってのみ（等々）達成されうるだろう、との公算がきわめて大きいこと。

・再軍備によって遂行されうる、東ドイツの人々を当面見棄ててしまうという事態。そして、ドイツ分断の永続的固定化という可能性。

・西ドイツ再軍備は、共産主義に対してまさしく唯一効果的な防衛——すなわち、より良い社会正義の樹立——こそを実際には不可能にするであろう、ということの確実性。

これらすべての〔賛成・反対〕両方の側から持ち出された論拠は——私はここでそれらを残り隈《くま》なく列挙しようとしたのではない——、政治的論拠であり、悟性の検討に基づいており、個人の判断に委ねられた問題《エアメッセンス・フラーゲ》への答えである。それら論拠のどれ一つとして「聖書に記されて」はいないし、あるいは、信仰問答書《カテヒスムス》にも記されてはいない。他方で明白なのは、われわれはこれら両方の論拠のいずれにおいても、全体として、かつ、その繋がりにおいて、それぞれ或る特定の〈思考の歩み〉、或る〔特定の〕方向性、或る〔特定の〕性格、或る〔特定の〕顔、或る特定の〈言葉〉の個々の文字、或る特別な精神《ガイスト》と関わっている、ということだ。

自らの政治的責任を自覚しているキリスト者ならば、自分もまたそれら個々の政治的論拠そのもの（あの〔賛成・反対という〕両方の〈言葉〉の個々の文字！）を全く真剣に受けとめているし、自分もまた《個人の判断に委ねられた問題《エアメッセンス・フラーゲ》に答えねばならず、それゆえ――カントと共に語るなら――己れ自身の悟性を用いる勇気を持たねばならない》という点で自覚的であるということを否定することによって、己れを他の同胞市民から区別することはないであろう。しかしながら、自らの政治的責任を自覚しているキリスト者は、次の点で他の同胞市民から己れを区別するであろう。すなわち、これら両方の論拠の中で語っているところの〔異なる〕精神《ガイスター》／諸霊、これらの論拠において認め感じ取ることのできる〔異なる〕〈思考の歩み〉・方向性・顔、に注意を払うという点で。というのも、次のことは、確かに聖書に記されているからだ。すなわち、《キリスト者は、大小様々な〈時代の出来事〉において、精神《ガイスター》／諸霊の支配を、しかも種々様々な――善き、そして悪しき――精神《ガイスター》／諸霊の支配を考慮に入れねばならない》、《キリスト者はそれらの精神《ガイスター》／諸霊を、神の言葉の聖霊によって導かれつつ、かつ、この神の言葉の聖霊の尺度によってそれらの精神《ガイスター》／諸霊を測りつつ、区別せねばならない》、そして、《キリスト者は、己れ自身の態度において、この区別に対応しつつ、自らを整えねばならない。それゆえ、このようにでもいいし、あるいはこれ以外でもいい、などというのではなく、このように、であって、これ以外ではなく、という仕方で！》[13]、と。ここでは――そうした一連の論拠の両側の背景に直面しつつ――、キリスト者は、歴史の秘義および自分自身の生の秘義の前に立っている。すなわち、ここでは、キリスト者は、世界を支配統治しておられる神と、この神に反逆している混沌《カオス》との対立の前に立っている。ここでは、あの「そうかもしれないし、そうではないかもしれない！」は自らの限界を持つ。ここでは、キリスト者は、神の誡めを聴かねばならない。ここでは、キリスト者は、正しく選ばねばならず、間違って選んではならない。それは、単に、より良きこととより悪しきこととの間で正しく選ぶというのみならず、己れのキリスト教信仰に相応じた仕方で（「信仰の類比に従って」――ローマ一二6）[14]、それゆえ、申命記〔三〇15―20〕の意味で、生と死との間で、神と偶像との間で、正しく選ばねばならぬ、ということである。ここでは、キリスト者は、悟性の問題・個人の判断に委ねられた問題《エアメッセンス・フラーゲ》の領域のただ中にあって、服従の問い（Gehorsamsfrage）の前に立っているのである。キリスト者がこの服従の問いに（ここでは当のキリスト者自身の魂の救い《ゼーリッヒカイト》が問題となっている！）ただ或る全く特定の方向において応じることができ、己れに今日ここで立てられている服従の問いに、ただそのようにだけ答えることができ、それ以外の仕方では答えることができないとき、彼は、自らが或る具体的な政治的決断——或る〈然り〉もしくは〈否〉——へと促され召されているのを、だが、それによってまた、己れの〈そのような〉決断を表明しこの決断を公然と主張するよう促され召されているのを、かつ、他のキリスト者にも（そして非キリスト者にも！）、かれらにも妥当する同一の前提に注目しつつ（なぜなら神は——認識されようがされまいが——かれらすべての者の神でいますのだから）、断乎として同一の決断へと呼びかけるよう促され召されているのを見出すのである。

〔6〕

その結果として差し当たり起こらざるをえないことは明らかだ。すなわち、当のキリスト者のそうした決断を、差し当たってはすべてのキリスト者もまた喜んでする意志や備えがあるわけではない、ということである。

キリスト者の内の多くの者は——当のキリスト者とは異なって——、差し当たっては、幾つもの政治的論拠そのものの対立だけは眼前にするけれども、しかし、これらの文字から形成されている〔両方の〕〈言葉〉には、それら〔両方〕の背景には、相互に対立している〔両方の〕方向性や精神／諸霊《ガイスター》には、全く気づくことがないかもしれず、「服従の問いなど全く立てられてはいないし、信仰告白ノ事態（status confessionis）など全く存在してはいないし、自分はあの抗争にあっては中立の立場をとり続ける自由がある――もしくは、自由意志ニヨッテ（libero arbitrio）一方の側にでも他方の側にでもつく自由がある――」と考えるかもしれない。

他の多くのキリスト者は、〔両方の〕背景を、両方の〈思考の歩み〉を、なるほど見るには見るが、しかし、差し当たっては、当のキリスト者とは全く別の見方と判断において見るかもしれない。それゆえ、そのようなキリスト者らもまた――当のキリスト者とは異なって――選択すべきだと考え、その選択に際しては自分の信仰に確信を持っていると考えるかもしれない。

それゆえ、その帰結はと言えば、キリスト者は、あれこれの政治的状況においては、一緒に立っているのではなく当面は対立して立っている、ということであるだろう。すなわち、ここには、自分たちにとって信仰の決断の時・服従の決断の時は未だ全く打ってはいないように見えるキリスト者がおり、あそこには、信仰の決断・服従の決断を、信仰においてそのように遂行せねばならないと信じているキリスト者がおり、かしこには、信仰の決断・服従の決断を、一見同じ信仰において、全く異なった仕方で遂行せねばならないと信じているキリスト者がいる、ということだ。

危機的瞬間！　信仰の一致が、また、信仰の告白の一致が、〔それゆえ〕教会の一致が、今や紛れもなく疑問視されている。これまで大いに耐え抜いてきたし実証されてきた共同体[15]は、そのとき、――もしかしたらその特別な時代は終わったがゆえに不可抗的に――粉々に砕け散る可能性がある。こうしたことが残念に思われるのにはそれなりの理由があるし、そうしてまた、こうしたことに関する責任が、かの者たち、つまり自らの政治的決断をきわめて明確に自らの信仰の決断として遂行し、そしてまたそれを他の人々に向かって主張した者たち、それゆえ、「われわれは、先取りしつつ（他のキリスト者たちの無関心と異論とを越えて）教会全体のために語りかつ行動していると考えているのであり、それゆえ、キリスト者として、ただそのようにだけ語りかつ行動しうるのであって、それ以外の仕方で語りかつ行動することはできないのだ」ときわめて明確に表明した者たち、――こうした者たちに帰されるのは理解できる。そうして、こうした者たちに対して、依然として無関心なキリスト者たちから、そしてまた依然として別様に考えているキリスト者たちからなされる理解できる苦情は、かれらに向けられた次のような告発へと高まるかもしれない。「きみらは、われわれに或る律法を負わせようとし、われわれの良心を束縛しようとし、われわれに対して正しい信仰を認めようとはせず、われわれを教会から排除（破門！）しようとし、それゆえ、教会を分裂させようとしている」、と。

［7］

今日、こうした告発のもとに立っているのは、福音主義《プロテスタント》的キリスト者の中にあっては、再軍備への断乎たる反対者たちである。どうして、キリスト者である再軍備支持者たちもまたこうした告発のもとに立たないのだろうか？　そのような支持者たちは、——私の見る限り——かの反対者たちが反対するのと同様の断乎たる姿勢をもってこの企て〔＝西ドイツ再軍備〕のために尽力することは決してなかった。かれらは、自らの決断のために、神の言葉を主張することはほとんどなかったし信仰の服従を要求することはほとんどなかった。それゆえ、かれらは、信仰の一致を疑問視することはほとんどなかった。かれらは、自らの決断によって、〔換言すれば〕その自らの決断に踏み入る際の基準となった律法によって、キリスト教界の重荷となることはほとんどなかった。こうしたことは——道徳的にではなく霊的に考えて——全くもってかれらの主張の良質性を代弁しているものなのだろうか？　そもそもどうして、アデナウアーに反対するあのニーメラーに、アデナウアーに賛成するただの一人のニーメラーも対峙してはいないのか？　だがわれわれは、これについては未決定のままにしておこう！

［8］

あの〔再軍備反対者たちへの〕告発においては或る大いなる神学的誤解が事の核心を成しているということ、これは確かである。死んではおらず生きている教会にあっては、《教会の洞察《アインジヒト》というのは、事実上いつも疑問視されるのであって、その後、或るヨリ高い段階に至ってようやく、教会の歴史の更なる時においてようやく、再発見される、しかも新たにかつヨリ良い仕方で再発見されることになる》というまさにこれこそが、単に可能というのみならず、むしろ必然的なのである。そのことは、説教・信仰告白・神学といった領域にあっては、とっくの以前から周知のことだ。すなわち、幾分かでも独創的な命題は——もしくは単に特別に先鋭化されただけの命題であったとしても——、そうした領域にあっては、信仰の一致の或る疑問視を意味するのであり、しかも、そのような疑問視それ自体を原則的に禁じるなどというのは、分別ある者《アインジヒティッヒ》であれば誰にも思い浮かぶことのないものなのである——これはカトリック教会においてすら妥当する

――。実際、キリスト教的思惟と言葉の領域においては、まさに唯一の真理こそが、決して単に賜物《ガーベ》であるのみならず常にまた課題《アウフガーベ》でもあるのであり、それゆえ、決して単に共同で反復されうるのみならず、常にまた新たに探求されかつ見出されるべきでもある、というのは理解できることだ。そして、そのことは、この領域においてもまた、まず差し当たっては個々人の敢為《リスク》において[16]、という以外の仕方ではなされえないのである。キリスト教共同体への或る種の――場合によってはきわめて差し迫った――脅威は、こうした敢為《リスク》を常に引き寄せうるのである。例えばキリスト教『使徒信条《クレドー》』中の一般によく知られた或る命題の或る種の状況下での単純な――だが明確な――反復、すでにそのような反復だけでも、ものすごい爆発力を持ちうるのであり、あれこれの聴き手や読み手に対して、「これは〔われわれを〕排除するものであり〔或る特定の〕信仰を強制するものだ」等々といったきわめて辛辣な苦情を誘発するきっかけを与えうるのだ。だからといって、こうしたことは、起こってはならないのだろうか、起こる必要はないのだろうか？[17]

さて、自らの政治的委託を疎かにせぬ生ける教会においては、明らかに同じことが、政治的領域においてもまた、起こることがゆるされるし起こらねばならない。確かにそれは、ここでもまた一つの敢為《リスク》ではあるが、しかし、あそこ〔＝説教・信仰告白・神学の領域〉におけるよりも決して大きい敢為《リスク》ではない！　確かにここで、信仰において、或る全く特定の選択と決断とを遂行すべきであり、それを他の者たちに向かって主張すべきであると考える者は、真っ先に、かつとりわけ、まさしく己れ自身をこそ疑問視し、神の裁きの下へと置くのである。すなわち、己れ自身の心の清廉潔白、己れの悟性の質、諸問題を見抜き精神《ガイスター》／諸霊を区別する能力、賛成・反対の諸論拠を相互に比較検討する能力、彼がそのことをなす際の服従の厳しさ、――こういったことを疑問視し、神の裁きの下へと置くのである。しかし、どこでキリスト者は自分自身の意志と決断との〈主権に満ちた神的裁き主〉に従わない、などということがあろうか。自分がその神的裁き主によって最高度に疑問視されていることを知らない、などということがあろうか。しかも、だからといって、或る特定の意志と決断との必然性が自分には免除されている、などと思うだろうか。確かに、彼は、己れの特別な言葉と行為とをもって、すべてのキリスト者仲間に、つまり、同一の信仰において、正しいと信じつつ、何ら特定の決断に召されているとは感じていない――あるいは彼自身とは全く別の決断に召されていると感じている――すべてのキリスト者仲間に、あまりに「近づきすぎて」その感情を害することになる。しかし、同じことは、あらゆるキリスト者の、それ以外のあらゆる行状や振舞い――慣習的な事柄や一般的な事柄の程度を越えてしまうようなあらゆる行状や振舞い――においてもまた起こるのではないだろうか？　確かに、そうしたことを敢えて行なう者であれば誰であれ、その存在《エグジステンツ》は、他のすべての者にとって次のような問い(18)〔という形〕の要求を意味する。「私は、同一の信仰において、この人と同じことを敢えて行なわねばならないのではないか」、と。そして、確かに、他のすべての者は――もしもかれらが差し当たってはそうした決断ができない場合――、あの者によって、自分自身の信仰において――すなわち自分の信仰の正しさに関して・教会《ゲマインデ》の信仰の一致における自分の位置に関して――動揺させられている、いや、異議申し立てがなされている、と感じるかもしれない。しかし、そこではそのようなことが可能でもなければ堪えられもしないような教会《ゲマインデ》とは、それはまたなんという教会《ゲマインデ》だろう？　そう、もしもそのようなことがそこでは事実――それが関係者すべてにとってどんなに苛酷であろうとも――起こらないのだとしたら、どうしてそれが、自分たちの主を待望するキリスト者共同体、自分たちの主に向かう道の上にいるキリスト者共同体(19)、であろうか？　そのような幾つもの出来事において教会《ゲマインデ》は成長するのだ。もしもそのようなことが起こらないとしたら、もしも教会《ゲマインデ》にはこの動揺が免除されているとしたら、どうして教会《ゲマインデ》は聖徒の交わり《ゲマインシャフト》であろうか？　どうして教会《ゲマインデ》は、肉に対抗する霊への奉仕の中に、肉に対する霊の闘いの中に、誤った信仰・異なる信仰・不信仰との信仰の対立の中にいるであろうか？　個々のキリスト者の諸決断は――今日問題となっている政治的態度決定もまた――、そのすべての影響を伴いつつ、信仰の一致において起こることができ、信仰の一致において起こることがゆるされ、信仰の一致において起こらねばならないのである。なぜならば、信仰の一致そのものは、ただそれが動的性格を持つ場合にのみ、キリスト教的信仰――福音主義的信仰――の一致でありうるからだ。

［9］

どうして、個々のキリスト者のそうした政治的決断は、そもそも、――ため息や非難を呼び起こす代わりに――、教会《ゲマインデ》において・教会《ゲマインデ》に向けて発せられる呼びかけやアピールとして理解されるべきではないのか？　そこで問題となっている事柄に関して、他のすべての者への要求として。すなわち、まずは、《ここでは局外中立は不可能だ》、《ここでは服従か不服従かが問われているのだ》ということを見るように、との要求として。そうして（この〈見ること〉が起こったならば）、今度は、「いかなるものが、善き・神に喜ばれる・全き〈神の意志〉であるのか」（ローマ一二2）を、また、その〈神の意志〉は実際あの個人によって遂行された決断の線上にあるのかどうか、を何度も何度も吟味するように、との要求として。一体誰が、他の者たち〔＝政治的決断をした個々のキリスト者〕が特定の事柄に関して断乎とした態度を――もしくは自分とはまさに別の態度を――とるのを見たからといって、直ちに自分は律法の下に置かれているだとか、自分の良心は責められているだとか、自分は異端視されたり信仰の交わり《ゲマインシャフト》から排除されたりして脅かされているだとか感じる必要があろうか？　そうした対峙の中での、〔政治的決断をした個々のキリスト者とは〕別の者たちによる再吟味は、この再吟味が欲するとおりの結果になるかもしれない。〔そのときには〕この別の者たちもまた、《こうした吟味は、どんなにしばしば、どんなに厳しく、どんなに厳密に遂行されたとしても十分とは言えない》ということを認めざるをえないのである。そしてまた、こうした吟味が要求されることについては、この別の者たちもまた、いかなる場合であれ――たとえかれらが最終的には己れの中立的立場や対立的決断に固執しようとするにせよ――、「私の良心が異議申し立てされている」などという理由でかくも神経過敏に行動したりため息をついたり非難したりする代わりに、感謝しないわけにはゆかないだろう。何と言ったって、あの個々人の決断が――かれらは、他のすべての者同様、誤りを犯しうる人間である――、実際には正しい信仰・服従する信仰においてではなく、むしろ、過《あやま》ちつつある信仰において遂行された、ということはありうるわけだし、もしかしたらいずれそのことが判明することだってあるかもしれないのだ。だとするなら、あの個々人に従うことのできない者たちは、そうした個々人の呼びかけやアピールとの対決に際しては、己れ自身の正しい信仰に、それだけいよいよ確信を持てるようになるはずだろう。しかし、そのかれらがまず差し当たって考慮に入れねばならないだろうこと、それは次のことだ。《あの個々人の決断は、正しい信仰において――それゆえ〈様々な精神《ガイスター》／諸霊と方向性との関係の中にある神の意志〉を巡る正しい吟味において――、双方の側から持ち出された諸論拠を事柄に即して検討することによって、遂行されているのかもしれず、それゆえ、あの個々人の決断は、自分たちに対しては神の言葉を証しするものであるかもしれず、そのような証しとしていずれ判明するかもしれない。そして、もしもそうだとしたら、そのような証しを自分たちの側でも――正しい信仰において――避けることはゆるされないだろう》、と。誰も他者の代わりに信仰することはできず、あるいは、他者を自分の代わりに信仰させることはできない。それゆえ、信仰の服従においてなされる選択と決断も、それが誰のものであれ、その選択と決断が、誰か或る他者によって、吟味されることのないままに、受け入れられ、その他者自身の選択と決断にされることはありえない。他方しかし、いかなる者も、他者に対して、己れの信仰を、そしてまた、己れのこの信仰に対応した選択と決断を、オープンかつ真剣に証しすることから自分は免除されているなどと見なすことはできない。そうして、更には、いかなる者も、キリスト者仲間のそうした証しに――最高度の自由において、しかしまた謙虚な開放性において――同意することから自分は免除されているなどと見なすこともまたできないのである。実際、彼〔キリスト者〕は、それによって己れの身に起こっている〈異議申し立て〉を嘆く代わりに、この試験に身を委ねるがよい。つまり、《私はこの試験を本当に避けることができるのだろうか、また、避けねばならないのだろうか。あるいは、他者の証しは、私自身の良心において、神の言葉を証しするものとして働きかけているのではなかろうか》、と。己れが堅固な土台の上にいることを知っている者は、この試験を恐れる必要はない。しかし、己れが、そもそもかつ結局のところ、堅固な土台の上にはいないことを知っている者は、この試験に対する己れの恐れを、そのような証しに対する騒々しい文句という体裁でいつまでもぶちまけるようなことを決してすべきではないのである。さもないと、その者は、信仰の一致を、単に疑問視するというのではなく、むしろ引き裂く者となるだろう。信仰の一致は、〔絶えず〕新たにされること[20]によって霊的に真なるものであり現実のものなのであって、それ以外ではありえない。信仰の一致は、しかし、キリスト者が自分たちの交わり《ゲマインシャフト》のそのような危機を恐れるのではなく、むしろ――結果がどうあろうとも――そのような危機を歩み抜こうとすることによってのみ、新たにされうるのであり新たにされるであろう。そして、われわれは、われわれの出発点を忘れないようにしよう。すなわち、教会は、実際には次の選択、つまり、自分たちの政治的責任を引き受け、それによってそうした危機というリスク[21]に身をさらすという選択をするのか、さもなくば、そうした危機を避け、そうすることで確実に自分たちの政治的責任を果たさなくなってしまうという選択をするのか、のいずれかの選択、以外にはいかなる選択も持ってはいないのだ、と。これより安価な仕方では、教会と国家――およびまさに教会にとっての国家の諸問題――との間の或る積極的関係の実現が獲得されることはありえない。教会の政治的委託を原則的に知っておりかつ承認する者は、神の意志のゆえに勇気あることを行なうという心備え[22]、もしくは、少なくとも、そうした「勇気あること」がまさに当面の間、自分の代わりに他の者たちによってなされることに同意するという心備え、がなければならない。まさしくこの首尾一貫性こそが、この事柄〔＝教会の政治的委託〕においてなされた理論的前進にもかかわらず、もしかしたら現在に至るまで未だ明瞭とはなっていなかったことなのかもしれない。

今や、あの危機について、また、あの危機がその上で歩み抜かれるべき道について、なお幾つかのことが言われるべきである。

〔10〕

信仰の一致における政治的決断は、もしもそれが真正かつ実り豊かに起こるべきだとするなら、関係するすべての者に対して、〔以下のような〕一連の最高度の要求を提示する。

信仰の一致における政治的決断は、この決断を遂行し、かつ、他の者たちに対してこの決断を主張する者らから、最大限の政治的覚醒と神学的洞察とを要求する。すなわち、考慮されるべき本質的諸要因を見る際の覚醒（Nüchternheit）[23]、を。そして、その諸要因を概観し判断する際の洞察、〔すなわち〕ここかしことで様々な文字により形成されている様々な〈言葉〉に対する霊的勘、かの諸要因の様々な値ぶみの背後に隠されている意味もしくは無意味・幸いもしくは禍《わざわい》に対する鋭い認識、を。単純にして健全なる豊かな人間悟性なしには、かつ、預言の煌《きら》めきなしには――あるいはより良くこう言おう。見抜きつつあり迫りつつあるキリストの愛なしには――、この決断に際して、事が進むことはできず進むことはゆるされない。

政治的決断の主張者らに、〔この両者の内の〕一方もしくは他方が欠けているということがありうる。そして、その場合には、かれらは、たとえその主張する事柄が最善の事柄だったとしても、それが――予想に反して――他の者たちが納得するほどには力強く働きかけないとき、驚いてはならない。

他方、この個々人が語りまた行動するところのものは、他の者たちからもまた、双方の側に対する最大限の開かれた心を要求する。他の者たちは――公正な態度をとるのであれば――、《この個々人が今やまさに現実に――もしかしたら一切の〔キリスト教信仰を直接示すような〕敬虔な言葉や神学的論証抜きに――政治的に議論し論拠を示している》ということについて、この個々人を非難するようなことがあっては(あたかもこの個々人はキリスト教的思惟と語りとの「終末論的」領域から飛び出してしまった[24]とでもいうかのように!)ならないであろう。また、これとは一見正反対に思える場合、つまり、《この個々人が――その際聖書を引用しようがしまいが――政治的議論のただ中にありつつも、今や、にもかかわらず、究極の真剣さ・最高の喜びと決然たる態度にこそ重点を置いている》ということを認めざるをえない場合でも同様である。たとえそうした重点が、あの〔いわゆる「終末論的」〕領域においては第四次元からの光のように見えるとしても(あたかもこの個々人は、すでにそうすることで見知らぬ領域〔=政治の領域〕と職務への熱狂主義的侵入の咎を犯してしまったとでもいうかのように!)、である。他の者たちもまた、《信仰の一致における政治的決断は――それがそもそも起こるべきだとするなら――、この世と神の国との間一髪のようなすれすれの境界線上においてのみ、すなわち、健全な人間悟性が聖霊の言語を語り、聖霊が健全な人間悟性の言語を語るまさにそこにおいてのみ、出来事となりうるのだ》ということに対する理解を持たねばならないのではないだろうか？

［11］

真正かつ実り豊かに遂行されるところの信仰の一致における政治的決断は、更に、この決断の主張者たちから最大限の勇気《ムート》と謙虚さ《デ・ムート》とを要求する。すなわち、《地上での何らかの希望を全面的に天上の希望の光において見、[25] 何らかの人間的〈然り〉と〈否〉を今や確かに神への服従において見出しかつ表明し、或る制限された歩みを、今や、にもかかわらず、全き信頼と明確さの中で歩む》という、危険を孕んではいるが必然的な企てへと向かう勇気、を。そしてまた、《人間がその意志と実行をもって、その〈然り〉と〈否〉をもって、具体的に目指しうるし具体的に達成するであろうものは、たとえそれが最善のものだとしても、そこには、深い問題性があり脆《もろ》さがあり暫定性があり相対性がある》ということを知る、その知における謙虚さ、を。この知において慎ましくあり、しかしまた、この知において・この知と共に、勇気を持ち明確にかつ断乎として語り行動することをやめない謙虚さ、を。キリスト者によるキリスト者への（そして非キリスト者への！）証しとして、政治的決断が語りうるし納得ゆくものとなりうるのは、その政治的決断がこの弁証法をも可視化するただその程度に応じてのみ、である。怯《ひる》んだ・疑いを抱く・中途半端な心と言葉と行動とは、神の意志の証しのためには確実に役立たずであり、そうしてまた、思い上がった・独りよがりの確信を抱く・高慢な心と言葉と行動も同様である！

しかし、この弁証法を理解しこの弁証法に敬意を払うこと、このことを、あの他の者たち——当面の間はためらっている者たち、もしくは、当面の間は別な決断をする者たち——にもまた、同様に厳しく要求されているのである。もしもあの他の者たちがこの個々人に対して、勇気と謙虚さとの、明確さと慎ましさとの、あの不思議な緊張を——この緊張においてのみこの個々人はキリスト者として己れの事柄を主張しうるのである——非難しようとするなら、またしてもそれは公正ではなかろうし、また、それは、自分たちによってもこの個々人によっても告白されている信仰から起ることではなかろう。むしろ、あの他の者たちは、《自分たちにとって、この個々人は、一見矛盾しているように思われること〔＝勇気と謙虚さ／明確さと慎ましさ〕のまさにその一致においてこそ、神の証人であるのかもしれない》ということを考慮に入れるべきなのである。あの他の者たちには馴染みのないこうした政治的決断において、本当にその両者〔＝勇気と謙虚さ／明確さと慎ましさ〕が強力にかれらに出会えば出会うほど、それだけますます熟考しつつ、かれらはこう自問しないわけにはゆかない。「自分たちは、そのような政治的決断において、自分たちの服従をもまた呼び求めている一つの神的委託と神的道標《みちしるべ》（Weisung）との人間的形姿と関わっているというべきではないのか」、と。己れ自身の信仰生活の他の様々な文脈からならば、実にあの他の者たちにとっても、次のことはよく知られた事実であろう。《神に服従するところの何らかの思惟・語り・行動こそが、常にあの見かけ上の矛盾の一致において進み行くのであり、大いなる勇気と大いなる謙虚さとを――単に相互制限しつつというのではなく、むしろ、相互に強め合いつつ――一致させるであろう》、と。もしもそうした一致があの他の者たちに、かれらには差し当たり受け入れることのできないあの――他の〔個々の〕キリスト者の――政治的決断においてもまた出会うとしたら、そのことは、そのような他の〔個々の〕キリスト者の不利に働くことはありえず、むしろただ有利に働きうるだけなのである。

〔12〕

また、信仰の一致における正しい政治的決断は、この決断を敢えて行なう者らから、最大限の新約聖書的喜ばしさと旧約聖書的厳しさとを要求する。すなわち、キリスト者によるキリスト者への（そして非キリスト者への！）証しとしての政治的決断が光を放ち重きをなすものたりうるのは、その政治的決断が己れの根拠を、福音のうちに、〔換言すれば〕イエス・キリストにおいてすでに起こり完全に成し遂げられた神との世の和解への――解放されかつ解放をもたらす――信仰のうちに持つ場合――ただその場合のみ――であるがゆえに、内からの喜ばしさであり外へ向かっての喜ばしさ、を要求する。そして、そのような〔政治的〕決断においては、〔この決断を遂行する〕自分自身にとっても他の者たちにとっても、ご自身の民との神の契約の実践的確証が、神の誡めの認識と行為とが、事の核心を成しているがゆえに、自分自身に対する厳しさであり他の者たちに対する厳しさ、を要求する。

もしもそのような決断の主張者に、自由なる――それゆえ自由へと呼びかける――神の子ら(26)の新約聖書的喜ばしさが欠けているなら、それによって確かにこの主張者は、自らが或るイデオロギーに、或る体系に、或る人間的方向性や人間的運動の最高度に誤った仕方で絶対化された論理と倫理に囚われてしまっている、ということを暴露することになろう。もしもこの主張者に、責務を負わされている――かつ責務を負わせる――神の僕《しもべ》らの旧約聖書的厳しさが欠けているなら、どこから彼は、明確さと拘束力を――或る〈然り〉もしくは或る〈否〉が聴かれるべきまさにそのときに〈然り〉もしくは〈否〉

が語られねばならない際の明確さと拘束力を――得るというのだろう？　その場合、どこから、そうした〈然り〉と〈否〉によって彼自身が要求されているその要求は――ただこの要求においてのみ彼は他の者たちにもまた本当に要求しうるわけだが――来るというのだろう？

　もしもこの主張者に、一方もしくは他方が欠けているなら（一方が欠ければ確かにまた他方も欠ける！）、そのとき彼は――たとえ彼が当の事柄に関してどれほど正しいとしても――、神の意志の証しのためには確実に適さぬ人物であろう。

　そして、他の残りの者たち――この主張者の政治的決断に対してなおもためらっている者たち、もしくはその政治的決断を嫌がっている者たち――は？　かれらが何より明確にしておくべきは、次のことであろう。新約聖書的であり同時に旧約聖書的である証し人《びと》、それゆえ聖書的証し人、ゆえに、喜ばしく同時に厳しい証し人、――そのような証し人たることが実際にはいかに困難であるか、ということを。そしてそれは、政治的な証し人だけがそのような証し人でなければならないわけではないが、しかし、その語りと行為が力強くあるべきなら、確かにまさに政治的な証し人こそが――いかなる場合にも――そのような証し人でなければならないのである。そして実に、他の残りの者たち自身が、少なくとも他の諸領域にあっては自らそのような証し人たるべきだろう！

政治的証し人としてのキリスト者とは、おそらくは、──その者がどこに立っているにせよ──世においても教会においてもこの上ない少数派へと追いやられた人、あるいは、ほとんど孤独な人、内からも外からも激しく攻撃されている人、であるだろうし、そのような人には、非常にしばしば、神の言葉への喜びに向かう雰囲気が、また、神の言葉の厳しさに向かう力が──あるいはそのいずれもが──かなりの程度欠けていることだろう。そのような人にとっては、正義という武器をもって闘うことは、おそらくは、右に対してであれ左に対してであれ、常に同じ仕方でうまくゆくとは限らないだろう。そのような人の語りや行動には、多かれ少なかれ美的欠陥がないとは言えないだろう。もしも他の残りの者たちもまた信仰に立っているのであれば──当面は別様に方向づけられている信仰に立っているのだとしても──、そのかれらにも、そのような人の苦境は眼前にあるだろうし、また、そのような人の無能さは──そうした苦境や無能さは他形では実にかれらにも馴染みのものであるはずだ──、許容し難いものではあるにせよ、理解しうるものだろう。それゆえ、かれらは、そのような人の証しの厳しく辛辣で挑発的で喧嘩っ早い面が、他の面──福音の平和と喜びと自由と──を時折覆い隠しそうになることが起こる場合、すぐにも指さしながらその「律法主義」を嘆くことはしないだろうし、あるいは逆に、そのような人が、福音の自由において、彼の証しに本来なければならないはずの厳しさや規律や首尾一貫性を時折欠いているように見える場合、その「軽率さ」を嘆くことはしないだろう。実際、かれらは、そうしたことをすることによって、この人から自分たちに向けられている問いや要求を免れるべく負担が軽くされているとか解放されているなどとは決して思わないだろう！　実際、かれらはその際、自分たちはもっと上手にバランスをとっているのだからこの人よりも宗教的《レリギエース》・道徳的に優位に立っている、などと思って安心することは決してないだろう！　それどころか、かれらは、この人の証しが〔喜ばしさと厳しさという〕両方の面で必要としている補足や立て直しを暗黙のうちに自ら行なうという善き意志を持っているだろうし、そうして、――この人の証しの種々の限界にもかかわらず――この人の証しをそれだけ一層真剣に聴き、検討することだろう。この人の証しの――この人自身に原因がある――不愉快さ、もしかしたらそれによって生じたかもしれない、この人の呼びかけやアピールの信頼の置けなさや無力さ、――こうしたことに対してはこの人自身が責任を問われるだろう。しかし、それとは全く別な仕方で、この人の証しを聞き流してしまうことに対しては、教会が責任を問われるだろう。なぜなら、教会は、信仰の交わり《ゲマインシャフト》として、信仰において語られているところのことを、――たとえそれが不愉快な仕方で語られたとしても――信仰において聴くことを心得ているべきだからである。

[13]

信仰の一致において起こる政治的決断によって信仰の一致が陥らざるをえない危機は、決して打開の道がないものとして特徴づけられるべきではない。なるほど、そのもとでこの危機が歩み抜かれるべき諸条件、そのもとで信仰の一致が――これが危険にさらされるまさにそのことによってこそ――新たにかつヨリ良く再び獲得されるべき諸条件、そうした諸条件は、いずれの側にとっても容易なものではありえない。〔だがしかし〕教会が生ける共同体《ゲマインデ》であるところでは、そうした諸条件が満たされないまま、ということはありえない。この危機は今日のドイツの福音主義教会においてもまた歩み抜かれることができるし、またもしもそのことが起こるとしたら、それは、〔他の諸国の〕すべての福音主義教会にとって範例的意味を持つことになるだろう。

[14]

しかし、信仰の一致において生きる代わりに、この危機に恐れを抱くような教会とはいかなる教会なのだろう！　そのもとでこの危機が歩み抜かれるべき諸条件、――その諸条件は満たされる、ということが実に教会には約束されているというのに！

[15]　かれらの現実存在が、この危機の成立のために、しかしまたこの危機を歩み抜くためにも、新たなヨリ良い信仰の一致のためにも必要不可欠であるところの者たち、——まさしくそうした者たちこそが、ただ厄介な平和攪乱者としてだけ扱われうるような教会政治とはいかなる教会政治なのだろう！

[16]　政治的な信仰告白ノ事態（status confessionis）のまさしく倫理的気風《エートス》こそを、それゆえ、倫理《エーティク》が目指さねばならないはずのまさしく真剣な事態[27]こそを、単なる例外的事態（「望むらくは例外的事態」とヴォルフガング・シュヴァイツアー[28]は一九五二年の『福音主義神学』誌一四四頁で書いている）としか認めない倫理とはいかなる倫理なのだろう！

[17]　終末の許されざる先取り（「ローマ〔・カトリック〕の教会支配とバーゼル〔＝バル

ト？」の宣教神政政治」――W・シュヴァイツァー、前掲誌一四二頁）に対する純然たる不安から、一九五二年に生きており迷い苦しんでいる人間に対して、「一切の政治的行動の曖昧さと暫定性とを指し示す」弱々しい「指示」（一三三頁）よりマシなものを提供できぬ宣教とはいかなる宣教なのだろう？

〔18〕

生命と死というまさに具体的標識の前でこそ原則的に停止せねばならないような、その最後の言葉が「これに関する考えは各自に委ねる」ということにあるような、「生命を選びとれ！」という要求とは何なのだろう！

〔19〕

「責任」という原理の空虚な承認というまさにその姿においてのみ起こることが許されるような、そう、具体的になされる責任的・政治的決断という姿においては決して起こることが許されないような――もしくはまさにただ「例外的事態」においてのみ起こることが許されるような――神の前での責任とはどういうものだろう！

［20］
その中ではキリスト教界自身が己れにそうした「無力」という有罪判決を下してしまうような信仰の一致、とはいかなる信仰の一致なのだろう！

［21］
否《ナイン》、以上のような法則の下では、危機は歩み抜かれることはできないであろう。実践へと向かう道がこのような様相を呈さざるをえないとしたら、われわれは実際、理論においてもまた、私が本論考の冒頭〔＝［2］の最終段落〕で前提したのとはやはり別の場所にいる、と言うべきなのだろうか？　そう、しかしながら、実践へと向かう道は、必ずしもこのような様相を呈さねばならない、ということはないのである！

（1）Politische Entscheidung in der Einheit des Glaubens, in: Theologische Existenz heute NF 34, München 1952, S. 3-19.『著作集』7、二六二―二七八頁（雨宮栄一訳）。――E・ブッシュ『生涯』五四六―五四八頁参照。
（2）［］およびその中の数字は訳者による。以下同じ。
（3）原語はKircheで、以下、特に断らない限り同様。

（4）原語は grundsätzlich で、これを中性名詞化したものも含めて、このあと繰り返し出てくる本論考におけるキーワード。

（5）最初の文章からいきなり過去形で語られ、この過去形（もしくは過去完了形）がしばらく続く。すぐにバルメン宣言第五テーゼに言及されるところから推測するに、そのような時制を用いることによって、バルトは、バルメン宣言（一九三四年）前後の時代から戦後に至るまでのドイツの教会と神学の状況を淡々と語っているように思われる。

（6）「キリスト者共同体と市民共同体」（本巻所収）の第35項およびそこの注を参照。

（7）この Öffentlichkeitsanspruch については「キリスト者共同体と市民共同体」（本巻所収）の第12項末尾参照。

（8）例えばイザヤ六二6――「見張り」は文語訳では「斥候《ものみ》」――（この個所については『キリスト教的生Ｉ』二二七―二二八頁参照）。

（9）エレミヤ二九7参照。更に、「キリスト者共同体と市民共同体」（本巻所収）の第25項および第34項も参照。

（10）一九三五年の、バルト神学にとって最重要講演の一つ「福音と律法」（『セレクション5』所収。特に、Ⅰ、Ⅱ、Ⅳ-二、Ⅳ-三）を参照。

（11）《》内の文章中の傍点は、意味鮮明化のため、訳者による。

（12）ヘルベルト・モハルスキー（Herbert Mochalski）は、《Bekennende Kirche auf dem Weg》〔『途上にある告白教会』〕誌の編集者（一九五〇―一九五三年）であり、《Stimme der Gemeinde»〔『教会の声』〕誌の著作家（一九四九年以降）である。（K. Barth, Offene Briefe 1945-1968, hrsg. von D. Koch (KBGA), Zürich 1984, S. 313, Anm. 13より。）

（13）「神の言葉の聖霊の尺度によってそれらの精神／諸霊《ガイスター》を測りつつ」、それらの精神／諸霊《ガイスター》は「区別」されねばならない、という視点に基づく講演として、「戦後の新建設のための精神的諸前提」（本『セレクション』所収）を参照。

（14）「信仰の類比」については、例えばKD I/1, S. 257（『神の言葉』I／1、四八七－四八八頁）参照。

（15）「共同体」の原語はGemeinschaft。本論考ではむしろ、「交わり」と訳すことが多いが、その際はルビを振る。なお、Gemeindeを「共同体」と訳す場合もあり、その際もルビを振る。

（16）「敢為《リスク》」の原語はWagnisである。以下同じ。

（17）（原注）もしもわれわれが、一九三四年、まさしくあのドイツ的キリスト者には属していないところの、教会関係のすべての団体・委員会の合意すらも――あるいはエアランゲンやテュービンゲン等々の賢者たちの理解や同意すらも――期待しなければならなかったのだとしたら、そのときバルメンでは、何も語られることがなかったか、さもなければ、まさにただ何の決断もなされぬままモグモグ〔意味不明なことが〕呟かれただけ、ということになっただろう。――（以下、訳者注）当時、エアランゲンにはP・アルトハウス、W・エーレルトが、テュービンゲンにはF・ゴーガルテンがいた。前二者を中心に起草され公表された「バルメン『神学的宣言』に対するアンスバッハの勧告」（一九三四年六月一一日）は、バルメン宣言に対する明白な――「民族性の神学」に基づく――「反対マニフェスト」だったが、「何らかの正式の教会機関によって受け入れられることはなかった。……ただ一つバルメン神学的宣言だけが闘いの記録となった」（H・E・テート『ヒトラー政権の共犯者、犠牲者、反対者――《第三帝国》におけるプロテスタント神学と教会の《内面史》のために――』一六九、三〇一頁参照）。F・ゴーガルテンについては、テート前掲書三四三頁以下および『セレクション4』四五三―四五六頁を参照。

(18)「敢えて行なう」の原語は wagen（その名詞が Wagnis――前注16参照――）である。以下、同じ。

(19) ここの「キリスト者共同体」の原語は Christengemeinde で、「キリスト者共同体と市民共同体」（本『セレクション』所収）におけるのと同じ語。

(20) 原語は sich erneuern で、すでに挙げられたローマ一二2（口語訳は「心を新たにすることによって」。チューリッヒ聖書は durch die Erneuerung des Sinnes）もまた暗示されているのかもしれない。

(21) この「リスク」は文字通り Risiko である。

(22) 原文は um Gottes Willen etwas Tapferes tun。これは、「ツヴィングリのモットー」である、«Tut um Gottes willen etwas tapferes !» からきていよう（Vgl., hrsg. von Bertold Klappert und Günther van Norden, Tut um Gottes willen etwas Tapferes !:

Karl Immer im Kirchenkampf, Neukirchen-Vluyn 1989, S. 10, 51)。但し、バルトがここで willen を敢えて Willen と名詞化したのはローマ一二2（→本論争［9］）を念頭においてのことだと思われる。そのため、「神のゆえに」ではなく「神の意志のゆえに」と訳した。

（23）これについては例えば『セレクション1』六一頁注24参照。

（24）この誤った「終末論」理解については、佐藤敏夫編訳『バルト自伝』新教出版社、一九六一年（一九八六年第2版）、六九頁を参照。

（25）「神学は、あれら他の権威《インスタンツ》〔理性・経験・歴史・民族性・慣習・国家 etc.〕を、啓示を基準として解釈する……。神学は、地上に据えられた何らかの探照灯《サーチライト》で天を照らし出そうとはしないでしょう。そうではなく、神学は、地上を天の光の中で見ること——そして理解すること——を試みるでしょう」！（一九三三年講演「神学的公理としての第一誡」——『セレクション4』三〇八頁——より。）

（26）原語は ein Kind Gottes（単数）だが、イエス・キリストから区別するために複数として訳す。次の文の「神の僕ら」も同様である。

（27）「真剣な事態」の原語は Ernstfall で、「有事」とも訳される語。

（28）一九一六年、エアランゲン生まれ。ドイツの神学者。新約学から出発し、徐々に関心を組織神学へ移す。一九四六年ジュネーヴで世界教会一致協議会の学生部門の主事となり、五二年ハイデルベルク大学講師。五五年ベテル神学大学の組織神学教授。（『キリスト教人名辞典』）

事は生命に関わっている[1]

一九五七年聖金曜日。四月一九日[2]

アルベルト・シュヴァイツァー博士による科学者たちへの訴え、すなわち、《あなた方は、人類に対して、核戦争のための準備について、そしてまた、そのことによって人類に対して開かれることになってしまった見通しについて、「真実を語る」ように》との訴えは、聴き届けられないままでは終わらなかった。この事柄に関して権限を有する専門家たる物理学者たち――最近ではこの学問における十八名の声望あるドイツの代表者たち――が、かれらの認識に基づいてかれらに示されているところの真実をわれわれに語ってくれたのである。私は、以下のように要約する。[3]

1. 今日、「小型」原子爆弾もしくは「戦術」原子爆弾と呼ばれているものは、その

〔破壊〕作用が一九四五年にヒロシマに投下された原子爆弾のそれと類似の兵器である。

2. 非常に多数の住民を（「大きな」）水素爆弾の絶滅的〔破壊〕作用から——しかしまたあの「小さな」兵器〔＝原子爆弾〕からも——確実に保護するようないかなる技術的可能性も存在しない。

3. いわゆる「核実験」を更に続行することによって、近い将来、至るところで生命に対する危険が生じるというほどに地上の放射能汚染は進行することになろう。(4)

以上のような「真実」(5)の公表は、政治的に高い立場にいる者たちや政治的に大手のメディアによって、かれらだけがその権限を有しているとする領域への権限なき介入(6)だとされ、また、そのように取り扱われたのであった。その際、かれらは、《核兵器の領域での管理された軍備縮小のための努力は今後も引き続き行われる》との偽りの慰めをわれわれに語る。しかし、その間《かん》に核戦争のための準備が——実践的実験も含め——引き続き進行してゆくであろうことについては、何ら疑う余地はない。

今や残されているのは、公的権力と公的発言力とを持っている者たちの傍らを通り過ぎて(7)、人々に向かって〔直接〕こう訴えることだけである。あなたがたは、〔政治的に高い立場にいる者たちや政治的に大手のメディアによる〕そうした拒絶や偽りの慰めを甘受すべきではない、と。あなたがたは事柄を自分たち自身の手に取り戻すべきである、と。(8)あなたがたは、自分たち〔各々の国〕の政府やメディアに、《われわれは絶滅することも絶滅されることも欲しない。たとえそれが「自由世界」防衛のためであっても、社会主義防衛のためであっても、だ！》ということをあらゆる手段を用いて理解させるべきである、と。あなたがたは、西側および東側の責任ある者たちに向かって、「止まれ！」と呼びかけるべきであり、かれらの耳に、「すべての当事者にとって戦争を最初から無意味なものにしてしまうような兵器による戦争の準備は終わりだ！」、「そうした兵器の使用による相互威嚇も終わりだ！」、「明らかにすでに平和時においてわれわれすべての人間にとって生命の危険をもたらすような実験は直ちに終わりだ！」との言葉が鳴り響くようにすべきである、と。

西側と東側の人々は、この事柄において進行中の狂気に抗して立ち上がる／蜂起する（aufstehen）べきである。それによって、かれらは、〔各国の〕政府やメディアもまた考慮せざるをえなくなるような第一級の政治的事実を創り出すべきである。事は原理やイデオロギーや体制《システム》に関わっているのではない。事は権力《マハト》〔争いの〕問題に関わっているのではない。事は生命に関わっているのだ。事は、かれら〔西側と東側の人々〕に、人間たちに、関わっているのだ。人間たちは、——手遅れになる前に——最も単純素朴な理性の事柄を助けてその権利を回復すべきである。

以上が、私が、原子物理学者たちのあの宣言によって創り出された状況に対して〔かれらを支持しつつ〕言わねばならないことである。

カール・バルト

（1）Es geht ums Leben (Karfreitag 1957), in: K. Barth, Offene Briefe 1945-1968〔『公開書簡 一九四五—一九六八年』〕, hrsg. von D. Koch (KBGA), Zürich 1984, S. 389-392（本文は S. 390-392). これは本邦初訳である。——E・ブッシュ『生涯』六一一—六一七頁参照（そこでの見出しは「生命の危機の問題である」）。更に、宮田光雄『カール・バルト——神の愉快なパルチザン』（岩波現代全書080）、二〇一五年、一七五—一七八頁も参照。なお、表題は（カッコ内の日付部分を除いて）、ベルトルト・クラッパート／ウルリッヒ・ヴァイトナー編『平和への歩み——平和と軍縮のための神学テキスト集——』（一九八三年第二版）（Bertold Klappert/Ulrich Weidner (Hrsg.), Schritte zum Frieden. Theologische Texte zu Frieden und Abrüstung. Aussaat Verlag Neukirchen-Vluyn, 2.

Auflage 1983, S. 98）に従った。なお、同書に本テキストの直前に置かれたクラッパートの解説（S. 86-98）の改訂版が、その後、Die Auferstehung Jesu und der Aufstand gegen das Nichtige. Karl Barths Stellungnahmen zu Krieg und Massenvernichtung〔「イエスの復活と、〈虚無的なるもの〉に抗する蜂起――戦争と大量殺戮（兵器）に対するバルトの態度決定――」〕と題して、ders., Versöhnung und Befreiung. Versuche, Karl Barth kontextuell zu verstehen,〔B・クラッパート『和解と解放――カール・バルトをコンテクスチュアルに理解する試み』所収〕, Neukirchen-Vluyn, 1994, 252-284 に再録されている。前掲 KBGA における原題は《An die Öffentlichkeit》（『世論へ』）である。

（2）一九五七年、四月初め、ドイツ連邦共和国（西ドイツ）首相コンラート・アデナウアー（Konrad Adenauer）は、連邦国防軍の戦略核兵器の配備に賛成であることを表明したが、それに対して、四月一三日、ゲッティンゲンのマックス・プランク研究所物理学部門所長カール・フリードリヒ・フライヘル・フォン・ヴァイツゼッカー（Carl Friedlich Freiherr von Weizsäcker）は、十八名のドイツの核／原子物理学者たちの名において〔＝ゲッティンゲン宣言（本文および後注3参照）〕、連邦国防軍の核武装に警告を与えるべく世論に訴えた。これによって、西ドイツの核武装問題を巡る数カ月にわたる激しい論争が始まった。カール・バルトは直ちにこの論争に参加した。すなわち、一九五七年四月一九日――聖金曜日――、西ベルリンの新聞《SOS》の質問――「あなたはゲッティンゲン宣言についてどのように考えますか？」――に対して回答する、ということによって。当新聞は、〔バルトの回答の〕テキストに対する見出しとして、「事は生命に関わっているのだ」というバルトの文章を選んだ。この見出しのもと、当該テキストは直ちに『教会の声』（Stimme der Gemeinde）誌に、そしてまた他の幾つもの新聞や機関誌に掲載された。――バルトは、その声明の冒頭で、アルベルト・シュヴァイツァーの或る手紙〔本文参照〕に言及している。その手紙は、水素爆弾の核実験爆発（アメリカ合衆国では一九五二年から、ソヴィエト連邦では一九五三年から）の後の一九五四年、自然科学者たちに向けて、世論を啓蒙し喚起するよう求めた。同様の意図をもってシュヴァイツァーは、一九五七年四月二三日、世界の世論に向けて長いアピールを訴えたが、これはバルトのアピールと共に広く流布した。（『全集』編者注）

（3）以下でなされるバルトの要約の第1点と第2点は、ゲッティンゲン宣言の二つの主要点を再現している。（『全集』編者注）

（4）第3点は、ローマ教皇ピウス一二世の復活祭メッセージ（一九五四年四月一八日）の内容および物理学者K・ベッヒェルト（K. Bechert）教授の講演「核時代と責任」――この講演をバルトは『スイス福音主義広報誌』第16号（一九五七年四月一七日付）にて読んでいた――に対応している。（『全集』編者注）

（5）原文に引用符はないが、バルトがここで冒頭のアルベルト・シュヴァイツァー博士の「訴え」中の「真実を語る」を念頭においていることは明らかなので、引用符を付した。

（6）そうした趣旨のことを、〔西ドイツ〕首相K・アデナウアーと防衛大臣F・J・シュトラウスは述べていた（一九五七年四月一三日付および四月一五日付の『フランクフルター・アルゲマイネ・新聞《ツァイトゥンク》』）。（『全集』編者注）

（7）「～の傍らを通り過ぎて」の原文は「～から」（von）だが、ここは、ベルトルト・クラッパート／ウルリッヒ・ヴァイトナー編『平和への歩み――平和と軍縮のための神学テキスト集――』（S. 98）――前注1――に従った。すなわち、von の代わりに an を、更に［vorbei］を挿入（＝「～の傍らを通り過ぎて」）。

（8）これら〔二つの〕文章は、この声明を発送して数日後にバルトが『バーゼル報知新聞』の一九五七年四月二四日朝刊で知ることになるアルベルト・シュヴァイツァーの要求に正確に対応していた。（『全集』編者注）――「アルベルト・シュヴァイツァーの要求〔＝アピール〕」」については前注2の末尾参照。

ドイツ民主共和国〔東ドイツ〕の或る牧師への手紙[1]

愛する未知の方、そして、愛する旧知の方、へ！[2]

あなた方のお手紙が――お互いの間で共通の友人宛てにあなた方が書かれたものと共に――、私のもとに届きました。そして私はすべてを、注意深く、また、大いなる関心をもってお読みし、更にもう一度お読みしました。あなた方は、御地でのあなた方の状況とその状況に関わる諸問題について、私から何ごとかを聞きたいと望んでおられます。その際、あなた方は、詳細な状況報告（あなた方がよくご存知の理由から、以下では私はその報告に直接関わることはいたしませんが）をもって、そしてまた、終わりには八つの具体的質問をもって、私を手助けしてくださいました。

「そもそもなぜ、カール・バルトは、われわれに対してもまた何か道標《みちしるべ》となるような言葉（ein wegweisendes Wort）を語ってはくれないのか？」[3]。まずは、この、私たち〔に共通〕の友人に向けられたあなた方の問いを糸口として話を始めさせてください。この問いは、私に一瞬、あの「なぜ?」を思い出させてくれました。それはほぼ二年前の、東西間の波が私たちの間でも今一度特別に高まった時でしたが[4]、或る非常に高名なアメリカの神学者の口から公然と語られた問いでした。「なぜ、カール・バルトはハンガリー〔問題〕について沈黙しているのか?」[5]、と。これに対して私は当時、一言も答えませんでした。それが真正の問いでないことは、手に取るように明白だったからです。その問いは、他のキリスト者との意見交換や交わりを求める一キリスト者の実際の困窮からきたものではなく、むしろ、一人の非情な西側政治家の〔己れ自身は〕安全な〔ところにいる〕城塞からきたものでした。この政治家は——政治家たちが通常行なうように——、敵を罠にかけようとして、私を彼の幼稚な反共主義支持へと強いるか、さもなくば、私を秘かな容共主義者として暴露するか、こうして、いずれにせよ、私を神学者としてもまた信用失墜させようとしたわけです。これに対して何を私は言うべきだったでしょう?

あなた方の問いは——、もっとも、私はそこにもかすかな不満の響きがあるのを聞き逃してはおりませんが——全く別種のものです。あなた方は、ともかくも、あの不毛な「反対《アンチ》」や「味方《プロ》」が実際上最小限の役割しか果たしえないような場所から——なぜならそこでは人は日々、またいかなる犠牲を払ってでも、そうした努力から最善のものを生み出そうとの意志をもって共産主義の現実と取り組まねばならないのですから──、私に語りかけておられます。実際、あなた方にとっては、あなた方ご自身の表現によれば、「われわれをエジプトの肉鍋へ連れ戻すような、アデナウアーの意味での解放以上に」恐ろしいものは「他にない」からです。あなた方は、貴国の社会主義を、或る新しいものを耕すという尊重すべき試みとして評価し、そして、その社会主義に対して、──西ドイツのラジオ放送の種々の陰鬱な予測に惑わされることなく──健全で自由な発展を願っておられます。とは言え、その上で、あなた方は、ドイツ東部地区〔＝東ドイツ〕(7)におけるキリスト者および牧師としてのあなた方に対して大変な労苦を与えている一連の苛酷な事実を挙げておられます。そして、あなた方が私に望んでおられるのは、それらの事実を「すごく醒めた仕方で」正当に評価しつつ共に考え助言すること、であります。その際、あなた方は、私がそうしたことをなしうる──それゆえあなた方に、何か「父親のような」言葉、まさに何か「道標《みちしるべ》となるような」言葉、いや、それ以上に、何か「解放をもたらし」かつ「喜びをもたらしてくれるような」言葉を語りうる(8)──、との信頼を私に対して寄せてくださっています。私があなた方に語りうることが、そうした高度な性質のその小片すら持つことになりますものやら。確かなことは、もしも人が私にそのように問うてこられるときには、私は——自らに〔上から力が〕与えられているその限りにおいて——答えようと試みることができ、また試みないわけにはゆかず、そして試みたい、ということです。

［Ⅰ］(9)

まず最初に。なぜ私はとっくの以前にそうしたことをしなかったのでしょうか？ なぜしなかったのか、その理由を私はとてもよく分かっております！ 一つは、何か特定のことを語るよう何らかの仕方できわめて直接的に迫られ、そしてまた私自身からもそうするよう駆り立てられることがない場合、そもそも私は、時が経てば経つほどますます意見を述べようとは思わなくなっている、ということがあります。しかし、今日に至るまで誰も、あなた方が今なさったほど明確かつ切実に、ドイツ東部地区〔＝東ドイツ〕におけるキリスト教的・神学的実存という問題について何事かを語るよう、私に求めてきた人はいませんでした。更に、そもそも、——事柄や状況や人物に関する知識が明白に欠けている中で——あなた方の数々のご質問の論点を全く捉えることのできないような何らかの〔乏しい〕知恵をもってあなた方に応じるようなことをしないためには、人は、そのすべての年月をあなた方と共に御地で過ごし、あなた方が御地で被っている増大しつつある圧迫を自ら経験し、そのような圧迫に耐える様々な可能性を自ら試してきた、ということでなければならないのではないでしょうか？　更に、率直に申しますが、遠くから御地におられるあなた方に口出しする代わりに、あなた方ご自身の仲間の中の優れた人々がこうした事柄について書いておられるものを、私自らの教示と励ましを受けるために読む方が、私には十倍も好ましいのです。この瞬間、私の念頭にあるのは、ヨハンネス・ハーメルが「マルクス主義的世界における福音の宣教」というタイトルで、この夏刊行された『トゥルナイゼン記念論文集』に寄せた素晴らしい論文[10]のことです。「あなた方はモーセと預言者とをもっておられる……」[11]、――私はほとんど父アブラハムと共に、こう言いそうになるところでした！　更に、十五年から二十五年前までは[12]、私は、右手では『教会教義学』を、そして、左手では種々様々の「道標《みちしるべ》となるような」言葉を――最初はドイツ教会闘争のために、その後、一九四〇年頃いささか〔ナチス・ドイツに〕怯《おび》えかかっていたわがスイス同胞に役立つために、しかしまた試練にさらされていたフランスやオランダや他の諸国におけるキリスト教徒に向けても[13]――書く余裕をなおも持っておりました。今日の私は、時間的にも体力的にも、もはやそういう状態にはありません。そして、選択を迫られる場合、私はこういう考えに傾くのです。何事かをなすことがなお私にゆるされているのであれば、それを教義学のために行なう方が、直接語りかけるよりも、「鉄のカーテン」(14)のこちら側の人々のためにも向こう側の人々のためにも、根本において、また全体として、奉仕できるであろう、と。(15)そして最後の理由。これは、できることなら、あなた方にそっと耳打ちするだけにしておきたいようなことではありますが、しかし、私のこれまでの沈黙を説明する他の一連の理由の中にあってやはり欠かすことのできない理由なのです。つまり、《あなた方のところで支配している体制《システム》の精神と言語・方法とやり口に対して、ここ西側で私たちを支配している諸力と諸権力に対してと同様、私は〈然り〉を言うことができない》という事実を感づかせてしまうことなしに、どのようにして私はこのご返事を書けましょうか。この事実が明らかとなる時、ともかくも「進歩的な」神学者というささやかな栄誉――そうした栄誉を私はこれまで東側の多くの場所で享受することがゆるされたわけですが――を私がすぐにも失ってしまうだろうこと。これは耐えることができましょう。しかしながら、西側では、ただでさえひどく猛烈に燃え上がっている反共主義の炎、そしてまた、あなた方のところでは確実にいよいよ絶えずくすぶっている反共主義の炎、――この炎に、不本意にも様々な薪《たきぎ》を投げ込んでしまい、そうしてまた、あらゆる真理とあらゆる正義とあらゆる平和との――更に一層始末に負えない――悪名高き敵、と私が見なしているような人々から称賛され利用されてしまう、という結果に陥ることなしに、どのようにして私はこの事実を明るみに出すことができましょうか。

けれども、こうしたことについてはもう十分でしょう。というのも、これら一切の理由はそれぞれあからさまな弱点を持っているからです。ですから、私は、これらの理由を今度ばかりは脇に置き、重い腰を上げて、あなた方が私に書いてくださったものを読んだ際に私を動かしたことについて、何とかお話してみることにいたしましょう。

第一ペテロ書簡への想起をもって始めてよろしいでしょうか。私が思うに、この書簡は、新約聖書の中でも、今日、ドイツ民主共和国において真剣にキリスト者でありたいと願う(16)すべての人々によって全く特別な注意深さをもって読まれているものだ、ということです。そう、この書簡の名宛人である諸教会《ゲマインデ》は、例えば五章9節では、「堅く信仰において抵抗すること」が求められております。誰に抵抗するのでしょうか？「きみたちの敵である悪魔に」、とそのすぐ前に〔＝8節〕書かれています。この「悪魔」は、ほえたける獅子のように、歩き回り、呑み込もうとする相手を探しているのだ、と！確実にそこでは、あの諸教会のメンバーが当時それによって脅かされていた、或る全く具体的な苦境、誘惑、危険、のことが考えられています。

その「敵」、つまり、今日あなた方のところで多くの人々が――そして西側に来れば来るほど、確実にほとんどの人々が――考える「敵」、とは共産主義かもしれません。すなわち、まさしく特別にドイツ的性質――それゆえ徹底的かつ首尾一貫した性質――を帯びた、確かに特に大声でほえたけり「呑み込むこと」に特に心奪われている獅子！とは言えしかし、人があの「獅子」を直ちに共産主義それ自体と同一視し、その結果、キリスト者に命じられている「抵抗」ということで、一直線に共産主義それ自体への何らかの抵抗〔粗野な仕方であろうが洗練された仕方であろうが実行されるべき何らかの「反共主義」〕を考える場合には、常にどこでも、或る危険な錯覚に基づいた誤りが一役買っているのです。

事柄は、より複雑です。

もちろん、共産主義それ自体もまた、あの「敵」といささかの関係を、しかも、決して少なくない関係を持っています。だがしかし、厳密に言えば、それは、共産主義が或る誘惑者[17]の姿と力とを持つただその限りにおいてのみ、すなわち、人々を、特にキリスト者を、共産主義に対する倒錯した立場や振舞い方へと、例えば、不安・盲目的屈従・盲目的憎悪・冷淡・二枚舌へと、また、その本質が鳩の素直さではないような蛇の狡猾さ[18]へと、狼どもと一緒になって吠えることへと、あるいは狼どもに喰われるという恐怖へと、〔共産主義への〕協力へと、あるいは〔共産主義の敵への〕妨害へと、憂慮へと、かくして、すべての間違った手段と武器の使用――憂慮する人間は他の場合にも同じくそうした手段や武器に手を伸ばすのを常としますが――へと、要するに、行為による無神性――真の無神性、真剣にそう呼ばれるべき無神性――へと仕向け唆《そそのか》す誘惑者、そのような誘惑者の姿と力とを持つただその限りにおいてのみ、なのです。共産主義がそのようなことを行なう場合、また、行なう限りにおいて――厳密に言えば、ただその場合にのみ、ただその限りにおいてのみ！――、共産主義は、今日歩き回っている特別な〈東の獅子〉であります！　こうした破壊を惹き起こそうとする共産主義に対しては抵抗することが肝要です。

さてしかし、実にあの新約聖書の個所の続きはこう言っています。実際、かくも特別な仕方で試練にあっているキリスト者たちは、「同一の苦しみが世界中にいるきみたちの兄弟たちをも襲っている」〔Ⅰペテロ五9〕ということを熟慮してほしい、と。自分たちにとっては「アデナウアーの意味での解放以上に」恐ろしいものは「他にない」とあなた方は私に書いてこられましたので、私が差し当たり目指したいと思っている点、つまり、「ほえたける獅子は、そちらであなた方に出会っているように見える姿とはなお別の幾つもの姿――優るとも劣らず危険を孕んだ姿――も持っている」という点では私たちは一致している、と理解してよいでしょう。ご存知でしょうが、十六世紀には――

当時はトルコ人とローマ教皇とを念頭において――、東方の反《アンチ》キリストおよび西方の反《アンチ》キリスト、ということが言われました。[19] もっとも私は、まさしくこの「反《アンチ》キリスト」という概念を――この概念を私はかつてヒトラーに対してもまた適用しようとは思いませんでしたが[20]――、今日の東側勢力に関しても西側勢力に関しても用いたいとは思いません。ということはつまり、私は、「反《アンチ》キリスト」を、当時のトルコ人やローマ教皇やあの悲しむべきヒトラーや今日の両敵対陣営といった姿と比べるなら、本質的にはヨリ友好的でヨリ説得力を持っているがゆえにヨリ理解しやすくヨリ魅惑的なもの、という風に考えたく思っているのです。[21] そう、本当の「反《アンチ》キリスト」はあれらすべての姿ほどに明瞭にキリストから区別されるなどということはほとんどなく、むしろ、自ら、一種のキリストの姿を呈していることでしょう――それがどこかしらトールヴァルセンのキリスト像[22]の線上にないかどうか誰が知りましょう!――。そしてまたそもそも、こうした〔「反《アンチ》キリスト」という〕最大級で究極の言葉を、大抵は興奮のあまり頻繁に起こるよりはいささか控え目に用いることは報われることでしょう。

ともかく、こういうことなのです――そのためにあの古い対立を思い出していただいたわけですが――。人は、あなた方がその領域で生きておられる今日の東側勢力を、その特別な営みを、あたかもそれがキリスト教のあの――歩き回っている――「敵」の姿そのものでもあるかのように見たり理解したりすることは確かにできないのです。今日の西側勢力は次の点において東側勢力と全く共通しております。すなわち、今日の西側勢力もまた――それ独自の仕方で――、教会《ゲマインデ》に対して、教会をキリスト教会《ゲマインデ》たらしめているものを放棄させようとし、事実上、実現不可能なものにしようとしている、という点において。そして、その「教会をキリスト教会たらしめているもの」とは、近づき来たった、かつ、その最終的啓示において世に向かって到来しつつある神の支配、〔換言すれば〕あらゆる経済的・政治的・イデオロギー的・文化的・かつまた宗教的《レリギエース》人間王国に対するその優越と勝利との中にある神の国、――この神の支配／神の国についての――世には異質で世を妨げる――証しを、単に小声で伝えるのではなく、声高に伝えること、なのです。あなた方は、御手紙で、残念ながら明らかに増大しつつある貴国の「キリストへの敵意」に何度か言及しておられます。もしもそのようなものが存在するのであれば――そのようなものが存在するのかどうか、またどの程度まで存在するのか、についてはなおも熟考されるべきでしょう――、いずれにせよ、そうしたものは、共産主義的東側においてのみならず、たとえ別の形においてだとしても、西側の自称「自由」世界においてもまた存在しているのです。そのことを明らかにあなた方はご存知です。けれども、それは最高度にリアルにそうなのだ、と私が言うのを信用なさってください。そして、どうか、教会に委託されている〈あの到来しつつある神の支配〉の総体としてのキリスト、――このキリストについての使信が、西側にとっては、東側にとってと全く同様、不都合であり嫌なものなのだ――根本においてはもしかしたらなお一層不都合であり嫌なものでないかどうか誰が知りましょう――、ということを、日々眼前に見ていてください。いずれにせよ、この証しを、東側の反精神《ウンガイスト》(23)やナンセンスのみならず、西側の反精神やナンセンスもまたほとんど超暴力的なまでに妨害しているのです。すなわち、あなた方のところでの公然たる全体主義のみならず、私たちのところでの緩慢に進行している全体主義も。そちらの全能なる党・プロパガンダ・警察の好き勝手な振舞いのみならず、こちらの同じく全能なるマスコミ・私経済・金権体質・世論の好き勝手な振舞いも。この証し〔遂行〕のためには、そちら同様こちらでも、「堅く信仰において抵抗すること」が肝要です。例えば〈西の獅子〉に全力で抵抗しないような者は、確かに〈東の獅子〉にも抵抗できないし、また、抵抗しないでしょう。そのような人は、そうした抵抗について語るときに自分が何を言っているのかそもそも知らないのです。《命じられている抵抗が、それぞれ、他の側にいるキリスト者にとって具体的には何を意味しているものなのか》を正確に見てとるための想像力が、もしかしたら、そちら同様こちらでも、広く私たちには欠けているのかもしれません。しかしながら、私たちは互いに、《そちらでもこちらでも教会《ゲマインデ》と個々のキリスト者にとって、ただそれのみが教会《ゲマインデ》と個々のキリスト者の道でありうるあの細き道を絶えず繰り返し見出し[24]かつその道を歩む、ということが困難なものとされている》ということは思うことができるし、また、思わずにはおられません。あの細き道を見出しかつその道を歩む、とは、そちら同様こちらでも迫りつつある強制的飼い馴らしを避けること、いやそれ以上に、そちら同様こちらでも繰り返し強く求められている自発的な体制順応主義を避けること、しかしまた不毛な反対や反論も避けること、事柄に留まりそして耐え抜くこと、すなわち、そちら同様こちらでも妥当し、そちら同様こちらでも奇妙なものであり好まれざる〈自由なる恵みの福音〉に留まり、そしてこの福音のもとに耐え抜くこと、であります。私たちが、これによって私たちに課されている重荷を——その重荷がそちらとこちらとでどれほど違った仕方で形づくられているとしても——イエス・キリストのただ一つの教会によって不可避的に担われるべきただ一つの重荷として認識し、それゆえ、互いにこの重荷を担い合い、しかしまた、——そのことについては実にIペテロにおいて、そしてまた自余の新約聖書において多く語られているわけですが——その重荷を担わねばならぬすべての者にとって確実であるただ一つの喜びを分かち合う、ということ、[25]——これ以外ではないのです。そういうわけで、ドイツ民主共和国のキリスト者は、私たちが共に考え共に喜ぶことをかれらが必要としているのに劣らず、私たちもまたかれらが共に考え共に喜んでくれることを必要としているのだ、ということをお聴きになるべきなのです。

さて、私がなおも自明の理をこのあと書き続けても、どうぞお怒りにならないでください。

あなた方の状況と憂慮と困窮との全体に目を注ぎつつ、最初ニシテ最後ノ根拠（prima et ultima ratio）へと手を伸ばすこと、キリスト者をキリスト者たらしめるABCを訓練すること、すなわち、端的に、その方を証しすることが、こちらでは私たちのであると同様そちらではあなた方の委託であるところのまさにその神を真剣にかつ喜んで信じること、――なるほど、あなた方にとってもまたこれ以外には何も残されてはいないでしょう。しかし、神を信じる、とは、あなた方も私同様よくご存知のように、神を、神の国を、そして神の恵みを、それゆえ、私たちの主にして救い主なるイエス・キリストを、いっさいのものにまさって畏れ、かつ、愛する、[26]ということ、この方を、大小あらゆる問題において、かつていまし今いましやがていますであろう方[27]として承認し妥当せしめる、ということ、私たちの個人的生をも社会的生をも、《われわれは一切の善きものをこの方から、そして、この方から一切の善きものを待ち望むべきである》ということとに基づいて生きる勇気を持つ、ということです。これこそが、ドイツ民主共和国においてもまた、唯一の鍵・唯一の宝・唯一の甲冑《かっちゅう》、です。しかしそのときには、まさにこれこそがまた、こちら同様そちらでも、比類なき鍵・宝・甲冑で現にあるのです。

いっさいのものにまさって《ユーバー》おられるこの方！　あなた方が私に書いてくださったことを熟慮しつつ、私はこのことをいささか解釈することを、そしてまた適用することを、試みたいと思います。

《キリスト者は、そちらの人々のただ中にあって、今やモスクワから息を吹き込まれ指揮されている社会主義というまさに〈異質な勢力〉の領域においてこそ、自分たちの賜物《ガーベ》と課題《アウフガーベ》とを確信し喜ぶべきである》ということをもまた支配《ユーバー》し、かつ、欲し計らい給う方としてのこの方！　〈異質な勢力〉？　実際、それは単に〈異質な勢力〉というだけではありません。何といっても、この〈異質な勢力〉もまた――これをそうしたものとして性格づけている一切のことと共に――、確かにこの方の道具でしかありえず、この方の計画の中での或る機能を果たしうるだけだからです。懲罰用の鞭[28]という裁きの機能？　確かにそういうことでもあります！　というのも、社会・国家・教会において、指導者《フューラー》らと国民とによって過去に犯されたその罪の一切なしには、この〈異質な勢力〉があなた方を襲うことはなかったでしょうから。確かに今、あなた方のところでは或る痛みを伴う除去や焼却が起こっています。そして、そうしたことは、遅かれ早かれ、何らかの別の形で西側世界にもまた（もしかしたらアジアとアフリカから！）起こらないままではいないでしょう。けれども、そこで裁きの座についているのは誰でしょうか？　それは、あの道具ではありません。そうではなく、それは、あの道具を用いかつ導き給う方、すなわち、たとえ怒り給い打ち給うとしても、その後はいよいよもって、誰かが失われることを欲し給わず、むしろ、すべての者が——キリスト者とそしてすべての人間が——救われ、そして真理の認識へと至ることを欲し給うところの恵み深き方にして憐れみに満ちた方[29]、です。この方は、愛し祝福する渦中にいますところでのみ、その渦中にいますがゆえにのみ、その渦中にいますことによってのみ、裁き給うのです。あの社会主義のより良き発展への希望？　どうしてそうであってはならないでしょう？　しかし、西ドイツのラジオ放送の悲観の入り混じった発信が正しいということもまたありうるでしょう。「見渡すかぎり、そこではあまり希望を抱くことはできない」、と。しかしながら、あの社会主義をも支配《ユーバー》し給い、あの社会主義を利用し給うことによって働き給う神に対しては、あの社会主義の支配領域の中にあってもまた、何人《なんぴと》も空しく希望を抱くことはないでしょう。私たちすべての者を恥じ入らせまた励ますこととして、東部地区〔＝東ドイツ〕におけるキリスト教会《ゲマインデ》は、今や、次のような人々の、すなわち、幻想を抱くこともなければ呟《つぶや》くこともなく、また自らを閉ざすこともなく、ただ神にのみ、そして神に対して本当に希望を抱き、かくして、遅かれ早かれ、感謝のための大小様々な機会を得るようになる――いや、もしかしたら（あなた方も仄《ほの》めかしておられるように）現実にすでに今それらの機会を持っているのかもしれない――そのような人々の、唯一の絆《ブント》になりつつあるのかもしれません。けれども、あなた方を襲っている「異質な勢力」に対するあなた方の原則的態度について私があなた方に語りうる一切よりははるか無限に良いのは、預言者エレミヤがその書二九章でバビロンへと追放されている人々に宛てて書いたものです。この章を、あたかも初めて読むかのように厳密に読むこと、そして、そこで語られていることを、他のあらゆる考えに妨げられることなく、あなた方の状況の中であなた方に向けて語らしめること、――これを私は、あなた方にどんなに切実にお勧めしても十分とは言えないほどです。

いっさいのものにまさって《ユーバー》おられる神！　この方は、それをもってあなた方の国がいささか狂ったことをしているように見える無神論と唯物論をもまた支配《ユーバー》し給います。実際、私も、星雲から始まってカール・マルクス、レーニン、そして（私の持っている版では）更にはスターリンの肖像画で終わっている大きな絵入り教科書(30)を知っています！　だが、神はそれらをも支配《ユーバー》し給います！　それとも、あなた方は、人があれらのタイトル〔＝無神論と唯物論〕の下に広まっているものをもって、本当に生ける神を、また、本当に或るたった一人の人間ですらも――子どもであろうが大人であろうが、教養ある者であろうが教養なき者であろうが――、リアルかつ有効にその感情を害しうる、などと思われますか？

ほんのちょっぴりの唯物論、あるいは大量の唯物論をもってしてさえ（それをもって私たちが実に長きにわたってやはり相当狂ったことをしてきたところのかくも大量の悪しき観念論の後で！）、そんなことは全く不可能です。まあ、落ち着いていらしてください。純然たる、そして〔観念論と〕まさに同様に悪しき唯物論の泡は、あの別の〔観念論という〕泡が然るべき時に破裂せざるをえなかったまさにそのように、然るべき時に破裂するでしょう。そして、そちらの宮廷詩人の数々の傑作(31)も、それについてはいかんともしがたいことでしょう。

では、無神論についてはどうでしょう？　あなた方もまたこう思われませんか。つまり、無神論と称するものの大半は、特にキリスト教界自身がこれまでの教えやら態度やら実践やらによって、一寸どころかむしろ非常に激しく惹き起こしてきた種々の誤解に由来している限りにおいてのみ、真剣に受けとめられるべきである、と。私が最近耳にした、なかなかのものでもあり考えさせられもするエピソードによれば、一人のベルリンっ子が他のベルリンっ子にこう告白したそうです。自分は教会から離脱した、と。これに対して相手曰く、「そう、君は神を信じないの？」。最初の者曰く、「もちろん神は信じているよ。でも、神の地上勤務員を信じないんだよ」。人々が自らを無神論者だと思ったり、また、そういう態度をとる場合、そこで問題になっているのは大抵は「地上勤務員」のこと、それゆえ私たちキリスト者のこと、もしかしたら特に私たち神学者のこと、ではないでしょうか。実際、かれらが否定しうるのは、かれらにはよく知られた或る概念的偶像の存在でしかないのであって、生ける神の存在と働き、ではないのです。そして、かれらはこの生ける神を知りませんが、この生ける神は、それだけ一層よくかれらのことを知り給うのです。

イエス・キリストにおいて、一人一人の人間を――それゆえかれらをも――受け容れ給うたこの生ける神が、若干の者たちが「神なしに」生きようとすることを思いつくことによって、あたかもご自身も「人間なしに」なり給う、とでもいうかのように！　かれらがそのようなことを思いつくことによって、あたかもこの生ける神から逃走しうるかのように！　かれらを、神からの逃亡に成功した――もしくは成功しうる――者たち、それどころか、神の御手から他の人間たちをもぎとる力すら持っている者たち、――そのような者たちだと見なし観察することが、あたかも私たちキリスト者に許されているかのように！

あなた方が私からの助言をお聞きになりたいのであれば、この点では、それはただ次のようなものでしかありません。あなた方は、原則的かつ実践的に、あなた方の周囲にいる人間たちの内の誰一人をも、――仮にその人がいかに自分は不信心であるかのように振舞い装うとしても（そういう輩は実際、共産主義的東側陣営にのみ存在しているのではありません！）――本人がそうありたいと思っているような強い人としては尊重しない、ということです！ それどころかあなた方は、まさしくその人の不信仰《ウングラウベ》に対してこそ、その人のそうした企ての可能性に対する喜ばしい不信《ウングラウベ》をもって接するべきでしょう。どうか、ご自身同様、あなた方の無神論者をも、勇気をもって神の側に数え、神の所有《もの》として語りかける、というあり方が、あなた方に備わっていますように。かれらがいつの日か回心するようになるかどうか（あるいはあなた方がかれらを回心させるようになるかどうか！）は、大変疑わしいことかもしれません。が、しかし、それは二次的問題です。確実なのは、神はかれらに敵対してはおられず、かれらの味方でもいますのだ、ということです。そして、まさにこれこそを、あなた方はご自身の側で、かれらのために、かれらに代わって、信じることがゆるされているのであり、また、信じなければならないのです。そうして、あなた方は、この健全な土台の上に立って、かれらと共に――実際自分のしていることを知らない[32]「キリストへの敵対者」たちと共に――生きることがゆるされているのであり、かれらに対して、かれらのためにも死んで復活し給うた主の証し人であることがゆるされているのです。もしも人がこれとは違うことをしようとするなら、その人は、キリスト者変じて、直ちに自ら、不信心な者・無神論者・キリストへの敵対者にならざるをえないでしょう。

この方は、神は、あなた方の国家の律法主義的全体主義をもまた支配《ユーバー》し給います！　あなた方はこの国家を恐れますか？　恐れることはありません！　この国家が全体的であることが、ではなく、この国家が律法主義的（gesetzlich）であり、それゆえに非神的かつ非人間的に全体的であることがあの体制《システム》の限界なのであり、この限界のところで、あの体制《システム》の代表者たちは一旦立ち止まるか、そうでなければ、座礁するでありましょう。こちらでは私たちが、そちらではあなた方が宣べ伝えることをゆるされている福音の自由なる恵み――真に神的にして真に人間的な恵み――、実にこの福音の自由なる恵みもまた、「全体的」である、〔すなわち〕全体に関わる[33]ものであり、一人一人の人間を、かつ、一人一人の人間の全体を要求するもの、であります。その限りにおいて、共産主義国家は、なるほど、この恵みの——但しひどく歪められ曇らされた——比喩と呼ばれうるし、そのような比喩として理解されうるでしょう。だがまさにこういうことなのです。すなわち、この恵みが反対や抵抗に出くわすときには——どこでそれが起こらないことがありましょうか？——、この恵みは恵みとして、しかも、自由なる恵みでありかつ自由にする恵みとして、全体に関わるのです。まさしく律法としてではなく。まさしく命題《テーゼ》と反対命題《アンチテーゼ》との危険な罠としてではなく、まさしく己れの承認と貫徹を求めながら押しつけつつ急《せ》き立てつつではなく、まさしく取り押さえつつ窒息させつつではなく。福音の自由なる恵み——その神性と人間性とにおいて自由なる恵み——は、外から内へとではなく、内から外へと、勝利し・乗り越え・支配するのです。この恵みは要求しません、この恵みは贈り与えるのです。この恵みは報復しません、この恵みは赦すのです。この恵みは隷属させません、この恵みは起き上がらせるのです。この恵みは怒りを招かず[34]死なしめません、この恵みは——あの憐み深いサマリヤ人のように[35]——癒し・〔傷を〕包んで覆い・養うのです。律法の下では——東側でも西側でも絶えず起こっているように——、善きものも、最善のものも、悪しきものに変化せざるをえず、変化するでありましょう。恵みの下では、悪しきものも、善きものに、そう、最善のものに変化するほかありえません。あなた方は神の自由なる恵みを信じておられますか？　もちろんあなた方は信じておられます。しかし、そうであれば、あなた方は、あなた方のところで支配している体制《システム》を（それに加えて直ちに私たちの体制をも！）、まさにその律法主義（Gesetzlichkeit）[36]にこそ存するこの体制《システム》の決定的無力において見抜かねばなりません。[37]そしてそのとき、神の優越性は、この点においてもまた、明瞭に、かつあらゆる恐れを追い払いつつ、あなた方の眼前にあるのです。そのことは、しかし、次のことをも意味するでしょう。つまり、あなた方は、あなた方の権力者らに対して、そのかれらによって残念ながら選ばれた平面《レヴェル》上で立ち向かおうとし立ち上がろうとすること、かれらの粗野な非神性と非人間性に対して洗練された非神性と非人間性をもって応じること、こうしたことを厳しくお避けになるだろう、と。明らかに、あなた方の権力者らは（因みに鉄のカーテンのこちら側の権力者らも同様ですが）、《イエス・キリストの教会《ゲマインデ》は、自らの使信の全体主義をもって、或る全く別の平面《レヴェル》上にあって自分たちに対峙しているのだ》という事態を見てとってはおらず理解してはおりません。そして、たしかにまた、この事態は、十分明瞭な仕方でかれらの目に見えるものとはされてきませんでした。そう、イエス・キリストの教会《ゲマインデ》は、権力者らに対して、同じやり口をもって報復することはできないし、また、そうすることは許されていないのです。そうしたことを試みるまさにそのことによって、イエス・キリストの教会《ゲマインデ》は、本来そうであるはずの地の塩および光たることをやめてしまうでしょう――イエス・キリストの教会《ゲマインデ》がそうした試みに成功することは決してないだろう、ということは全く度外視するとしても――。イエス・キリストの教会《ゲマインデ》は、国家の律法主義に相対《あいたい》して、いかなる教会《キルヒェ》の律法主義をも発揮してはならず、「弁証法的唯物論」に相対して、いかなるキリスト教的世界観をもって答えてもならず、社会主義的モラル[39]と政策とに相対して、いかなるキリスト教的代案をもって答えてもならず、党権力および警察権力に相対して、いかなる監督的職権をもって、そしてまたいかなる教会会議的‐長老会議的職権をもって答えてもならず、単調なマルクス主義的繰り言・大衆パレード・体制《システム》の横断幕に相対して、それに対応したいかなる呪文をもって答えてもなりません。イエス・キリストの教会《ゲマインデ》は、己れがただ〔神の〕言葉と霊とにのみ依り頼むのを悔いることはゆるされません、イエス・キリストの教会《ゲマインデ》は、《愛こそが、律法の成就[40]にして、かつ、すべての律法的人間の手から必然的に滑り落ちてしまう〈善きこと〉の行為者である》ということから、怯《ひる》むことなく、繰り返し繰り返し出発し、また、繰り返し繰り返しそこへと立ち帰ることしかできません。イエス・キリストの教会《ゲマインデ》は、「堅く信仰において」――この信仰において！――「抵抗する」ことしかできません。決して、何らかの原理やドグマの名において・それらの原理やドグマの誉れのために、ではなく。かくして、誰彼に対してそれらの原理やドグマの理論的もしくは実践的承認を強いるために、ではなく。イエス・キリストの教会《ゲマインデ》は、常にただイエスのあとに従う《ナッハフォルゲン》ことしかできません。すなわち、イエス・キリストの教会《ゲマインデ》は、その出会いの時と状況において、常にただ、恵み深き神およびこの神が恵み深くあり給うところの人間を、自由なる神およびこの神によって解放されるべき人間を、眼前にすることしか、そうしてしかし、――上手《うま》くいってもいかなくても――明瞭に語り・呼びかけ、特定の決断において行動することしかできません。問いかけつつ、勧めつつ、慰めつつ、時にはまた直接、信仰告白しつつ、そうしてまた闘いつつ、時にはまた、はっきりと沈黙し・引っ込みつつ、――しかし常に、神および人間たちに仕えつつ、それゆえ、決して、あたかも教会自らが神および人間たちを意のままにしようとか・しうるとか、というのでは決してなく。イエス・キリストの教会《ゲマインデ》は――私たちのところでもあなた方のところでも――、まさしく以上のような仕方で「抵抗する」ことを確かに怠ることはできないでしょう。そして、まさしく以上のような仕方でこそ、イエス・キリストの教会《ゲマインデ》は、こちらでもそちらでも、堅固に・真正に、――信仰を見出すかどうかはともかく――少なくとも信頼に足る仕方で（glaub*würdig*）（なぜならそれ自身が信仰（Glaube）から出てくる態度なのですから）、そして何よりもまず、かつ最終的には、確かに効果を伴って「抵抗する」でありましょう。あなた方と私たちが「いっさいのものにまさって畏れ、かつ、愛する」のは、何らかの抽象的な理念や理論や神性やその律法であってはならず、ただ神の——永遠〔の昔〕からして力強き、そしてイエス・キリストにおいて顕現した——自由なる恵みのみ、でなければなりません。

さてしかし、この方は、神は、神の自由なる恵みは、その中で私たちキリスト者自身がそちらでもこちらでも——神の誉れと人間の救いのために役立つものと私たちには思われるものに関して——今まで生きてきたあらゆる思想・観念・習慣をもまた本当に支配《ユーバー》し給います！[41]　そこでは私たちは、一切を、自明にも必要なもの、と見なしてきたのではないでしょうか！　自余の社会——特に国家——によって保障され、もしくは尊重され、もしくは少なくとも容認され、社会機構のただ中にあって、その場所で何らかの仕方で大事に守られている教会《キルヒエ》の存在！　一般公認の安息日や祝日としての教会《キルヒエ》の日曜日、そしてまた教会《キルヒエ》の人気のある祝祭日——それら祝祭日は国民全体の生活においても何らかの形で（「どんな風に？」などと問うなかれ）際立ってきました——！　国民個人個人の〔人生の〕フレームやら生活やらのキリスト教的目印としての、幼児〔嬰児〕洗礼・堅信礼・結婚式・埋葬式——これらの式を挙行することによって教会《キルヒエ》は自らの公的不可欠性に関して繰り返し繰り返し己れを慰めることができたわけです――！　青少年の公教育・授業・教養に対する教会《キルヒエ》の影響――「学校は法律上、キリスト教学校でなければならない」との最大限の要求を、あるいは、「学校現場では『キリスト教』に反対してはならない」との最小限の要求を携えて――！　自余の政治的・文化的団体の権力の担い手たちのただ中にあって、教会《キルヒエ》の公的代表者らの帯びている名望もしくは威厳！　人間的要件全般に対する教会《キルヒエ》の――直接的・間接的な、歓迎された、もしくは歓迎されざる、だがとにかく形式的には自由な――意見表明！　キリスト教界は、なるほど、これらすべてのことにおいて全く攻撃を受けることがなかった、などということは決してない（最近数世紀は特にそうでした）としても、しかし、《イエス・キリストに関する福音の宣教は、大体これらの軌道の中で進行してゆくだろうし、われわれとしては（神と福音のゆえに！）これらの軌道の維持と擁護のためにできる限りのことをしなければならぬ――実際、そのことを私たちは器用または不器用に・成功したり失敗したり・熱心かつたっぷりと行なってきたわけです――》ということが、私たちには世の中で最も自然なことのように見えていたのです。

　こうしたことすべての背景として、《キリスト教の関心事や信仰告白は、通常は――少なくとも「宗教《レリギオーン》」の自由な営みという名目の下で――あらゆる人々によって形式的には理解され尊重されることが可能だし、また、そうでなければならない》、《世自身は、キリスト教界が世のただ中にあって前述のような存在形式を持つ権利を、キリスト教界に対して認める義務がある》、といった想定があったのではないでしょうか？　あなた方のドイツ民主共和国において——そしてまたマルクス主義によって方向づけられている他の諸国において——起きていることは、そうした目論見をつぶすことであるように思われます。そして、やはり同じことが私たちの西側においても始まりつつあります。それがもう起こっている、ということは、あなた方のところではもはや見逃しえない事実です。あなた方のところで権力を持ち主導権を握っているところの社会主義の世界像・人間像においては、前述のような存在形式を持ったキリスト教界は、明らかに、ますます居場所がなくなってきており、前述のような存在形式を持ったキリスト教界がもはや全く居場所を持たなくなるであろう時代が間近にある——あるいは実際そんなに遠くにはない——ように思われます。それゆえ、そのような時代になれば、キリスト教界は、国家や社会にとっては、ただもうまさに異質なもの・蔑《さげす》まれるもの・かなり胡散くさいものとなるでしょうし、キリスト教界に属したりその支持を表明することは、個人にとっては、すでにその学童時代から、それ以外の人生の諸可能性にとってはただもう邪魔なだけとなるでしょうし、キリスト教界の活動の自由は最小限にまで押しつぶされ、キリスト教界は、なすべきこととして自らに委託されている一切をどこかの隅っこや物陰で、また、外部から絶えず撹乱され邪魔され妨害されつつ行なうことになるでしょうし、「国民の教会」という意味の「国民教会《フォルクスキルヒェ》」はただもう空想の産物でしかなくなることでしょう。

もしかしたら、あなた方のところにおいても事態はまだまだそこまでは来ていないし、そちらでも、あなた方の権力者らのところに明らかに存在しているこうした傾向を依然としてなお阻止する力が欠けてはいない、ということであるかもしれません。しかしながら、こうした傾向がそちらでは今日、かくも明らかに存在しているということ、――これは、あなた方にとっても私たちにとっても、《一体、本当にキリスト教界は、自らの委託を、これまでかくも自明であったあの存在形式においてのみ果たすことなどできるのだろうか？》との問いへと向かわせるには十分でありましょう。あの公的な援助・承認――あるいは容認――という光の中でのみ？　あの「国民教会的」機構全体という助けによってのみ？　また、そうした機構の動きの自由という前提の下においてのみ？

社会組織の諸要因中の揺るぎない要因としてのみ？　あらゆる人々への――法的に保証されている――要求を所有することによってのみ？　そもそも私たちは、エルサレム、ローマ、コリントあるいは小アジアにおけるイエス・キリストの最初の諸教会《ゲマインデ》はあの存在形式を享受することが許された、などと、〔新約聖書の〕どこで読むのでしょうか？ また、どこで、イエス・キリストの最初の諸教会《ゲマインデ》に対して、後の時代のために、まさしくあの存在形式が約束されているでありましょうか？ どこから私たちは、《あの存在形式の成立に際して、事は正常に進行していた》、《教会《キルヒェ》は、あの存在形式と共に立ちもすれば倒れもする》、したがって、《教会《キルヒェ》は、いかなる場合であれ、まさしくあの存在形式においてこそ自己貫徹する義務を負っている》、といったことを知るのでしょうか？

私は、以上のような問いを指示することによって、あなた方に、決して何も新しいことを申し上げているのではありません。実に、少し前、始まりつつある「コンスタンティヌス時代の終焉」という言葉を発したのは、あなた方の最も著名かつ最良の人々の一人、コトブスの総地区長ギュンター・ヤーコプ[42]でした。私にはあらゆる種類の歴史哲学的理論に対して或る種はばかりがありますので、この言葉を自ら口にすることには躊躇します。しかしながら、次のことは確実です。それは、この終焉の到来のようなものが、今日、至る所で少しばかり、そしてあなた方の領域では今や全く特別に鋭い稜線で輪郭を現わし始めている、ということです。次のことは確実です。それは、私たちすべての者が、あの問いを自問し、そして、いずれにせよすでに今、即座にかつ明瞭に、「いいえ、教会の存在形式に関しては、すべてが――あたかもあの存在形式が唯一可能な存在形式ででもあるかのように――これまで通りに進行しなければならないわけではない」と自答すべき理由を持っている、ということです。というのも、それどころか、神の事柄――キリスト教会《ゲマインデ》がその証しをもって仕えることを許されている神の事柄――の進行と勝利とは、よりにもよって、キリスト教会のそうしたこれまでの形態に拘束されてなどいないからです。そう、神が、そうしたこれまでの形態に対して、とにかくも明白なキリスト教会の不誠実さと不毛さとのゆえに――われわれにとっては残念なことながら、しかし、神ご自身の誉れと人間の救いとのために――終止符を打とうと欲しておられるまさにその時が到来している――あるいはすでに開始している――のかもしれません。そうです、だとすれば、あの存在形式への拘束から――たとえあの存在形式がなおも存続するとしても――まずは内面的に自分たちを解き放つこと、積極的に表現すれば、《あの存在形式はいずれ全く廃止されることになろう》との前提の下で、幾つもの新しい道の上で幾つもの新しい敢為《リスク》(43)を探し求めること、これが命じられているのかもしれません。そう、私たちは、神の教会《ゲマインデ》として、次のことに依り頼むことがゆるされているのです。神は――私たちがただ注意深くさえあるなら――、目下のところは確かにほとんど予感もできないような、そうした幾つもの新しい道をお示しくださるだろう、ということを。また、私たちは、この方へと拘束されている者として、この点でもまた今すでに、この方によって無敵の仕方で保証されている者と自分たちのことを見なすことがゆるされているのだ、ということを。というのも、そうです、この方の御名はすべての名にまさって《ユーバー》/すべての名を支配《ユーバー》しているからです[44]。私たちが、人間的、あまりに人間的に、この方に仕える際に名乗ってきたその名、そしてまた、私たちが或る種の世俗的健忘症に陥りつつこの方の御名とあまりに簡単に取り違えてきたその名、——そうした名にもまさって《ユーバー》/そうした名をも支配《ユーバー》しているからです。かくも危険に晒されている東部地区〔=東ドイツ〕におられる愛する兄弟たちよ。私たちは、今やまさに、こちらでもそちらでも、古くから知られた「神にのみ栄光を!」(Soli Deo gloria!)[45]に、まさしくこの点においてこそ、全く新たな謙虚さ・開放性・自発性をもって応じることへと招かれている、ということなのではないでしょうか。そしてまた、私たち他の者に先立って、(国民の教会に代わって)国民のための教会(Kirche für das Volk)というあの新しい道を尋ね求める——そしてもしかしたらすでにその道に歩み入りつつある——キリスト教会《ゲマインデ》の生を「神の(——大まじめに言うのですが——特別に)愛しておられる東部地区〔=東ドイツ〕」[46]として模範的に生きるということ、——これがあなた方の特別なる召命となりうる、ということなのではないでしょうか。

〔Ⅱ〕

さて、あなた方からの八つの具体的質問に対していささかのことを語る、という試みに向かうことにしましょう。その際ご理解いただきたいのは、私は、ここからは、これまで主として行なってきたほどに明確に語りうるのはほんの一部分だ、ということです。あなた方にここで何か役に立つようなことを語るまさにそのためには、たしかに私は、あなた方と共に事柄の渦中にあって揉《も》まれていなければならないでしょう。あなた方のご質問が何を意味しており何を意味してはいないのかを正確に理解する、というただそのためだけにでも、です。また、互いに視線を交わしながら、というほうがなおいでしょう。そういうわけで、もしも私が、どんなに努めても少しばかり暗中模索で進むことになるとしたら、ご容赦くださらなければなりません。ついでながら、以下のご質問のすべてがあなた方ご自身のものというわけではなく、その中には他の幾つかの声も——別のもうお一人かお二人のご同僚の声だと推察しますが(47)——聞こえてくる、という印象を私は持っていますが、勘違いでしょうか？　それはともかくとして、私は、最善を尽くすべく試みてみましょう。

問い1　もしも隠れた心の小部屋において、西側の色彩をもった豊かさと自由の中での〔ドイツ〕再統一への憧憬が疼《うず》いているとしたら、それはもっぱら福音に対する不服従と評価されるべきでしょうか？

答え　そうした憧憬はまことによく理解できますし、また確かに、理由のないことではありません。思うに、もしも私があなた方の立場だったとしたら、私自身とても激しくそうした憧憬を感じることでしょう。西側における生活は、疑いもなく、多くの――そしてその中には全く真正な――長所を持っています。そしてまた、東側における生活が悪名高き短所を持っているということは、境界線での或る種の出来事[48]を見ただけでも否定できないでしょう。しかしながら、重要なのは、福音に対するあなた方の服従との関係において、あなた方がそうした憧憬にいかなる場所と地位を与えようとしておられるか、ということです。そうした憧憬が福音に対する服従と単純に同一だ、ということはないでしょうから。それとも、あなた方は、よりによって《そうした憧憬を自分の中で育てている、いやそれどころかそれに浸っている》という点において福音に服従している、というような印象を与えるキリスト者にすでに出会われましたか？

あなた方がそうした憧憬の声を福音の声から区別なさるとき、あなた方は、いかなる場合であれ、《あなた方の思考と意志と行為の秩序の中で、福音の声に第一の地位を、あの別の声にはただ第二、第三、第四の地位を与える》ということによって、福音の声に服従するでありましょう。あなた方がこの憧憬を抱くということ〔それ自体〕が、ではなく、あなた方が福音への義務よりもこの憧憬の方に優位を認めてしまうということ、――このことが、実際、「もっぱら不服従」と評価されるべきでしょう。

問い2　人は、ドイツ民主共和国という国家に対して、この国家に内在している種々の危険にもかかわらず、自分に求められている忠誠声明(49)を行なうことができるでしょうか？

答え　私は、この忠誠声明の文言を知りません。が、しかし、こう仮定します。この声明を行なう者は、かつてのヒトラー宣誓の場合のように（「私は総統《フューラー》への忠誠と服従を誓います……」(50)）、中身も分からぬままにしなければならないというのではなくて、むしろ、自分に求められている声明の中身とは、現存の国家秩序の或る定義――ドイツ民主共和国憲法によってその本質が示されているところの定義――である、と。この秩序に対する「忠誠」とは（以下において私はローマ書一三章(51)を、しかしまた終始、スイス連邦共和国の——その憲法に宣言されている——秩序への私自身の関係をも眼前にしています！）、この秩序の存続を承認するという誠実な自発性、かつ、自らをこの秩序に（もしかしたらこの秩序に「内在している種々の危険」ゆえの或る種の懸念を前提しつつ、しかし、そうした懸念を実践的に保留しつつ）組み入れる（einordnen）という誠実な自発性、を意味します。

「忠誠」とは、この秩序の基底にあるイデオロギーの是認を意味しません。また、「忠誠」とは、この秩序の事実上の担い手たちや代表者たちの一切合切の措置の是認を意味しません。「忠誠」は、イデオロギーに対する〈思想の自由〉[52]という留保を、しかしまた、既存の国家秩序の或る特定の説明《エクスプリカチオーン》と適用《アプリカチオーン》とに対する抗議——場合によっては抵抗——という留保をも内に含んでおります。忠誠的反対[53]のようなものもまた存在するのです。

自分自身にとっても有している既存の国家秩序の妥当性と規範性とを承認する者、また、自分にとって内的外的に可能な事柄の範囲内で既存の国家秩序を尊重する決意をしている者、——そのような者が、当該国家秩序に対して「忠誠」なのであり、「忠誠」に振る舞っているのです。

もしも私があなた方の立場にいるとしたら、ドイツ民主共和国に対して以上の意味において忠誠を示すこと――それゆえあなた方に求められている宣誓をそのあるがままに行なうこと――に何ら困難を見出さないでしょう。[54]

問い3　われわれの神学教師の一人は、かつて、「田園で静かに暮らす人たち」（die《Stillen im Land》）[55]が第三帝国を祈りによって除去したのだ、と主張いたしました。同じような祈りは、今日の状況においてわれわれに許されているでしょうか？

答え　この知らせは、私にはあまり気に入りません。なぜなら、一九三三年、いずれにしても、或る種の「田園で静かに暮らす人たち」が（私はあの偉大な共同体の人でありディアコニッセの父であるクラヴィリッキーの伝記を読みました）、まずは非常に強力に第三帝国の到来に関与したからです。[56]

あなた方が、今日、場合によっては企てられうるかもしれぬドイツ民主共和国「除去の祈り」に参加することがゆるされるかどうか、また参加しようと欲するかどうか、ということは、ひとえに次のことにかかっています。すなわち、あなた方は、愛する神さまにそのような願い事をすることに対して真剣に責任をおとりになることができるのか。あなた方は、もしや愛する神さまがそのような願い事に対しては、《あなた方が或る朝突然、あの「エジプトの肉鍋」のところで「アメリカ風生活スタイル American way of life」を義務づけられた者として目覚めることになる》という仕方でお聴き届けになるかもしれぬということを、お恐れにはならないのか。あなた方は、ドイツ民主共和国に——反対しつつ祈る代わりに——味方しつつ祈ること、そしてまた、まさしくドイツ民主共和国の中での正しい《レヒト》キリスト教的存在・行動のための光と力とを求めて祈ることのほうが、より一層実り豊かなものとお考えにはならないのか。——こういったことにかかっています。

問い4　教会《キルヒェ》の〈公共的存在への要求〉の制限は、この点に反共プロパガンダの主たる切り口があることを考慮した場合、われわれにとって、なおどの程度まで抵抗への一根拠たりうるでしょうか？[57]

答え　「教会の〈公共的存在への要求〉」という概念は、それ自身深く問題的なものです。[58] 本来の——かつ真正の——〈公共的存在への要求〉については、ただ神ご自身のみがご自分の言葉のために主張しうるのみ、であります。教会は、自らの言葉の公共性《エッフェントリッヒカイト》に対するいかなる「要求」も有してはおりません。要求は、神の言葉が、教会の言葉の――信実な・厳密な・全面的に〈要求するところなき〉（＝私心なき）〉――奉仕に対して有しているのです。公共性《エッフェントリッヒカイト》を教会の言葉が獲得することができるとしたら、それはただ、神がご自身の――本来〔私たちが〕受けるに値せぬ(59)――恵みにおいて公共性《エッフェントリッヒカイト》を教会の言葉に対して与えることを欲し給うときのみ、です。それゆえ、教会の〈公共的存在への要求〉の「制限」は、確かに、社会主義国家という道具を通して――それ自身の意に反しつつ――教会に向けられた神的愛の業、と理解することができましょうし、そのような神的愛の業に逆らう、などとは賢明ではないでしょう。そして、もしも「反共プロパガンダ」がよりによってここに己れの「主たる切り口」を持っているのだとすれば、「反共プロパガンダ」とは、神学的に見るなら、悪しき状態にあるに違いありません。

問い5　緊張状態は神経を参らせ、内攻してゆきます。心臓麻痺の恐れすらある苛立ち状態は、文字通り、ほとんど救いがたい対立にまで至ります。それゆえに、次のように〔問わざるをえません〕。われわれには、これらの――もしくは類似の――問いの緊急性にもかかわらず、なおもこうした厳しい試験を行なうことが許されているのでしょうか？　強大な幾つもの圧力時期の時には、自分たちのより良い認識の貫徹に対してよりも〔教会の〕内面的結束への戦術的配慮に対してヨリ切実な重きを認めること、――これがわれわれには命じられているのではないでしょうか？

答え　この問いは私を揺さぶります。なぜなら、この問いそのものが、ただ遠方から関与しているだけの者〔＝バルト〕にとっては、あなた方の個人的・人間的状態をかくも直接に明瞭に語っているからです。問題があなた方の神経に障り、そこから更に内攻してゆく。あなた方とあなた方の兄弟たちが、心臓麻痺にすら脅かされつつ、相互の苛立ち状態へと陥っている、――そうした様を私は見るような思いがいたします。実に私のほうがほとんど誰か或る医者に助言を仰ぎたいほどなのですから、どうして私があなた方に何か助けになるようなことを語りうるでしょう？　もし、そもそも何か語りうることがあるとしたら、それはもしかしたら、あなた方がこの問いにおいて私にお示しになった二者択一に関してかもしれません。すなわち、これまでの四つの（そしてもちろんこの後の幾つかの）問いの議論の中で起こっている「厳しい試験」に直面して、「自分たちのより良い認識の貫徹」か、それとも、兄弟たちの「内面的結束への戦術的配慮」か、いずれが優先されるべきか？　と。あなた方は第二の可能性に傾いておられるようです。私には、この二者択一それ自身が正しくないように思われます。キリスト者や牧師や神学者が互いの間で一致できない場合、「より良い認識の貫徹」に関する問いも「内面的結束」に関する問いも、――どんなに両方の問いが真剣に提出されようとも――第二義的意味以上の意味は持ちえません。

その場合、真正の二者択一とは、次のようなものでなければなりません。われわれは、あれらの〔これまでの四つとこの後の幾つかの〕問いに関して、皆、相共に（差し当たり個々人のより良い認識への考慮も、認識の――維持されるべきもしくは尋ね求められるべき――共通性への考慮もなしに、しかし最大の開かれた態度をもって）、もう一度、キリスト者をキリスト者たらしめているあのABCの練習を始めようと欲するのか、すなわち、もう一度、あの神の言葉――われわれすべての者に関わり、われわれすべての者を義務づけ、われわれすべての者に対してその証しが委託されている神の言葉――へと立ち帰ろうと欲するのか、神の自由なる恵みの福音がまさしくわれわれとわれわれの諸教会《ゲマインデ》に対してまさしく今ここで語るべきであろうこと、これについて自分たちに対して説明しようと欲するのか、――それとも、われわれはこれを、何らかの理由から、しようとは欲しないのか。例えばわれわれは前述のエレミヤ書二九章を、あの無条件の開かれた心をもって自分たちに対して語らしめようと欲するのか、――それとも、われわれにはそのための準備をすることができないのか。

どうぞ、〔何よりもまず各人が自分の勉強部屋で、しかしその後ではあなた方共同の会議においても〕この「厳しい試験」をこそ大事になさってください！　その際、やり合いになるかもしれません。その際、ありとあらゆる自分の認識、より良い——と勘違いされた——認識、「貫徹」されるだけの値打ちなど本当はないような認識、が崩壊するかもしれません。その際、ありとあらゆる——勘違いされたにすぎない——「結束」、おそらくは怠惰で不徹底な「結束」、あるいは、ただ不誠実なことによってだけ獲得されうるような「結束」、が瓦解するようなこともあるかもしれません。

確実なのは、その際、ここかしこで、新たな有用な認識が生じ、そしてまた新たな真正の結束が生じるであろう、ということです。確実なのは、その際、あのもう一つの〔あなた方がお示しになった〕二者択一は脱落するか、あるいは、少なくとも——それにふさわしく——相対化されるであろう、ということです。そして確実なのは、——医者ではありませんけれども私はこの見込み《アウスジヒト》を本当にあなた方にお約束《アウスジヒト》することがゆるされていると思っております——、この「厳しい試験」は、その結果が差し当たりいかなるものであれ、神経全体を鎮めるであろうし、もはや神経を参らせることはないであろうということ、また、その際、脅かしつつあるすべての心臓麻痺をも、少なくとも健康な方法で阻止するであろうということ、——こうした見込み《アウスジヒト》です。

しかし、何を私はここで語っているのでしょう？「神の言葉、神の言葉、神の言葉、がそれを行なうに違いありません」[60]――全線にわたって――。しかし、まさに神の言葉はそれを行ないもするでしょう。

問い6　われわれには、教会の自己防衛もまた義務として負わされているのではないでしょうか？　というのも、さもなくば、妨げられることなき宣教のための場所が全く失われてしまうことになりかねないからです。「キリストの愛の攻撃を世に広めよ」との「平和牧師たち」[61]の勧告は、結局は、われわれから宣教の場所を奪い去ろうとする者たちだけを利するのではないでしょうか？

答え　先に述べたところに従って、あなた方は、私がこの問いに対して何を言おうとするかを、確かに前もって予想できるでしょう。私は、教会に命じられている「自己防衛」なるものを――あるいは単に許可されているだけの「自己主張」ですらも――、教会に正当にも認められるべきだとされる「公共的存在への要求」〔＝問い4〕同様、信じることができません。「妨げられることなき宣教のための場所」を獲得することを、教会は、国家や社会からなるほど期待することができますし、また、そのような場所を獲得したときには、感謝しつつその場所を用いることができます。〔しかしながら〕そのような場所に対する――防衛されるべき(62)――権利を、教会は持ってはおりませんし、そうした権利を主張することなど無意味です。教会は、次の問いに関して、すなわち、《一体、教会は、己れに認められている――大きかろうが小さかろうが、あるいは最高に小さかろうが――その場所にあって「宣教する」つもりでいるところのものが、すなわち、己れに委託されているものの宣教が、神の国についての善き使信の伝達、で本当にあるのか》という問いに関して、そしてまた、《そのような教会の宣教は、いよいよもって、いよいよ厳密に、いよいよ喜ばしく、いよいよ一方的に、神の国についての善き使信の伝達となるように》という絶えず繰り返し新たに受け取られるべき願いと仕事に関して、なすべきことが山ほどあるのではないでしょうか。あなた方はまた、《この使信は、私たちがそちらとこちらで――だがそのことはそちらでもこちらでも簡単に所与とされたり前提されたりしてはなりませんが――この使信の伝え手で本当にある限り、たとえ種々の古い「場所」が私たちに対して拒絶されたり、あるいはひどく狭められたりしたときでも、自らのために新たなる幾つもの場所を――そのような場所の存在について圧迫者らはもしかしたらいつの日か色を失うほど愕然とすることになるかもしれません――創出する力を十分持っているのだ》ということをもお考えになりませんか？

どうか、種々の古い場所の防衛のための様々な対策を講じて多くの時間と力とを失うのではなく、《どなたの光が——事が私たちの側で正しく進む場合には——より長く燃え続けるであろうか》ということを重要なものたらしめようではありませんか！

あなた方の言及しておられる「平和牧師たち」——もっとも、あなた方によって引用されたかれらの「勧告」は私の耳にはいささか大げさに響きますが——のことを、私は知りません。もしかしたらかれらの中の幾人かはそれを正しく——もしくは少なくとも悪くはなく——意図しているのかもしれませんし、もしかしたらかれらの中の他の者たちはまさにただの〔政府への〕協力者にすぎないのかもしれません。私の助言はこうです。あなた方はどうぞ、かれらによって自らを肯定的にも否定的にも方向づけないで、むしろ、あなたがたの顔を——かつて私がドイツ的キリスト者に対する態度として勧めたように——「堅くエルサレムへと」お向けになるように[63]。

問い7　教会のいわゆる「脆《もろ》い外面」が、状況がもたらすよりも早く解体されるなら、それは、軽率な冒険・勝手な先走り・性急な実験、と判断されるべきではないでしょうか？　それとも、教会の別の包括的建設の時はすでに来ている、ということなのでしょうか？　或る時が決断を孕んでいるかどうか、をおよそ評価しうる規準は存在するでしょうか？

答え　「教会の別の包括的建設の時」は、すでにあなた方がまだそうして――言わばアカデミックに――その「時」の規準をお尋ねになれるぐらいですから、あなた方のところでも未だ始まってはいないのでしょう。そしてまた、ここで問題となっているような解体と建設が、そもそもそれぞれ、個々の或る特定の「時」の出来事であるだろう、などと誰が知りましょう？　実に、そうした解体と建設は、――そしてあらゆる人間的可能性と実現の歴史においてはむしろこのほうが通常であるようにすら見えますが――これまでの個々の強力な諸拘束からの様々な解放と新しい試みに対する個々に聞き取りうる様々な許可や命令との数十年にも及ぶ連なりにおいてもまた出来事となりうるでしょう。私があなた方の立場だとしたら、つまり、私ならば、何らかの規準によるなら「決断を孕んでいる」であろう単にそうした個々の瞬間をではなく、むしろ、直接遂行されるべき諸決断への必然性と自由とを伴うであろうそうした個々の瞬間を待ち受けるでしょう。私ならば「目覚めている」でしょう。すなわち、そのような直接命じられ許可される実行に対して備えているでしょう――もっともそれは「祈る」ことなしには、なしうることではないでしょう――。そうして、「状況」がもたらすものをではなく、あれこれの「状況」のもとにあって期待されるべき〔その都度の〕神的道標《みちしるべ》を待ち受けるでしょう。そのときには、「軽率な冒険・勝手な先走り・性急な実験」など全く問題にもならないでありましょう。そのときなされるべきことは、まさしくそれが期待されそして乞い求められた「道標《みちしるべ》」(Weisung)に基づいてなされるがゆえに、「知恵」(Weisheit)の決然たる姿においてなされることがゆるされ、またなされずにはいないでしょう。(64) 私は、――あなた方を急き立てたり強いたりしようと思っているのではありませんが――、次のことを付け加えるのを等閑《なおざり》にしたくはありません。つまり、キリスト教界は――私の見る限り――、かなり遠大な、場合によっては「終末論的な」瞑想や観察に対しては、いつの時代にも非常に積極的だったが、まさしく個々のこと・具体的なことにおける勇気ある敢為《リスク》に対してはしばしば非常に消極的であった――眠気の中にあり不安であるがゆえに――、ということです。キリスト教界は、そこでは――すべてがではないにせよしかし――何事かが起こることができただろうし、また起こらねばならなかったであろうあのような数々の瞬間の内の多くのものを等閑《なおざり》にしてしまった、ということです。もしかしたら、この点においてもまた、――大きな歩み・センセーショナルな歩みをもってではなく――小さな歩み、その代わり特定の歩みをもって、あの解体と建設の方向において私たちに先立って歩むこと、これがドイツ東部地区〔＝東ドイツ〕におられるあなた方に定められていることであるかもしれないのではないでしょうか？　私はただ問うているだけです。けれども、私は問うています。

問い8　〔ドイツ民主〕共和国を逃亡した牧師は、通常、免職されます[65]。法的強制力のこうした適用は、国家の諸手段から質的に自己を区別する点に特徴がある正しい教会の本質に矛盾するのではないでしょうか？　この場合における懲戒権の行使は、教会の教会法規権を行使するための正当な方法でしょうか？

答え　或る牧師の「〔ドイツ民主〕共和国からの逃亡」というのは、事実上は常に、《その牧師はそうした逃亡を共にできない自分の教会《ゲマインデ》を見捨てる》ということを意味するでありましょう。そうしたケースの中には、その逃亡が人間的には理解でき、その限りにおいて許容しうるものもあるかもしれません。しかしながら、その場合であっても、そのような行為は実際、その人自身が自らを免職してしまった、というのと同じことです。だとしたら、教会当局による「懲戒権の行使」とは、〈当の牧師自身によって遂行された自らの個別教会《ゲマインデ》への奉仕――およびその地の教会《キルヒェ》――からの離脱〉という事実の確認以外の何を意味するでしょうか。教会の特徴が、自らが選択すべき活動手段という点で国家の活動手段から自己を区別する点にあるということ。これは、なるほど真実です。しかし、私が理解できないのは、そのことをもって、教会によって創り出されたのではないあの事実に対して――柔和ながらも明確に――それに対応した確認を行なうという措置が、教会には拒まれるべきだ、ということです。その理由が何であるにせよ、そちらでドイツ民主共和国を――ということはすなわち事実上は自分の教会《ゲマインデ》を――捨てる者は、人々の前でも神の前でも、《自分は依然として牧師という身分《キャラクター》を、そしてまた、それと結びついた諸権利を所有している》などと要求することはできません。この者に対して、その両方のもの〔＝牧師という身分およびそれに付随した諸権利〕が、特定の実際的考慮に基づいて他の土地で再び認定されうるかどうか、というのはまた別の問題であって、これに対して私は〔ここで〕意見を述べるつもりはありません、

一つ、想い出があります。私と親しいケルン市のローマ・カトリック教会首席司祭(66)が、かつて私にこういう話をしてくれました。一九四五年の春、彼は管轄下の全聖職者に対して、アメリカ軍接近に際して、当時かなり広まっていた住民の〈東方への逃亡運動〉に加わることを厳しく禁じ、そうして、その後、聖職者全員の先頭に立って、進軍してくる敵に荘重に向かって行った、と。

もう一つ、想い出があります。ごく最近まで、私たちはバーゼルに東ドイツの神学生

の一団を迎えていました。かれらは、まさしく私のもとでも熱心かつ賢明に共に学び、また、それ以外の時にも、「西側」でのかれらの時間を非常に意義深くかつ責任ある仕方で活用していました。私は今もなお、その後導入された閉鎖がまさしくこのバーゼル方面において或る日再び廃止されることを望んでいるのです！[67] これらの若い人々が再び私たちのもとを去っていった時の様子がどうであったか、ご存知でしょうか？ かれらは、――私の思い違いでなければ――、例外なく、自発的に、かつはっきりと、こう言ったのです。私たちは喜んで再びまさに東部地区へ帰ります。なぜなら、そこにこそ私たちの場所と私たちの課題とがあることを知っているからです、と。

おそらくは、私が御地での様々な特殊条件や特殊事情を知らず、そのため、それらを正当に評価する術も知らない、ということかもしれません。しかしながら、差し当たり、私は、こう告白せざるをえません。当時ケルンで起こった出来事、そしてまた、私の学生たちの東部地区への意気軒昂な帰還、――私には、これらのことのほうが、あなた方が語っておられる個々の福音主義の牧師たちの離脱運動よりもキリスト教的かつ神学的にヨリ正しいと思われ、したがってまた、この件に関するあなた方の教会当局の態度を非難することは私には差し当たり不可能に思われる、と。

私の手紙は終わろうとしています。しかし、その前に、西ドイツの兄弟たちのために、あなた方に執り成すことをおゆるしください。あなた方は、かれらがあなた方の状況やそれに付随する諸問題を不十分にしか理解していないことについて、いささか不満げに暗示しておられました。おそらくは西側の兄弟たちは、事実、あなた方のことを、そしてまたあなた方のところで起こっていることを気にかけることがあまりに少ない、ということかもしれません。でも、お分かりいただきたいのは、それは、私が冒頭でIペテロ五9に関して言おうと試みたこととおそらく密接に関連しているだろう、ということです。

西ドイツの兄弟たちは、何年も前から、「経済の奇跡」[68]の国における諸勢力・諸権力・諸霊《ガイスター》／諸精神・諸悪霊との、この国の無思慮なNATO加盟[69]との、この国の再軍備[70]との、この国の従軍牧会契約[71]との、この国の核兵器による軍備拡張〔問題〕[72]との、この国のパニック状態的ロシア人不安との、この国の十字軍的雰囲気との、この国の古いナチスとの、この国で「ボン〔政府〕」とキリスト教民主同盟（CDU）とが実質的かつ人事的に——とりわけ福音主義教会の中で——意味している一切の致命的なこととの、最高に厳しい格闘の中にいるのです。

本来そうあってはならないのでしょうが、実際こういうことではないのか、と私は懸念しています。つまり、かれらは、以上のことに加えて、なお今より力強い仕方で直接あなた方の存在と行動にも関与するだけの余裕を単純に持ち合わせていない、ということだと。どうか、かれらが今やまさにかれらの立場にあって、あなた方におけるのとはかくも全く違った姿でかれらに立ち向かってくる「敵」に対して――かれらのなしうる限り――頑張り抜いており、まさにそのことによってあなた方との連帯を実証しているのだ、ということを、かれらのためにお考えください。その際かれらがあなた方のことを簡単に忘れることなどできないということ、――これについては配慮されているでしょう。そして、この、忘れることなどできないのだ、ということについては、あなた方は、たとえ《自分たちを満足させてくれる仕方ではかれらによって重荷を共に担ってもらってはいない》といった感情を抱かれる場合でも、かれらを信じてあげねばなりません。そしてどうかあなた方ご自身も、西ドイツの兄弟たちもまた真に容易ならざる闘いの中にあることをくれぐれもお忘れなきように！

どこで私は以上のすべてを書いているでしょうか？　ベルン州エメンタールにある寂しい丘の上の小さな農家の中で、です。目を上げれば眼前に広がる牧草地や森や農場や丘陵や雪をいただいた山々を、少しでもあなた方にお見せできたなら、と本当にそう思います。すべてが地理的にも、他の点でも、あなた方とあなた方の兄弟たちとが働かねばならず「抵抗」[73]せねばならず苦しまねばならないマルク＝ブランデンブルクやポンメルンやヴァルテガウやテューリンゲンやザクセンやその他の地方の都市・村落・畑地から、とてもとても遠くにあります！　もしもあなた方が、私があちらこちらでひどく的《まと》はずれなことを書いている、という印象を持たれたとしたら、どうか私のためにこの遠い距離のことをお考えくださらなければなりません。しかしながら、もしも私があちらこちらで――いやもしかしたら全体にわたって――一人相撲をとっており、あなた方もまた、あるいはあなた方のほうがもっとご存知のはずのことをあなた方に向かって語った、という感じを持たれたとしたら、事情は別です。そのような感じは、私を不愉快にさせないばかりか、むしろ喜ばせるでしょう。私たちは、使途パウロの書簡においても（だからと言ってこの手紙をパウロの書簡と比較しているわけではありません！）幾つもの個所で、「愛する兄弟たちよ、あなた方が知っているように……」[74]という言葉を読むのではないでしょうか？　一人のキリスト者は、他のキリスト者たちに向かって、このかれらもまた根本においてはすでに知っていること、おそらくは事実、はるかによく知っていること、それ以外の何を語りうるでしょうか？　何といっても私たちは、互いにまさしくそれらを想起させ、それゆえ、繰り返し繰り返し互いにそれらを語りあう責任を負っているのです。

この手紙があなた方のもとに届くかどうか、はそれ自体一つの問題です。あなた方の国の厳格なご主人たちが、この手紙があなた方のもとに届くのを許可するだけの慈悲と理解とをお持ちであればよいのですが[75]――あなた方と他の方々、つまり、この手紙が何らかの仕方でそのお役に立ちそうな方々、私がこの手紙を書きながら常に念頭にあった方々のもとに――！　けれども私は、この手紙は何らかの形であなた方のもとに届くだろうと考えています。たとえ、私がそれを――戦時中にオランダ宛ての私の手紙の一つがそうだったと言われているように――或る特別な使者の穴の空《あ》いた歯の中に隠されたマイクロフィルムとして送り出すようなことをしなくても[76]、です。

以上をもって今回は神に――本当に神にお委《ゆだ》ねましょう！「われわれのために祈ってほしい、われわれもきみたちのためにそうする！」[77]

一九五八年八月末　あなた方のカール・バルト[78]

（1）An einen Pfarrer in der Deutschen Demokratischen Republik, in: K. Barth, Offene

Briefe 1945-1968〔『公開書簡　一九四五－一九六八年』〕, hrsg. von D. Koch (KBGA), Zürich 1984, S. 401-439（本文はS. 411-439).『著作集』7、一七〇一－一九五頁（児島洋訳）。――E・ブッシュ『生涯』六一六－六一七頁参照！（以下は、『全集』編者の解説S. 401f. より）ドイツ民主共和国（以下＝東ドイツ）では、国家と福音主義教会との緊張は、一九五三年六月十日の閣僚評議会および福音主義教会双方の代表者らによる会合後、一旦は緩和された。しかし、一九五〇年代半ば以降、緊張の度は再び増し、一九五八年には更なる頂点に達した。一九五八年夏、東ドイツの或る若い牧師が――彼は一九五〇年代前半スイスにおり、そこでバルトの友人のDr. マックス・ガイガー牧師およびバルト自身との面識を得ていた――、ガイガーを仲介に、東ドイツにおける牧師の状況に関してバルトは何か語ってくれないかと打診した。それに対してバルトはその用意があると返事をした。そこで、その若い牧師は、もう一人の同僚と一緒に、バルトに宛てて七頁におよぶ長い手紙を書き、それをガイガーを通してバルトに送り届けた。この手紙は、東ドイツの政治状況のゆえに、場所・日付・署名の記載のないものであった（手紙末尾は、「格別なる敬意をもって。ドイツ民主共和国の幾人かの兄弟たちより」〔後注2参照〕）。手紙の主要部は東ドイツにおけるキリスト者の状況描写であり、最後に八つの具体的質問が記されていた〔この東ドイツの牧師たちの手紙は、本書簡の底本であるOffene Briefe 1945-1968 のS. 402-411に収められている〕。一九五八年夏学期直後、過労のため他の多くの約束（その中にはラジオ講演も含まれていた）をキャンセルしたバルトだったが、晩夏、短時日で本書簡を認めた。その前半〔＝本書簡の【Ⅰ】〕では、一般的にかの地の牧師の状況描写について触れ、その後半〔＝本書簡の【Ⅱ】〕では、先の八つの具体的質問を文字通り引用しつつそれらに答えている。本書簡は、一九五八年十月にツォリコン・プロテスタント出版社（EVZ）〔E・ブッシュ『生涯』四〇七頁参照〕から出版され（年末に第二刷、翌年に第三刷）、多くの反響を呼んだ（バルト自身が収集したものとしては、東ドイツの著作家らによる九つの反応、スイス国内では二十三の、西ドイツでは十三の、そして、西側諸国からは八つの新聞コメント）。

（2）本書簡の名宛人については後注78を是非とも参照されたい！

（3）おそらくは、東ドイツの牧師たち〔＝ここでのバルトの名宛人〕のガイガー宛て書簡——これはもはや保存されていない〔後注78参照！〕——に書かれている文字通りの問いと思われる。（『全集』編者注）

（4）一九五六年一〇月のソ連軍によるハンガリー蜂起の鎮圧後のこと。（『全集』編者注）——「『鉄のカーテン』の向こう側の改革派教会」（本『セレクション』所収）注2も参照。

（5）ラインホルド・ニーバー（R. Niebuhr）〔一八九二—一九七一〕の Why Is Barth Silent on Hungary? という論説のこと。In: The Christian Century〔『クリスチャン・センチュリー』誌〕Vol. 74(1957), S. 108-110. 236. 330f. 453-455.（『全集』編者注）——この面でのニーバーのバルト批判については例えばS・R・ペイス『はじめてのニーバー兄弟』（佐柳文男訳）、教文館、二〇一五年、一八四頁（および一四四頁）参照。

（6）出エジプト記一六3、詩編七八20参照。
（7）「ドイツ東部地区」の原語は die deutsche Ostzone で、Ostzone は「第二次大戦後の旧ソ連邦占領下の東部ドイツ」のこと（『小学館 独和大辞典〔第2版〕』より）。この呼称はおそらくは、一九四九年一〇月の「ドイツ民主共和国」成立までのものと思われるが、以下でバルトは――一九五八年でもなお――度々この呼称（特に Ostzone 単独で）を用いているので、煩瑣と感じられるかもしれないが、基本的には本文のように明示する。
（8）ここの引用符の言葉もおそらくは文字通りの引用と思われる（前注3参照）。（『全集』編者注）より。
（9）[ ]およびカッコ内のローマ数字は訳者による（この区分については児島訳――前注1――に従った）。
（10）In: Gottesdienst-Menschendienst. Eduard Thurneysen zum 70. Geburtstag am 10. Juli 1958〔一九五八年七月一〇日エドアルト・トゥルナイゼン七〇歳記念論文集『神奉仕‐人間奉仕』〕, Zollikon 1958, S. 221-249.（『全集』編者注）――なお、ハーメルの論文については宮田光雄『カール・バルト――神の愉快なパルチザン』二三五頁参照。
（11）ルカ一六29参照。
（12）すなわち、一九三三年～一九四三年の頃。それはバルト四七～五七歳に当たる。そして、本書簡執筆時のバルトは七二歳である。
（13）Eine Schweizer Stimme 1938-1945〔『スイスの一つの声　一九三八－一九四五年』〕,

Zollikon-Zürich 1945を参照。（『全集』編者注）――この『スイスの一つの声』巻頭論文である「義認と法」を始め、『セレクション5』所収論考は（「福音と律法」を除く）すべてがそこからのものである（『スイスの一つの声』序文――一九四五年六月執筆――の主要部分を訳出した同二一〇―二一六頁も参照）。一九三三年以降の講演・論考については『セレクション4』を参照。なお、『全集』編者は、『カール・バルト全集』（Karl Barth・Gesamtausgabe）から（その時点で）刊行予定の（当該期間における）『公開書簡』（Offene Briefe）も挙げているが、これは現在まで、『一九〇九―一九三五年』、『一九三五―一九四二年』（後注78参照）の二巻が刊行されている（いずれも二〇〇一年刊行）。

（14）社会主義諸国の西側との境界線。一九四六年以降、この意味で西側諸国では語られる。（『全集』編者注）

（15）この半年後には、KD IV/3（『和解論』Ⅲ／1―4）が刊行されることになる。そしてそれは、バルト自身の責任で刊行されたものとしては、洗礼論（一九六七年刊）――『和解論』の倫理学であるKD IV/4の一部（『和解論Ⅳ　キリスト教的生〈断片〉』）――を除けば、『教会教義学』最後の巻となった。

（16）『全集』編者は、「真剣にキリスト者でありたいと願う」という部分がルターの言葉を示唆しているとして、注においてM. Luther, Deutsche Messe und ordnung Gottis diensts（『ドイツミサと礼拝の順序』）(1526), Vorrede, WA 19, 75, 3-8を引用している。『ドイツミサと礼拝の順序』については、『ルターと宗教改革事典』（教文館）の「礼拝改革」の項（三〇九―三一〇頁）参照。

(17) 原語は ein Versucher で、マタイ四3も der Versucher（ルター訳、チューリッヒ聖書、共同訳）と呼ばれている。なお、次の最新改訂版ルター訳も同様。Die Bibel. Nach Martin Luthers Übersetzung. Lutherbibel Revidiert 2017 mit Apokryphen, Stuttgart 2016.

(18) マタイ一〇16参照。

(19)『全集』編者は、「例えば」として、Ph. Melanchthon, Apologie zur Confessio Augustana〔フィリップ・メランヒトン『アウグスブルク信仰告白の弁証』〕(1531) XV, 18, in : Die Bekenntnisschriften der evangelisch-lutherischen Kirche〔『福音主義的ルター派教会の信仰告白文書集』〕, S. 300, Z. 26-40 を挙げている。なお、これは、宗教改革者たちが、イスラーム教（トルコ人）およびローマ・カトリック教会（ローマ教皇）に対して、ということであろう。この点については『セレクション5』六二八―六二九頁（「編訳者あとがき」）を是非参照されたい（そこでは、本書簡より更に後、バルトがキリスト教とイスラーム教との肯定的関係を究明することの重要性を認識するに至った点についても触れている）。

(20) この点で、『全集』編者はバルトの一九四〇年の講演「キリスト者の武器と武具」（『セレクション5』四一七頁以下所収）の特に四五八頁以下を指示する。事実、四五八―四六四頁（訳者が「究極の敵と今日の敵との関係」と見出しを付けた部分）はここでのバルトの真意を理解するためにきわめて重要である。なお、『全集』編者は続けて、ここでのバルトの意図にもかかわらず、というニュアンスで、一九三八年の講演「教会と今日の政治問題」の或る個所（『セレクション5』三四七頁のテーゼ5）でなされた、「根本的に反《アンチ》キリスト教的 反《ゲーゲン》教会」としてのナチズムという特徴づけにも言及する。しかし、そこでは、「宗教的救済機関」としてのナチズムの特異性に焦点が当てられているがゆえに、『全集』編者の指摘は当たらないと言うべきである（「反《アンチ》キリスト教的 antichristlich」と言われていることに注意）。

（21）『セレクション5』四六一－四六三頁参照！

（22）デンマークの彫刻家ベアテル・トールヴァルセン（Bertel Thorvaldsen。一七六八もしくは一七七〇－一八四四）のキリスト像――これは無数の模造品が出回っている――は、一九〇六年、定評ある『プロテスタント神学および教会のための百科事典』（Realencyklopädie für protestantische Theologie und Kirche）では以下のように性格づけられている（「彫刻芸術」の項。V・シュルツェ V. Schultze による。第18巻、四四一頁以下）。「キリスト教芸術においては、彼は今日なお、人気という点では〔他の彫刻家の〕ごく僅かの作品のみが肩を並べうるような作品と共に生きている。すなわち、コペンハーゲンのフラウエンキルヒェにある、弟子たちの聖歌隊に伴われたあの〈招き給うキリスト〉、である。崇高さと穏やかさとを、古代美によって表現されたこの像は放っている。マタイ一一28の聖句〈すべて労する者・重荷を負う者、われに来たれ、われ汝らを休ません」が、そっと上げられた両腕と厳密に均整のとれた顔を、慈愛に満ちた表現へともたらしている。だが、この柔らかい表情と同情に満ちた献身がこの像にその本来的特徴を与え、他方、誡めをもたらす主の偉大さと世に打ち勝つ主の力とは全く表に出てこないことによって、ここに見られる解釈は、歴史的キリストによってではなく、いわゆるナザレ派の画家たちの芸術的ロマン派の〈苦しみと謙虚さに満ちた救い主〉によって方向づけられている一面的解釈と言わねばならない」。(『全集』編者注)――「ナザレ派の画家」(Nazarener)とは、「十九世紀初頭ウィーンに興った宗教画の革新を目ざすロマン派の画家」のこと(前掲『小学館 独和大辞典』より)。

(23) この Ungeist については、一九四〇年の前掲講演「キリスト者の武器と武具」において、ナチ国家の「精神」(Geist)の特質として再三再四語られている(『セレクション5』四四一、四四七、四六二頁等参照)。

(24) マタイ七14参照。

(25) Iペテロ一6―9、四13―14参照。

(26) M. Luther, Der kleine Katechismus〔『小教理問答』〕における第一誡の解説を参照。「私たちはすべてのものにまさって神を畏れ、愛し、信頼するのだよ」〔マルティン・ルター『エンキリディオン 小教理問答』(ルター研究所訳)、リトン、二〇一四年、二五頁〕。(『全集』編者注)

(27) ヨハネの黙示録四8参照。

（28）この言い回しは、ひょっとしたらハンス・アスムッセンに反対してのバルトの間接表現かもしれない。すなわち、アスムッセンは、原子爆弾と、〔西ドイツ〕連邦国防軍の原子爆弾装備の決断を要求するところの〔――とアスムッセンは主張する――〕軍事政治的情況とを、「神の懲罰用の鞭」と特徴づけていた（「ドイツ福音主義教会の奉仕者たちへ」というタイトルの一九五八年三月一四日付公開書簡。KJ〔『ドイツ福音主義教会のための教会年鑑』〕1958, S. 36。更に、パンフレット「三つの信仰箇条の否認。教会兄弟団への回答」、ミュンヘン、一九五八年春、一六頁）。（『全集』編者注）

（29）Ⅰテモテ二4、Ⅱペテロ三9参照。

（30）Weltall. Erde. Mensch. Ein Sammelwerk zur Entwicklungsgeschichte von Natur und Gesellschaft〔『宇宙。地球。人間。自然と社会の発達史に関する論文集』〕, hrsg. von G. Buschendorf, H. Wolffgramm, I. Radandt, Berlin(-Ost) 1955^3.（『全集』編者注）

（31）東ドイツの「成年式」（Jugendweihe）――「14歳に達した少年少女に社会主義への忠誠を誓わせ大人の社会に組み入れる式典」（前掲『小学館 独和大辞典』より）――に関連して当時の文部科学大臣R・ベッヒャー（R. Becher）の作った詩が、東ドイツの牧師たちからのバルト宛て書簡で引用紹介されていることを受けてのベッヒャーに対する皮肉。

（本書簡底本のS.408より）

（32）ルカ二三34参照。

（33）「全体に関わる」の原語は aufs Ganze gehend で、aufs Ganze gehen は「とことんや

る」という意の熟語である。

（34）ローマ四15参照。ここでは、《Das Gesetz richtet Zorn an.》（最新改訂版ルター訳——前注17参照）と同じ言い回しがなされている。

（35）ルカ一〇33—35参照。

（36）『セレクション5』58—61頁（そこでの「律法主義」の原語はNomismus）およびKD Ⅱ/2, S. 669-677——ここではまさにGesetzlichkeitが使用されている——（『神論』Ⅱ／3、一八〇—一九二頁——吉永訳では「〔規則でしばる〕規則的なあり方」——）を参照。

（37）後注78の末尾参照！

（38）マタイ五13—14参照。

（39）一九五八年七月一〇日、〔SED書記長〕ヴァルター・ウルプリヒト（Walter Ulbricht）は、ドイツ社会主義統一党（SED）第五回党大会上での基調報告において、「社会主義的倫理とモラルの十原則」を宣言していた（Text in: KJ〔『ドイツ福音主義教会のための教会年鑑』〕1958, S. 175f., und in: Protokoll der Verhandlungen des V. Parteitages der SED〔SED第五回党大会議事録〕, Bd. 1, Berlin(-Ost) 1959, S. 160f.）。（『全集』編者注）

（40）ローマ一三10参照。

（41）ここから【Ⅱ】の手前まで（原文では一段落！）の問題（「コンスタンティヌス時代の終焉」）については、二〇一六年九月に来日されたベルトルト・クラッパート教授のインタヴュー「グローバリゼーションとキリスト教の課題」中の、ドイツの「現実」を語る次の言葉を参照。「私たちは経済的に過渡期にあります。今日のドイツの州教会は、牧師に賃金や年金を十分に支払うことができず、教会を維持することもままなりません。そのため教会が身売りをし、会堂が店舗やホテルに転用されています。ドイツだけでなくヨーロッパ中でキリスト教離れが劇的に進んでいるのです。国立大学の神学部があとどのくらい継続できるか、もはや定かでありません。つまり私たちは考えをまったく改めて、教会は少数派であるというところから始めなければならないのです。その点で日本から多くを学べることでしょう。私が日本の教会に望むことは、教会が力強い霊の臨む場所になることです。教会が力強い霊の臨む場所になるということは、聖書に立ち返るということです。聖書は解放を与える書物です。したがって教会は社会にも向いたものとなります。両方が大切なのです。聖書に立ち返り、社会に身を向けるということが。」（『福音と世界』二〇一七年二月号、四九頁）

（42）G. Jacob, Der Raum für das Evangelium in Ost und West〔『東と西における福音のための場所』〕, in: Berlin 1956. Bericht über die ausserordentliche Tagung der zweiten Synode der Evangelischen Kirche in Deutschland vom 27. bis 29. Juni 1956〔『一九五六年六月二七～二九日の、ドイツ福音主義教会第二回教会会議の臨時会議に関する報告』〕, Hannover o. J.〔発行年の記載なし〕, S. 17-29, auch in: KJ〔『ドイツ福音主義教会のための教会年鑑』〕1956, S. 9-16.（『全集』編者注）――ギュンター・ヤーコプ（Günther Jacob）（一九〇六～?-）は、東ドイツのルター派神学者。ベルリン生まれ。ラウジッツの

ノスドルフの牧師となり（一九三二）、告白教会に属した。一九四五年、ノイマルクおよびニーダラウジッツの総地区長、四九年、コトブスの総地区長、七二年退任。ベルリン・ブランデンブルク教会および東ドイツ教会にとっても、神学的指導者として、また説教者として優れた働きをした。（『キリスト教人名辞典』より）

（43）原語は Wagnis である。本巻所収の「信仰の一致における政治的決断」の［8］参照。

（44）フィリピ二9参照。

（45）教会的伝統の中で人口に膾炙してきた表現。正確な典拠は知られていない。（『全集』編者注）

（46）この表現は、神学部学生フリードリッヒ・ファルケンベルク（Friedrich Falckenberg）にまで遡る。ファルケンベルクは、一九五〇―五一年、バーゼルにてバルトのもとで学んだが、一九五〇年、ヨハンネス・ハーメル（Johannes Hamel）に宛ててこう書いた。「私がここで学んだのは、もはや『東部地区』ではなしに、『神の愛しておられる東部地区』を話題にする、ということです」（J. Hamel, Begegnungen mit Karl Barth〔『カール・バルトとの出会い』〕, in: StdG〔『教会的生・政治・経済・文化に対する教会の声』誌〕Jg. 18, H. 9/10, Mai 1966, Sp.291 および一九七七年二月二五日付のハーメルから『全集』編者宛て書簡）。J・ハーメルの学生たちはこの表現を受け入れた（M. Fischer, Das Zeugnis der Verhafteten〔『拘禁された者たちの証言』〕, Berlin(-West) 1953, S. 39）。ハーメルはこの表現を、スイスにおいて匿名で出版された物語集（英語タイトルは A

Christian in East-Germany, New York 1961）の表題に使った。バルト自身は、この表現を今一度、M・ニーメラー七〇歳祝賀の手紙（一九六一年一月七日付）の中で用いた（In: Briefe 1961-1968, Zürich 1975, S. 41）。（『全集』編者注）――E・ブッシュ『生涯』六一七頁注4も同一の注に基づくもの。但し、そこでは、「神の愛しておられる東部地区」はファルケンベルクの造語のように記されているが、前述のように、それはむしろバルト自身の造語であろう。なお、J・ハーメルについては前注10参照。

（47）実際、バルト宛て書簡には「ドイツ民主共和国の幾名かの兄弟より」との署名がなされていた。（『全集』編者注）――前注1も参照。

（48）入国および出国する者は、厳格な国境検問を受けなければならなかった。パスポート法改正（一九五七年一二月一〇日）以後、旅行許可証不所持の者は罰せられることが可能となった。（『全集』編者注）

（49）国家代表者と教会代表者との数回にわたる協議の後、ドイツ民主共和国政府の広報室は、一九五八年七月二一日、以下のような声明を発表した。「ドイツ民主共和国における福音主義教会の代表者は、『教会は、自らに与えられている諸手段によって、諸国民間の平和に仕え、それゆえ、ドイツ民主共和国およびその政府の〈平和を求める努力〉とも原則的に一致している』と声明した。キリスト者は、かれらの信仰に応じて、合法性を土台とした国民としての義務を果たす。キリスト者は、社会主義の発展を尊重し、国民生活の平和的建設に貢献する」（In: Die Kirche, Berlin, 3. 8. 1958, und in: KJ〔『ドイツ福音主

義教会のための教会年鑑』〕1958, S. 144f.)、と。(『全集』編者注)

(50) 聖職者の就任時の際の宣誓——一九三四年八月一〇日のドイツ福音主義教会法律公報——。(『全集』編者注)

(51)「キリスト者共同体と市民共同体」(本巻所収) および「義認と法」(『セレクション5』、例えば、一八三—一八四頁) 参照。

(52) 思想の自由 (Gedankenfreiheit) はわれらが日本国憲法においては第19条 (思想・良心の自由) で保障されており、この思想・良心の自由は、「精神的自由権」——他に、信教の自由 (第20条)、表現の自由 (第21条)、学問の自由 (第23条) ——の根柢を成すものである (伊藤真『憲法 第2版』弘文堂、一九九九年、一四一頁)。

(53) 原語は loyale Opposition で、宮田光雄は、このバルト独自 (と思われる) の表現は「おそらく政治学的には非暴力的な『市民的不服従《シヴィル・ディスオベディエンス》』の行動に通ずるのではなかろうか」と言う (前掲『カール・バルト——神の愉快なパルチザン』二三七頁)。

(54) 一九五九年秋になされた、『シュピーゲル』誌編集者ゲオルグ・ヴォルフ (Georg Wolff) のバルトとの対話に基づいて、『シュピーゲル』誌はこう記した。「バルトは、最近再びこの問いに直面した時にこう答えている。自分は当時 (忠誠宣誓を勧めた時)、『いささか手短に答えてしまいました』、と」(Artikel: Karl Barth. Kunde vom unbekannten Gott〔「カール・バルト。知られざる神についての知らせ」という記事〕, in: Der Spiegel, Jg. 13, Nr. 52, 23.12.1959, S. 77. ——同様のことが『シュピーゲル』誌におけるバルト追悼記事でも記された。Jg. 22, Nr. 51, 16.12.1968, S. 162)(『全集』編者注)――なお、宮田光雄『カール・バルトとその時代・宮田光雄思想史論集4』創文社、二〇一一年、一二二頁注40も参照。

(55) 小林望社長を介しての宮田光雄先生のご教示によれば(以下に引用するユルゲン・モルトマン『希望の倫理』福島揚訳、新教出版社、二〇一六年、三四四－三四五頁もこれに基づく)、再洗礼派や敬虔派における或る種の人々、すなわち「間違った世界」を「全面的」に「拒否」し、その結果、「この世界」そのものに「静かに無批判的に」背を向けてしまう人々、のこと(傍点は引用者による)。

(56) Fr. Mund, Theophil Krawielitzki. Ein Zeuge aus der neueren Erweckungs-und Diakoniegeschichte〔FR・ムント『テオフィール・クラヴィリツキー。近代の信仰覚醒の歴史およびディアコニーの歴史の一証人』〕, Marburg/Lahn 1955^{2}. Vgl. auch ders., Pietismus — eine Schicksalsfrage an die Kirche heute〔同『敬虔主義――今日の教会への運命的(=決定的)問い』〕, Marburg 1938^{2}, S. 19-21.(『全集』編者注)

(57) バルト宛て書簡では、「問い4」は二つの段落から成っている。バルトはここで最初の段落のみを取り上げている。第二段落の最初の文章はこうである。「堅信礼の問いを巡る議論(堅信礼の保持かそれとも信仰告白共同体か、キリスト者の状態の〔嬰児洗礼を受けた者が後に堅信礼を受けることによってなされる〕非格差化かそれともドナトゥス主義への逃亡か)は、ヨハンネス・ハーメルの文書『ドイツ民主共和国におけるキリスト者』の公刊以来、その鋭さを非常に増してきました」。第二段落の残り（「心臓麻痺～それゆえに、次のように〔問わざるをえません〕」）をバルトは、「問い5」――バルト宛て書簡では「われわれには～」で始まっているわけだが――へと移動させている。（『全集』編者注）――なお、ドナトゥス派は、「紀元四～五世紀にかけて、北アフリカで盛んであったキリスト教の分派。その起源は迫害のとき棄教した主教が執行したサクラメント〔この場合は叙階〕の有効性をめぐるカルタゴ教会内の対立にさかのぼる」。その「神学的立場は、聖徒の教会は常に『聖』でなければならないとし、背教者の行った礼典は無効であり、自派の教会のみが真の教会で、ドナトゥス派に改宗するものは、再洗礼を受けねばならないなどの点を厳格に主張することであった」（『キリスト教大事典』「ドナトゥス派」の項より）。

（58）教会の「公共的存在への要求」（Öffentlichkeitsanspruch）の問題性については、本巻所収の「キリスト者共同体と市民共同体」の第12項末尾を〔更に「信仰の一致における政治的決断」の〔1〕も〕参照。

（59）「本来〔私たちが〕受けるに値せぬ」の原語は unverdient。『セレクション1』二一七頁注10（＝本文二一〇頁）参照。

（60）Vgl. M. Luther, Wider die himmlischen Propheten, von den Bildern und Sakrament〔M・ルター『天来の預言者らを駁す、聖像とサクラメントについて』〕(1525), WA 18, 202, 27f.（『全集』編者注）――なお、三度繰り返される「神の言葉」の原語は das Wort

である。『天来の預言者らを駁す』の「天来の」は「有頂天の」とも訳せるとのこと（徳善義和『マルチン・ルター――原典による信仰と思想』リトン、二〇〇四年、二一五頁）。この書の内容は、ルターのかつての同僚「カールシュタットが聖書のみことば抜きで、聖霊の直接の働きが大切であることのみを強調し、外的なものをすべて形式的として破壊しようとする態度と、それが過激に行動に現われた聖像破壊とについて反駁するとともに、さらに、聖餐についてもこれを形式で象徴にすぎないとする理解を論破したもの」（同二一五―二一六頁。傍点は引用者による）。

（61）このレッテルは、一九五〇年代～六〇年代においてなされたドイツ民主共和国における教会の道に関する論争の中で、共産主義に影響を受けた世界平和運動に与していた神学者グループ、と同時に／あるいは、その立場が政府の路線に神学的・政治的に接近もしくは順応していると陰口されていた神学者グループに対して、批判的かつ皮肉を込めて用いられていた。（『全集』編者注）

（62）原文では ein zu verkündigendes Recht となっているが、文脈上 ein zu verteidigendes Recht の誤植と思われるので、そう訳した。

（63）K. Barth, Lutherfeier 1933〔『ルター記念祭。一九三三年』〕(ThExh 4), München 1933, S. 7. 一九三三年一一月一九日付「序言」において。（『全集』編者注）――なお、『全集』編者によると、これはG・テルシュテーゲン（G. Tersteegen）作の讃美歌からの引用とのこと。

（64）Weisung と Weisheit との密接な関連については、KD IV/2, S. 402-422（『和解論』Ⅱ／2、三六三―三九三頁）を参照。

（65）ドイツ民主共和国（東ドイツ）からドイツ連邦共和国（西ドイツ）へ逃亡した牧師に対しては、ドイツ福音主義教会の懲戒法規第2条が適用された。Vgl. H. von Arnim, Das Disziplinargesetz der Evangelischen Kirche in Deutschland vom 11. März 1955 sowie die Verordnung der Evangelischen Kirche der Union über das Disziplinarrecht vom 14. Mai 1956 nebst den Überleitungsgesetzen der Gliedkirchen〔『一九五五年三月一一日のドイツ福音主義教会の懲戒法規並びに一九五六年五月一四日の官公吏懲戒規定に関する福音合同教会の指示並びに構成教会の移行法』〕, Berlin(-West) 1960, S. 13-17.（『全集』編者注）

（66）ローベルト・グロシェ（Robert Grosche）（一八八八―一九六七）。一九三二年以来刊行されている《Catholica. Vierteljahrsschrift für Kontroverstheologie》〔『カトリカ。論争神学研究誌』〕の創設者であり、最初の――また多年にわたる――編集長。（『全集』編者注）――この研究誌は一九三二―三八年、一九五二―五七年、刊行された（『キリスト教人名辞典』の「グロシェ」の項）。

（67）バルトは、一九五七年七月一七日、ドイツ民主共和国の教会問題担当次官であるW・エッゲラート博士（Dr. W. Eggerath）に対して、《バーゼルで学びたいと願っている福音主義の神学生たちに対してドイツ民主共和国からの出国を認めてくださるように》との請

願を提出したが、これに対してバルトへの回答は依然ないままであった。(『全集』編者注)

(68) 一九五〇年代のドイツ連邦共和国の経済発展はそのように呼ばれた。(『全集』編者注)

(69) 一九五五年、ドイツ連邦共和国は、パリ諸条約によって、(一九四九年に創設された) 北大西洋条約機構 (North Atlantic Treaty Organisation) に加盟した。(『全集』編者注)

(70) ドイツ連邦共和国の軍備拡張反対者たちは、K・アデナウアーの下でのボン政府の目標設定 (これは支持者らによっては「防衛分担」と呼ばれたが) を「再軍備」と特徴づけた。(『全集』編者注)

(71) 「福音主義的従軍牧会規定に関するドイツ連邦共和国との福音主義教会の契約」は、一九五七年三月、福音主義教会の第二回教会会議で採択された。(『全集』編者注)

(72) 本巻所収の「事は生命に関わっている」(一九五七年聖金曜日。四月一九日) を参照。

(73) ヴァルテガウは、かつてのプロイセンの一州ポーゼン。これを、ドイツは一九一九年、ポーランドに割譲しなければならなかった。その後、一九三九―一九四五年、ナチ・ドイツに併合された。しかし、この地域は一九四五年以降、再びポーランド領となった。(『全集』編者注)

(74) Iコリント一二2、IIコリント八9、Iテサロニケ一5、二1以下、5、11、三3以下、四2、五2等参照。

(75) この公開書簡の内の数部もまた〔東ドイツの税関で〕検閲によって押収された。理由は、この「文献は反民主主義的性格」（一人の受取人のもとに一九五九年三月三日付で届いた印刷用紙より）を持っているからであり、そしてまた、「ドイツ民主共和国に対する非難」（一九五九年三月五日のマグデブルクの押収記録 Nr.40436 より）が含まれているからだ、と。（『全集』編者注）――宮田光雄『カール・バルト――神の愉快なパルチザン』二三七頁も参照。

(76) バルトの記憶によれば、このような方法で、彼の「オランダにいる我が友人たちへ」（一九四二年七月）（『スイスの一つの声』二四四－二五〇頁）は、ヘーベ・コールブルッゲ（Hebe Kohlbrugge）を介して手渡されたとのことである。（『全集』編者注）――E・ブッシュ『生涯』四四九頁参照。但し、そこでは、ヘーベロッテ・コールブリュッゲ（Hebelotte Kohlbrügge）と表記されている（小川圭治訳では「ヘベロッテ」）。なお、『スイスの一つの声』については、『セレクシコン5』二〇九－二一七頁注1参照。

(77) スイスにおいて、礼拝での〈祝福〉に際しての――部分的に慣用となっている――導入部の表現。（『全集』編者注）

(78) 本書簡の底本（前注1参照）である（『カール・バルト全集』シリーズの）『公開書簡一九四五－一九六八年』（一九八四年刊）の編者ディーター・コッホは、更に（同シリーズの）二〇〇一年刊『公開書簡 一九三五－一九四二年』の編者をも務めたが、その「補遺」として本書簡の名宛人に関して貴重な補足をしている。原文は三頁にわたるものだが、本書簡の背景および「後日談」としてその大意を以下に紹介したい。但し、ゴスラウ（下記参照）自身の言葉に関わるもの（コッホによる間接引用も含む）は――引用符を付すなどして――原文をそのまま訳すことにする。出典は、K. Barth, Offene Briefe 1935-1942, hrsg. von D. Koch (KBGA), Zürich 2001, S. 429-431である。

一九五八年当時のみならず、一九八四年の再録（すなわち本書簡の底本『公開書簡 一九四五―一九六八年』）に際しても、受取人の状況への配慮から伏せられたままであった本書簡の受取人の名前は、フリーデマン・ゴスラウ（Friedemann Gosslau）である（以下の情報は、ゴスラウからコッホ宛の手紙――一九九〇年一一月五日付および二六日付、二〇〇〇年一二月一六日付――、更に、ゴスラウとの面談――一九九五年八月一一日、一九九七年五月一二日――に基づく）。ゴスラウ（一九二九年、フランクフルト／マインにて牧師の息子として生まれ、その後東ドイツで成長）は、一九四七―四九年、西ベルリン教会立神学大学（Kirchliche Hochschule in Wst-Berlin）にて、更にハイデルベルク大学（そして再び西ベルリン）にて神学を学んだ後、一九五一／五二年冬学期および五二年夏学期を（奨学金を得て）バーゼルにて学ぶ。そこでは、マックス・ガイガーの牧師館に住み、バルトのもとでは特にブルトマンに関する演習［これが基となったテキストは本『セレクション3』に所収予定］に参加。（この時期、ゴスラウは一度、バルトにこう尋ねる機会があった。「どうすれば目標のない勉強が目標をもった勉強になるでしょうか?」、と。それに対して、バルトは、「長い期間、集中してたった一人の著者だけを読むこと」を助言し、そして、ルター、カルヴァン、カントの名を挙げた。）東ドイツ帰国後、一九五五年、ヴィッテンベルゲ／エルベ西方の小村ヴァンツァー（東西ドイツ国境沿いの五キロ立入禁止区域内に位置）の牧師として十年間働く。その間、（一九五八年夏、結婚のため西ドイツから移住してきた）妻と共に政治権力による種々の妨害を受ける。

さて、バルトに宛てた手紙は、一九五八年夏、ブレーメン出身のラインハルト・カルシュテンス（Reinhard Carstens）――ゴスラウとはバーゼルで知り合い、一九五三年八月牧師として東ドイツに来る――と共に作成。カルシュテンスが質問事項の下書きをし、ゴスラウによる手紙の草稿を二人で詳細に話し合う。それに対するバルトの返事（本書簡公刊後、「ドイツ民主共和国における牧師へ――古き、また新しき関心（というよりはむしろ、参与）をもって。カール・バルト」との献辞の記された本書簡二部がゴスラウに送り届けられた。

その後、一九六一年七月（ベルリンの壁建設――八月一三日――の直前）、ゴスラウ夫妻は、西ドイツおよびバーゼルに訪問する機会を得、或る日の午後、ガイガー牧師の案内でバルト宅に招待される。東ドイツの状況を巡る様々な質問や応答がなされたが、その対話の中での忘れ難い一情景としてゴスラウはこう述べている。「書簡でのトーン同様、そこでも対話の雰囲気はとても心温まるものでした。ただ、決定的な質問から、或る種の気まずい状況が生まれてしまいました。『あの〔私の〕手紙をどのようにお受け取りになりましたか』との〔バルトからの〕質問に対して、私は黙っていることができないで、『「恵みの勝利」は私にはなかなか実感として理解できません。ですから、多くのことが、むしろ、慰めとなるような確かさのないメッセージにとどまっています』と答えてしまったのです。その時の私は、反論したというよりは、むしろどもりながら答えていました。それは、決して論争ではありませんでした。ただ、彼が〔手紙の中で〕書いていることをすんなり受け入れることが自分には難しかったということを仄めかしただけだったのです。彼の反応は、私の知る限りでは、何かまとまった言葉（ein Satz）というよりは、かすかなため息（ein leiser Seufzer）でした。私がはっきりと覚えていることは、あの〔私たちが先の手紙でバルトに提出した八つの問いの中の〕『問い3』に関して、その『神学教師』の名前、つまり、マルティン・フィッシャー（ベルリン‐ツェーレンドルフ教会立神学大学）の名前を挙げた、ということ〔だけ〕です」（一九九〇年一一月五日付のゴスラウからコッホ宛手紙）。

ベルリンの壁建設後、ゴスラウは東ドイツの国家公安局《シュタージ》（秘密警察）から尋問を受け、騒擾罪の廉《かど》で訴えると脅迫された。ゴスラウは家宅捜索や国外追放ということを考慮して――彼は選挙に行かなかった――、バルトに宛てた例の手紙の写しを処分した〔前注3参照！〕。

ドイツ再統一（一九九〇年十月三日）直後に、ゴスラウは――彼は一九六五年‐一九九三年、クヴェドリンブルク〔＝旧・東ドイツ〕で牧師をしていた――こう回顧する。「カール・バルトの手紙は、確実に、私自身が意識していたよりももっと深い作用を〔私自身に〕惹き起こしていました。私は、喜んでかつ自覚的に、東ドイツで牧師をしていました、常に抵抗と合意とのこうした緊張の中にあって」。カール・バルトの神学との関わりは、ゴスラウにとって、「持続的に働き続けている治療《セラピー》プロセスです。しかも、あの詩篇の言葉の意味において。すなわち、『あなたはわが足を広き所に立たせてくださいます』、と」（一九九〇年一一月五日付のゴスラウからコッホ宛の手紙）。一九六一年にバルト宅を訪問した時のことを想起しながら、ゴスラウはこう結んだ。今日、自分が辛く思うのは、「私の手紙をあなたはどのように受け取ってくれましたか」とのあのバルトの質問に対する自分の〈然り〉「の声があまりにも小さく、また、そのために発した言葉も乏しかったということ、そして、その分一層、〈しかし〉の声の方が強く雄弁であったということ、です。一九八九年の〔一一月九日ベルリンの壁崩壊に象徴される〕あの転換は、〔バルトの〕手紙の、そしてまた、その手紙でなされた勧めの正しさを――没後に――証明するものとなったのです。『全体主義体制の無力を神学的望楼から見抜くように』とのあの勧めの正しさを」（一九九五年五月一八日、リューベック／ヴェストファーレンのロータリークラブでのゴスラウの講演より）。

解説　神に基づく政治（Theo-Politik）

——神の国の到来と神の義とを仰ぎ見つつ——

カール・バルトの社会的・政治的論考の最終巻に寄せて

ベルトールト・クラッパート

カール・バルトの社会的・政治的論考の翻訳は、私の学問上の弟子である天野有教授および新教出版社と小林望社長の大いなる功績である。更に、バルトの神学的‐政治的（theo-politisch）[1]論考の三巻は日本のキリスト教界、諸教会の牧師たち、神学部や大学関係の神学者・教授たちへの大いなる贈り物でもある。

本巻をもって終結する神学的‐政治的論考が重要である理由は、第一次世界大戦中・大戦後の、そして特に第二次世界大戦中の日本における最初のバルト受容——「無教会運動」とその牧師・神学者たちの告白グループおよび他の幾人かの神学者たちという僅かの例外を除けば——が本質的に**非政治的もしくは天皇制国家順応的**であった、という点にある。否、それどころか、第二次大戦中の日本による軍事的かつ残虐な侵略戦争を、バルトを引き合いに出すことによってイデオロギー的・神学的に根拠づけることすらできたのだった。しかしながら、そうしたことは、一九三三年以降のバルトの神学的・政治的諸論考に[2]、そしてまた、例えば、ドイツからのバルトの強制的国外追放後にバルト自身によって編集された『スイスの一つの声』（一九三八・一九四五年）に収められているナチ国家批判の諸論考[3]に注目するならば、完全に不当なものであった。なお、第二次大戦後の「われわれドイツ国民の軍事的・政治的に過った道に対するダルムシュタットの悔い改めの告白」[4]（一九四七年）におけるバルトの社会政治的態度決定[5]や、その十年後の、「事は生命に関わっている」（一九五七年聖金曜日）[6]および「連邦国防軍の核武装問題に寄せての一〇のテーゼ」（一九五八年一月）においてなされた、連邦国防軍の核武装反対のバルトの態度決定については言わずもがな、である。

ここに天野有によって見事に邦訳された『セレクション』第4巻から第6巻は、以上の誤解を完全に取り除くものであり、また、日本のみならず至る所でなされてきた非政治的なバルト解釈・バルト受容の一切の試みを不当なものとして示すものである。

「神に基づく政治」（Theo-Politik）という言葉は五重の意味を有している。

1. 「神に基づく政治」という言葉は、まず第一に、**創造者なる神**（GOTT, THEOS）を指し示している。それによって、この言葉は、世界歴史[7]における**神**の先立って見て、とりつつの（＝摂理としての vor-sehend）、かつ、配慮しつつの行動——たとえ、われわれが人間としては、またキリスト者としても、諸民族・諸国家・諸文化の変遷の中にあり、また、底知れぬ残酷さ、人間と諸民族を殺害する残酷さの中にある世界史を理解することも見通すこともできないとしても——を指し示している。「虚無的なるもの」(KD III/3, §50)[8]もまた、バルトによれば、世界史における或るおぞましい要因である。バルトは、この節を、ナチ独裁政治の渦中スイスで書いた〔＝講義した〕のであり[9]、そして一九五〇年、第二次大戦のゾッとするような経験と犯罪に基づいて出版したのである。しかしながら、〈虚無的なるもの〉は、人間の罪や犯罪にのみ帰されうるものではない。東日本、インド南部の一部、スマトラ北部を襲った津波（Tsunami）は、あの「トーフー・ヴァ・ボーフー」(Tohu wa Bohu)[10]（創世記一2）・混沌《カオス》・〈虚無的なるもの〉、の一部なのであり、この混沌《カオス》・〈虚無的なるもの〉は、神ご自身、未だなお制圧し給わないものなのである。虚無的なるものというこの形態に対しては、人間は罪なき者である。それゆえに、われわれは日毎、主の祈りにおいて、「われらを……悪より救い出《いだ》したまえ」と祈るのである！

　もっとも、人間が、例えばフクシマや世界中の多くの場所で、人間には制御不可能な核エネルギーを利用する限り、人間は罪なき者ではない。その際、人間のゾッとするような罪——人間の「核による罪（atomare Sünde）」[11]（バルト）——とは、罪深き人間が、**神**がその善き創造《シェップフンク》から排除せんとし給うたあの〈虚無的なるもの〉を、再び**神**の被造世界《シェップフンク》の中へと連れ戻し、道具として利用する、という点にある。だが実に、被造世界《シェップフンク》は混沌《カオス》に向けてではなく、到来しつつある神の国と神の義に向けて「善く」創られているのだ。ハンス・ヨアヒム・イーヴァント――告白教会の中にあってバルトによってかくも高く評価されたルター派神学者――は、バルトの表現によるバルメン宣言をマルティン・ルターの神学ともまた完全に一致しうるものとして擁護した、という点で他の追随を許さぬ神学者だが、その彼が、かつて[12]こう言った。戦争のために、そして、ヒロシマやナガサキにおけるような大量殺戮のために構想された原子力が、平和のために利用されることはありえない、と。人間のこの罪に関しては、われわれは日毎、主の祈りにおいて、「われらの罪を赦したまえ」と祈るのである！

　しかし、**神**はどこまでも世界歴史の主でいます。それゆえに、世界歴史は、悪および〈虚無的なるもの〉の独占的権力や独占支配の下には立っていない。また、それゆえに、「罪・死・悪魔」に対する抵抗（ルター）が、あるいは、〈虚無的なるもの〉のあらゆる形態に対する抵抗（バルト）が、常に可能であり、また、あらゆる時に命じられているのである！

　神がキリストにおいて被造世界《シェップフンク》と世界を支配し給うがゆえに、世界歴史は[13]「不可避な」ものではない。バルトの弟子にして友人の法律家であり、ヴィリー・ブラント政府の時にドイツ連邦共和国〔＝当時の西ドイツ〕の連邦大統領であったグスターフ・ハイネマン[14]は、バルメン教会会議（一九三四年五月）の間中、バルトの隣に座っていた。ハイネマンは、議会でのそのすべての神学的‐政治的（theo-politisch）演説に際してバルメン宣言を上着のポケットに入れていたと、〔後に〕われわれが彼にバルメン宣言の社会的・政治的意義について質問した際に語ってくれた。当時も今日も多くの諦めきった同時代人たちの考えによれば、世界歴史は、「専ら、そして排他的に」、変革不可能な運命・冷たい摂理・戦争によって「のみ」支配統治されているということになるが、そうした考えに対して、ハイネマンはこう語った。「不可避な」もの、――それは無神論的カテゴリーだ！　不可避性について語りうるのは、ただ次のような者、すなわち、その者にとっては神がもはや世界の支配統治の座にはおられない、そのような者だけである、と。そういうわけで、アメリカ合衆国とソビエト連邦の間での軍事的東西対立に関して諦めつつありまた諦めてもいた〔生涯の〕友エドゥアルト・トゥルナイゼンに、バルトが一九六八年の亡くなる直前、その最後の〈道標《みちしるべ》となる言葉〉（Weisung）としてこういう言葉で呼びかけた、ということもまた偶然ではなかったのである。「ただ、〔諦めて〕へこたれるなんてことだけはしないでおこうよ。神が支配統治しておられるのだから！」、と。

2.「神に基づく政治」という言葉は、次に、**メシア的「キリスト‐倫理」**を指し示している。なぜなら、この言葉は、キリスト／メシアなる**イエス**において、また、このイエスの〈神の支配〉の宣教において、ご自身を啓示し給うた神のことを語っているからである。このイエスは、ダヴィッド・フルッサーによれば、神の国の到来を、預言者たちのように告知したのみならず、また、同時代のユダヤ人同胞のように期待し待望したのみならず、むしろ、すでに現臨しているものとして宣べ伝え、かつ、その言葉と癒しの業とにおいて同時代の現在のただ中へと力に満ちて引き入れ給うたところの、われわれに知られている唯一のユダヤ人である。それゆえに、イエスはこう語り給う。「まず神の国と神の義とを求めよ、さらば他の一切のものは汝らに与えらるべし」（マタイ六33）。というのも、メシア・イエスは、――バルトがKD IV/2 §64, 3において「〈虚無的なるもの〉に対する闘いにおけるメシア的人間」というキーワードのもとで包括的に展開し[15]、また、バーゼル刑務所において説教したように[16]――「悪魔の業を打ち壊すために到来し給うた」のだからであり、「それゆえに、われわれもまた今や悪魔の業が〔メシア・イエスによって〕打ち壊されるがままにすべき」[17]なのである。

そこからして、バルメン神学宣言は、全くキリスト論的に方向づけられている。それは、「われわれが聴くべき、また、われわれが生と死において信頼し服従すべき神の唯一の言葉」としてのイエスについて語る。この「聴き、信頼し、服従する」という三つの動詞において、バルトは見事《マイスターハフト》な仕方で三人の偉大なる宗教改革者たちの神学を総括したのであった。

（a）われわれは――バルトはバルメン宣言第一項でこう語る――キリスト者として、神の言葉を、まず第一に、**聴く**べきである。これは、マルティン・ルターの神学的発見の要約であった。良心の試練と恐るべき孤独の中でキリストにおける神の約束の言葉に依り頼みうること、――これが、ルターの本来の宗教改革的発見であった。この発見の実質は、ただ第二義的にのみ、「いかにして**私**は自分の人生において意味を獲得するのか?」という問いにあった。この発見の実質は、第一義的には、「**神**は罪の赦しと約束との言葉においてご自身を私に約束し給う」という経験にあったのであり、かくして、私はこの言葉を真っ先に聴かねばならないのである。パウロは、この認識の要約をかつてこう総括した。「信仰は説教／聴くことから来る。聴くことは、しかし、メシア（なる**イエス**）の言葉から来る」（ローマ一〇17）、と。「フィデス・エックス・アウディトゥ」（**Fides ex auditu**）――「信仰は聴くことから来る」――という表題のもとに、宗教改革研究者エルンスト・ビツァー（**Ernst Bizer**）／ボンは、ルター神学の要約を、そしてまた、その宗教改革的転回におけるルターの認識を、厳密に総括したのである。

（b）われわれは、キリストにおける神の言葉に、「生と死において**信頼する**」ことが許されている。これは、バルメン宣言第一項によるハイデルベルク信仰問答〔一五六三年〕のかの有名な問い1の示唆である。「生と死においてきみの唯一の慰めとは何か?」。これによって、弟子たちはあの偉大なる人文主義者フィリップ・メランヒトンの遺産を総括したのだった。彼は、有名な人文主義者ロイヒリンの甥であり、すでにその若き年月、諸世代にもわたって利用されることになるギリシャ語文法書を書いた。ギリシャ語抜きに人は新約聖書を読み翻訳し理解することはできないという理由からであった。彼はルターの宗教改革に関与するようになったが、しかし、それによってあの大伯父ロイヒリンの承認と、そしてまたその膨大な蔵書の遺産請求権とを失ったのである。メランヒトンは、中世の巨大な幾つもの大全《スンマ》とは異なり、宗教改革の最初の教義学『神学総覧』（Loci communes）（一五二一年）[18]を書いた。それは、ローマ書の講解であり、しかも、約束（promissio）という主題のもとに、であった。彼の経験および使信の実質は、《われわれは、キリストにおける神の約束（promissio）に、不信を抱くのではなく、生と死において信頼することが許されているのでありまた信頼することができるのだ》という点にあった。

（c）われわれは、しかしまた、キリストにおける約束の言葉に**服従する**べきである。宗教改革のこの倫理的次元は、特にジャン・カルヴァン——ルターの偉大なる弟子にしてメランヒトンの友人——によって展開されたのだった。イエス・キリストは——バルトがバルメン宣言第二項においてジャン・カルヴァンへの視線と共に語るように——、「われわれの生全体に対する神の力強き要求でもある。この方を通して、われわれの身に、この世の無神的な諸々の束縛からの、この方（神）の被造物に対する自由で感謝に満ちた奉仕への喜ばしき解放が起こる」。その際、義認に対する人間の応答としての聖化は、〈キリストにおける義認〉の帰結であるのみならず、〈キリストにおける義認〉と同時に、かつ、同じ重さをもって与えられているのである。「〔イエス・キリストがわれわれのすべての罪の赦しという神の約束（＝義認）であるの〕と同様、かつ同じ真剣さをもって」と言われているとおりである。というのも、キリストはわれわれにとって、神によって義認とされたのみならず、同じく本質的に、われわれの生全体——それゆえ社会的・政治的生をも含む——の聖化とされたからである（Iコリント一30）。それゆえ、政治的倫理は、福音から切り離された自律性を伴う或る空間において起こるのではない。イエス・キリストの王的支配は、両方の領域——教会の領域およびこの世の領域——に及んでいるのである。したがって、ボンヘッファーは、一九四一年の倫理学草稿において、或る特定のルター派の二領域論に反対して次のように書く。「二つの現実が存在するのではない。ただ一つの現実が存在するのみである。そしてそれは、キリストにおいて啓示された〈この世の現実のただ中での神の現実〉である。……キリストの現実は、この世の現実を内に含んでいる。……そのゆえに、〈ルター派的二王国論の意味での〉二つの空間が、ではなく、〈キリストによって実現されたもの〉というただ一つの空間が存在するのだ」。

Iコリント一30を引用しつつバルメン宣言第二項において告白された、キリストを通して・キリストにおいて与えられた——かつ同じく本質的なものとして理解されるべき

——われわれの生全体の義認と聖化。この特別な強調に対する理解がディートリヒ・ボンヘッファーに初めてもたらされたのは、一九三五年に開設されたツィンクストとフィンケンヴァルデの説教者研修所（Predigerseminar）[19]の学生監ヴィルヘルム・ロット——バルト門下生でラインラントの改革派牧師——によってであった。しかもそれは特にカルヴァンの『キリスト教綱要』を通してであり、ボンヘッファーはようやく今、ロットの仲介によってこれを読み、知るようになったのである。こうして、ボンヘッファーとロットは、すでにツィンクストにおいて、カルヴァンの主要テーマである「聖化」に関する講義を提供することになる。こうして、ボンヘッファーは、「律法と福音」というルター派的対立命題に反対して、一九三五[19a]～一九三七年に起草した『キリストに従う』（Nachfolge）の中の、マタイ五17‐22に寄せた「キリストの義」の章において、こう書くことができるのである。「随従（Nachfolge）とは、ただイエス・キリストのみへの拘束、かつ直接的にイエス・キリストへの拘束、のことである。にもかかわらず、今やここでは、全く予期せざることに、旧約聖書の律法への弟子たちの拘束が起こるのだ」[20]。キリストは、律法の終わりではなく、神によってイスラエルと結ばれた契約の律法を発効せしめるのである。というのも、「トーラーの目標はメシア・イエス」（ローマ一〇4）だからである。

3.「神に基づく政治」（Theo-Politik）という言葉は、**主語**として**「神」**を、**術語**として**「政治」**を持っている。その際、「ポリス」とは、〔古代〕ギリシャ人以来、国家・社会における民主主義的生および政治を表しており、そうした生および政治は自由なる市民たちの責任において起こるのである。したがって、主語と述語はこの「神に基づく政治」という言葉においては交換不可能だ、ということが注意されるべきである。バルトにおいては、政治が主語であり神学はただ述語にすぎない、というような「政治化する」神学など、いかなる時点でも問題とはなりえなかった。もしもそうしたことが起こるなら――そして事実それはナチズム時代に神学と教会の広範な範囲において起こったわけだが――、そのとき神学は、その時々の権力国家に奉仕するイデオロギーへと堕することになる。バルトと他のすべての正しい神学における必然的な時代状況《コンテキスト》‐関連性が、何らかのイデオロギー的な時代状況《コンテキスト》‐埋没性と取り違えられることはありえなかったし、ありえないのである。

　神学は常に或る特定の時代状況的文脈《コンテキスト》において起こる。したがって、ボンヘッファーを絶えず繰り返し動かしていた問いは、「イエス・キリストはわれわれにとって今日何方《どなた》であるか？」というものだった。しかし、その都度の――そして絶えず変遷する――歴史的・政治的文脈《コンテキスト》そのものが、説教と神学との支配的主題となることは許されない。そのことが、一九三〇年代、聖書という**本文**《テキスト》を政治的**文脈**《コンテキスト》と取り違え、かくして神学を或る国家的・民族的イデオロギーへと堕さしめた「ドイツ的キリスト者」らのイデオロギーによって起こったのである。しかも、「ナチ・ドイツはわれらの課題にして将来、キリストはわれらの力」というモットーに従って。ここでは、神の言葉とイエス・キリストは、或る人種イデオロギーを利する仕方で、新しい人間――人種的に純血なドイツ的人間――が戦争における兵役服務能力に向けて教育されるために、道具化されてしまったのである。しかも、「グレーハウンド[21]のように素早く、クルップ[22]の鋼鉄のように強く！」ドイツ的人間はあらねばならぬ！というモットーに従って。したがって、教会と大学におけるすべての神学は、こう自問せねばならない。「己れの神学は、いかなる条件もつけずに、『神の言葉への奉仕[22a]』であるのか、イエス・キリストを神のただ一つの唯一の言葉として理解し説教し、そして、そのイエス・キリストに服従しつつ生きているのか（バルメン宣言第一項）？」、また、「教会と神学にとって、――一九三三年のヒトラーの権力掌握直後にバルトがコペンハーゲンで講演し強調したように――『神学的公理としての第一誡』[23]は広く妥当しているのか？」、と。

「新聞抜きには聖書は存在しない」とバルトはしばしば語ることができた。しかし、新聞は、教会とその宣教との規定的主題ではない。とは言え、新聞は聖書に対して第二義的というわけでもない。あるいは、多くの者が言うように、新聞は聖書ほど重要ではない――「まず第一に聖書を、そしてようやく後で新聞を！」というモットーに従って

――、というわけでもない。そうではないのであって、新聞は、キリストにおける生ける神によって聖書と共に同時に据えられている文脈《コンテキスト》、なのである。それゆえに、文脈は文脈（Kontext）であり続けねばならず、聖書本文は本文（Text）であり続けねばならない。そして、本文《テキスト》が文脈《コンテキスト》と取り違えられること、いやそれどころか、文脈《コンテキスト》と同一視されることは許されないのである。

4．「神に基づく政治」という言葉は、更に、《**何らかの政治的立場決定および社会的・政治的参与なしの神学はあってはならず、またありえない**》ということを指し示している。バルメン宣言第五項によれば、教会は国家に、「神の国を、神の誡めと義を想起せしめ」、そしてそれをもって、「統治者および被治者」の社会的・政治的「責任」を「想起せしめる」。それゆえ、バルトによって起草されたバルメン宣言〔第五項〕は、国家が「人間生活の唯一にして全体的な秩序となる」ことに抵抗する。主語と述語を交換せず、しかしまた主語を術語抜きで存在せしめることのない必要不可欠な〈神に基づく政治〉は、「〈義認〉であるの〉と同様、かつ同じ真剣さをもってわれわれの生全体〈すなわち、われわれの社会的・政治的生をも含む〉に対する神の力強き要求でもある」イエス・キリスト〈バルメン宣言第二項〉のことを知っている。バルメン宣言は一度たりと非政治的であったことはなかった！　だからこそ、秘密国家警察（ゲシュタポ）は――デュッセルドルフのナチ・公文書保管所が示しているように――、バルメン宣言を全く正しくもヒトラーの全体主義国家に対する批判として評価したのだった。

そして以上のことは、バルメン・ゲマルケにおいて多数派だったルター派に対立して、のことだった。かれらルター派はバルメン宣言が非政治的に理解されることを願っていたが、それは、そのスポークスマンのハンス・アスムッセンがこの告白教会会議でバルメン宣言を次のように解釈したことに示されている。もしもわれわれが抗議するのだとしたら、それはドイツ国家に対してではなく、ドイツ的キリスト者運動（DC）という異端に対してである、と。これに対して、ナチ国家に対する批判として、告白教会会議の少数派――カール・バルト、グスタフ・ハイネマン、カール・インマー、ハインリッヒ・フォーゲル、ヴィルヘルム・ニーメラー[24]、ボンヘッファーの友人フランツ・ヒルデブラント等々――は、バルメン宣言を、神学的・政治的（theo-politisch）に理解し、かつ、社会的・政治的に生きることを試みたのであった。シアトル／アメリカ合衆国にてバルメン宣言（一九三四‐一九八四年）の五〇周年を記念して開かれた或る会議で、フランツ・ヒルデブラントは、「あなたもまたバルメン宣言を不十分なもの、もしくは非政治的なものと思われますか」との私の問いに対して、こう答えてくれた。バルメン宣言は良い信仰告白であり、また、必要な社会的・政治的信仰告白でもある。残念ながら、バルメンにおける多数派は――少数派を除いて――、そこからあの必要な諸帰結を引き出すことをしなかった。ディートリヒ・ボンヘッファーは、〈世のあらゆる領域を支配し給うイエス・キリストの支配〉に関する彼の神学的・政治的（theo-politisch）証言を、最後には殉教者としてその生命を捧げることによってなしたのだ[25]、と。

5．神の国の到来と神の義とを仰ぎ見ての「神に基づく政治」という言葉は、最後に、「希望の神学」および「メシア的倫理」を指し示している。バルメン神学宣言におけるこの次元は、今日に至るまで見逃されてきた。

バルメン宣言における聖書個所はすべて、バルメン宣言の宗教改革的性格を強調するために、一五四四年のルター訳から採用されたものである。それゆえに、多くの個所の翻訳は、釈義的には古いものとなっている。更に問題なのは、冒頭の聖書引用に際しては、旧約聖書――ヘブライ語聖書――からの個所が残念ながら完全に欠けていることである。これは、ドイツ的キリスト者――バルメン宣言はこれに対抗する意図をもってもまた起草されたわけだが――が、「ドイツ的教会」および「ドイツ的人間」にとっての旧約聖書の意義を否定し、それゆえ、旧約聖書を廃棄せんと試みていた、という理由からしても理解し難いことである。それゆえに、二〇一七年という宗教改革の年のために構想された「ルター・プレイモビール」の最初の版に次のようなラベルが付けられていたのは実に嫌悪すべきことであった。「旧約聖書――**終わり**」、と。この「終わり」という語は、その後、キリスト教‐ユダヤ教の対話を推し進めているユダヤ人学者ミヒャ・ブルムリーク（Micha Brumlik）教授の抗議によって削除されたのである。

バルメン宣言第一項に関して。ヨハネ一四6のイエスの言葉――「わたしは道であり、真理であり、命である」――を理解するためには、この節が或る少数派的状況に由来している、という点が重要である。当時、小アジアにおける若い諸教会は、ローマ皇帝ドミティアヌス〔治世八一‐九六年〕によって残虐な仕方で迫害されており、また、ローマ帝国によって支持されていたシナゴーグに相対しては、キリストに方向づけられている自分たちのアイデンティティのために闘わねばならず、そして殉教をもってキリストを証言しなければならなかったのである。少数派というこの状況を、ヴッパータールの女性芸術家ウレ・ヘー（Ulle Hee）のブロンズ像――これはバルメン‐ゲマルケ教会からほんの数メートルの場所に建立されているが――もまた示している。すなわち、圧倒的多数派の「ドイツ的キリスト者」はヒトフー式挨拶をもって上の方向を見上げているが、他方、少数派の「告白するキリスト者」は逆の方向で――顔を下に向けつつ――聖書を読み、「神の言葉のもとにある教会」として聖書の周りに集まっているのである。

ヨハネ一四6の聖書本文《テキスト》は、後に、コンスタンティヌス帝に支持された支配的教会によって、教会への暴力的編入の基礎づけとして濫用されることになった。しかも、「かれらが入って来るように強制せよ（Cogite intrare）」とのモットーのもとで。そういうこともあって、ヨハネ一四6は、もしも人が「真理」という語を「道」および「命」という他の語との繋がりから切り離してしまうならば、今日に至るまでそのような仕方でだけ誤解されえたし誤解されうるのである。つまり、「真理」「道」「命」という三つすべての要素は、詩編一一九編というトーラー詩編に由来しているのであって、それらの要素は、《真理は常に道としてのトーラーと結びつけられているのであり、また、真の命という約束された賜物を目指しているのである》ということを告げているのだ。そして、メシア・イエスが、《わたしは、約束された命という目標を伴う真理の道である》と語り給うとき、それによってイエスはご自身を「トーラーの体現」（エーリッヒ・ツェンガー Erich Zenger）として示し給うのである。それゆえ、真理とは、いかなる強制手段でもないのであって、むしろ、過程――そこでは真理が尋ね求められ見出されねばならない服従（Nachfolge）の道――なのである。こうして、この聖書本文《テキスト》の、以上のようなメシア的・将来的〈道・次元〉は、翻訳においてもまた反映されねばならない。というのも、ギリシャ語のエルケタイ（erchetai）[26]は、ヨハネ福音書においては、〈待降節的《アドヴェントリッヒ》に希望を抱く次元〉を持っているからである。「時は来るであろう、そしてすでに来ている」と、この福音書では言われている（五25、一六32）。したがって、ヨハネ一四6bは、終末論的・待降節的《アドヴェントリッヒ》にも翻訳されねばならないのである。「わたしを通らなければ、だれも父のもとに来ることはないであろう」、と。メシア的希望は、現在時称的に誤解され、そのようにして暴力的に〔教会への編入が〕強制執行されることはできないのであって、むしろ、或る目標に向けての道として理解されかつ歩まれることがゆるされているのであり、また、そうでなければならないのである。

バルメン宣言第二項に関して。まず想起すべきは、そこで引用されているすべての聖書本文《テキスト》が、その肯定命題においても、それに基づく否定命題においても、十分に汲み尽くされ、また、主題化されることはありえない、ということである。というのも、聖書本文《テキスト》は、そこから引き出された肯定命題および時代状況《コンテキスト》的に先鋭化された否定命題よりも常に広大だからである。

そのことは、バルメン宣言第一項に関しては、「真理」という要素に妥当したのだった。すなわち、この要素は、教会の外で事実存在している「諸真理」に対するいかなる排他的対立命題をも表してはいない。だがしかし、そこでの肯定命題が確認しようとしているのは、《これらの「諸真理」が、教会の宣教の基礎および神の啓示の源泉にされること——一九三三年以来ドイツ的キリスト者が普及宣伝《プロパガンダ》したように——は許されない》ということなのである。バルトは、教会の外のこれらの、諸宗教および啓蒙主義における諸真理を、イエス・キリストの諸々の光と呼んだのであり、戦後、バルメン宣言第一項を引用しつつこれを詳細に評価展開したのだった（KD IV/3, §69, 1959）[27]。

今や、これに対応することが、バルメン宣言第二項で引用されているⅠコリント一30に関しても妥当する。ここでは、この聖書本文《テキスト》に基づくならば、同じ重要性と同じ拘束性をもって、キリストにおける「義認と聖化」について語られている。その際、あの「（義認）であるの」と同様、かつ同じ真剣さをもって」は、特にカルヴァンの倫理を指し示している（エルンスト・ヴォルフ）。ルターは、「義認と聖化」を、どちらかというと、一つの帰結という意味で理解した。すなわち、聖化は、善き樹が自動的に諸々の善き実を結ぶように、義認から生じるのだ、と。カルヴァンは別様に理解した。彼によれば、「義認と聖化」は、キリストからして、解き難い仕方で互いに結び合わされているのである。かくして、教義的異端があるのみならず、倫理的異端もまたあるのだ。バルトとボンヘッファーは、「安価な恵み」へのかれらの批判においてカルヴァンに従った。――しかしながら、バルメン宣言第二項においてもまた、「知恵」という要素も「解放」という要素も肯定命題において展開されてはいない。なぜなら、「解放」（Erlösung）[28]は、ここではキリストにおける和解（＝義認と聖化）を、ではなく、メシア的解放およびキリストの――そして神の国の――解放をもたらす到来を、指し示しているからである。その意味において、すでに一九三四年、しばしば引用された「教会は教会であり続けねばならない」という命題は、あまりにも静的であるがゆえに問題あるものである[29]。というのも、教会は、メシア・イエスの道の上で、かつ、神の国の到来を仰ぎ見つつ、絶えず繰り返し新たに「教会に成ら」ねばならないからである。

バルメン宣言第三項、四項に関して。ここでは、共同体（Gemeinde）と教会（Kirche）に関する二重の観点が指示されるべきである。共同体は、まず第一に、エフェソ四15以下によれば、「御言葉とサクラメントにおいて、聖霊を通して、（メシア的）主として、現臨しつつ働き給う」イエス・キリストに基づいて規定されねばならない。共同体は、イエス・キリストに基づいて「聖霊の力における教会」（ユルゲン・モルトマン Jürgen Moltmann 1975）に成らねばならない。その際重要なのは、そのような教会がエキュメニカルな観点において、待降節的《アドヴェントリッヒ》・メシア的に、「ただイエス・キリストの慰めと道標《みちしるべ》（Weisung）によってのみ、この方の顕現を待望しつつ、生き、かつ生きたいと願う」（第三項）ということである。かくして、このキリスト論的・終末論的基礎づけに、共同体の動的（dynamisch）秩序（第四項）もまた対応している。共同体は、イエス・キリストの道標に従いつつ、神学的・政治的に、位階制的教会秩序および全体主義的国家秩序に対する対抗軸として生きる。その際、引用された聖書本文《テキスト》マタイ二〇25（並行個所）は、ローマ帝国およびヘロデとその息子たちの暴力国家に注目しつつ、《王たちは諸民族を暴力をもって虐げ、しかも、にもかかわらず、自分のことを「恩恵者」（Wohltäter）[30]と名乗っている》という事態を明白にしているのである。これらの秩序が暴力システムとして上から下へと形成されるとき、メシア的共同体にとっては逆の秩序が妥当する。すなわち、メシア的共同体は、長老制的（presbyterial）‐教会会議的（synodal）[31]に下から上へと形成されるのである。そして、この点において、メシア的共同体は、あらゆる全体主義国家の秩序に対する対抗軸であるのみならず、むしろまた積極的には、市民共同体をキリスト者共同体に対応するものとして――かくして民主主義的・法治国家的市民共同体として――形成することに尽力するのである。

バルメン宣言第五項、六項では、社会および国家の民主主義的形成というこの観点が特に語られることになる。その際、聖書本文《テキスト》としては、かくもしばしば誤用・濫用され、しかも誤訳されてきたあのパウロの文章――「汝ら、官憲／お上（Obrigkeit）[32]に隷属臣従（untertan）せよ」（ローマ一三1）――が放棄され、その代わりに、Iペテロ二17が引用される。すなわち、「神を畏れ、王を敬いなさい」。それゆえ、キリスト教会《ゲマインデ》は、自らの長老制的‐教会会議的秩序に相応しく、「統治者および被治者の責任」を主張しかつそのために活動的に働くことによって、国家におけるあらゆる「全体的秩序」に抗して闘うのである。そして、キリスト教会《ゲマインデ》は、この闘いを、国家および社会における、〈義と平和と自由〉に方向づけられた社会的・政治的秩序のための自らの勇気をもった尽力においてなすのみならず、同時にまた、あらゆる政権に、神学的・政治的に（theo-politisch）——すなわち待降節的・メシア的に——「（到来しつつある）神の国を、神の誡めと義を想起せしめる」（第五項）ことによってもまたなすのである。キリスト教会《ゲマインデ》は、このように、究極以前のものにおいて、待望されかつ到来しつつある究極のものを仰ぎ見つつ、行動する（ディートリヒ・ボンヘッファー）。

そして、ナチ国家のような暴力国家が、神の国と神の義に方向づけられた何らかの民主主義的法治国家を抑圧する——もしくはその建設を妨害する——ところ、それがどこであれそこでは、教会が「すべての民に伝え」ねばならない「神の言葉は、つながれてはいない」。ちょうど、ローマの監獄の中にあって動きがとれずにいるが、しかし、福音をいっそう広く宣べ伝えているパウロが示しているように（Ⅱテモテ二9。第六項）。そのように、迫害された——殉教者たちの——共同体は、到来しつつある神の国に向かって歩むのである。なぜなら、かれらは、キリストのメシア的約束を知っているからだ。すなわち、「わたしは、世の完成に至るまで、すべての日々、きみたちと共にいる」（マタイ二八20。第六項）、とのメシア的約束を。

イスラエルの神にしてイエス・キリストの父が、日本の諸教派（Kirchen）および諸教会（Gemeinden）に、そしてまた、その牧師たちおよび神学者たちに、今や天野有により専門知識に基づいて翻訳されたカール・バルトの時代史的かつ〈時代に方向づけられた時代を熟知した〉(zeitorientiert) 諸論考・態度決定をもって、道標(みちしるべ)・集中・励まし、そして派遣、を与えてくださるように。日本の諸教派および諸教会が「神の霊の力における一つのエキュメニカルな教会(Kirche)」(ユルゲン・モルトマン)と成るために。

(1) 二〇一七年九月、西南学院大学にて「クラッパート教授による『神学連続公開講座』」(九月十一~十五日)のためにクラッパート教授が来福された際、この theo-politisch という語を「神・政治的」と直訳するのは日本語として難がありむしろ「神学的‐政治的 theologisch-politisch」と訳したい旨申し上げたところ、これを肯定しつつ、同時に教授は、Politik von Gott her(神に基づく政治)とも言い換えられた。更に、Theologie ist immer auch politisch(神学は常にまた政治的でもある)、と narrativ(物語りつつ)に語ることによって示される具体性をも強調された。この最後の narrativ な言い換えは、バルトが亡くなる直前(一九六八年十一月十一日)、スイス・ドイツ語放送局のラジオ人気番組(カール・バルト『最後の証し』小塩節・野口薫訳、一九七三年、新教出版社、一一四頁）で語った次の言葉と完全に共鳴していよう。「わたしの全神学は……いつでも強い政治的成分を持」っていた、と（同二八頁）。その原文は、dass meine ganze Theologie immer eine starke politische Komponente hatte（K. Barth, Letzte Zeugnisse, Zürich 1969, S. 21）である。

（2）『セレクション4』所収の第五論考「神学的公理としての第一誡」（同二七六頁〜）以下のすべての諸論考を参照。

（3）『セレクション5』所収の第二論考「義認と法」（同一一六頁〜）以下のすべての諸論考を参照。

（4）正式名称は、「われわれ国民の政治的道に対するドイツ福音主義教会の〔告白教会・〕兄弟評議員会の宣言」（B. Klappert, Bekennende Kirche in ökumenischer Verantwortung: Die gesellschaftliche und ökumenische Bedeutung des Darmstädter Wortes, Ökumenische Existenz heute 4, München 1988, S. 12）。この、いわゆる「ダルムシュタット宣言」の本文全体については B. Klappert 前掲書 S. 12f. およびその翻訳については武田武長『世のために存在する教会——戦争責任から環境責任まで』新教出版社、一九九五年、一四二-一四五頁を参照。また、同宣言とバルトとの関係（草稿も含む——次注参照）については同一四六-一四七、一五四-一五七頁参照。

（5）「ダルムシュタット宣言」のためのバルトの草稿全文については B. Klappert 前掲書 S. 116f. 参照。

(6)本『セレクション6』所収。
(7)原語は Weltgeschichte。以下、「世界歴史」・「世界史」と適宜訳し分ける。
(8)『教会教義学・創造論Ⅲ／2』(吉永正義訳)、新教出版社、一九八五年、五十節「神と虚無的なるもの」(吉永訳は「神と虚無的なもの」)。
(9)但し、E・ブッシュ『生涯』五一六頁によれば、その講義の時期は一九四八年夏学期から一九四九年夏学期までとされる。
(10)「地は混沌であって……」(新共同訳)の「混沌」と訳されているヘブライ語のラテン文字表記。
(11)これは「核兵器／原発／放射能汚染の罪」と敷衍して訳すこともできよう。
(12)これも二〇一七年九月(前注1)、「いつ頃のことでしょうか」とお尋ねしたところ、イーヴァントの以下に挙げる言葉は「言い伝え」によるものだが、大体一九五七年頃のことだ、とのクラッパート教授のお答えであった。この一九五七年という時期に、バルトは、「事は生命に関わっている」(本巻所収)を発表した!
(13)ブラント(一九一三-一九九二)は、「社会民主党に属し……六九年一〇月自由民主党と連合して、戦後初めてキリスト教民主同盟が参加しない内閣を組織して首相となる。東ドイツ敵視政策を転換させ、和解に成功したのみならず、……東西融合につくした。七一年ノーベル平和賞」(『新編 西洋史辞典 改訂増補』、「ブラント」の項より)。
(14)ハイネマン(一八九九-一九七六)は、「弁護士であったが、戦後キリスト教民主同盟

（CDU）結成に参画、……再軍備に反対してCDUを脱退（一九五二年）、社会民主党（SPD）に転じ、……法相（一九六六‐六九）、連邦大統領（一九六九‐七四）。若くしてエッセンの牧師グレーバー（Graeber）に導かれ、信仰にめざめ、……告白教会のために献身的に働き、……ドイツ福音主義教会議長（一九四九‐五五）をつとめ、敬虔な信仰、高潔な人格を高く評価された」（『キリスト教人名辞典』、「ハイネマン」の項より）。なお、エッセンの牧師グレーバーもバルメン宣言会議のメンバーである（Hrsg. v. E. Busch, Karl Barth. Briefe des Jahres 1933, Zürich 2004, S. 628, S. 415 を参照）。――但し、ハイネマンがCDUを脱退したのは（前述の引用とは異なって）一九五〇年、SPDに入党したのは（同様に）一九五七年（前註12参照！）、そして、一九六九年に「最初の社会民主主義的連邦大統領」となったことについては、Hrsg. v. M. Engels u. A. Lepper-Binnenwerg, Gelebte Reformation. Die Barmer Theologische Erklärung. Begleitbuch zur Ausstellung, Neukirchen-Vluyn, 2016, S. 123 を参照。なお、この新刊書は昨秋（前注1）クラッパート教授より訳者が個人的にプレゼントされたもの。

（15）『教会教義学・和解論Ⅱ／2』（井上良雄訳）、新教出版社、一九六六年、一九八六年（第2刷）、六十四節「人の子の高挙」‐三「王なる人間」（井上訳は「王的人間」）。

（16）『セレクション1』所収の説教参照。

（17）どこからの引用か不明。あるいは前掲『和解論Ⅱ／2』の中からの引用かもしれない。

（18）フィリップ・メランヒトン「神学要綱あるいは神学の基礎概念（一五二一年）」、『宗教改革著作集4 ルターとその周辺Ⅱ』教文館、二〇〇三年、一六九・三五六頁所収（伊藤勝啓訳）。ここでの訳書名を（『神学要綱』ではなく）『神学総覧』としたことについては同三七九・三八〇頁（徳善義和「解説」）を参照。

（19）厳密には「説教者ゼミナール」であるが、「牧師研修所」という訳語が「ほぼ定着している」とのこと（村上伸『ボンヘッファー紀行――その足跡をたずねて――』新教出版社、二〇一二年、一三〇頁。傍点は著者自身による）。

（19a）まさに同時期（一九三五年一〇月）、バルトもまたボンヘッファーと同じ方向性を持った講演「福音と律法」（『セレクション5』所収の第一論考）を公にしていた！

（20）『キリストに従う』（新教セミナーブック31）、森平太訳、新教出版社、二〇〇七年、一一九頁。但し、拙訳による。

（21）狩猟犬の一種。

（22）ドイツの製鋼・兵器生産を中心とした大企業。

（22a）『セレクション1』所収の第一論考参照。

（23）『セレクション4』所収。

（24）原文ではヴィルヘルム・ニーゼルとなっているが、この告白教会会議に彼は参加していないので単純な誤記と思われる。ヴィルヘルム・ニーメラーはマルティン・ニーメラーの弟で、「しばしば（当局によって）処罰され」たとのこと。言うまでもなく参加者の一人であった――そして当初は「アドルフ・ヒトラーの権力掌握を歓迎して」いた！――マルティン・ニーメラーがここに挙げられていないのは、未だここに言われている意味での「少数派」には属さなかったからであろう。以上の（最後の「少数派」を除く）引用については、Gelebte Reformation（前注14）, S. 126f.（すなわち、S. 118-131には、参加代議員全員の、ここに「初めて」提示されることになった――但し「非常に不一致で不備の多い」――「簡単な履歴」が記されている）を参照。

（25）すでに一九三四年当時、まさにそのゆえに、ボンヘッファーは、「他の何人かの批判的人物たち同様、自分の領邦教会から、バルメンの告白教会会議には派遣されなかった」（前掲書 Gelebte Reformation, S. 117f.）のである。なお、ボンヘッファーより三歳年下のヒルデブラントは、クラッパート教授が出会った翌年一九八五年、七六歳で逝去している（前掲書 Gelebte Reformation, S. 123）。また、ヒルデブラントの「母はユダヤ系の出身」であった（E・ベートゲ『ボンヘッファー伝Ⅰ』村上伸訳、新教出版社、一九七三年、二七〇頁）。

（26）エルコマイ（erchomai）＝「来る」の三人称単数直説法現在形。

（27）『教会教義学・和解論Ⅲ／1』（井上良雄訳）、新教出版社、一九八四年、六十九節「仲保者の栄光」（特に、二「生の光」参照）。

（28）口語訳も新共同訳も岩波訳も田川訳も「贖い」と訳す。しかし、ここでは、終末における最後決定的救済を意味するものとして、「解放」と訳すことにする――バルトによれば「キリストにおける和解」の最後決定的「啓示」がこの「解放」である――。

（29）但し、当時、この命題が、ドイツ的キリスト者を介しての国家による「福音主義教会の強制的同質化（Gleichschaltung）」に抵抗するための告白教会の「モットー」であったことについては前掲書 Gelebte Reformation, S. 117 を参照。
（30）『セレクション1』二二四、二四五 - 二四六頁注13参照。
（31）長老制度は、「カルヴァン派のジュネーヴでの教会制度を規範として、信徒から選出された長老と牧師の合議によって教会運営を行なう」。教会会議は、「聖職者と信徒によって構成されるプロテスタント教会の自治運営機関」（川口洋編著『キリスト教用語独和小辞典』同学社、一九九六年、Presbyter および Synode の項より）。
（32）『セレクション5』二一九頁注8参照。

解説者の紹介

ベルトールト・クラッパート（Bertold Klappert）

一九三九年、宣教師の息子としてインドネシア・スマトラに生まれる。ヴッパータール教会立神学大学、ゲッティンゲン大学を経てボン大学でクレックとガイヤーのもとで学位取得。博士論文は『十字架につけられた方の復活――現代神学の文脈におけるバルトのキリスト論研究』（一九七一年）。教授資格取得論文は『ルターとバルトにおける律法と福音』（一九七六年）。一九七四年から二〇〇四年までヴッパータールで組織神学の教授を務める（ヴッパータール教会立神学大学は一九三五年告白教会により創設、ナチ政府によって直ちに閉鎖命令が出されたものの一九四一年春まで非合法的に活動を継続。なお、二〇〇七年、ベーテル教会立神学大学と合併し現在はヴッパータール・ベーテル教会立神学大学。教授は、定年後も請われて現在なお精力的に講義を続けておられる）。日本の他、ヨーロッパ、アメリカ合衆国、イスラエル、インドネシアでも講義・ゼミに客員教授として招かれる。一九六九～一九七一年、ボンにおけるＹＭＣＡの「麻薬中毒患者のための相談所」委員長を務め、一九八〇年代にはドイツ・ラインラント州の「南アフリカとナミビアのための自由」を支援するエキュメニカルなキリスト教団体のメンバーとして働く。他方、キリスト教とユダヤ教との対話およびキリスト教とイスラム教との対話にも精力的に取り組む。著書・論文多数。邦訳近著に『ソクラテスの死とキリストの死――日本における講演と説教』（武田武長編、新教出版社、二〇一六年。教授の更に詳しい個人史については同三～一一頁所収の「日本の読者へ」参照）がある。来日は、一九九三年を皮切りに、二〇一七年九月（西南学院大学神学部主催、一部、日本ボンヘッファー研究会、九州バプテスト神学校と共催）で六度目となり、その際には、五日間にわたって、「クラッパート教授による『神学連続公開講座』」が開催され、計約五七〇名の参加者が、宗教改革（ルター、カルヴァン）や告白教会／バルメン宣言、そして同時代のみならず現代の社会的・政治的状況をも視野に入れた、聖書神学者としてのバルト、ボンヘッファーの神学に関する連続講演とその後の質疑応答を通して大いに感銘を受けた。

編訳者あとがき

『バルト・セレクション』第5巻（教会と国家Ⅱ）出版後、五年もの月日が経ってしまったが、ここにやっと第6巻（教会と国家Ⅲ）をお届けできる運びとなった。小林望社長、そして、本巻を心待ちにしてくださっていた読者の方々に、お詫び申し上げる。

これほどまでに時間がかかった理由をここに記すことはできないが、ただ、その年月、私の中には、外的状況から来る内的必然性のようにして、（本巻所収のテキストとは別に）目の前に幾つかのバルトのテキスト——主として『教会教義学』——があった、ということは確かである。

本巻の内容については、どうかテキストそのものと訳注をじっくり読んでいただきたく思う。（なお、「凡例」九－一〇頁に記していた、バルトの引用する聖書個所と一九一二年版ルター訳との関連を「必要に応じて注記する」という作業は、本巻の途中をもって終えさせていただいた——本巻三一〇頁注89参照——。私の所有する一九二二年刊のルター訳がもはや使用に耐え得なくなったからである。）

ただ、現在の日本社会に対して本巻の内容が持つ意味について、一言だけ述べることにしたい。今年二月四日付の朝日新聞第一面に次のようにあった。「トランプ米政権は2日、中期的な核政策の指針である『核戦略見直し』（NPR）を発表しオバマ前政権が目指した『核なき世界』の理想を事実上放棄した。非核攻撃への報復にも核を使うことがあり得ると明示したほか、核兵器を『使う』と敵国に思わせるため爆発力を抑えた〔!?〕小型核兵器の開発も明記。冷戦後から米ロが続けてきた核軍縮の流れに逆行する新方針となった」。これに対して、日本政府は翌3日、「NPRが同盟国の安全確保に対する米国の関与強化を強調した点を歓迎し」つつ、「NPRを『高く〔!!〕評価する』との河野太郎外相談話を」発表（同3面）。こうした安倍政権の姿勢は、広島県原爆被害者団体協議会・佐久間邦彦理事長によれば、「核保有国と非保有国の橋渡しをする」という建前とは裏腹に、「米国の言いなり」を改めて国内外に示すものでしかない（同3面）。更に、次のような批判・問いかけもなされている。「大量の核兵器をいつでも使える形で持ち続けることは、誤認などによる核戦争や、核物質の流出などの危険を広げ、米国を含む世界を危険にさらす。……使いやすい核を持てば相手国がおびえて、抑止力が高まるという考え方は、理性を失ったかのようだ」（同8面。社説。以下傍点はすべて引用者による）。「トランプ政権は米国が法的にも政治的にもそして道義的にも核廃絶に義務があるとは考えていない。……水上艦などから発射する〔今回のNPRによって開発されることになるであろう〕新型の各巡航ミサイル……を搭載した米艦を日本に寄港させようとしたら日本はどうするだろうか」（同7面。オバマ前政権核政策担当特別補佐官ジョン・ウォルフスタール氏談話）。――ここには、今の日本社会が直面し、かつ「理性」的に取り組まねばならない喫緊の政治的課題の主たるもの――北朝鮮問題、原発問題、沖縄の基地問題――が収斂しているように思われる。「健全な人間悟性〔理性！〕が聖霊の言語を語り、聖霊が健全な人間悟性〔理性！〕の言語を語るまさにそこにおいてのみ」「信仰の一致における政治的決断」は「出来事となりうるのだ」（本巻四四四－四四五頁）というのが、本巻における（だけではないが！）バルトの根本認識だとするなら、米国大統領も、これの「言いなり」になっている我が国の首相も、まさしく神学的には「理性」をすでにとっくに「失っ」てしまっている、と言うしかないであろう。のみならず、「核兵器が招く破滅への想像力を欠」いている（前掲朝日新聞・社説）、とトランプ大統領について言われるのは当然だとしても、一昨年の五月、現職の大統領として初めて被爆地を訪れたオバマ前大統領が広島平和記念公園で行ったスピーチを隣で聴いていたはずの安倍晋三首相についてもそう言わねばならないのだとしたら……！（その17分間のスピーチの冒頭・中間・末尾から拾ってみる。「私たちは、それほど遠くないある過去に恐ろしい力が解き放たれたことに思いをはせるため、ここにやって来ました。……私たちは、この街の中心に立ち、勇気を奮い起こして爆弾が投下された瞬間を想像します。……私の国のように核を保有する国々は、勇気を持って恐怖の論理から逃れ、核兵器なき世界を追求しなければなりません。……」！ http://www.huffingtonpost.jp/2016/05/27/obama-begins-visit-to-hiroshima_n_10160172.html）——本巻のすでに幾つかの論考を読むだけでも、キリスト者／教会として、われわれが、前述の諸問題をも含む政治的社会的諸課題をどのように「理性」的に理解しかつそれらに取り組むべきか、といった「線と方向」（「キリスト者共同体と市民共同体」参照！）もまた自ずから明らかとなるにちがいない。

……

本巻の訳稿は昨年五月初旬には新教出版社にお送りしていた。しかしながら、同年九月にクラッパート教授を福岡にお迎えしての「神学連続公開講座」を巡る私の諸準備のことを配慮し、小林社長は初校をようやく九月中旬過ぎに送ってくださったのである。そうして、初校に取り組み始めた矢先の一〇月末、食道癌（Stage IV）を患っていることが判明。その後、抗がん剤治療の第一クールが始まる直前（十二月初旬）、その時点でほぼ重要な訂正を施しえた初校を、更に、第二クールが始まる直前（今年一月初旬）には再校を返却することができた。それからは比較的短期間で三校、四校と進めることができた。クラッパート教授の「解説」については（これは私から教授にお願いしたものですでに昨夏送っていただいていたが先の「公開講座」準備を優先していたため全く手つかずの状態だった）、十二月の時点ではもはや訳出する気力・体力もないと感じ断念しかけていたのだが、ちょうどその折、上京入院中であった私のところにわざわざ見舞いに来られた小林社長の巧みな（？）励ましに乗せられて、一月下旬から約十日間かけてなんとか訳出することができた。先の「公開講座」全体の良き総括ともなっているこの「解説」を、小林社長も大いに喜んでくださった。同時に、これによって、十二月以降事ある毎に私共夫婦を励ましてくださっているクラッパート先生への感謝の想いも形にできたかな、と、ホッとしている。――なお、昨年十一月から今に至るまでの三カ月半の間、「病人」としてではなく「人間」として過ごすことができたのは、社会との接触を保ってくれた本巻校正の仕事と並んで、――むしろ優先順位としてはそれに先んじて――三〇歳の若き「田舎牧師」（『教会教義学・神の言葉Ｉ／１』五五八頁）バルトによって著わされた『ローマ書 第一版』（一九一九年）の日々の読書のおかげだった。七七歳のバルトは当時を振り返ってこう語る。この最初の記念碑的著作において「かくも情熱的に聖書と取り組んでいる私を見た」二人のドイツ人神学者によって（その名を挙げつつ）自分はドイツの神学界に導き入れられたのだ、と――Karl Barth, Der Römerbrief (Erste Fassung) 1919, hrsg. von H. Schmidt (KBGA, Bd. 16), Zürich 1985, S. 9――。この『ローマ書』講解を少しずつでも読むこと、読もうという気力を与えられることが、今の私の日々の実質を成している。

以上、こうしたことを述べたのは、職場を「休業」しているはずの「病人」にどうしてこのような「仕事」ができたのか、の事情を幾分なりと理解していただきたかったからでもある。

校正、索引作成の労と共に、祈りつつ励ましてくださった小林望兄、そして新教出版社および装丁・印刷・製本（等々）の同労の方々に、心から感謝申し上げる。

最後に、前巻「あとがき」にも引用した御言葉を、新たな想いと共に、そして私共のことを祈りに覚えてくださっている諸兄姉への感謝を込めて、再び引用させていただく。

「きみは、人が自分の子を訓練するように、きみの神、主がきみを訓練されることを心に留めなさい。きみの神、主の誡命《いましめ》を守り、主の道を歩み、主を畏れなさい。きみの神、主はきみを美地《よきち》に導き入れようとしておられる」（申命記八5－7a。新共同訳。きみ含・文語訳）。

二〇一八年　受難節を前に

天野　有

わ

ヘーゲル　Hegel, G. W. F.　102
ベートゲ　Bethge, E.　95, 147, 571
ベートゲ　Bethge, R.　147
ベーム　Böhm, H.　412
ベッヒェルト　Bechert, K.　465
ベッヒャー　Becher, R.　528
ヘロデ　563
ホーコン七世　Haakon VII　102
ホラチウス　128
ボンヘッファー　Bonhoeffer, D.　95, 147, 203, 296, 412, 423, 552-554, 557-558, 562, 565, 571, 573

ま・み

マルクス　Marx, K.　483
マロー　Murrow, E.　202-203
三島憲一　102
ミッテラン　Mitterrand, F.　413
宮田光雄　96, 463, 523, 533-534, 539
ミュセルト　Mussert, A. A.　123, 134, 150

む・め

ムッソリーニ　Mussolini, B.　75, 174
村上伸　570
ムント　Mund, Fr.　534
メランヒトン　Melanchthon, P.　525, 550-551, 569

も

モーセ　471
望田幸男　145
モハルスキー　Mochalski, H.　423, 456
森岡巌　355, 358, 379, 381
森田安一　103, 106, 107
森野善右衛門　296
森平太（＝森岡巌）　570
モルトマン　Moltmann, J　563, 566

や・よ

ヤーコプ　Jakob, G.　496, 530
安酸敏眞　208
山口四郎　156
山崎和明　96
山本邦子　94
吉永正義　7, 568
ヨブ　50

ら・り・る

ラヴァル　Laval, P.　123, 150
ラウシュニング　Rauschning, H.　28
リシュリュー　Richelieu　310
ルイ13世　Louis XIII　310
ルソー　Rousseau, J. J.　273
ルター　Luther, M.　8-10, 28, 92, 95-96, 98, 100, 103, 106, 230, 298-299, 301, 303, 310, 381, 411, 418, 524-525, 527, 529-530, 535-536, 540, 544, 547, 550, 552-553, 557-558, 562, 572-573

れ・ろ

レーヴィット　Löwith, K.　102
レーニン　Lenin, V.　483
レーム　Röhm, E. J. G.　153
レッシング　Lessing, G. E.　193, 207-208

は

パーペン　Papen, F. v.　156
ハーメル　Hamel, J.　471, 531-532, 534
ハイネマン　Heinemann, G.　393-394, 404, 409, 415, 423, 547, 557, 568-569
バイントカー　Beintker, M.　98
バウアー　Bauer, W.　10
パヴェリッチ　Pavelić, A.　123, 150
パウロ　231, 297, 323, 325, 366, 519, 550, 564-565
蓮見和男　291
服部英次郎　295
原田一美　145

ひ

ピウス一二世　Pius XII　465
ビスマルク　Bismarck, O. v.　27, 31, 37, 66-67, 75, 81, 97-99, 117, 136-137, 139, 143, 147, 267, 287
ビツァー　Bizer, E.　550
ヒトラー　Hitler, A.　13, 15-16, 20, 29, 31, 37, 53, 57, 66, 75-76, 79, 93-94, 96-99, 104-105, 107, 117, 128, 135-136, 139, 147, 151, 153, 155, 159, 165, 174, 187-188, 267, 300, 309, 395, 398, 401, 411, 423, 458, 476, 501, 555, 559, 570
ヒムラー　Himmler, H.　25, 93
平島健司　413-414
ピラト　213, 225, 302, 361
ヒルデブラント　Hildebrand, F. 557, 571
ヒルバーグ　Hilberg, R.　145
ピレ・ゴラ　Pilet-Golaz, M.　103
ヒンデンブルク　Hindenburg, P. v.　98-99, 136, 151, 155

ふ

ファイスト　Feisst　383
ファザカス　Fazakas, S.　355
ファルケンベルク　Falckenberg, F.　531
フィッシャー　Fischer, M.　542
フォーゲル　Vogel, H.　557
藤本雄三　295
ブッシュ　Busch, E.　8, 91, 96, 103-104, 143, 145, 153, 157, 199, 291, 309, 355, 379, 391, 410-412, 455, 463, 521-522, 532, 539, 568-569
フランコ　Franco, F.　75
ブラント　Brandt, W.　547, 568
フリードリヒ大王　Friedrich der Grosse　31, 37, 97-98, 102
フリートレンダー　Friedlaender, E.　101, 108, 126, 130, 138, 141-142, 145, 148, 152-153, 156
フルッサー　Flusser, D.　549
ブルームハルト　Blumhardt, J. C.　301, 303
ブルムリーク　Brumlik, M.　559
フロイト　Freud, S.　104
フロマートカ　Hromádka, J.　103, 311, 393-395, 397-398, 409-413, 415

へ・ほ

ヘー　Hee, U.　559
ペイス　Paeth, S. R.　522

シュヴァイツァー　Schweitzer, A　460, 465-466
シューバルト　Schubart, W.　54
シュテファン　Stephan　326, 357
シュトラウス　Strauss, F. J.　465
シュルツェ　Schulz, G.　526
ショー　Shaw, W.　93, 101, 202
シラー　Schiller, F.　25, 86, 93
ジルベスター二世　Silvester II　358

す・そ
スターリン　Stalin, J.　396-397, 411, 484
ソクラテス　573

た
田上富久　206
田川建三　8, 298, 357, 380
武田武長　567, 573
田中秀央　153
田村万里　94

ち・つ
チェンバレン　Chamberlain, A. N.　80
ツィンマーマン　Zimmermann, W. D.　412, 415-416
ツヴィングリ　Zwingli, H.　209, 295, 358, 458
ツェンガー　Zenger, E.　560
對馬達雄　94, 147

て
ティルディ　Tildy　383
テート　Tödt, H. E.　96, 309, 458
テーラー　Taylor, J.　93, 101, 202
出村彰　295

と
トゥルナイゼン　Thurneysen, E.　523, 548
トールヴァルセン　Thorvaldsen, B.　526
徳善義和　535, 570
ドグレル　Degrelle, L.　123, 150-151
ドミティアヌス　380, 559
トムゼン　Thomsen, E.　151
トラヤヌス　380
トランプ　Trump, D.　205

な・に
ナポレオン一世　Napoléon, B.　159, 199
成瀬治　102, 146, 413
ニーチェ　Nietzsche, F.　102
ニーバー　Niebuhr, R.　522
新村出　101
ニーメラー　Niemöller, M.　26, 94-96, 120, 148, 393-394, 404, 409, 423, 434, 532, 557, 570
ニーメラー　Niemöller, W.　148, 570

ね・の
ネロ　323, 366, 380
野口薫　566

人名索引

聖書中および古代の人名には原語を付けない。

聖書個所索引

文書名は主として口語訳と岩波訳に拠る。

編訳者　天野 有（あまの・ゆう）

1955 年静岡県生まれ。1979 年早稲田大学教育学部教育学科卒業。1982 年西南学院大学神学専攻科修了。1982-1984 年、日本バプテスト連盟奈良キリスト教会牧師。1991 年九州大学大学院文学研究科博士後期課程中退。1988 ～ 1993 年、ドイツ・ヴッパータール教会立神学大学にて学び、ベルトルト・クラッパート（B. Klappert）教授のもとで Dr. theol.（神学博士号）を取得。現在、西南学院大学神学部教授、日本バプテスト連盟・福岡バプテスト教会員。

著作・論文・訳書：

Karl Barths Ethik der Versöhnungslehre. Ihre theologische Rezeption in Japan und ihre Bedeutung für die kirchlich-gesellschaftliche Situation in Japan, Frankfurt am Main u.a. 1994.「解放をもたらす言葉（Ｉコリント 7,20）――ルター的理解への問いとしてのバルトの〈召し／召命（κλῆσις）〉理解――」（『西南学院大学神学論集』2002 年所載）、他。カール・バルト『キリスト教的生Ｉ』『キリスト教的生Ⅱ』（新教出版社、1998 年）、同『国家の暴力について――死刑と戦争をめぐる創造論の倫理――』（同、2003 年）

教会と国家Ⅲ
バルト・セレクション6

2018年3月16日　第1版第1刷発行

著　者……カール・バルト
編訳者……天野　有

発行者……小林　望
発行所……株式会社新教出版社
〒162-0814 東京都新宿区新小川町9-1
電話（代表）03（3260）6148

印　刷……理想社
製　本……中永製本所

ISBN 978-4-400-30166-0 C1116

カール・バルトの著作

キリスト教的生 I	天野　有訳	8800円
キリスト教的生 II	天野　有訳	7200円

*

啓示・教会・神学／福音と律法	井上良雄訳	1000円

*

【新教セミナーブック】から

1	教義学要綱	井上良雄訳	2000円
11	われ信ず	安積鋭二訳	2200円
12	キリスト教の教理	井上良雄訳	2000円
13	教会の信仰告白	久米　博訳	2000円
14	神認識と神奉仕	宍戸　達訳	2400円
15	死人の復活	山本　和訳	2400円
16	ピリピ書注解	山本　和訳	2200円
18	福音主義神学入門	加藤常昭訳	2200円
19	国家の暴力について	天野　有訳	1800円
20	地上を旅する神の民	井上良雄訳	2500円
21	教会の洗礼論	宍戸　達訳	1100円
39	知解を求める信仰	吉永正義訳	2800円
40	イスカリオテのユダ	吉永正義訳	2200円

*

【カール・バルト著作集】から

11	19世紀のプロテスタント神学 上	佐藤敏夫他訳	3000円
12	19世紀のプロテスタント神学 中	佐藤司郎他訳	5000円
13	19世紀のプロテスタント神学 下	安酸敏眞他訳	5000円
14	ローマ書	吉村善夫訳	7900円